Tax Reconciliation im HGB- und IAS/IFRS-Konzernabschluss

T0316437

Schriften zum Steuer-, Rechnungs- und Finanzwesen

Herausgegeben von Prof. Dr. Michael Wehrheim,
Philipps-Universität Marburg

Band 3

PETER LANG

Frankfurt am Main · Berlin · Bern · Bruxelles · New York · Oxford · Wien

Gerrit Adrian

Tax Reconciliation im HGB- und IAS/IFRS- Konzernabschluss

PETER LANG
Europäischer Verlag der Wissenschaften

Bibliografische Information Der Deutschen Bibliothek
Die Deutsche Bibliothek verzeichnet diese Publikation in der
Deutschen Nationalbibliografie; detaillierte bibliografische
Daten sind im Internet über <http://dnb.ddb.de> abrufbar.

Zugl.: Marburg, Univ., Diss., 2004

Gedruckt auf alterungsbeständigem,
säurefreiem Papier.

D 19
ISSN 1610-983X
ISBN 3-631-53629-1

© Peter Lang GmbH
Europäischer Verlag der Wissenschaften
Frankfurt am Main 2005
Alle Rechte vorbehalten.

Printed in Germany 1 2 3 4 5   7

www.peterlang.de

Meiner Familie

Geleitwort

Als Informationsquelle zur Interpretation der unternehmensspezifischen Kennzahl „Konzernsteuerquote" dient die so genannte Tax Reconciliation, die als Überleitungsrechnung zwischen erwarteter und ausgewiesener Steuergröße nach DRS 10 und IAS 12 verpflichtend im Konzernanhang offen zu legen ist. Die Notwendigkeit eines derartigen Informationsinstruments verdeutlicht die Bandbreite aktueller Konzernsteuerquoten, die von hohen negativen Prozentzahlen, über minimale, gegen null tendierende Beträge bis hin zu Steuerquoten reicht, die eine mehrfache 100%ige Belastung des Unternehmensverbunds aufzeigen. Nicht selten steht einem Steuerertrag ein positives Vorsteuerergebnis des Konzerns gegenüber; umgekehrt impliziert ein ausgewiesener Steueraufwand nicht zwingend ein positives Konzernergebnis vor Steuern.

Im Rahmen der vorliegenden Arbeit wird die Tax Reconciliation grundlegend analysiert. Dabei werden nicht nur die einzelnen Bestandteile der Überleitungsrechnung in Form des effektiven Steuersatzes, des erwarteten Steuersatzes und einzelner Überleitungspositionen tiefgreifend untersucht, sondern auch potenzielle Konsequenzen aufgezeigt, die sich im Hinblick auf konzernsteuerpolitische Ziele und Maßnahmen ergeben können. Darüber hinaus mündet die Untersuchung, z.B. im Bereich der Ermittlung des erwarteten Steuersatzes, des Ausweises und der Ermittlung einzelner Überleitungspositionen sowie der Verprobung der Überleitungsrechnung, in zahlreiche Handlungsempfehlungen.

Insbesondere vor dem Hintergrund dieser konkreten Anleitungsvorschläge, aber auch vor allem wegen der – soweit ersichtlich – erstmaligen umfassenden Analyse des Themas, wird die vorliegende Arbeit von Herrn Adrian nicht nur in der Theorie, sondern auch in der Praxis eine wohlwollende Aufnahme finden. Dies ist dem Verfasser umso mehr deshalb zu wünschen, da er in sehr strukturierter Form mit dieser Arbeit gezeigt hat, dass er die nahezu gesamte Bandbreite des Steuerrechts beherrscht.

Prof. Dr. Michael Wehrheim

Vorwort

Die vorliegende Monographie wurde unter dem Titel „Tax Reconciliation im HGB- und IAS/IFRS-Konzernabschluss" im Oktober 2004 vom Fachbereich Wirtschaftswissenschaften der Philipps-Universität in Marburg als Dissertation angenommen.

An dieser Stelle möchte ich allen danken, die mich im Rahmen meines Dissertationsprojektes unterstützt haben. In besonderer Weise ist hierbei Herr StB Prof. Dr. Michael Wehrheim, mein Doktorvater, hervorzuheben. Dankbar bin ich ihm nicht nur für die wissenschaftliche Betreuung, die von einer stetigen Diskussionsbereitschaft, wertvollen Hinweisen und zielgerichteter Förderung geprägt war, sondern auch für die überaus gute und angenehme Arbeitsatmosphäre am Lehrstuhl. Mein Dank gilt zudem Prof. Dr. Joachim Krag für die Erstellung des Zweitgutachtens.

Für die großzügige Unterstützung möchte ich ferner der KPMG Deutsche Treuhand AG Wirtschaftsprüfungsgesellschaft, insbesondere den Herren WP/RA/StB Dr. Bernd Erle, WP/StB Dr. Martin Lenz und WP/RA/StB Thomas Sauter, herzlich danken.

Besonderer Dank gebührt meiner Familie, die geduldig und verständnisvoll die zahlreichen Entbehrungen in der Dissertationszeit ertragen hat. Ihr unermüdlicher Zuspruch war mir eine große Hilfe.

Inhaltsübersicht

Inhaltsverzeichnis 12

Abbildungsverzeichnis 16

Abkürzungsverzeichnis 17

Symbolverzeichnis 21

1. Einleitung...23

2. Konzeptionelle Grundlagen der Überleitungsrechnung...............33

3. Effektiver Steuersatz (Konzernsteuerquote) 65

4. Erwarteter Steuersatz (Referenzsteuersatz) 113

5. Überleitungspositionen im Einzelnen 137

6. Konzernsteuerpolitik...207

7. Thesenförmige Zusammenfassung..217

Literaturverzeichnis 225

12

Inhaltsverzeichnis

Inhaltsübersicht 11
Abbildungsverzeichnis 16
Abkürzungsverzeichnis 17
Symbolverzeichnis 21

1. Einleitung..23
    1.1 Problemstellung 23
    1.2 Gang der Untersuchung 27

2. Konzeptionelle Grundlagen der Überleitungsrechnung.............33
    2.1 Vorschriften zur Überleitungsrechnung 33
        2.1.1 HGB-Abschluss...33
        2.1.2 IAS/IFRS-Abschluss 37
    2.2 Überleitungsmethoden..40
    2.3 Ermittlung von Überleitungspositionen 46
    2.4 Ausweis von Überleitungspositionen...53
    2.5 Verprobung der Überleitungsrechnung 57
    2.6 Funktionen der Überleitungsrechnung 59
        2.6.1 Aspekte des externen und internen Rechnungswesens.....59
        2.6.2 Informationsfunktion..60
        2.6.3 Kontrollfunktion..63
            2.6.3.1 Entscheidungsfunktion..63
            2.6.3.2 Verhaltenssteuerungsfunktion................................64

3. Effektiver Steuersatz (Konzernsteuerquote) 65
    3.1 Ermittlung des effektiven Steuersatzes 65
    3.2 Latente Steuern..68
        3.2.1 Konzepte..68
            3.2.1.1 Timing-Konzept nach §§ 274 und 306 HGB..............68
            3.2.1.2 Temporary-Konzept nach IAS 12 74
            3.2.1.3 „Misch"-Konzept nach DRS 10 78
            3.2.1.4 Auswirkungen auf die Überleitungsrechnung 79
        3.2.2 Ansatz..81
            3.2.2.1 Aktivische latente Steuern 81
            3.2.2.2 Passivische latente Steuern 85
            3.2.2.3 Gesamt- versus Einzeldifferenzenbetrachtung 86
            3.2.2.4 Erfolgswirksame versus -neutrale latente Steuern........88
            3.2.2.5 Auswirkungen auf die Überleitungsrechnung 90

3.2.3 Bewertung 93
3.2.3.1 Methoden...93
3.2.3.2 Anzuwendende Methode im HGB- und IAS/IFRS-
Abschluss 94
3.2.3.3 Anzuwendender Steuersatz im Konzern 96
3.2.3.4 Auswirkungen auf die Überleitungsrechnung 98
3.2.4 Ausweis 100
3.2.4.1 Bilanz 100
3.2.4.2 Gewinn- und Verlustrechnung 101
3.2.4.3 Anhang 102
3.2.4.4 Auswirkungen auf die Überleitungsrechnung 106
3.3 Aussagekraft des effektiven Steuersatzes..................................107
3.3.1 Kompensatorischer Effekt latenter Steuern 107
3.3.2 Grenzen der Aussagekraft 109

4. Erwarteter Steuersatz (Referenzsteuersatz) 113
4.1 Ermittlung des erwarteten Steuersatzes...................................113
4.1.1 Einzubeziehende Steuerarten 113
4.1.2 Mögliche Anknüpfungspunkte.................................114
4.1.3 Homebased-Ansatz..115
4.1.3.1 Anwendung des gesetzlichen Steuersatzes 115
4.1.3.1.1 Grundlagen der deutschen Ertragsbesteuerung 115
4.1.3.1.2 Körperschaft- versus Mischsteuersatz 117
4.1.3.2 Anwendung des effektiven Steuersatzes als
normalisierte Größe....................................120
4.1.3.3 Auswirkungen auf die Überleitungsrechnung 121
4.1.4 Konzern-Ansatz..122
4.1.4.1 Anwendung des gesetzlichen Steuersatzes 122
4.1.4.2 Anwendung des effektiven Steuersatzes als
normalisierte Größe....................................120
4.1.4.3 Auswirkungen auf die Überleitungsrechnung 126
4.1.5 Anzuwendender Steuersatz nach DRS 10 und IAS 12 126
4.2 Aussagekraft des erwarteten Steuersatzes...................................131
4.2.1 Auswirkungen auf Überleitungspositionen.................131
4.2.2 Beurteilung vor dem Hintergrund der Funktionen der
Überleitungsrechnung 132

5. Überleitungspositionen im Einzelnen 137
5.1 Steuerfreie Einnahmen 137
5.1.1 Steuerbefreiungen nach § 8b Absatz 1 KStG.............137
5.1.2 Steuerbefreiungen nach § 8b Absatz 2 KStG.............140

14

5.1.3 Investitionszulagen 144
5.2 Steuerlich nicht abzugsfähige Ausgaben und Aufwendungen 146
    5.2.1 Ausgaben im Sinne der §§ 3c und 4 Absatz 5 EStG 146
    5.2.2 Ausgaben im Sinne des § 8b Absatz 3 Satz 3 KStG 149
    5.2.3 Ausgaben im Sinne des § 9 Absatz 1 Nummer 2 KStG 150
    5.2.4 Aufwendungen im Sinne des § 10 KStG 151
    5.2.5 Ausgaben im Sinne des § 160 AO 153
5.3 Gesellschaftsrechtlich veranlasste Zuwendungen 154
    5.3.1 Verdeckte Gewinnausschüttungen 154
    5.3.2 Verdeckte Einlage 157
    5.3.3 Gewinnberichtigung des § 1 AStG 159
5.4 Hinzurechnungsbetrag nach § 10 Absatz 2 AStG 160
5.5 Gewerbesteuerliche Hinzurechnungen und Kürzungen 162
5.6 Steuersatzabweichungen 165
    5.6.1 Ausländische Steuern 165
    5.6.3 Körperschaftsteuerminderungen und -erhöhungen 167
    5.6.3 Gewerbesteuerhebesätze 171
    5.6.4 Kapitalertragsteuer 172
5.7 Steuerliche Verluste 173
    5.7.1 Verlustrücktrag versus -vortrag 173
    5.7.2 Verlustabzugs- und -verrechnungsbeschränkungen 178
    5.7.3 Verluste bei ertragsteuerlicher Organschaft 180
5.8 Latente Steuern 182
    5.8.1 Abweichende Bewertung 182
    5.8.2 Steuersatzänderungen 185
    5.8.3 Umqualifizierung von Differenzen 191
    5.8.4 Wertberichtigungen aufgrund steuerlicher Verluste 192
5.9 Periodenfremde tatsächliche Steueraufwendungen und -erträge 198
5.10 Konsolidierungsmaßnahmen 199
    5.10.1 Kapitalkonsolidierung 199
    5.10.2 Aufwands- und Ertragskonsolidierung 201
    5.10.3 Zwischenergebniseliminierung 202
5.11 Equity-Methode 203

6. Konzernsteuerpolitik 207
6.1 Ziele der Konzernsteuerpolitik 207
6.2 Möglichkeiten der Konzernsteueroptimierung 209
    6.2.1 Latente Steuern 209
    6.2.2 Tatsächliche Steuern 213
6.3 Koordination der Konzernsteuerpolitik 214

7. Thesenförmige Zusammenfassung 217

Literaturverzeichnis **225**
1. Allgemeine Quellen 225
2. Entscheidungen und Erlasse 240
3. Rechtsquellen 241
4. Internetquellen 242
5. Geschäftsberichte 243

16

Abbildungsverzeichnis

Abbildung 1: Überleitungsmethoden..42
Abbildung 2: Angewandte Überleitungsmethoden der DAX-30-Unter-
nehmen im Geschäftsjahr 2001 44
Abbildung 3: Ermittlung von Überleitungspositionen bei Abweichungen
zwischen Konzernergebnis vor Steuern und ertragsteuerlicher
Bemessungsgrundlage..48
Abbildung 4: Ermittlung von Überleitungspositionen bei Steuersatz-
abweichungen..49
Abbildung 5: Ermittlung von Überleitungspositionen bei periodenfrem-
den Steueraufwendungen und -erträgen.........................51
Abbildung 6: Ermittlung von Überleitungspositionen bei Abweichungen
zwischen Konzernergebnis vor Steuern und ertragsteuer-
licher Bemessungsgrundlage sowie Steuersatzdifferenzen........52
Abbildung 7: Grundfälle der Steuerabgrenzung nach dem Timing-Konzept...73
Abbildung 8: Grundfälle der Steuerabgrenzung nach dem Temorary-
Konzept..76
Abbildung 9: Buchungen bei erfolgswirksamen und erfolgsneutralen
Differenzen..89
Abbildung 10: Anknüpfungspunkte zur Ermittlung des erwarteten
Steuersatzes 115
Abbildung 11: Referenzsteuersatz in Abhängigkeit des gewerbesteuer-
lichen Hebesatzes bei Anwendung eines umfassenden
Mischsteuersatzes im Rahmen des gesetzlichen Steuer-
satzes der Obergesellschaft 120
Abbildung 12: Referenzsteuersätze der nach IAS/IFRS und HGB
bilanzierenden DAX-30-Unternehmen im Geschäfts-
jahr 2001 129
Abbildung 13: Einbezogene Ertragsteuerarten der den Homebased-Ansatz
anwendenden DAX-30-Unternehmen...........................130
Abbildung 14: Ermittlung von Überleitungspositionen bei Bewertungsabweichungen..184
Abbildung 15: Auswirkungen der erfolgswirksamen Umbewertung
latenter Steuern aufgrund von Steuersatzänderungen auf
den effektiven Steueraufwand....................................186

Abkürzungsverzeichnis

a.A.	anderer Ansicht
Abs.	Absatz
Abschn.	Abschnitt
Abt.	Abteilung
AG	Aktiengesellschaft; Die Aktiengesellschaft (Zeitschrift)
AktG	Aktiengesetz
Anm.	Anmerkung
AO	Abgabenordnung
AStG	Außensteuergesetz
Aufl.	Auflage
BB	Betriebs-Berater (Zeitschrift)
BBK	Buchführung, Bilanz, Kostenrechnung (Zeitschrift)
Bd.	Band
BDI	Bundesverband der Deutschen Industrie
ber.	berichtigt
BFH	Bundesfinanzhof
BFH/NV	Sammlung amtlich nicht veröffentlichter Entscheidungen des Bundesfinanzhofs (Zeitschrift)
BFuP	Betriebswirtschaftliche Forschung und Praxis (Zeitschrift)
BGBl.	Bundesgesetzblatt
BMF	Bundesministerium der Finanzen
BRD	Bundesrepublik Deutschland
BStBl.	Bundessteuerblatt
bzw.	beziehungsweise
DAX	Deutscher Aktienindex
DB	Der Betrieb (Zeitschrift)
DBA	Doppelbesteuerungsabkommen
DBW	Die Betriebswirtschaft (Zeitschrift)
d.h.	das heißt
Diss.	Dissertation
DSR	Deutscher Standardisierungsrat
DStR	Deutsches Steuerrecht (Zeitschrift)
DStRE	Deutsches Steuerrecht Entscheidungsdienst (Zeitschrift)
DStZ	Deutsche Steuerzeitung (Zeitschrift)
DRS	Deutscher Rechnungslegungsstandard
DRSC	Deutsches Rechnungslegungs Standards Committee
DVFA	Deutsche Vereinigung für Finanzanalyse und Anlageberatung

E	Entwurf
EBIT	Earnings before interest and tax
EBITDA	Earnings before interest, tax, depreciation and amortization
EBT	Earnings before tax
EG	Europäische Gemeinschaft
EK	Eigenkapital
EPS	Earnings per share
EStG	Einkommensteuergesetz
EU	Europäische Union
e.V.	eingetragener Verein
FASB	Financial Accounting Standards Board
FAZ	Frankfurter Allgemeine Zeitung
FB	Finanz-Betrieb (Zeitschrift)
FR	Finanz-Rundschau (Zeitschrift)
FRS	Financial Reporting Standard(s)
FS	Festschrift
GAAP	Generally Accepted Accounting Principles
gem.	gemäß
GewSt	Gewerbesteuer
GewStG	Gewerbesteuergesetz
GewStR	Gewerbesteuer-Richtlinien
gl.A.	gleicher Ansicht
GmbH	Gesellschaft mit beschränkter Haftung
GmbHG	GmbH-Gesetz
GmbHR	GmbH-Rundschau (Zeitschrift)
GoB	Grundsätze ordnungsmäßiger Buchführung
GrS	Großer Senat
GuV	Gewinn- und Verlustrechnung
HFA	Hauptfachausschuss
HGB	Handelsgesetzbuch
Hrsg.	Herausgeber
IAS	International Accounting Standard(s)
IASB	International Accounting Standards Board
IASC	International Accounting Standards Committee
i.d.F.	in der Fassung
IDW	Institut der Wirtschaftsprüfer in Deutschland
IFRS	International Financial Reporting Standard(s)
i.H.v.	in Höhe von

INF	Die Information über Steuer und Wirtschaft (Zeitschrift)
InvZulG	Investitionszulagengesetz
i.S.	im Sinne
IStR	Internationales Steuerrecht (Zeitschrift)
i.V.m.	in Verbindung mit
KapESt	Kapitalertragsteuer
KGaA	Kommanditgesellschaft auf Aktien
KoR	Kapitalmarktorientierte Rechnungslegung (Zeitschrift)
KSt	Körperschaftsteuer
KStG	Körperschaftsteuergesetz
KStR	Körperschaftsteuer-Richtlinien
lit.	litera
m.E.	meines Erachtens
Mio.	Million(en)
m.w.N.	mit weiteren Nachweisen
n.F.	neue Fassung
No.	Number
Nr.	Nummer
NWB	Neue Wirtschafts-Briefe (Zeitschrift)
o.Ä.	oder Ähnliches
o.V.	ohne Verfasser
PIStB	Praxis Internationale Steuerberatung (Zeitschrift)
PublG	Publizitätsgesetz
R	Richtlinie
rev.	revised
RGBl.	Reichsgesetzblatt
RH	Rechnungslegungshinweis
Rn.	Randnummer
Rz.	Randziffer
S.	Seite(n)
SFAS	Statement of Financial Accounting Standards
SG	Schmalenbach-Gesellschaft
SolZ	Solidaritätszuschlag
SolZG	Solidaritätszuschlagsgesetz
ST	Der Schweizer Treuhänder (Zeitschrift)

StbJb.	Steuerberater-Jahrbuch
StEntlG	Steuerentlastungsgesetz
StSenkG	Steuersenkungsgesetz
StuB	Steuern und Bilanzen (Zeitschrift)
StuW	Steuer und Wirtschaft (Zeitschrift)
StVergAbG	Steuervergünstigungsabbaugesetz
Tz.	Textziffer
u.a.	und andere; unter anderem
UK	United Kingdom
UmwStG	Umwandlungssteuergesetz
Univ.	Universität
UntStFG	Unternehmenssteuerfortentwicklungsgesetz
US	United States
USA	United States of America
u.U.	unter Umständen
v.	von
vE	verdeckte Einlage
vGA	verdeckte Gewinnausschüttung
vgl.	vergleiche
WiSt	Wirtschaftswissenschaftliches Studium (Zeitschrift)
WPg	Die Wirtschaftprüfung (Zeitschrift)
WpHG	Wertpapierhandelsgesetz
z.B.	zum Beispiel
ZfB	Zeitschrift für Betriebswirtschaft
ZfbF	Zeitschrift für betriebswirtschaftliche Forschung

Symbolverzeichnis

BMG_{aErSt}	ertragsteuerliche Bemessungsgrundlage des abweichenden Steuersatzes
BMG_{ErSt}	ertragsteuerliche Bemessungsgrundlage
BMG_{lSt}	Bemessungsgrundlage der latenten Steuer
€	Euro
EBT_k	Konzernergebnis vor Steuern
EBT_u	Teilkonzernergebnis vor Steuern des Unternehmens U
GE	Gewerbeertrag vor Abzug der Gewerbesteuer
h	Hebesatz der Gemeinde
HB	Handelsbilanz
m	Gewerbesteuermesszahl
n	Anzahl der Geschäftsjahre t; Anzahl der Unternehmen U
pfSta/e	periodenfremder Steueraufwand/-ertrag
s	erwarteter Ertragsteuersatz = effektiver Ertragsteuersatz
s_a	vom Referenzsteuersatz abweichender Steuersatz
$s_{e(t)}$	effektiver Steuersatz des Geschäftsjahres t
s_{GewSt}	Gewerbesteuersatz
s_{Kst}	Körperschaftsteuersatz
$s_{k(t)}$	Konzernsteuerquote des Geschäftsjahres t
s_{lSt}	anzuwendender Steuersatz bei latenten Steuern
s_r	Referenzsteuersatz = erwarteter Steuersatz
s_{SolZ}	Solidaritätszuschlagsatz
s_u	Ertragsteuersatz des Unternehmens U
s_{ui}	unternehmensindividueller tatsächlicher Ertragsteuersatz
TR	Tax Reconciliation
UP_n	Überleitungsposition Art n
VG	Vermögensgegenstand
WG	Wirtschaftsgut

1. Einleitung

1.1 Problemstellung

Während sich in den vergangenen Jahren externe Analysten bei der Beurteilung börsennotierter Kapitalgesellschaften primär an Vorsteuergrößen[1] orientierten, rückt nunmehr mit der Konzernsteuerquote verstärkt eine Kennziffer in den Fokus des Interesses, die über die relative Steuerbelastung des Unternehmensverbunds Auskunft gibt.[2] Dieser Entwicklung liegen sowohl vielfältige Veränderungen in der externen Rechnungslegung als auch aktuelle Tendenzen im wirtschaftlichen Umfeld zugrunde.[3]

Das steigende Interesse an der Konzernsteuerquote, d.h. dem Verhältnis von ausgewiesenem Steueraufwand zum Vorsteuerergebnis, ist in nicht unerheblichem Maße auf die zunehmende Internationalisierung der Rechnungslegung zurückzuführen.[4] Schon derzeit dürfen deutsche börsennotierte Unternehmen gem. § 292a HGB[5] als Alternative zur Aufstellung eines HGB-Konzernabschlusses einen befreienden IAS/IFRS[6]- oder US-GAAP-Konzernabschluss vorlegen. Hierbei handelt es sich allerdings nur um eine Übergangsregelung: Letztmals ist die Rechtsnorm des § 292a HGB für Geschäftsjahre einschlägig, die spätestens am 31.12.2004 enden. Nach der EU-Verordnung vom 19.7.2002

---

[1]   Beispielsweise Gewinngrößen wie EBT (Earnings before tax), EBIT (Earnings before interest and tax) und EBITDA (Earnings before interest, tax, depreciation and amortization). Ausführlich vgl. Wehrheim, Michael/Schmitz, Thorsten, Jahresabschlußanalyse, Stuttgart 2001, S. 104 und 115.

[2]   Vgl. Herzig, Norbert/Dempfle, Urs, Konzernsteuerquote, betriebliche Steuerpolitik und Steuerwettbewerb, in: DB 2002, 1-8, hier: S. 1; Müller, Rolf, Die Konzernsteuerquote – Modephänomen oder ernst zu nehmende neue Kennziffer?, in: DStR 2002, S. 1684-1688, hier: S. 1684 und Stepholt, Ralf, Editorial, in: KPMG-Mitteilungen Juni 2002, S. 1.

[3]   Vgl. Schnorberger, Stephan/Wilmanns, Jobst, Steuern steuern, in: FAZ vom 17.9.2002, S. B9 und Stepholt, Ralf, Editorial, in: KPMG-Mitteilungen Juni 2002, S. 1.

[4]   Vgl. Haarmann, Wilhelm, Aussagekraft und Gestaltbarkeit der Konzernsteuerquote, in: StbJb. 2001/2002, Herzig, Norbert u.a. (Hrsg.), Köln 2002, S. 367-379, hier: S. 370 und Herzig, Norbert, Gestaltung der Konzernsteuerquote – eine neue Herausforderung für die Steuerberatung?, in: WPg Sonderheft 2003, S. 80-92, hier: S. 81.

[5]   Siehe HGB vom 10. Mai 1897, veröffentlicht in: RGBl. I 1897, S. 219, in: Wirtschaftsgesetze, Stand 1.3.2003, München 2003.

[6]   Nachfolgend wird ausschließlich die Bezeichnung IAS-Abschluss verwendet.

sind kapitalmarktorientierte Unternehmen[7] innerhalb der EU verpflichtet, für Geschäftsjahre, die nach dem 1.1.2005 beginnen, ihre konsolidierten Abschlüsse nach IAS-Vorschriften aufzustellen.[8] Eine Anwendung von US-GAAP wird hingegen nicht mehr als befreiender Konzernabschluss akzeptiert.[9] Allerdings besteht für Unternehmen, die ihre Konzernabschlüsse aufgrund der Zulassung ihrer Wertpapiere an der US-Börse nach den Vorschriften der US-GAAP aufstellen oder den Kapitalmarkt nur über Fremdkapitaltitel in Anspruch nehmen, eine zweijährige Verlängerung zum verpflichtenden Übergang zu IAS.[10] Mithin soll die einheitliche Aufstellung von Konzernabschlüssen nach internationalen Rechnungslegungsstandards die Markteffizienz erhöhen und die Kapitalkosten der Unternehmen senken.[11] Für Zwecke des Einzelabschlusses und des Konzernabschlusses nicht kapitalmarktorientierter Gesellschaften überlässt es die Verordnung dem nationalen Gesetzgeber, eine Verpflichtung, ein Wahlrecht oder ein Verbot zur Anwendung der IAS einzuführen.[12]

Der Übergang von einem HGB- zu einem IAS-Abschluss führt zu gravierenden Abweichungen zwischen Handels- und Steuerbilanz, da sich das in § 5 Abs. 1 EStG[13] kodifizierte Maßgeblichkeitsprinzip der Handelsbilanz für die Steuerbilanz auf die Rechtsnormen des HGB und nicht auf die Vorschriften der

---

[7]   Kapitalmarktorientierte Unternehmen zeichnen sich durch eine Börsennotierung ihrer Wertpapiere am geregelten Markt eines EU-Marktes aus. Vgl. Artikel 4, Verordnung (EG) Nr. 1606/2002 des Europäischen Parlaments und des Rates vom 19.7.2002 betreffend die Anwendung internationaler Rechnungslegungsstandards, in: Amtsblatt Nr. L 243 vom 11.9.2002, S. 1-4, hier: S. 4.

[8]   Vgl. Verordnung (EG) Nr. 1606/2002 des Europäischen Parlaments und des Rates vom 19.7.2002 betreffend die Anwendung internationaler Rechnungslegungsstandards, in: Amtsblatt Nr. L 243 vom 11.9.2002, S. 1-4.

[9]   Vgl. Busse von Colbe, Walther, Die deutsche Rechnungslegung vor einem Paradigmawechsel, in: ZfbF 2002, S. 159-172, hier: S. 160.

[10]   Vgl. Artikel 9, Verordnung (EG) Nr. 1606/2002 des Europäischen Parlaments und des Rates vom 19.7.2002 betreffend die Anwendung internationaler Rechnungslegungsstandards, in: Amtsblatt Nr. L 243 vom 11.9.2002, S. 1-4, hier: S. 4.

[11]   Vgl. Verordnung (EG) Nr. 1606/2002 des Europäischen Parlaments und des Rates vom 19.7.2002 betreffend die Anwendung internationaler Rechnungslegungsstandards, in: Amtsblatt Nr. L 243 vom 11.9.2002, S. 1-4, hier: S. 1.

[12]   Vgl. Artikel 5, Verordnung (EG) Nr. 1606/2002 des Europäischen Parlaments und des Rates vom 19.7.2002 betreffend die Anwendung internationaler Rechnungslegungsstandards, in: Amtsblatt Nr. L 243 vom 11.9.2002, S. 1-4, hier: S. 3.

[13]   Siehe EStG 2002, in der Fassung der Bekanntmachung vom 19. Oktober 2002, veröffentlicht in: BGBl. I 2002, S. 4210, ber. in: BGBl. I 2003, S. 179, in: Steuergesetze, Stand 1.3.2003, München 2003.

IAS bezieht.[14] Folglich wird zukünftig in signifikantem Maße das handels- vom steuerrechtlichen Ergebnis abweichen, sodass ein erhöhter Erklärungsbedarf hinsichtlich der Relation von handelrechtlichem Vorsteuerergebnis zu ausgewiesenem Steueraufwand entsteht.[15]

Aber auch in einem HGB-Abschluss bestehen regelmäßig erklärungsbedürftige Diskrepanzen zwischen ausgewiesenem Steueraufwand und Konzernergebnis. Obgleich im Rahmen eines HGB-Abschlusses diese Problematik aufgrund der engen Verbundenheit der Handels- und Steuerbilanz durch das Maßgeblichkeitsprinzip bislang nicht im Vordergrund des Interesses stand, entsteht jedoch durch die zunehmende Fiskalisierung der Steuerbilanz[16] bei einer gleichzeitigen Internationalisierung der Handelsbilanz[17] eine verstärkte Notwendigkeit, das Zustandekommen des handelsbilanziellen Steueraufwands detailliert zu erläutern. Diese Tendenz könnte sich durchaus noch verstärken, da derzeit die Zukunft der Maßgeblichkeit kontrovers diskutiert wird und ein Wegfall dieses Prinzips – zumindest mittelfristig – nicht unwahrscheinlich ist.[18] In Extremfällen ist es im Rahmen eines HGB-Konzernabschlusses aktuell schon möglich, dass

---

[14] Vgl. zum Maßgeblichkeitsprinzip z.B. Wehrheim, Michael/Renz, Anette, Die Steuerbilanz, München 2003, S. 14-22.

[15] Vgl. App, Jürgen G., Latente Steuern nach IAS, US-GAAP und HGB, in: KoR 2003, S. 209-214, hier: S. 109.

[16] Vielfache Abweichungen zwischen handels- und steuerrechtlichem Ergebnis sind beispielsweise auf das StEntlG 1999/2000/2002 und das StSenkG zurückzuführen. Vgl. Arbeitskreis Externe Unternehmensrechnung der Schmalenbach-Gesellschaft für Betriebswirtschaft e.V., Einfluss ausgewählter steuerrechtlicher Änderungen auf die handelsrechtliche Bilanzierung, in: DB 2000, S. 681-685; Hoffmann, Karsten, Analyse und Darstellung der Abweichungen zwischen handels- und steuerrechtlichem Jahresabschluss, in: StuB 2000, S. 961-974 und Schmidbauer, Rainer, Die Bilanzierung latenter Steuern nach HGB unter Berücksichtigung von E-DRS 12 sowie nach IAS auf Basis der Änderung der Steuergesetze, in: DB 2001, S. 1569-1576, hier: S. 1570-1571.

[17] Durch die mittlerweile zahlreichen Standards des DSR besteht diese Tendenz insbesondere im Rahmen des Konzernabschlusses. Vgl. Baetge, Jörg/Krumnow, Jürgen/Noelle, Jennifer, Das „Deutsche Rechnungslegungs Standards Committee" (DRSC), in: DB 2001, S. 769-774 und Niehus, Rudolf J., Die Zukunft der Standards des DRSC, in: DB 2001, S. 53-59.

[18] Zum aktuellen Diskussionsstand vgl. z.B. Arbeitskreis Bilanzrecht der Hochschullehrer Rechtswissenschaft, Zur Fortentwicklung des deutschen Bilanzrechts, in: BB 2002, S. 2372-2381 und Herzig, Norbert/Bär, Michaela, Die Zukunft der steuerlichen Gewinnermittlung im Licht des europäischen Bilanzrechts, in: DB 2003, S. 1-8.

einem Jahresfehlbetrag vor Steuern ein Steueraufwand gegenübersteht oder trotz eines positiven Vorsteuerergebnisses ein Steuerertrag ausgewiesen wird.[19]

Auch die zunehmende Internationalisierung von Unternehmensverbindungen und -tätigkeiten führt zu einem erhöhten Erläuterungsbedarf der ausgewiesenen Steuerlast.[20] Wenngleich auf das Jahresergebnis eines internationalen Konzerns typischerweise verschiedene Steuerhoheiten zugreifen, wird der Ertragsteueraufwand in der GuV regelmäßig in aggregierter Form gezeigt. Steuereffekte, die sich durch abweichende Steuersätze der einzelnen Steuerjurisdiktionen oder unterschiedliche steuerliche Bemessungsgrundlagen ergeben, bleiben dagegen im Verborgenen.

Das Interesse an der Konzernsteuerquote als unternehmensindividuelle Kennzahl wird zudem von der aktuellen Weltwirtschaftslage forciert.[21] In verhalteneren Börsenzeiten – geprägt von stagnierenden und teils rückläufigen Unternehmensumsätzen – wird mit Blick auf den Shareholder Value verstärkt versucht, durch Reduktion von Auszahlungen, d.h. auch Steuern,[22] das Ergebnis zu verbessern.[23]

Um aus Sicht des Unternehmensexternen die Aussagekraft der ausgewiesenen Konzernsteuerquote einschätzen zu können und aus Sicht des Unternehmensinternen eine gestaltende Einwirkung auf die Konzernsteuerquote zu ermöglichen, ist es in einem vorgelagerten Schritt notwendig, einzelne die Kennzahl beeinflussende Effekte durch Aufschlüsselung des ausgewiesenen Konzernsteueraufwands transparent zu machen. Diesbezüglich stellt die so genannte Tax Reconciliation die zentrale Informationsquelle dar: Die Tax Reconciliation ist eine Überleitungsrechnung, die Abweichungen zwischen der

---

[19] Vgl. z.B. Geschäftsbericht 2001 der Deutschen Telekom AG, S. 122 und S. 144. Im Geschäftsjahr 2001 steht einem Jahresfehlbetrag vor Steuern von 2.504 Mio. € ein Ertragsteueraufwand i.H.v. 751 Mio. € gegenüber. Der Bayer-Konzern erwirtschaftete im Geschäftsjahr 2002 hingegen einen Gewinn vor Steuern i.H.v. 956 Mio. €. Gleichwohl wird ein Steuerertrag von 107 Mio. € ausgewiesen. Vgl. Geschäftsbericht 2002 der Bayer AG, S. 4.

[20] Vgl. Herzig, Norbert, Gestaltung der Konzernsteuerquote – eine neue Herausforderung für die Steuerberatung?, in: WPg Sonderheft 2003, S. 80-92, hier: S. 80.

[21] Vgl. Stepholt, Ralf, Editorial, in: KPMG-Mitteilungen Juni 2002, S. 1.

[22] Vgl. z.B. Kußmaul, Heinz, Betriebswirtschaftliche Steuerlehre, 3. Aufl., München 2003, S. 162 und Werra, Matthias, Unternehmenssteuerreform: Aspekte des nationalen und internationalen Konzernrechts, in: FR 2000, S. 645-650, hier: S. 645.

[23] Zur Übertragung dieses Aspekts auf die Kennzahl EPS (Earnings per share) vgl. Herzig, Norbert, Gestaltung der Konzernsteuerquote – eine neue Herausforderung für die Steuerberatung?, in: WPg Sonderheft 2003, S. 80-92, hier: S. 80.

erwarteten und der im Konzernabschluss ausgewiesenen Steuergröße offenlegt und damit Diskrepanzen zwischen Konzernergebnis vor Steuern und ausgewiesenem Steueraufwand erklärt.[24] Im Idealfall, wenn sämtlichen tatsächlichen wie auch latenten Steuern der erwartete Ertragsteuersatz zugrunde liegt und alle Abweichungen zwischen handelsrechtlichem[25] Ergebnis und ertragsteuerlicher Bemessungsgrundlage im Rahmen der latenten Steuerabgrenzung berücksichtigt werden, ist eine Erläuterung des ausgewiesenen Steueraufwands nicht notwendig. Eine Überleitungsrechnung ist insofern hinfällig, da die erwartete und ausgewiesene Steuerbelastung übereinstimmen.[26] Dies ist allerdings – wie bereits angedeutet – nicht der Regelfall.[27]

Vor dem beschriebenen Hintergrund soll im Rahmen dieser Untersuchung die Tax Reconciliation genauer betrachtet werden. Dabei sind primär die einzelnen Bestandteile der Überleitungsrechnung systematisch zu analysieren, aber auch potenzielle Verwendungsmöglichkeiten der Tax Reconciliation aufzuzeigen. Mithin wird bei der Analyse der Überleitungsrechnung auf einen internationalen Kapitalgesellschaftskonzern mit einer deutschen Obergesellschaft abgestellt. Besonderheiten, die aus der Beteiligung und Besteuerung von Personengesellschaften und natürlichen Personen resultieren, werden folglich nicht in die Betrachtung einbezogen.

1.2 Gang der Untersuchung

Zunächst soll der Gang der Untersuchung in seiner Grundstruktur dargestellt werden. Darauf folgend wird der Aufbau der einzelnen Kapitel im Detail erläutert.

Im Anschluss an das in die Thematik einführende erste Kapitel widmet sich das zweite Kapitel den konzeptionellen Grundlagen der Überleitungsrechnung. Die Kapitel drei bis fünf sind nach den Bestandteilen der Tax Reconciliation

---

[24] Vgl. Fischer, Wolfgang Wilhelm, Bilanzierung latenter Steuern (deferred taxes) nach IAS 12 (rev. 2000), in: BBK 2002, Fach 20, S. 669-686, hier: S. 682 und Hannemann, Susanne/ Peffermann, Petra, IAS-Konzernsteuerquote: Begrenzte Aussagekraft für die steuerliche Performance eines Konzerns, in: BB 2003, S. 727-733, hier: S. 728.

[25] Im Rahmen allgemeingültiger Aussagen wird nachfolgend der Begriff des handelsrechtlichen Ergebnisses in Abgrenzung zum Steuerbilanzergebnis sowohl für einen HGB- als auch einen IAS-Abschluss verwendet.

[26] Vgl. Haag, Stefan/von Rotz, Alex, IAS 12 Ertragsteuern, in: ST 1998, S. 795-806, hier: S. 797.

[27] Vgl. Marx, Franz Jürgen, Steuern in der externen Rechnungslegung, Herne/Berlin 1998, S. 4 und 180.

gegliedert: Während die Kapitel drei und vier die Ausgangsgrößen der Überleitungsrechnung in Form des effektiven Steuersatzes (Konzernsteuerquote) und
des erwarteten Steuersatzes (Referenzsteuersatz) analysieren, werden im fünften
Kapitel einzelne Überleitungspositionen näher untersucht. Aufbauend auf den
zuvor gewonnenen Erkenntnissen werden im sechsten Kapitel mögliche Ziele
einer steuerlichen Konzernpolitik sowie deren Erreichen diskutiert. Abschließend werden die Ergebnisse der Untersuchung thesenförmig zusammengefasst.

Die dezidierte Analyse der einzelnen Bestandteile der Überleitungsrechnung
setzt in einem vorgelagerten Schritt voraus, dass die konzeptionellen
Grundlagen der Tax Reconciliation bekannt sind. Diese werden im zweiten
Kapitel erläutert, indem zunächst die relevanten Vorschriften zur
Überleitungsrechnung für einen HGB- und einen IAS-Abschluss dargestellt
werden. Neben den Regelungen des IAS 12[28] wird dabei auf DRS 10[29] sowie
deren Entstehungsgeschichten eingegangen.[30] Auf Basis der Standards zur
Überleitungsrechnung werden sodann alternative Überleitungsmethoden
vorgestellt, deren praktische Anwendung anhand der DAX-30-Unternehmen
aufgezeigt wird. Obgleich die Methoden den Aufbau der Tax Reconciliation in
Grundzügen skizzieren, bleiben Fragen hinsichtlich der Ermittlung und des
Ausweises einzelner Überleitungspositionen offen. Diesbezüglich werden
mögliche Überleitungspositionen nach ihren Ursachen kategorisiert und ihre
Ermittlung in Abhängigkeit von der zugrunde liegenden Methode formelmäßig
dargestellt. Zudem werden alternative Vorgehensweisen des Ausweises von
Überleitungspositionen und eine potenzielle Saldierung diskutiert, denen sich –
nach Erstellung der Überleitungsrechnung – das Problem der Verprobung
anschließt. Das zweite Kapitel abschließend werden denkbare Funktionen der
Überleitungsrechnung erörtert, die sich nicht zuletzt aus den zuvor
beschriebenen Sachverhalten und Problembereichen entwickeln lassen.

Ausgangspunkt der Überleitungsrechnung, wie bereits dargestellt, ist die Tatsache, dass der ausgewiesene Steueraufwand in der Regel nicht oder nur unzureichend mit dem Konzernergebnis vor Steuern korrespondiert. Um die Gesamtabweichung zwischen effektivem und erwartetem Steuersatz in Einzelpositionen

---

[28]   IAS 12 (überarbeitet 2000), in: International Accounting Standards 2002 (Deutsche
         Ausgabe), IASB (Hrsg.), Stuttgart 2002, fortan zitiert als IAS 12.Paragraf.

[29]   DRS 10, DRSC (Hrsg.), in: Bundesanzeiger, Jahrgang 54 vom 9.4.2002, S. 1-8. Fortan
         zitiert als DRS 10.Tz.

[30]   Die Darstellung der Entstehungsgeschichten beschränkt sich aufgrund der Aktualität
         und der Anlehnung an etablierte internationale Vorschriften primär auf DRS 10.
         Gleichwohl wird auch die Entwicklung des IAS 12 hinsichtlich der Tax Reconciliation
         in Grundzügen skizziert.

aufzuspalten und damit spezifische Divergenzen erläutern zu können, sind zuerst die Einflussfaktoren von effektivem und erwartetem Steuersatz zu untersuchen. Da diese beiden Größen die Höhe der in der Überleitungsrechnung zu erläuternden Gesamtabweichung determinieren, besteht zwischen effektivem und erwartetem Steuersatz eine wechselseitige Beziehung: Jeder Sachverhalt, der im ausgewiesenen, aber nicht im erwarteten Steuersatz seinen Niederschlag findet, ist ebenso wie jeder Geschäftsvorfall, der im erwarteten, nicht aber im ausgewiesenen Steuersatz berücksichtigt wird, in der Überleitungsrechnung aufzuführen.

Vor diesem Hintergrund wird die Konzernsteuerquote als Ausgangspunkt der Überleitungsrechnung im dritten Kapitel näher untersucht, indem sie in ihre einzelnen Bestandteile aufgespalten wird. Da nicht nur tatsächliche Steuern, sondern maßgeblich auch latente Steuern die Konzernsteuerbelastung beeinflussen, folgt eine ausführliche Erörterung der latenten Steuerabgrenzung. Die Bilanzierung latenter Steuern wird anhand der Untergliederungspunkte „Konzepte", „Ansatz", „Bewertung" und „Ausweis" dargestellt, die jeweils mit einer zusammenfassenden Betrachtung der Auswirkungen auf die Überleitungsrechnung enden.

Zur Identifizierung einzelner Überleitungspositionen ist zunächst der Umfang der Steuerabgrenzung von Bedeutung, der vom zugrunde liegenden Konzept latenter Steuern determiniert wird. Dabei steht auf der einen Seite das HGB-konforme Timing-Konzept, auf der anderen Seite das Temporary-Konzept, das im angloamerikanischen Rechtsraum zur Anwendung kommt. Eine Besonderheit besteht bei der latenten Steuerabgrenzung nach DRS 10, da diese Vorschrift Bestandteile beider Konzepte beinhaltet und insofern als „Misch"-Konzept bezeichnet werden kann. Den Ausführungen zu den steuerlichen Abgrenzungskonzepten schließt sich ein Überblick über die spezifischen Ansatzvorschriften an. Hierbei wird zwischen aktivischen und passivischen latenten Steuern, aber auch hinsichtlich der Erfolgswirkung und Ermittlungsart unterschieden. Bezüglich der Bewertung von Steuerlatenzen werden zunächst die theoretischen Methoden vorgestellt, bevor die Bewertungsmaßstäbe im HGB- und IAS-Abschluss analysiert werden. In diesem Zusammenhang wird auf die Problematik des anzuwendenden Steuersatzes im Konzern eingegangen, die bei Erstellung einer Konzernüberleitungsrechnung von besonderer Brisanz ist. Den Abschnitt zur latenten Steuerabgrenzung abschließend werden die Regelungen zum Ausweis in Bilanz, GuV und Anhang erläutert.

Das dritte Kapitel endet mit einer Untersuchung der Aussagekraft der Konzernsteuerquote anhand der zuvor gewonnenen Erkenntnisse. Hierbei wird einerseits der grundsätzliche Effekt latenter Steuern auf den funktionalen Zusammenhang zwischen ausgewiesenem Steueraufwand und Konzernergebnis vor Steuern aufgezeigt, andererseits aber auch eine Vielzahl von Sachverhalten benannt, die die Aussagekraft des effektiven Steuersatzes beschränken.

Zur Komplettierung der in der Überleitungsrechnung zu untersuchenden Gesamtabweichung ist im vierten Kapitel die zweite Ausgangsgröße der Tax Reconciliation in Form des erwarteten Steuersatzes zu erörtern. Der Gang der Untersuchung dieses Abschnitts entspricht in der Grundkonzeption dem dritten Kapitel: Der Ermittlung des Referenzsteuersatzes folgt eine Untersuchung der Aussagekraft dieser Steuergröße.

Das vierte Kapitel einleitend sind zunächst die in den erwarteten Steuersatz einzubeziehenden Steuerarten zu eruieren, um im nächsten Schritt mögliche Anknüpfungspunkte für die konkrete Ermittlung des Referenzsteuersatzes ausfindig zu machen. Potenzielle Ausgangspunkte bei der Bestimmung des erwarteten Steuersatzes bestehen zum einen im gesetzlichen Steuersatz, zum anderen im durchschnittlichen effektiven Steuersatz der vergangenen Perioden. Beiden Varianten kann sowohl ein so genannter Homebased-Ansatz als auch ein Konzern-Ansatz zugrunde liegen. Während beim Homebased-Ansatz die steuerlichen Verhältnisse der Obergesellschaft hinsichtlich der Ermittlung des erwarteten Steuersatzes im Vordergrund stehen, wird beim Konzern-Ansatz der gesamte Unternehmensverbund betrachtet. Der Darstellung der alternativen Betrachtungsweisen folgt jeweils eine Untersuchung hinsichtlich der Auswirkungen auf die Überleitungsrechnung. Daraufhin werden die Regelungen des DRS 10 sowie des IAS 12 bezüglich der alternativen Ermittlungsweisen sowie deren Umsetzung in der Praxis anhand der DAX-30-Unternehmen analysiert. Vor dem Hintergrund der Vorschriften des DRS 10 und des IAS 12 werden abschließend die Gestaltungsalternativen des Referenzsteuersatzes hinsichtlich ihres Einflusses auf Überleitungspositionen, aber auch bezüglich ihrer Übereinstimmung mit den Funktionen der Tax Reconciliation beurteilt.

Während die Kapitel drei und vier den Ist- und den Soll-Wert der Überleitungsrechnung in Form des effektiven und erwarteten Steuersatzes untersuchen, wird im fünften Kapitel die aus diesen beiden Werten resultierende Gesamtabweichung durch Aufspaltung in einzelne Teilabweichungen analysiert. Mithin wird bei der Ermittlung einzelner Überleitungspositionen auf grundlegende Erkenntnisse des zweiten Kapitels, beispielsweise im Hinblick auf die Kategorisierung verschiedener Abweichungsursachen und die Erstellungssystematik der Tax Reconciliation, zurückgegriffen. Die Untersuchungsergebnisse des dritten und vierten Kapitels sind im Rahmen des fünften Kapitels ebenfalls unabkömmlich, um einzelne Teilabweichungen zu eruieren und deren Wirkung auf das Verhältnis von ausgewiesener Steuerlast zum Vorsteuerergebnis zu verdeutlichen.

Die einzelnen Überleitungspositionen sind im fünften Kapitel – sofern mög
lich – in Gruppen zusammengefasst. Die erste Gruppe umfasst steuerfreie Einnahmen, bei denen zunächst die Befreiungen des § 8b Abs. 1 und 2 KStG[31] im
Fokus der Untersuchung stehen. Anschließend werden die Auswirkungen so
genannter Investitionszulagen auf die Überleitungsrechnung analysiert, die
ebenfalls unter die steuerfreien Einnahmen zu subsumieren sind. Als Pendant
zur ersten Abweichungsgruppe werden in einer zweiten Gruppe nicht abzugsfähige Ausgaben und Aufwendungen aufgelistet. Die Untergliederung erfolgt
hierbei nach den einzelnen Rechtsnormen der jeweiligen Steuergesetze. Mithin
wird auf Vorschriften des EStG, des KStG sowie der AO eingegangen. Im
Anschluss wird in einer dritten Gruppierung die Ermittlung von Überleitungspositionen aufgezeigt, denen eine Modifikation des steuerbilanziellen
Ergebnisses aufgrund einer gesellschaftsrechtlich veranlassten Zuwendung
zugrunde liegt. Im Einzelnen sind dies verdeckte Gewinnausschüttungen,
verdeckte Einlagen sowie Gewinnberichtigungen des § 1 AStG[32]. Darauf
folgend werden den speziellen Ergebnismodifikationen des AStG in Form der
Hinzurechnungsbesteuerung fiktiver Dividenden einerseits und des GewStG in
Ausgestaltung von Hinzurechnungen und Kürzungen andererseits der vierte
respektive fünfte Abschnitt des fünften Kapitels gewidmet.

Die sechste Gruppe beinhaltet Inkongruenzen zwischen erwarteter und effektiver Steuergröße, die auf abweichende tatsächliche Steuersätze zurückzuführen
sind. Unter diesen Gliederungspunkt sind zunächst Auswirkungen ausländischer
Steuersätze sowie der Einfluss der unterschiedlichen Methoden zur Vermeidung
einer Doppelbesteuerung zu subsumieren. In der Überleitungsrechnung aufzuführende Steuersatzabweichungen können zudem aus Körperschaftsteuerminderungen und -erhöhungen im Rahmen des Übergangs zum Halbeinkünfteverfahren, gewerbesteuerlichen Hebesätzen sowie aus dem inländischen
Quellenabzug in Form der Kapitalertragsteuer resultieren.

An die Steuersatzabweichungen schließt sich im folgenden Gliederungspunkt
eine Untersuchung steuerlicher Verluste an. Mithin ist in diesem Zusammenhang zwischen einem Verlustrücktrag und einem Verlustvortrag zu unterscheiden. Für eine detaillierte Analyse der Auswirkungen steuerlicher Verluste
auf die in der Tax Reconciliation überzuleitenden Steuergrößen ist es ferner
zwingend erforderlich, Verlustabzugs- und -verrechnungsbeschränkungen zu

---

[31] Siehe KStG 2002, in der Fassung der Bekanntmachung vom 15. Oktober 2002,
 veröffentlicht in: BGBl. I 2002, S. 4144, in: Steuergesetze, Stand 1.3.2003, München
 2003.

[32] Siehe Gesetz über die Besteuerung bei Auslandsbeziehungen (AStG) vom 8. September
 1972, veröffentlicht in: BGBl. I 1972, S. 1713, in: Steuergesetze, Stand 1.3.2003, München 2003.

beachten und potenzielle steuerliche Verlustnutzungen im Konzernverbund durch das Rechtsinstitut der ertragsteuerlichen Organschaft zu prüfen.

In der achten Abweichungsgruppe werden latente Steuern untersucht, die entweder eine abweichende Bewertung im Vergleich zum tatsächlichen Steuersatz oder einen periodenfremden Charakter aufweisen. Letzteres Merkmal wird innerhalb der Abweichungsgruppe anhand von Steuersatzänderungen, Umqualifizierung von Differenzen sowie Wertberichtigungen latenter Steuern aufgrund steuerlicher Verluste dargestellt und jeweils gesondert hinsichtlich ihrer Auswirkungen auf die Überleitungsrechnung überprüft. An diesen Problembereich schließt sich der neunte Gliederungspunkt des fünften Kapitels nahtlos an, in dem periodenfremde Steueraufwendungen und -erträge untersucht werden, die nicht auf latente, sondern auf tatsächliche Steuern zurückzuführen sind.

Die Überleitungspositionen der zehnten Abweichungsgruppe haben als Ausgangspunkt konsolidierende Maßnahmen gemein. Zunächst wird die Kapitalkonsolidierung behandelt, bei der der resultierende Unterschiedsbetrag im Fokus der Untersuchung steht. Anschließend werden einzelne Abweichungen aufgrund der Aufwands- und Ertragskonsolidierung sowie der Zwischenergebniseliminierung analysiert. Den letzten Gliederungspunkt des fünften Kapitels bilden in der Tax Reconciliation aufzuführende Überleitungspositionen, die aus der Anwendung der Equity-Methode zur Integration von Gesellschaften in den Konzernabschluss resultieren.

Vor dem Hintergrund der zunehmenden Bedeutung der Konzernsteuerquote als unternehmensspezifische Kennzahl werden im sechsten Kapitel denkbare Auswirkungen auf die Konzernsteuerpolitik beschrieben. Nach der Benennung möglicher Ziele der Steuerplanung werden auf Grundlage der Tax Reconciliation Gestaltungsmaßnahmen hinsichtlich der Konzernsteuerquote aufgezeigt, wobei zwischen Einflussmöglichkeiten auf tatsächliche und latente Steuern zu differenzieren ist. Darauf folgend wird potenziell notwendiger Koordinationsbedarf der Gestaltungsmaßnahmen bezüglich verschiedener Ziele der Steuerpolitik, aber auch hinsichtlich einzelner Abteilungen im Konzernverbund analysiert.

Die Ergebnisse der Untersuchung der Tax Reconciliation werden abschließend im siebten Kapitel thesenförmig aufbereitet. Der innere Aufbau der Zusammenfassung orientiert sich dabei an der zuvor dargestellten Grundstruktur der einzelnen Kapitel.

2. Konzeptionelle Grundlagen der Überleitungsrechnung

2.1 Vorschriften zur Überleitungsrechnung

2.1.1 HGB-Abschluss

Die im Rahmen des Konzernabschlusses geforderten Anhangsangaben haben in Deutschland tendenziell einen erheblich geringeren Umfang, als dies nach internationalen Rechnungslegungsvorschriften der Fall ist.[33] Dementsprechend ist nach geltendem Recht im HGB auch keine Überleitungsrechnung als erklärender Zusatz zum Steuerausweis vorgeschrieben. Allerdings wurde am 18.1.2002 mit DRS 10 „Latente Steuern im Konzernabschluss" ein Standard des DRSC verabschiedet, der nicht nur Vorschriften zu Ansatz, Bewertung und Ausweis latenter Steuern im Konzernabschluss, sondern auch Regelungen zur Überleitungsrechnung beinhaltet. Mithin sind die Normen des DRS 10 von Unternehmen, die nach § 290 HGB oder § 11 PublG[34] einen Konzernabschluss verpflichtend aufzustellen haben oder ihn freiwillig aufstellen, erstmals in Geschäftsjahren anzuwenden, die nach dem 31.12.2002 beginnen.[35]

Mit den Standards des DSR wird die Intention verfolgt, die deutsche Konzernrechnungslegung an internationale Standards anzunähern.[36] Da die Anpassung an internationale Bilanzierungsgepflogenheiten nur insoweit erfolgen darf, wie dies mit den handelsrechtlichen Grundsätzen vereinbar ist, wird bei Standards des DSR gem. § 342 HGB Konformität mit den GoB vermutet.[37] Gesetzeskraft erlangen die Vorschriften dagegen nicht. Sofern die vom DSR angedachten Änderungen weder mit handelsrechtlichen Bilanzierungs- und Bewertungswahl-

---

[33] Vgl. Heno, Rudolf, Jahresabschluss nach Handelsrecht, Steuerrecht und internationalen Standards (IAS/IFRS), 3. Aufl., Heidelberg 2003, S. 441 und Kirsch, Hanno, Angabepflichten für Ertragsteuern nach IAS und deren Generierung im Finanz- und Rechnungswesen, in: StuB 2002, S. 1189-1196, hier: S. 1189.

[34] Siehe PublG vom 15. August 1969, veröffentlicht in: BGBl. I 1969, S. 1189, in: Wirtschaftsgesetze, Stand 1.3.2003, München 2003.

[35] Vgl. DRS 10.45.

[36] Vgl. o.V., Aufgaben und Ziele des DRSC/DSR, in: www.drsc.de/ger/gasc/_tasks.html, abgerufen am 5.4.2002.

[37] Vgl. Gräbsch, Ivonne, Bilanzierung latenter Steuern im Konzernabschluss nach DRS 10, in: StuB 2002, S. 743-750, hier: S. 743 und Sauter, Thomas/Heurung, Rainer/Fischer, Wolfgang-Wilhelm, Erfassung von latenten Steuern im Konzernabschluss nach E-DRS 12, in: BB 2001, S. 1783-1788, hier: S. 1783.

rechten vereinbar noch als klarstellende Gesetzesinterpretation zu verstehen sind, werden vom DRSC entsprechende Gesetzesänderungen vorgeschlagen.

E-DRS 12 „Latente Steuern im Konzernabschluss" ging am 13.7.2001 DRS 10 als Standardentwurf voran.[38] Nach E-DRS 12 besteht de lege lata keine Pflicht, sondern lediglich eine Empfehlung zur Erstellung einer Tax Reconciliation.[39] Dabei soll in Form einer Überleitungsrechnung entweder der Zusammenhang zwischen dem erwarteten Steueraufwand/-ertrag und dem ausgewiesenen Steueraufwand/-ertrag[40] oder alternativ der Zusammenhang zwischen dem erwarteten und dem ausgewiesenen Steuersatz dargestellt werden. Bei der Ermittlung der erwarteten Steuergröße ist der in Deutschland geltende gesetzliche Steuersatz heranzuziehen.[41] Sofern der Empfehlung zur Erstellung einer Überleitungsrechnung nicht gefolgt wird, müssen gem. E-DRS 12 zumindest die wesentlichen Abweichungen zwischen erwarteter und ausge- wiesener Steuergröße verbal im Anhang erläutert werden.[42]

De lege ferenda sieht der DSR jedoch die Notwendigkeit zur Einführung einer verpflichtend zu erstellenden Überleitungsrechnung, um somit der inter- nationalen Praxis zu entsprechen.[43] Die angestrebte Neuregelung wird in E-DRS 12 nicht nur mit internationalen Gepflogenheiten begründet, sondern auch mit regelmäßig vorhandenen Verwerfungen zwischen dem im HGB-Konzernab- schluss ausgewiesenen Steueraufwand und dem erwarteten Steueraufwand.[44]

---

[38] Vgl. E-DRS 12, in: http://www.standardsetter.de/drsc/doc/12.html, abgerufen am 20.7.2002; Sauter, Thomas/Heurung, Rainer/Fischer, Wolfgang-Wilhelm, Erfassung von latenten Steuern im Konzernabschluss nach E-DRS 12, in: BB 2001, S. 1783-1788; Schmidbauer, Rainer, Die Bilanzierung latenter Steuern nach HGB unter Berück- sichtigung von E-DRS 12 sowie nach IAS auf Basis der Änderung der Steuergesetze, in: DB 2001, S. 1569-1576 und Wendlandt, Klaus/Vogler, Gerlinde, Latente Steuern nach E-DRS 12 im Vergleich mit IAS, US-GAAP und bisheriger Bilanzierung nach HGB sowie Kritik an E-DRS 12, in: KoR 2001, S. 244-254.

[39] Vgl. E-DRS 12, in: http://www.standardsetter.de/drsc/doc/12.html, abgerufen am 20.7.2002, hier: Tz. 40.

[40] Nachfolgend wird in diesem Zusammenhang nur noch vom Regelfall des Steuer- aufwands gesprochen. Die Aussagen sind aber ebenfalls auf einen Steuerertrag über- tragbar.

[41] Vgl. DRS 10.42.

[42] Vgl. Wendlandt, Klaus/Vogler, Gerlinde, Latente Steuern nach E-DRS 12 im Vergleich mit IAS, US-GAAP und bisheriger Bilanzierung nach HGB sowie Kritik an E-DRS 12, in: KoR 2001, S. 244-254, hier: S. 251.

[43] Vgl. E-DRS 12, in: http://www.standardsetter.de/drsc/doc/12.html, abgerufen am 20.7. 2002, hier: Anhang A: Empfehlungen de lege ferenda, Tz. A 8.

[44] Vgl. E-DRS 12, in: http://www.standardsetter.de/drsc/doc/12.html, abgerufen am 20.7. 2002, hier: Anhang B: Begründung des Entwurfs, Tz. B 17.

Um die Problematik zu verdeutlichen, werden beispielhaft steuerfreie Einnahmen, nicht abzugsfähige Ausgaben und abweichende ausländische Steuersätze aufgeführt, die Abweichungen zwischen den in der Tax Reconciliation überzuleitenden Steuergrößen begründen.[45]

E-DRS 12 beinhaltet die Aufforderung an interessierte Personen und Organisationen zur Stellungnahme.[46] Im Rahmen des zeitlich begrenzten Aufrufs wurde dazu angehalten, verschiedene Fragen zu beantworten, von denen sich zwei auf die im Entwurf geforderten Angaben im Konzernanhang bezogen. Dabei wurde nicht ausdrücklich um eine Stellungnahme bezüglich der geplanten Regelung zur Überleitungsrechnung gebeten, sondern allgemein nach der Angemessenheit des Anhangumfangs sowie nach eventuellen Ergänzungen oder Eliminierungen von bestimmten Angabepflichten gefragt.[47] Insgesamt veröffentlichte das DRSC auf seiner Homepage 15 Stellungnahmen zum Standardentwurf,[48] die sowohl hinsichtlich der Notwendigkeit einer umfangreichen Offenlegung von Anhangsangaben im Zusammenhang mit dem konzernlichen Steuerausweis im Allgemeinen als auch dem Erstellen einer Überleitungsrechnung im Speziellen ein uneinheitliches Meinungsbild widerspiegeln.

Während einige Stellungnahmen nicht auf die vom DRS geforderten Anhangsangaben eingehen,[49] werden in anderen Stellungnahmen die Anhangsangaben als grundsätzlich angemessen eingestuft,[50] im Einzelfall aber auch für „völlig

---

[45]   Vgl. E-DRS 12, in: http://www.standardsetter.de/drsc/doc/12.html, abgerufen am 20.7. 2002, hier: Anhang B: Begründung des Entwurfs, Tz. B 17.

[46]   Zur Einbeziehung der an der Konzernrechnungslegung interessierten Öffentlichkeit in die Entwicklung der Standards vgl. o.V., Aufgaben und Ziele des DRSC/DSR, in: www.drsc. de/ger/ gasc/_tasks.html, abgerufen am 5.4.2002.

[47]   Vgl. E-DRS 12, in: http://www.standardsetter.de/drsc/doc/12.html, abgerufen am 20.7. 2002, hier: Aufforderung zur Stellungnahme, Fragen 15 und 16.

[48]   Vgl. Stellungnahmen zu E-DRS 12, in: http://www.drsc.de/ger/standards/index.html, abgerufen am 20.7.2002.

[49]   Vgl. beispielsweise Beermann, Thomas, Stellungnahme der RWE AG zu E-DRS 12, in: http://www.drsc.de/ger/standards/index.html, abgerufen am 20.7.2002 und Boss/Burkhardt, Stellungnahme des Bundesverband deutscher Banken zum E-DRS 12, in: http://www.standardsetter.de/drsc/doc/comments/12_bvb.pdf, abgerufen am 20.7.2002.

[50]   Vgl. z.B. o.V., Stellungnahme der Thyssen Krupp AG zu E-DRS 12, in: http://www.standardsetter.de/drsc/doc/comments/12_thyssen_2.pdf; Müller/Kleber, Stellungnahme der BASF AG zu E-DRS 12, in: http://www.standardsetter.de/drsc/ doc/comments/12_basf.htm und Menn, B.-J., Stellungnahme der Bayer AG zu E-DRS 12, in: http://www.standardsetter.de/drsc/doc/comments/12_bayer.pdf, jeweils abgerufen am 20.7.2002.

unangemessen"[51] gehalten. Explizit kommentieren nur vier der 15 Stellungnahmen die in E-DRS 12 empfohlene Überleitungsrechnung. Auch hierbei lässt sich wiederum ein weit auseinander gehendes Meinungsspektrum feststellen: Zwei Stellungnahmen beurteilen das Erstellen einer Überleitungsrechnung als zu aufwendig in Relation zu ihrem Nutzen für die Abschlussadressaten und erachten daher eine verbale Beschreibung wesentlicher Effekte als ausreichend.[52] Die verbleibenden zwei Stellungnahmen befürworten eine verpflichtende Offenlegung der Überleitungsrechnung im Konzernanhang für alle Unternehmen, die in den Anwendungsbereich des E-DRS 12 fallen.[53] Diese Empfehlung, das Wahlrecht in eine Pflicht zu transformieren, wird – ähnlich der Argumentation im Standardentwurf selbst – mit einem „besseren Einblick in die Zusammensetzung der Steuern vom Einkommen und Ertrag"[54] sowie dem internationalen Status der Tax Reconciliation als „sehr wichtiges Informationsinstrument"[55] begründet. Zudem wird, bedingt durch den Erstellungsaufwand der Tax Reconciliation, auf die Gefahr einer regelmäßigen Ausübung des Wahlrechts in Form eines Verzichts auf die Offenlegung einer Überleitungsrechnung hingewiesen.[56]

Die Vorschriften des am 18.1.2002 verabschiedeten DRS 10 weichen in Bezug auf die Überleitungsrechnung jedoch in einigen Punkten grundlegend vom Standardentwurf ab: Nunmehr besteht nach DRS 10 die Pflicht zur Erstellung einer Überleitungsrechnung, die allerdings auf kapitalmarktorientierte Unternehmen beschränkt ist.[57] Mithin zeichnet sich ein kapitalmarktorientiertes Unternehmen – gem. Definition des DRS 10 – durch von ihm oder einem Tochterunternehmen

---

[51] O.V., Stellungnahme der K+S AG zu E-DRS 12, in: http://www.drsc.de/ger/standards/index.html, abgerufen am 20.7.2002.

[52] Vgl. o.V., Stellungnahme der Volkswagen AG zu E-DRS 12, in: http://www.drsc.de/ger/ standards/index.html, abgerufen am 20.7.2002 und Wilhelm, Michael/Ernsting, Ingo, Stellungnahme der E.ON AG zu E-DRS 12, in: http://www.drsc.de/ger /standards/index.html, abgerufen am 20.7.2002.

[53] Vgl. Gross, Gerhard, Stellungnahme des IDW zu E-DRS 12, in: http://www.standardsetter.de/drsc/doc/comments/12_idw.pdf, abgerufen am 20.7.2002 und Sachs, Harald/Modla, Markus, Stellungnahme der Metro AG zu E-DRS 12, in: http://www.standardsetter.de/drsc/doc/comments/12_metro.pdf, abgerufen am 20.7.2002.

[54] Sachs, Harald/Modla, Markus, Stellungnahme der Metro AG zu E-DRS 12, in: http:// www.standardsetter.de/drsc/doc/comments/12_metro.pdf, abgerufen am 20.7.2002.

[55] Gross, Gerhard, Stellungnahme des IDW zu E-DRS 12, in: http://www.standardsetter. de/drsc/doc/comments/12_idw.pdf, abgerufen am 20.7.2002.

[56] Vgl. Gross, Gerhard, Stellungnahme des IDW zu E-DRS 12, in: http://www.standardsetter. de/drsc/doc/comments/12_idw.pdf, abgerufen am 20.7.2002.

[57] Vgl. DRS 10.42-43.

auf einem organisierten Markt i.S. des § 2 Abs. 5 WpHG[58] ausgegebene Wertpapiere i.S. des § 2 Abs. 1 Satz 1 WpHG aus.[59] Nicht kapitalmarktorientierte Unternehmen müssen hingegen weder eine Überleitungsrechnung publizieren noch sind sie zur verbalen Erläuterung wesentlicher Differenzen verpflichtet.[60] Der Entwurf des Standards sieht dagegen verbale Ausführungen zu Abweichungen zwischen erwartetem und ausgewiesenem Steueraufwand im Konzernabschluss für sämtliche Unternehmen zwingend vor, die nach § 290 HGB verpflichtend einen Konzernabschluss aufzustellen haben und auf die Erstellung einer Überleitungsrechnung verzichten.[61] Eine entsprechende Anwendung der Vorschriften des E-DRS 12 wird Unternehmen empfohlen, die nach § 11 PublG zur Aufstellung eines Konzernabschlusses verpflichtet sind oder einen Konzernabschluss freiwillig aufstellen.[62] Mit den Vorschriften des DRS 10 zur Überleitungsrechnung wurde auf beide Seiten der konträren Anregungen im Rahmen der Stellungnahmen zum Standardentwurf eingegangen: Zum einen wird die Überleitungsrechnung verpflichtend als zusätzliches Informationsinstrument eingeführt und damit auch der Aspekt des internationalen Status berücksichtigt, zum anderen erfolgt aber auch eine Begrenzung des Kreises der erstellungspflichtigen Unternehmen auf kapitalmarktorientierte Gesellschaften, wodurch das Argument des hohen Erstellungsaufwands der Überleitungsrechnung aufgegriffen wird.

2.1.2 IAS/IFRS-Abschluss

Mit IAS 12 „Ertragsteuern"[63] existiert ein Standard des IASB, der umfassend, d.h. sowohl für den IAS-Einzelabschluss als auch für den IAS-Konzernabschluss, die bilanzielle Behandlung von tatsächlichen und latenten Ertragsteuern regelt. Unter anderem zeichnet sich dieser Standard durch eine Vielzahl

---

58   Siehe WpHG, in der Fassung der Bekanntmachung vom 9. September 1998, veröffentlicht in: BGBl. I 1998, S. 2708, in: Wirtschaftsgesetze, Stand 1.3.2003, München 2003.

59   Vgl. DRS 10.3.

60   Vgl. DRS 10.43.

61   Vgl. E-DRS 12, in: http://www.standardsetter.de/drsc/doc/12.html, abgerufen am 20.7. 2002, hier: Tz. 1 und 40.

62   Vgl. E-DRS 12, in: http://www.standardsetter.de/drsc/doc/12.html, abgerufen am 20.7. 2002, hier: Tz. 2 und Sauter, Thomas/Heurung, Rainer/Fischer, Wolfgang-Wilhelm, Erfassung von latenten Steuern im Konzernabschluss nach E-DRS 12, in: BB 2001, S. 1783-1788, hier: S. 1783-1784.

63   Sofern nicht abweichend verdeutlicht, beziehen sich Angaben des IAS 12 auf die aktuellste Version „überarbeitet 2000", deren verbindliche Anwendung für alle Geschäftsjahre gilt, die nach dem 31.12.2000 beginnen. Vgl. IAS 12.91.

von verpflichtend offen zu legenden Angaben im Anhang aus.[64] Neben der gesonderten Angabe der wesentlichen Bestandteile des Steueraufwands bzw. -ertrags[65] ist nach den Vorschriften des IAS 12 die Relation zwischen handelsrechtlichem Vorsteuerergebnis und Steueraufwand zu erläutern.[66] Diese Erläuterungen zur Steuerquote, die als neues Element der Offenlegung durch IAS 12 (überarbeitet 1996) eingeführt wurden,[67] müssen zwingend die Form einer Überleitungsrechnung aufweisen.[68] Eine verbale Beschreibung wesentlicher Einflussfaktoren auf die Steuerquote ist dagegen nicht hinreichend. Entsprechend des zuvor skizzierten umfassenden Anwendungsbereichs von IAS 12 ist eine Tax Reconciliation – im Gegensatz zu DRS 10 – nicht nur von kapitalmarktorientierten Gesellschaften im Konzernabschluss zu erstellen, sondern von sämtlichen Unternehmen, die nach den Vorschriften der IAS Rechnung legen.

Die Überleitung kann nach IAS 12.81 entweder zwischen dem effektiven und dem erwarteten Steueraufwand oder alternativ zwischen effektivem und erwartetem Steuersatz erfolgen.[69] Die verpflichtende Erstellung einer Überleitungsrechnung wird vom IASB mit dem Informationsinteresse der

---

[64] Vgl. Coenenberg, Adolf G./Hille, Klaus, IAS 12: Bilanzierung von Ertragsteuern, in: Rechnungslegung nach International Accounting Standards, Baetge, Jörg u.a. (Hrsg.), Stuttgart 1997, S. 397-441, hier: S. 435.

[65] Vgl. IAS 12.79. Zu den einzelnen verpflichtend im Anhang auszuweisenden Positionen vgl. Gliederungspunkt 3.2.4.3.

[66] Vgl. IAS 12.81c und Förschle, Gerhart/Kroner, Matthias/Rolf, Ellen, Internationale Rechnungslegung: US-GAAP, HGB und IAS, PwC (Hrsg.), 3. Aufl., Bonn 1999, S. 121-122.

[67] Vgl. Ernsting, Ingo/Schröder, Martin, Die Bilanzierung latenter Steuern nach HGB und IAS vor dem Hintergrund des Kapitalaufnahmeerleichterungsgesetzes (Teil II), in: IStR 1997, S. 212-221, hier: S. 218 und Haag, Stefan/von Rotz, Alex, IAS 12 Ertragssteuern, in: ST 1998, S. 795-806, hier: S. 797.

[68] Vgl. IAS 12.81c. Im Rahmen eines US-GAAP Abschlusses ist eine Überleitungsrechnung gem. SFAS 109.47 ebenfalls verpflichtend zu erstellen. Vgl. Delaney, Patrick R./Epstein, Barry J./Nach, Ralph/Weiss Budack, Susan, Wiley GAAP 2002: Interpretation an Application of Generally Accepted Accounting Principles, New York 2002, S. 681 und Williams, Jan R., Miller GAAP Guide: Restatement and Analysis of Current FASB Standards, New York 2002, Tz. 21.21. Auch in Großbritannien ist mit Einführung des FRS 19 im Dezember 2000 die Offenlegung einer Tax Reconciliation obligatorisch. Vgl. o.V., UKNews Mai 2001, KPMG (Hrsg.), S. 4.

[69] Vgl. Kirsch, Hanno, Angabepflichten für Ertragsteuern nach IAS und deren Generierung im Finanz- und Rechnungswesen, in: StuB 2002, S. 1189-1196, hier: S. 1191 und Wagenhofer, Alfred, International Accounting Standards, 3. Aufl., Wien/Frankfurt 2001, S. 282-283.

Abschlussadressaten begründet:[70] Die Tax Reconcilition erlaube es nicht nur, die Relation zwischen handelsrechtlichem Vorsteuerergebnis und ausgewiesenem Steueraufwand des Geschäftsjahres zu verstehen und dadurch insbesondere im zeitlichen Vergleich ungewöhnliche Effekte zu erkennen, sondern ermögliche zudem Aussagen über die zukünftige Entwicklung der Steuerbelastung.[71] Ähnlich wie in E-DRS 12, werden in IAS 12 zur beispielhaften Veranschaulichung steuerfreie Erträge, nicht abzugsfähige Ausgaben, ausländische Steuersätze sowie Auswirkungen aufgrund steuerlicher Verluste als Ursachen genannt, die eine Erläuterung in der Überleitungsrechnung notwendig machen.[72]

Die Bestimmung eines erwarteten Steuersatzes, der auch bei einer Überleitung nach dem Steueraufwand benötigt wird, soll gem. IAS 12.85 unter Berücksichtigung der Informationsinteressen der Abschlussadressaten erfolgen. Obgleich diesbezüglich der inländische Steuersatz des Sitzstaates der Gesellschaft als der regelmäßig geeignetste Steuersatz bezeichnet wird,[73] sind die Ermittlungsgrundlagen der erwarteten Steuergröße im Anhang offen zu legen.[74] Sofern sich Änderungen des erwarteten Steuersatzes im Vergleich zur vorangegangenen Berichtsperiode ergeben, sind diese gesondert zu erläutern.[75] DRS 10 verlangt hingegen weder die Ermittlung des erwarteten Steuersatzes offen zu legen noch gesonderte Erläuterungen bei Abweichungen zur Vorperiode. Bei der Bestimmung des erwarteten Steuersatzes gibt DRS 10 allerdings auch den in Deutschland geltenden gesetzlichen Steuersatz vor,[76] sodass der Spielraum bei der Wahl des Referenzsteuersatzes stark eingeschränkt ist, da er sich letztendlich auf die Auswahl der einzubeziehenden Steuerarten beschränkt.[77]

---

[70]   Vgl. IAS 12.84.

[71]   Dagegen stellt nach SFAS 109 das Ergebnis der gewöhnlichen Geschäftstätigkeit (ordinary income) den Ausgangspunkt der Überleitungsrechnung dar. Dies bedeutet, dass außergewöhnliche Effekte auf die Konzernsteuerquote – im Gegensatz zu den Vorschriften des DRS 10 und IAS 12 – nach SFAS 109 nicht in der Überleitungsrechnung offen gelegt werden. Vgl. Aicher, Hans-Peter u.a., Rechnungslegung nach US-amerikanischen Grundsätzen, KPMG (Hrsg.), 3. Auflage, Düsseldorf 2003, S. 286 und Ernsting, Ingo, Behandlung von Ertragsteuern im Quartalabschluss nach US-GAAP, in: DB 2000, S. 2537-2541, hier: S. 2541.

[72]   Vgl. IAS 12.84.

[73]   Vgl. IAS 12.85.

[74]   Vgl. IAS 12.81c und Coenenberg, Adolf G./Hille, Klaus, Latente Steuern nach der neu gefassten Richtlinie IAS 12, in: DB 1997, S. 537-544, hier: S. 544.

[75]   Vgl. IAS 12.81d.

[76]   Vgl. DRS 10.42.

[77]   Vgl. zu dieser Problematik ausführlich Gliederungspunkt 4.1.3.1.

Sofern verschiedene Steuerhoheiten aus unterschiedlichen Ländern auf das Unternehmensergebnis zugreifen, erlaubt IAS 12 im Hinblick auf das Informationsinteresse der Abschlussadressaten spezifische Überleitungsrechnungen je Steuerrechtskreis aufzustellen.[78] Die verschiedenen Überleitungsrechnungen erfolgen jeweils auf Grundlage der im entsprechenden Steuerrechtskreis gültigen gesetzlichen Steuersätze. Zur Erstellung einer Konzernüberleitungsrechnung müssen die spezifischen Überleitungsrechnungen in einem zweiten Schritt zu einer einzigen Tax Reconciliation zusammengefasst werden. Folglich fließen auf Ebene der Konzernüberleitungsrechnung Steuersätze verschiedener Steuerhoheiten in den erwarteten Steueraufwand ein, sodass spezifische Überleitungsrechnungen mit anschließender Zusammenfassung im Rahmen eines HGB-Abschlusses nicht gestattet sind, da DRS 10 als erwarteten Steuersatz explizit den in Deutschland geltenden Steuersatz vorgibt.

2.2 Überleitungsmethoden

Die im Anhang offen zu legende Tax Reconciliation kann sowohl nach den Vorschriften des DRS 10 als auch nach den Regelungen des IAS 12 auf alternativen Darstellungsweisen beruhen.[79] Die Darstellungsform der Überleitungsrechnung, die auch als Überleitungsmethode bezeichnet werden kann, wird durch zwei Ausprägungen determiniert: zum einen durch den gewählten Ausgangspunkt und die daraus resultierende Richtung der Überleitung, zum anderen durch die Art des Ausweises der einzelnen Differenzen in der Überleitungsrechnung.

Unabhängig von der Ausweisart der Überleitungspositionen sind mit dem Bottom-up Approach und dem Top-down Approach unterschiedliche Ausgangspunkte der Überleitung möglich. Ein bestimmter ist weder nach DRS 10 noch nach IAS 12 vorgegeben. Beim Bottom-up Approach wird von der effektiven auf die erwartete Größe übergeleitet, sodass als Ausgangspunkt der Überleitung der im Konzernabschluss ausgewiesene Steueraufwand fungiert. Folglich werden die einzelnen Abweichungen im Rahmen eines Ist-Soll-Vergleichs analysiert. Dagegen bildet beim Top-down Approach die erwartete Steuergröße die Untersuchungsbasis, die zur effektiven Größe übergeleitet wird. Insofern handelt es sich hierbei um einen Soll-Ist-Vergleich. Der Unterschied der alternativen Ausgangspunkte besteht in der Richtung der Überleitung sowie daraus resultierend im entgegengesetzten Vorzeichen der Gesamtabweichung und damit auch der einzelnen Teilabweichungen.

---

[78] Vgl. IAS 12.85.

[79] Vgl. IAS 12.81c, DRS 10.42 und Baetge, Jörg/Kirsch, Hans-Jürgen/Thiele, Stefan, Konzernbilanzen, 6. Aufl., Düsseldorf 2002, S. 530.

Der Ausweis einzelner Überleitungspositionen innerhalb der Überleitungsrechnung kann nach den betrachteten Rechnungslegungssystemen auf absoluten oder auf prozentualen Größen basieren.[80] Dies bedeutet, dass bei der ersten Variante nach dem Steueraufwand als absoluter Größe übergeleitet wird, während die Alternative in einer Überleitung nach dem Steuersatz besteht. Bei letzterer Ausweisart wird die Steuerbelastung im Verhältnis zum Jahresergebnis vor Steuern und somit prozentual angegeben.

Sofern mit dem Steueraufwand die absolute Ausweisgröße präferiert wird, erfolgt die Überleitung zwischen dem im Konzernabschluss ausgewiesenen Steueraufwand und dem erwarteten Steueraufwand. Folglich müssen auch die einzelnen Differenzen zwischen ausgewiesenem und erwartetem Steueraufwand, die in der Überleitungsrechnung aufzuführen sind, als absolute Größen ausgewiesen werden. Während der ausgewiesene Steueraufwand zum Zwecke der Erstellung einer Tax Reconciliation aus dem Konzernabschluss zu übernehmen ist, ergibt sich der erwartete Steueraufwand durch Multiplikation von Vorsteuerergebnis mit erwartetem Steuersatz.[81] Wird hingegen eine Überleitung nach dem Steuersatz und damit ein prozentualer Ausweis der Differenzen bevorzugt, stellt die prozentuale Abweichung zwischen der Konzernsteuerquote und dem erwarteten Steuersatz die im Rahmen der Überleitungsrechnung zu untersuchende Gesamtabweichung dar. Die Konzernsteuerquote bzw. der effektive Steuersatz wird durch Bildung des Quotienten aus ausgewiesenem Steueraufwand und Vorsteuerergebnis des Konzerns ermittelt.[82]

Die Überleitungsmethode wird zum einen durch die Ausweisart der Differenzen bestimmt, die entweder auf absoluten oder prozentualen Größen basieren kann, zum anderen durch die Richtung der Überleitung, bei der ein Bottom-up Approach oder alternativ ein Top-down Approach zur Auswahl stehen. Da eine bestimmte Ausweisart beliebig mit einem Ausgangspunkt der Überleitung zu einer Überleitungsmethode kombinierbar ist, bieten die Vorschriften des DRS 10 und des IAS 12 insgesamt vier mögliche Varianten zur Darstellung einer Tax Reconciliation:

---

[80] Vgl. Cotting, René, Analyse von latenten Ertragsteuerbeträgen im Konzernabschluss, in: ST 1995, S. 787-796, hier: S. 792.

[81] Vgl. Schäffeler, Ursula, Die Konzernsteuerquote als Benchmark, in: http://www.deloitte.de/Downloads/Presse/Konzernsteuerquote%20als%20Benchmark.pdf, abgerufen am 25.7.2002.

[82] Vgl. Herzig, Norbert/Dempfle, Urs, Konzernsteuerquote, betriebliche Steuerpolitik und Steuerwettbewerb, in: DB 2002, S. 1-8, hier: S. 1 und Müller, Rolf, Die Konzernsteuerquote – Modephänomen oder ernst zu nehmende neue Kennziffer?, in: DStR 2002, S. 1684-1688, hier: S. 1684.

	Bottom-up Approach	Top-down Approach
Überleitung nach dem Steueraufwand	Effektiver Steueraufwand	Erwarteter Steueraufwand
	+/– Überleitungspositionen (in Währungseinheiten)	+/– Überleitungspositionen (in Währungseinheiten)
	= Erwarteter Steueraufwand	= Effektiver Steueraufwand
Überleitung nach dem Steuersatz	Effektiver Steuersatz	Erwarteter Steuersatz
	+/– Überleitungspositionen (in Prozent)	+/– Überleitungspositionen (in Prozent)
	= Erwarteter Steuersatz	= Effektiver Steuersatz

Abbildung 1: Überleitungsmethoden

Die folgende Übersicht thematisiert unter Rückgriff auf die DAX-30-Unternehmen[83] die praktische Anwendung der verschiedenen Darstellungsweisen der Tax Reconciliation. Dabei werden ausschließlich Konzernabschlüsse des Geschäftsjahres 2001 untersucht, die entweder nach IAS oder HGB aufgestellt wurden. Da insgesamt neun Unternehmen ihren Konzernabschluss nach den Grundsätzen der US-GAAP aufstellen, beschränkt sich nachfolgende Auswertung auf die verbleibenden 21 im DAX-30 gelisteten Unternehmen.[84] Dagegen werden Gesellschaften, die nach HGB bilanzieren, aber zudem eine Überleitung ihres Konzernabschlusses nach US-GAAP offen legen, in die tabellarische Übersicht einbezogen.[85] Neben der Angabe des zugrunde liegenden Rechnungslegungssystems wird in der Tabelle die vom jeweiligen Unternehmen angewandte Überleitungsmethode zum einen durch das Kriterium der Richtung der Überleitung, zum anderen durch die Art des Ausweises der Positionen in der Tax Reconciliation dokumentiert. Zudem wird die Offenlegungspraxis der DAX-30-Unternehmen hinsichtlich des erwarteten und effektiven Steuersatzes untersucht.

---

[83] Als Status quo hinsichtlich der Zusammensetzung des DAX-30 wurde der 30.9.2002 gewählt.

[84] Aufgrund einer abweichenden Bilanzierung nach US-GAAP nicht aufgeführt sind Daimler Chrysler, Deutsche Bank, E-on, Epcos, Fresenius Medical Care, Infineon, SAP, Siemens und Thyssen Krupp.

[85] Dabei handelt es sich zum einen um die BASF AG, zum anderen um die Deutsche Telekom AG.

DAX-30 Unternehmen	Rechnungslegungssystem	Richtung der Überleitung	Überleitung nach dem ...	Ausweis des erwarteten Steuersatzes	Ausweis des effektiven Steuersatzes
ADIDAS SALOMON AG	IAS	Top-down Approach	Steueraufwand und Steuersatz	ja	ja
ALLIANZ AG	IAS	Top-down Approach	Steueraufwand	ja	ja
ALTANA AG	IAS	Top-down Approach	Steueraufwand	ja	ja
BASF AG	HGB mit Überleitung zu US-GAAP	Top-down Approach	Steueraufwand und Steuersatz	ja	ja
BAYER AG	IAS	Top-down Approach	Steueraufwand	ja	ja
BMW AG	IAS	Top-down Approach	Steueraufwand	ja	nein
COMMERZBANK AG	IAS	Top-down Approach	Steueraufwand	ja	nein
DEUTSCHE POST AG	IAS	Top-down Approach	Steueraufwand	nein	nein
DEUTSCHE LUFTHANSA AG	IAS	Top-down Approach	Steueraufwand	ja	nein
DEUTSCHE TELEKOM AG	HGB mit Überleitung zu US-GAAP	Top-down Approach	Steueraufwand	ja	ja
HENKEL KGaA	IAS	Top-down Approach	Steueraufwand	ja	ja
HYPO-VEREINSBANK AG	IAS	Top-down Approach	Steueraufwand	ja	nein
LINDE AG	HGB	keine TR*	keine TR	keine TR	keine TR
MAN AG	IAS	Top-down Approach	Steueraufwand	ja	nein

* TR = Tax Reconciliation

METRO AG	IAS	Top-down Approach	Steuer- aufwand	ja	nein
MLP AG	HGB	keine TR	keine TR	keine TR	keine TR
MÜNCH. RÜCK AG	IAS	Top-down Approach	Steuer- aufwand	ja	nein
RWE AG	IAS	Top-down Approach	Steuer- aufwand	ja	ja
SCHERING AG	IAS	Top-down Approach	Steuer- aufwand	ja	ja
TUI AG	IAS	Top-down Approach	Steuer- aufwand	ja	nein
VOLKS- WAGEN AG	IAS	Top-down Approach	Steuer- aufwand	ja	ja

Abbildung 2:   Angewandte Überleitungsmethoden der DAX-30-Unternehmen im Geschäftsjahr 2001

Von 21 in die Auswertung einbezogenen Unternehmen bilanzieren 17 nach IAS. Diese müssen gem. IAS 12.81 zwingend eine Überleitungsrechnung erstellen. Dagegen sind die vier DAX-Unternehmen, die ihren Konzernabschluss nach den Grundsätzen des HGB aufstellen, erst in Geschäftsjahren, die nach dem 31.12. 2002 beginnen, gem. DRS 10 verpflichtet, eine Tax Reconciliation offen zu legen.[86] Zwei nach HGB bilanzierende Konzerne, die zudem Ergebnis und Eigenkapital in Übereinstimmung mit US-GAAP gesondert angeben, weisen eine Überleitungsrechnung aus.[87]

Hinsichtlich der Anwendung einer bestimmten Überleitungsmethode zeigt sich eine eindeutige Präferenz deutscher Konzerne: Bei sämtlichen DAX-30-Unternehmen, die eine Überleitungsrechnung erstellen, erfolgt die Überleitung nach dem Steueraufwand im Rahmen eines Top-down Approach. Da eine konkrete Darstellungsweise nicht vorgeschrieben ist, steht es den Unternehmen prinzipiell offen, mehrere Varianten nebeneinander auszuweisen. Sofern dem Abschluss-leser – wie dies bei lediglich zwei analysierten Konzernabschlüssen der Fall ist – mehrere Überleitungsmethoden im Konzernanhang zur Verfügung gestellt wer-den, variiert die Darstellungsform ausschließlich hinsichtlich der Ausweisart der

---

[86]   Vgl. DRS 10.45.

[87]   Vgl. Geschäftsbericht 2001 der BASF AG, S. 112 und S. 134 und Geschäftsbericht 2001 der Deutschen Telekom AG, S. 129 und S. 144. Beiden Überleitungsrechnungen liegen die Daten des HGB-Abschlusses zugrunde.

Differenzen.[88] Eine Darstellung sämtlicher Varianten oder eine Variation der Überleitungsrichtung wird dagegen in keinem Geschäftsbericht angeboten. Dies ist auch insofern nachvollziehbar, als dass mit der Angabe der alternativen Ausweisart dem Abschlussleser zwar zunächst lediglich die Umrechnung von absoluten Größen auf relative Werte erspart wird, aber diese Angabe hinsichtlich der Einschätzung der Relevanz einzelner Überleitungspositionen sowie der Interpretation der Konzernsteuerquote durchaus von Bedeutung ist.[89] Die alternativen Ausgangspunkte der Überleitungsrechnung unterscheiden sich dagegen ausschließlich durch voneinander abweichende Vorzeichen der Gesamtabweichung. Die einzelnen Überleitungspositionen sind folglich ebenfalls durch einen Vorzeichenwechsel vom Top-down Approach zum Bottom-up Approach et vice versa transformierbar. Dies bedeutet, dass einerseits die Richtung der Überleitung ohne großen Arbeitsaufwand gewechselt werden kann, andererseits würde der Abschlussleser durch eine derartige Variation der Überleitungsmethode keine zusätzliche potenziell entscheidungsrelevante Information erhalten.

Hinsichtlich der Überleitungsmethode des Lufthansa Konzerns ist auf eine Besonderheit hinzuweisen: In einer Vorspalte zum absoluten Steuereffekt der einzelnen Überleitungsposition wird die zugehörige Bemessungsgrundlage angegeben.[90] Dies ermöglicht dem Abschlussleser durch Division von Überleitungsposition und Bemessungsgrundlage den Bewertungsmaßstab in Form des Steuersatzes zu ermitteln.

Zudem wurde im Rahmen der Untersuchung der DAX-30-Unternehmen der gesonderte Ausweis hinsichtlich des erwarteten und des effektiven Steuersatzes geprüft. Dabei werden vorgenannte Rubriken auch bejaht, sofern die Offenlegung nicht in der Überleitungsrechnung selbst, sondern in den verbalen Erläuterungen zu selbiger erfolgt. Während sämtliche Untersuchungsobjekte – mit einer Ausnahme[91] – den erwarteten Steuersatz gesondert ausweisen, was nicht zuletzt an den von IAS 12 explizit geforderten verbalen Erläuterungen liegt,[92] zeigt sich bei der Konzernsteuerquote ein uneinheitliches Bild: Von den 19 analysierten Überleitungsrechnungen beinhalten zehn eine betragsmäßige

---

[88]   Vgl. Geschäftsbericht 2001 der Adidas-Salomon AG, S. 88 und Geschäftsbericht 2001 der BASF AG, S. 134.

[89]   Zudem kann die Angabe von absoluten Werten den internationalen Vergleich von Überleitungsrechnung aufgrund einer notwendigen Währungsumrechnung erschweren. Zur Interpretation hinsichtlich der Höhe des Konzernergebnisses vor Steuern vgl. Gliederungspunkt 3.3.2.

[90]   Vgl. Geschäftsbericht 2001 des Lufthansa Konzerns, S. 94.

[91]   Vgl. Geschäftsbericht 2001 der Deutschen Post AG, S. 120.

[92]   Vgl. IAS 12.81.

Angabe des effektiven Steuersatzes. Während dies bei den beiden Unternehmen, die zusätzlich eine Überleitungsrechnung nach dem Steuersatz erstellen, zwangsläufig der Fall sein muss, erfolgt die Angabe bei den übrigen Unternehmen ohne zusätzlichen prozentualen Ausweis der Überleitungspositionen. Neben den zwei Unternehmen, die keine Überleitungsrechnung im Anhang offen legen, geben weitere neun Unternehmen die Konzernsteuerquote nicht an.

Eine Untersuchung der Geschäftsberichte 2002 zeigt, dass alle Unternehmen ihre Überleitungsmethode beibehalten.[93] Bezüglich der gesonderten Offenlegung der Ausgangspunkte der Tax Reconciliation ergeben sich im folgenden Jahr nur marginale Veränderungen.[94]

2.3 Ermittlung von Überleitungspositionen

Die Differenz, die sich – je nach angewandter Methode – zwischen effektivem und erwartetem Steueraufwand oder alternativ zwischen effektivem und erwartetem Steuersatz ergibt, entspricht der im Rahmen der Überleitungsrechnung zu untersuchenden Gesamtabweichung. Zur Erläuterung der Relation zwischen ausgewiesenem Steueraufwand und Konzernergebnis vor Steuern muss die Gesamtabweichung im Rahmen der Überleitungsrechnung in Einzelabweichungen aufgespalten werden. Explizite Vorschriften hinsichtlich der Vorgehensweise bei Aufspaltung der Gesamtabweichung bzw. zur Ermittlung der Einzelabweichungen beinhalten jedoch weder IAS 12 noch DRS 10.

Obgleich die Richtung der Überleitung das Vorzeichen der Überleitungsposition determiniert und die Entscheidung zwischen prozentualem oder absolutem Ausweis der einzelnen Positionen ebenfalls mit der Wahl einer bestimmten Überleitungsmethode getroffen wird, ist zur Ermittlung einzelner Teilabweichungen zunächst zu prüfen, welche Art von Abweichung dem Sachverhalt bzw. dem Geschäftsvorfall zugrunde liegt. Hierbei sind grundsätzlich drei Fallgestaltungen zu unterscheiden, die zu Differenzen zwischen den in der Überleitungsrechnung zu erläuternden Ausgangsgrößen und somit zu Überleitungspositionen führen:

---

[93] Ausschließlich ein Konzern gibt neben der Überleitung nach dem Steueraufwand zusätzlich noch den prozentualen Steuereffekt der Überleitungspositionen an. Als Referenzgröße dient allerdings der erwartete Steueraufwand, der als 100 % normiert wird. Vgl. Geschäftsbericht 2002 der Bayer AG, S. 27.

[94] Der Allianz-Konzern, der im Geschäftsjahr 2001 sowohl den erwarteten als auch den effektiven Steuersatz auswies, verzichtet nunmehr auf beide Offenlegungen. Vgl. Geschäftsbericht 2002 der Allianz Group, S. 131. Die Commerzbank weist 2002 die Konzernsteuerquote – im Gegensatz zum Vorjahr – gesondert aus. Vgl. Geschäftsbericht 2002 der Commerzbank AG, S. 118.

Neben einer Abweichung von Konzernergebnis vor Steuern und der ertragsteuerlichen Bemessungsgrundlage[95] kann eine Steuersatzabweichung sowie eine periodenfremde Steuer eine Überleitungsposition bedingen. In einem Differenzen auslösenden Geschäftsvorfall können durchaus auch mehrere der vorgenannten Abweichungsursachen inbegriffen sein. Beispielsweise kann ein einzelner Sachverhalt eine Abweichung zwischen Konzernergebnis vor Steuern und ertragsteuerlicher Bemessungslage hervorrufen, auf die zudem ein vom erwartetem Ertragsteuersatz abweichender steuerlicher Tarif anzuwenden ist.

Zur Ermittlung von Überleitungspositionen, die aufgrund von Abweichungen zwischen ertragsteuerlicher Bemessungsgrundlage und Konzernergebnis vor Steuern zu bilden sind, ist zunächst die absolute Abweichung der beiden Größen zu bestimmen. In einem zweiten Schritt muss die absolute Abweichung mit dem maßgeblichen Ertragsteuersatz bewertet werden, damit die aus der Teilabweichung resultierende absolute Steuerbe- oder -entlastung im Vergleich zum ausgewiesenen Steueraufwand im Konzernabschluss ersichtlich ist. Der anzuwendende Ertragsteuersatz entspricht bei dieser Abweichungsart dem erwarteten Steuersatz, da keine Steuersatzabweichung vorliegt. Sofern die ertragsteuerliche Bemessungsgrundlage das Konzernergebnis vor Steuern übersteigt, muss es sich im Rahmen eines Bottom-up Approach um eine Überleitungsposition mit negativem Vorzeichen handeln, da der effektive Steueraufwand entsprechend höher ist als der auf Basis des Konzernergebnisses ermittelte erwartete Steueraufwand. Wird der Überleitungsrechnung dagegen ein Top-down Approach zugrunde gelegt, führt eine entsprechende Differenz zu einem positiven Vorzeichen der Überleitungsposition. Im umgekehrten Fall, d.h. eine im Vergleich zum Konzernergebnis niedrigere ertragsteuerliche Bemessungsgrundlage, kehren sich die Vorzeichen um. Bei einer Überleitung nach dem Steuersatz ist zudem zu beachten, dass die absolute Differenz bewertet mit dem Referenzsteuersatz im Verhältnis zum Vorsteuerergebnis anzugeben ist, um einen prozentualen Ausweis der Überleitungspositionen zu erhalten.[96] Insgesamt ergeben sich, in Entsprechung zur Anzahl der Überleitungsmethoden, vier Arten von Überleitungspositionen, die bei der Ermittlung einer Abweichung zwischen handelsrechtlichem Vorsteuerergebnis und ertragsteuerlicher Bemessungsgrundlage anzuwenden sind:

---

[95] Mangels Konzernsteuerrecht ist auf die Summe der ertragsteuerlichen Bemessungsgrundlagen der in den Konzernabschluss einzubeziehenden Gesellschaften zurück zu greifen, um einen sachgerechten Vergleich zu gewährleisten.

[96] Vgl. Gröner, Susanne/Marten, Kai-Uwe/Schmid, Sonja, Latente Steuern im internationalen Vergleich – Analyse der Bilanzierungsvorschriften in der BRD, Großbritannien, den USA und nach IAS 12 (revised), in: WPg 1997, S. 479-488, hier: S. 486.

	Bottom-up Approach	**Top-down Approach**
Überleitung nach dem Steueraufwand	$UP_1 = (EBT - BMG_{ErSt})\,s$	$UP_2 = (BMG_{ErSt} - EBT)\,s$
Überleitung nach dem Steuersatz	$UP_3 = \dfrac{(EBT - BMG_{ErSt})\,s}{EBT}$ $= \dfrac{UP_1}{EBT}$	$UP_4 = \dfrac{(BMG_{ErSt} - EBT)\,s}{EBT}$ $= \dfrac{UP_2}{EBT}$

Abbildung 3:   Ermittlung von Überleitungspositionen bei Abweichungen zwischen Konzernergebnis vor Steuern und ertragsteuerlicher Bemessungsgrundlage

BMG_{ErSt} .ertragsteuerliche Bemessungsgrundlage
EBT ....Earnings before tax = Konzernergebnis vor Steuern
s ....erwarteter Ertragsteuersatz (Referenzsteuersatz) = effektiver Ertragsteuersatz
UP_n ....Überleitungsposition Art n

Beispiel:

Ein Konzern erwirtschaftet im betrachteten Geschäftsjahr ein Ergebnis vor Steuern i.H.v. 600 €. Aufgrund von steuerlich nicht abzugsfähigen Ausgaben i.H.v. 100 € beträgt die Summe der ertragsteuerlichen Bemessungsgrundlagen 700 €. Der erwartete Ertragsteuersatz von 40 % entspricht dem tatsächlichen Steuersatz. Die Überleitungsrechnung soll nach dem Steueraufwand im Rahmen eines Bottom-up Approach erfolgen.

	Effektiver Steueraufwand	280 €	(700 € • 0,4)
+	nicht abzugsfähige Betriebsausgabe	-40 €	($UP_1 = -100$ € • 0,4)
=	Erwarteter Steueraufwand	240 €	(Verprobung: 600 € • 0,4)

Ausgangspunkt des Beispiels ist eine Diskrepanz zwischen Konzernergebnis vor Steuern (600 €) und dem ausgewiesenen Steueraufwand (280 €), da sich auf Grundlage eines Steuersatzes von 40 % ein erwarteter Steueraufwand von 240 € ergibt. Ursächlich für diese Abweichung ist eine Differenz zwischen Konzernergebnis vor Steuern und der ertragsteuerlichen Bemessungsgrundlage, die auf eine steuerlich nicht abzugsfähige Betriebsausgabe (100 €) zurückzuführen ist. Der steuerliche Effekt dieser Betriebsausgabe, der der gesuchten Diskrepanz entspricht, beträgt im Rahmen eines Bottom-up Approach -40 €.

Liegt der erklärungsbedürftigen Relation von ausgewiesenem Steueraufwand zum Konzernergebnis vor Steuern keine Abweichung zwischen Konzernergebnis und ertragsteuerlicher Bemessungsgrundlage, sondern eine Steuersatzabweichung zugrunde, ist zunächst die prozentuale Differenz zwischen erwartetem und tatsächlichem Ertragsteuersatz zu ermitteln. In einem zweiten Schritt ist die Steuersatzabweichung mit der Bemessungsgrundlage des abweichenden Steuersatzes zu multiplizieren. Dies bedeutet, dass die prozentuale Abweichung mit dem entsprechenden absoluten Steuereinfluss zu gewichten ist, um die effektive Auswirkung der Steuersatzabweichung auf die Konzernsteuerquote zu erhalten.[97] Sofern der abweichende Steuersatz den Referenzsteuersatz übersteigt, weist die Überleitungsposition im Rahmen einer Überleitung von der Ist- auf die Soll-Größe (Bottom-up Approach) ein negatives Vorzeichen auf. Liegt dagegen ein Top-down Approach vor, ist das Vorzeichen der Teilabweichung positiv. Im umgekehrten Fall, d.h. bei einem im Vergleich zum erwarteten Steuersatz geringeren abweichenden Steuersatz, kehren sich die Vorzeichen um. Basiert die Überleitungsmethode auf einem Steuersatzvergleich, muss die Steuersatzabweichung zudem im Verhältnis von absoluter Abweichung zum Konzernergebnis vor Steuern gezeigt werden, um einen prozentualen Ausweis der Überleitungsposition zu erreichen.

	Bottom-up Approach	Top-down Approach
Überleitung nach dem Steueraufwand	$UP_5 = (s - s_a)\,BMG_{aErSt}$	$UP_6 = (s_a - s)\,BMG_{aErSt}$
Überleitung nach dem Steuersatz	$UP_7 = \dfrac{(s - s_a)\,BMG_{aErSt}}{EBT}$ $= \dfrac{UP_5}{EBT}$	$UP_8 = \dfrac{(s_a - s)\,BMG_{aErSt}}{EBT}$ $= \dfrac{UP_6}{EBT}$

Abbildung 4:   Ermittlung von Überleitungspositionen bei Steuersatzabweichungen

BMG_{aErSt}...ertragsteuerliche Bemessungsgrundlage des abweichenden Steuersatzes

EBT........Earnings before tax = Konzernergebnis vor Steuern

s.............erwarteter Ertragsteuersatz (Referenzsteuersatz)

s_a...........vom Referenzsteuersatz abweichender Steuersatz

UP_n.........Überleitungsposition Art n

---

[97]   Vgl. Haag, Stefan/von Rotz, Alex, IAS 12 Ertragssteuern, in: ST 1998, S. 795-806, hier: S. 797.

Beispiel:

Das Konzernergebnis vor Steuern sowie die ertragsteuerliche Bemessungsgrundlage des betrachteten Geschäftsjahres betragen jeweils 600 €. Dennoch weicht die Konzernsteuerquote vom erwarteten Ertragsteuersatz (40 %) ab, da ein Teilkonzernergebnis i.H.v. 100 € einer ausländischen Tochtergesellschaft mit einem Ertragsteuersatz i.H.v. 70 % belastet wird. Die Überleitungsrechnung soll nach dem Steuersatz im Rahmen eines Top-down Approach erfolgen.

	Erwarteter Steuersatz	40 %	
+	abweichender ausländischer Steuersatz 5 %		$\left(UP_8 = \dfrac{(0,7 - 0,4) \bullet 100\ \text{€}}{600\ \text{€}} = 0,05\right)$
=	Konzernsteuerquote	45 %	$\left(\text{Verprobung:} \dfrac{0,7 \bullet 100\ \text{€} + 0,4 \bullet 500\ \text{€}}{600\ \text{€}}\right)$

Ausgangspunkt des Beispiels ist eine Diskrepanz zwischen Konzernergebnis vor Steuern (600 €) und dem ausgewiesenen Steueraufwand (270 €), da sich auf Grundlage des Referenzsteuersatzes von 40 % ein erwarteter Steueraufwand von 240 € ergibt. Ursächlich für die resultierende Differenz zwischen Konzernsteuerquote (45 %) und Referenzsteuersatz (40 %) ist eine Steuersatzabweichung, die auf einen ausländischen Steuersatz i.H.v. 70 % zurückzuführen ist, der auf das zu versteuernde Ergebnis einer Tochter erhoben wird. Der Effekt dieser Steuersatzabweichung, der der gesuchten Diskrepanz entspricht, beträgt 5 % bzw. 30 €.

Auch wenn die ertragsteuerliche Bemessungsgrundlage mit dem Konzernergebnis vor Steuern übereinstimmt und der erwartete dem tatsächlichen Steuersatz entspricht, können Abweichungen zwischen erwarteter und effektiver Steuergröße aufgrund periodenfremder Steueraufwendungen und -erträge entstehen.[98] Die Ermittlung der Überleitungsposition ist bei dieser dritten Abweichungsursache ebenfalls in Abhängigkeit der Überleitungsmethode vorzunehmen. Zudem muss differenziert werden, ob ein periodenfremder Steueraufwand oder -ertrag vorliegt. Beispielsweise ist ein periodenfremder Steueraufwand in Rahmen eines Bottom-up Approach bei einer Überleitung nach dem Steueraufwand von der Ausgangsgröße abzuziehen, da in entsprechender Höhe der effektive Steueraufwand die erwartete Steuergröße übersteigt. Folglich ist bei dieser Überleitungsmethode ein aperiodischer Steuerertrag hinzuzurechnen, während sich bei einem Top-down Approach die jeweiligen Vorzeichen umkehren. Sofern eine prozentuale Offenlegung der Überleitungspositionen präferiert wird, sind die periodenfremden Beträge im Verhältnis zum Konzernergebnis vor Steuern anzugeben.

---

[98] Vgl. Kirsch, Hanno, Angabepflichten für Ertragsteuern nach IAS und deren Generierung im Finanz- und Rechnungswesen, in: StuB 2002, S. 1189-1196, hier: S. 1193.

	Bottom-up Approach	Top-down Approach
Überleitung nach dem Steueraufwand	$UP_9 = - pfSta + pfSte$	$UP_{10} = + pfSta - pfSte$
Überleitung nach dem Steuersatz	$UP_{11} = \dfrac{- pfSta + pfSte}{EBT}$ $= \dfrac{UP_9}{EBT}$	$UP_{12} = \dfrac{+ pfSta - pfSte}{EBT}$ $= \dfrac{UP_{10}}{EBT}$

Abbildung 5:   Ermittlung von Überleitungspositionen bei periodenfremden
Steueraufwendungen und -erträgen

pfSta ......periodenfremder Steueraufwand
pfSte ....periodenfremder Steuerertrag
UP_n ....Überleitungsposition Art n

Beispiel:

Das Konzernergebnis vor Steuern sowie die ertragsteuerliche Bemessungsgrundlage des betrachteten Geschäftsjahres betragen jeweils 600 €. Der tatsächliche Steuersatz entspricht dem erwarteten Ertragsteuersatz von 40 %. Dennoch weicht der erwartete Steueraufwand (240 €) vom ausgewiesenen Steueraufwand (340 €) ab. Ursächlich hierfür ist eine zu leistende Ertragsteuernachzahlung i.h.v. 100 €, die im Rahmen einer Betriebsprüfung für ein früheres Geschäftsjahr festgelegt wurde. Die Überleitungsrechnung soll nach dem Steuersatz im Rahmen eines Top-down Approach erfolgen.

	Erwarteter Steuersatz	40 %	
+	periodenfremder Steueraufwand	16,7 %	$(UP_{12} = \dfrac{100\ €}{600\ €} = 0,167)$
=	Konzernsteuerquote	56,7 %	(Verprobung: $\dfrac{340\ €}{600\ €}$)

Ausgangspunkt des Beispiels ist eine Diskrepanz zwischen Konzernergebnis vor Steuern (600 €) und dem ausgewiesenen Steueraufwand (340 €), da sich auf Grundlage des Referenzsteuersatzes von 40 % ein erwarteter Steueraufwand von 240 € (600 € • 0,4) ergibt. Ursächlich für die resultierende Differenz zwischen Konzernsteuerquote (56,7 %) und erwartetem Steuersatz (40 %) ist ein periodenfremder Steueraufwand, der im Referenzsteuersatz nicht berücksichtigt wird. Der steuerliche Effekt dieser aperiodischen Steuerzahlung, der der gesuchten Diskrepanz entspricht, beträgt 16,7 % bzw. 100 €.

In einem Geschäftsvorfall bzw. Sachverhalt können auch verschiedene Abweichungsarten ursächlich für eine notwendige Erläuterung in der Überleitungsrechnung sein.[99] Die Ermittlung der resultierenden Differenz erfolgt in diesem Fall durch Addition der Einzelabweichung. Mithin kann die Abweichung entweder als eine einzige Überleitungsposition ausgewiesen werden, um somit den Gesamteffekt des zugrunde liegenden Sachverhaltes offen zu legen oder alternativ in zwei Überleitungspositionen aufgespalten werden, um den jeweiligen Effekt der einzelnen Teilabweichungen zu verdeutlichen, die durchaus auch gegenläufig sein können. Im Extremfall gleichen sich die Steuereffekte aus, sodass bei einem zusammenfassenden Ausweis keine Position in der Überleitungsrechnung entstehen würde. Treten in einem Geschäftsvorfall beispielsweise sowohl eine Bemessungsgrundlagen- als auch eine Steuersatzabweichung auf, gestaltet sich die Ermittlung der Überleitungsposition wie folgt:

	Bottom-up Approach	**Top-down Approach**
Überleitung nach dem Steueraufwand	$UP_{13} = UP_1 + UP_5$	$UP_{14} = UP_2 + UP_6$
Überleitung nach dem Steuersatz	$UP_{15} = \dfrac{UP_1 + UP_5}{EBT}$ $= UP_3 + UP_7$	$UP_{16} = \dfrac{UP_2 + UP_6}{EBT}$ $= UP_4 + UP_8$

Abbildung 6:   Ermittlung von Überleitungspositionen bei Abweichungen zwischen Konzernergebnis vor Steuern und ertragsteuerlicher Bemessungsgrundlage sowie Steuersatzdifferenzen

EBT .... Earnings before tax = Konzernergebnis vor Steuern
UP_n .... Überleitungsposition Art n

Beispiel:

Das Konzernergebnis vor Steuern des betrachteten Geschäftsjahres beträgt 600 €. Aufgrund von steuerlich nicht abzugsfähigen Ausgaben i.H.v. 100 € beträgt die ertragsteuerliche Bemessungsgrundlage 700 €. Zudem unterliegt die nicht abzugsfähige Ausgabe – abweichend vom erwarteten Ertragsteuersatz von 40 % – einem Steuersatz i.H.v. 70 %. Die Überleitungsrechnung soll nach dem Steueraufwand im Rahmen eines Bottom-up Approach erfolgen.

	Effektiver Steueraufwand	310 €	(600 € • 0,4 + 100 € • 0,7)
+	nicht abzugsfähige Betriebsausgabe	-70 €	($UP_{13} = UP_1 + UP_5$ = -40 € - 30 €)
=	Erwarteter Steueraufwand	240 €	(Verprobung: 600 € • 0,4)

---

[99]   Im Ausnahmefall ist es auch denkbar, dass sich sämtliche drei Abweichungsursachen in einem Geschäftsvorfall wiederfinden.

Ausgangspunkt des Beispiels ist eine Diskrepanz zwischen Konzernergebnis vor Steuern (600 €) und dem ausgewiesenen Steueraufwand (310 €), da sich auf Grundlage des Referenzsteuersatzes von 40 % ein erwarteter Steueraufwand von 240 € ergibt. Ursächlich für die Differenz ist ein einziger Geschäftsvorfall in Form einer Betriebsausgabe. Neben der Abweichung zwischen Konzernergebnis vor Steuern und ertragsteuerlicher Bemessungsgrundlage durch die Versagung des steuerlichen Abzugs beinhaltet der Geschäftsvorfall zudem eine Steuersatzabweichung. Getrennt ermittelt ergibt sich im Rahmen eines Bottom-up Approach aus ersterer Abweichung ein steuerlicher Effekt von -40 €, aus letzterer -30 €, d.h., beide Effekte weisen die gleiche Richtung auf. In der obigen Überleitungsrechnung sind die beiden Teilabweichungen aufgrund desselben zugrunde liegenden Geschäftsvorfalls zu einer einzigen Überleitungsposition i.H.v. -70 € zusammengefasst.

2.4 Ausweis von Überleitungspositionen

Der Ausweis einzelner Positionen in der Überleitungsrechnung ist weder in DRS 10 noch in IAS 12 explizit geregelt. Auch wenn die Offenlegungsart bereits mit der Entscheidung für eine bestimmte Überleitungsmethode eingeschränkt wird, indem aus der Überleitung nach dem Steueraufwand ein absoluter Ausweis der einzelnen Positionen resultiert, während die Überleitung nach dem Steuersatz einen prozentualen Ausweis der Teilabweichungen zur Folge hat, bleibt offen, inwieweit eine Aufgliederung in Einzelabweichungen zu erfolgen hat bzw. eine Zusammenfassung oder Saldierung von bestimmten Abweichungsarten oder -gruppen zulässig ist.[100]

Aufgrund der fehlenden Vorschriften hinsichtlich des Differenzierungsgrades ist es im Extremfall möglich, ausschließlich zwischen Bemessungsgrundlagen- und Steuersatzabweichungen sowie periodenfremden Steuern zu unterscheiden und somit nur die drei Grundformen von Abweichungen als Überleitungspositionen voneinander abzugrenzen. Diese Vorgehensweise impliziert den Ausweis von maximal drei Positionen in der Überleitungsrechnung. Vor dem Hintergrund der Intention der Überleitungsrechnung ist es – zumindest im Regelfall – jedoch fraglich, ob ein derartiger Ausweis von Einzeldifferenzen dem Abschlussleser die Relation von ausgewiesenem Steueraufwand zum Konzernergebnis vor Steuern verdeutlicht. Der umgekehrte Extremfall besteht im gesonderten Ausweis jedes Differenzen auslösenden Geschäftsvorfalls oder Sachverhaltes als eigene Position in der Überleitungsrechnung. Diese Vorgehensweise birgt – neben dem hohen Arbeitsaufwand beim Erstellen der Überleitungsrechnung –

---

[100] Vgl. Kirsch, Hanno, Angabepflichten für Ertragsteuern nach IAS und deren Generierung im Finanz- und Rechnungswesen, in: StuB 2002, S. 1189-1196, hier: S. 1192.

die Gefahr der Informationsüberladung sowie eine daraus resultierende Unübersichtlichkeit der Überleitungsrechnung.

Die Entscheidung, inwieweit in der Überleitungsrechnung einzelne Abweichungsursachen in einer eigenen Position gezeigt werden bzw. im Umkehrschluss Differenzen in einer Sammelposition zusammengefasst und damit gegenläufige Effekte – beispielsweise bei Steuersatzabweichungen – saldiert ausgewiesen werden sollten, ist m.e. primär vor dem Hintergrund der Vermittlung entscheidungsrelevanter Information zu treffen. Allerdings sind zudem der Aspekt der Wirtschaftlichkeit im Rahmen der Ermittlung sowie die bereits angedeutete Gefahr der Informationsüberladung zu beachten. Obgleich diese Kriterien letztendlich zu einer Einzelfallentscheidung führen, sollten m.e. aufgrund der fehlenden Reglementierung, die zwangsläufig einen großen Spielraum hinsichtlich der Offenlegung der Konzernsteuerpolitik bietet, objektivierende Anhaltspunkte formuliert werden.[101]

Da bei der Überleitungsrechnung, den Informationszweck eines Konzernabschlusses zugrunde gelegt, die Vermittlung entscheidungsrelevanter Informationen im Vordergrund steht, die eine bessere Einschätzung des Nettoergebnisses im Vergleich zum ausgewiesenen Steueraufwand durch externe Konzernabschlussadressaten ermöglichen soll, ist es beispielsweise denkbar, eine bestimmte Grenze als Ausweiskriterium vorzugeben, bei deren Erreichen ein gesonderter Ausweis der Differenz als eigene Position in der Überleitungsrechnung geboten ist. Diese Vorgehensweise sichert ein bestimmtes Mindestmaß an Offenlegung und damit an Informationsvermittlung. Soweit Sachverhalte die konkrete Wesentlichkeitsgrenze nicht erreichen, sind sie in einer Sammelposition „Sonstiges" zu erfassen.[102]

Als Grenze ist es möglich, eine absolute oder alternativ eine relative Grenze vorzugeben, wobei m.E. vor dem Hintergrund des Kriteriums der Entscheidungsrelevanz nur eine relative, d.h. prozentuale Grenze sinnvoll sein kann, um der angestrebten Wesentlichkeit der Informationen zu genügen. Im nächsten Schritt ist die Bezugsgröße zu erörtern: Hierbei kommen neben dem ausgewiesenen Steueraufwand der erwartete Steueraufwand sowie die Differenz beider Größen in Betracht. In diesem Zusammenhang ist zu bedenken, dass auf die Offenlegung einer Überleitungsrechnung verzichtet werden könnte, wenn keine der zu erläuternden Positionen die geforderte Wesentlichkeitsgrenze erreicht.

[101] Ähnlich Herzig, Norbert, Bedeutung latenter Steuern für die Konzernsteuerquote, in: Wirtschaftsprüfung und Unternehmensüberwachung, FS Lück, Wollmert, Peter u.a. (Hrsg.), Düsseldorf 2003, S. 430-448, hier: S. 448.

[102] Vgl. z.B. Geschäftsbericht 2001 der BMW Group, S. 70.

Jedoch kann die Strategie, einzelne Sachverhalte oder Abweichungsarten in die ihnen zugrunde liegenden Geschäftsvorfälle aufzuspalten, um somit die Wesentlichkeitsgrenze und damit die Überleitungsrechnung zu umgehen, nicht zielführend sein, da die Tax Reconciliation sowohl nach DRS 10 als auch nach IAS 12 verpflichtend zu erstellen ist.

Bei den in Betracht kommenden Bezugsgrößen sind hinsichtlich den aus ihnen resultierenden verpflichtend auszuweisenden Überleitungspositionen wesentliche Unterschiede festzustellen: Wird der ausgewiesene oder erwartete Steueraufwand als Maßstab genommen, ist keine Überleitungsrechnung offen zu legen, sofern die Gesamtabweichung kleiner als die Wesentlichkeitsgrenze ist. Zudem kann tendenziell mit steigendem Steueraufwand auf das Erstellen einer Überleitungsrechnung verzichtet werden, da die einzelnen Überleitungspositionen in Relation zur Bezugsgröße an Gewicht verlieren. Diese Problematik könnte zwar mit einer entsprechend niedrigen relativen Wesentlichkeitsgrenze umgangen werden; allerdings würde eine derartige Vorgehensweise bei einem niedrigen Steueraufwand – entsprechende Abweichungen vorausgesetzt – zu einer Vielzahl von verpflichtend auszuweisenden Überleitungspositionen und damit in den Gefahrenbereich einer Informationsüberladung führen. Folglich würde zudem die vergleichende Betrachtung von Überleitungsrechnungen mehrerer Geschäftsjahre und verschiedener Unternehmen erschwert. Aufgrund der nach DRS 10 und IAS 12 zwingend zu erstellenden Überleitungsrechnung kommt somit weder der ausgewiesene noch der erwartete Steueraufwand als Bezugsgröße für eine prozentuale Mindestausweisgrenze in Betracht.

Fungiert dagegen die Gesamtabweichung als Bezugsgröße, nimmt die aus einem Mindestausweis resultierende Gefahr des Nicht-Erstellens einer Überleitungsrechnung deutlich ab. Einerseits kann auf die Offenlegung einer Überleitungsrechnung aufgrund einer zu niedrigen Bezugsgröße ohne Prüfung der Einzeldifferenzen nicht verzichtet werden. Andererseits wirkt sich die Höhe des erwarteten und tatsächlichen Steueraufwands nur noch implizit über die Gesamtabweichung für den Ausweis der Einzelabweichungen aus. Zudem ist es m.E. nur konsequent, die Gesamtabweichung zwischen Soll- und Ist-Wert als Bezugsgröße für eine Wesentlichkeitsgrenze heranzuziehen, da diese Differenz anhand der Überleitungsrechnung erläutern werden soll. Weil diese Vorgehensweise auch bei einer sehr geringen Gesamtabweichung regelmäßig zu einer zwingend zu erstellenden Überleitungsrechnung führt, was hinsichtlich der Vermittlung entscheidungsrelevanter Informationen durchaus mit Berechtigung kritisiert werden kann, besteht ein Einklang mit den Vorschriften des DRS 10 und des IAS 12.

Bei der im Rahmen eines US-GAAP-Abschlusses ebenfalls verpflichtend zu erstellenden Tax Reconciliation ist der Ausweis von Sachverhalten als eigene Überleitungsposition zwingend vorzunehmen, sofern die Abweichung fünf Prozent des erwarteten Steueraufwands überschreitet.[103] Da die Aufgliederungstiefe der Gesamtabweichung die Aussagekraft und Interpretierbarkeit der Tax Reconciliation maßgeblich prägt, ist es m.E. – insbesondere vor dem Hintergrund der uneinheitlichen, zu einem niedrigen Differenzierungsgrad tendierenden Umsetzung der Vorschriften des IAS 12 in der Praxis[104] – ratsam, eine vergleichbare Grenze in die Vorschriften des DRS 10 und IAS 12 zur Überleitungsrechnung zu integrieren. Allerdings sollte sich die konkrete Wesentlichkeitsgrenze in Abweichung zum US-GAAP-Abschluss auf die in der Überleitungsrechnung zu untersuchende Gesamtabweichung beziehen.

Beispiel:

Das Konzernergebnis vor Steuern des betrachteten Geschäftsjahres beträgt 600 €. Aufgrund von steuerlich nicht abzugsfähigen Ausgaben i.H.v. 300 € (dabei sind vier verschiedene Arten von nicht abzugsfähigen Ausgaben auszumachen: a) 200 € b) 65 € c) 25 € d) 10 €) und steuerfreien Einnahmen i.H.v. 100 € (es liegen zwei verschiedene Arten von steuerfreien Einnahmen vor: a) 95 € b) 5 €), beträgt die ertragsteuerliche Bemessungsgrundlage 800 €. Zudem wird ein Teilkonzernergebnis (100 €) einer ausländischen Tochtergesellschaft mit einem Ertragsteuersatz i.H.v. 70 % – abweichend vom erwarteten Steuersatz i.H.v. 40 % – belastet.

Die Gesamtabweichung zwischen effektivem und erwartetem Steueraufwand beträgt 110 € (350 € - 240 €). Bei einer Ausweisgrenze von 5 % sind Positionen, deren absoluter Steuereffekt 5,5 € überschreitet, gesondert in der Überleitungsrechnung auszuweisen:

> Nicht abzugsfähige Ausgaben Art a) 80 €   (200 € • 0,4),
> Nicht abzugsfähige Ausgaben Art b) 26 €   (65 € • 0,4),
> Nicht abzugsfähige Ausgaben Art c) 10 €   (25 € • 0,4),
> Steuerfreie Einnahme Art a) 38 €   (95 € • 0,4),
> Steuersatzabweichung 30 €   ((0,7 - 0,4) • 100 €),
> Sonstiges 6 €   (Zusammenfassung von nicht abzugsfähigen Ausgaben Art d) 10 € • 0,4 = 4 € und steuerfreien Einnahme Art b) 5 € • 0,4 = 2 € → 4 € + 2 € = 6 €).

---

[103]   Vgl. Aicher, Hans-Peter u.a., Rechnungslegung nach US-amerikanischen Grundsätzen, KPMG (Hrsg.), 3. Auflage, Düsseldorf 2003, S. 286 und Schäffeler, Ursula, Latente Steuern nach US-GAAP für deutsche Unternehmen, Diss. Univ. München 2000, Frankfurt am Main 2000, S. 99.

[104]   Vgl. z.B. Geschäftsbericht 2001 der Henkel KGaA, S. 54 und Geschäftsbericht 2001 der Bayer AG, S. 72. Hier werden jeweils nur drei Überleitungspositionen offen gelegt.

Bei Zugrundelegen des erwarteten (240 €) oder alternativ des ausgewiesenen (350 €) Steueraufwands als Bezugsgröße ist zunächst zu prüfen, ob die Gesamtabweichung (110 €)
mindestens 5 % der Bezugsgröße beträgt. Da dies in beiden Fällen zu bejahen ist, müssen in
einem nächsten Schritt die einzelnen Teilabweichungen geprüft werden. Während beim
erwarteten Steueraufwand als Bezugsgröße sämtliche Überleitungspositionen gesondert
anzugeben sind, die mindestens einen Steuereffekt von 12 € aufweisen, liegt die absolute
Mindestausweisgrenze beim ausgewiesenen Steueraufwand bei 17,5 €. Daraus resultieren
Überleitungsrechnungen, die im Vergleich zur Bezugsgröße Gesamtabweichung um die
Position „Nicht abzugsfähige Ausgaben Art c)" vermindert sind. Die Position „Sonstiges"
nimmt folglich um den entsprechenden Steuereffekt i.H.v. 10 € auf 16 € zu. Läge – unter
sonst gleichen Annahmen hinsichtlich der Abweichungen – der erwartete Steueraufwand bei
2.240 € und der ausgewiesene Steueraufwand bei 2.350 €, würde sich an der Überleitungsrechnung unter Rückgriff auf die identisch bleibende Gesamtabweichung als Bezugsgröße
bezüglich des Ausweises nichts ändern. Allerdings wäre weder auf Grundlage des erwarteten
noch des ausgewiesenen Steueraufwands eine Überleitungsrechnung zu erstellen, da die Gesamtabweichung in beiden Fällen keine 5 % der Bezugsgröße erreicht.

2.5 Verprobung der Überleitungsrechnung

Nach Ermittlung und Ausweis sämtlicher Teilabweichungen sollte die Tax
Reconciliation auf ihre Vollständigkeit überprüft werden. Da einzelnen
Überleitungspositionen teils komplexe Sachverhalte zugrunde liegen, kommt der
Verprobungsmöglichkeit der Überleitungsrechnung eine entscheidende
Bedeutung zu, um eventuell verbliebene Inkongruenzen zu identifizieren. Sofern
die Summe der Überleitungspositionen der zu untersuchenden Gesamtabweichung entspricht, wurden sämtliche Differenzen auslösende Sachverhalte
berücksichtigt. Mithin korrespondiert die Möglichkeit der Verprobung der Tax
Reconciliation mit der verfolgten Systematik bei Aufspaltung der Gesamtabweichung bzw. bei Ermittlung der einzelnen Teilabweichungen. Hierbei sind
im Rahmen der Konzernüberleitungsrechnung grundsätzlich zwei alternative
Vorgehensweisen denkbar: einerseits eine Fokussierung auf den Konzernabschluss, andererseits eine stufenweise Ermittlung in Anlehnung an einzelne
Bilanzierungsebenen.

Bei erstgenannter Vorgehensweise erfolgt die Ermittlung von Einzelabweichung
durch einen direkten Vergleich von Konzernabschlusswerten mit den entsprechenden Größen in der Steuerbilanz bzw. der steuerlichen Einkommensermittlung. Diese Ermittlungsart bietet den Vorteil der einfachen Handhabung, da die
Eruierung der einzelnen Abweichung auf einer direkten Gegenüberstellung von
Konzern- und Steuerwert beruht. Die Kehrseite der einfachen Handhabung sind
fehlende Zwischenergebnisse, sodass ausschließlich eine Endkontrolle der

Überleitungsrechnung in Form einer Gegenüberstellung der Gesamtabweichung mit der Summe der Einzelabweichungen möglich ist. Sofern eine Differenz verbleibt, da die Gesamtabweichung betragsmäßig nicht mit der Summe der Teilabweichungen übereinstimmt, kann diese weder einem Unternehmen noch einer bestimmten Bilanzierungsebene – Einzelabschluss, Konsolidierungsvorbereitung durch die HB II und Konzernabschluss – zugeordnet werden. In der Praxis kann sich die Suche nach der nicht berücksichtigten oder falsch berechneten Differenz zeit- und somit kostenintensiv gestalten.

Die Alternative zur direkten Ermittlung der Tax Reconciliation besteht – in Anlehnung an die in IAS 12 beschriebenen spezifischen Überleitungsrechnungen[105] – in einer Entwicklung der Konzernüberleitungsrechnung aus verschiedenen Überleitungsrechnungen, bei denen die jeweilige Bilanzierungsebene den Ausgangspunkt bildet. Dies bedeutet, dass zunächst Überleitungsrechnungen je Konzernunternehmen auf Ebene des Einzelabschlusses und der HB II zu erstellen sind, bevor diese auf Ebene des Konzernabschlusses zu einer Konzernüberleitungsrechnung zusammengefasst werden. Diese stufenweise Vorgehensweise bietet mehrere Vorteile: Zunächst mag eine derartige Systematik der Erstellung der Überleitungsrechnung aufwendiger und auch komplizierter erscheinen, da beispielsweise auf Mehrfacherfassungen oder auch kompensatorische Effekte auf den jeweiligen Ebenen geachtet werden muss;[106] aber die Überleitungsrechnung gestaltet sich bei ihrer Entwicklung übersichtlicher und ist daher leichter nachzuvollziehen. Auf jeder Stufe werden Zwischenergebnisse geliefert, anhand derer mögliche Fehler erkannt und sodann eliminiert werden können. Mithin wird das Identifizieren von Fehlerursachen durch die Aufspaltung in mehrere Tax Reconciliations deutlich erleichtert. Freilich steht bei der Erstellungssystematik der Überleitungsrechnung primär der Aspekt der Verprobungsmöglichkeit im Vordergrund. Dennoch können die Zwischenergebnisse zudem für interne Kontrollzwecke genutzt werden.[107]

Zusätzlich kann auf Ebene des Einzelabschlusses auf die in IAS 12 beschriebenen spezifischen Überleitungsrechnungen zurückgegriffen werden, die eine weitere Unterteilung in Form von Überleitungsrechnungen je Steuerrechtskreisen mit anschließender Zusammenfassung vorsehen.[108] Da diese

---

[105]   Vgl. Gliederungspunkt 2.1.2.

[106]   Beispielsweise besteht im Rahmen der Steuerbefreiung nach § 8b Abs. 1 KStG die Gefahr einer Doppelerfassung aufgrund kompensatorischer Effekte auf Ebene des Konzernabschlusses. Vgl. ausführlich zu dieser Überleitungsposition Gliederungspunkt 5.1.1.

[107]   Vgl. zur Kontrollfunktion der Überleitungsrechnung Gliederungspunkt 2.6.3.

[108]   Vgl. IAS 12.85.

Vorgehensweise jedoch eine Verwendung des gesetzlichen Steuersatzes der jeweiligen Steuerhoheit impliziert, ist diese Handhabung im Rahmen einer Überleitungsrechnung in einem HGB-Konzernabschluss nicht gestattet.[109]

2.6 Funktionen der Überleitungsrechnung

2.6.1 Aspekte des externen und internen Rechnungswesens

Die Aufgabe des Konzernabschlusses – zu dessen Bestandteilen auch der Anhang und damit die Überleitungsrechnung gehören – ist grundsätzlich auf die Informationsfunktion beschränkt.[110] Die zunehmende Zielrichtung der Unternehmen ist in diesem Zusammenhang, Steuerungs- und Kontrollgrößen zu formulieren, die sowohl für das interne als auch das externe Rechnungswesen verbindlich sind.[111] Mit der Tax Reconciliation ist ein Instrumentarium zu entwickeln, das hinsichtlich seines Informationsgehaltes nicht nur für externe, sondern auch für interne Entscheidungsträger von Nutzen ist. Mithin ist die von der Überleitungsrechnung zu leistende Informationsversorgung eine Funktion, die nicht nur dem externen, sondern auch dem internen Rechnungswesen zugrunde liegt.[112] Zudem kann die Tax Reconciliation für weitere interne, über den Informationszweck hinausgehende Zwecke Verwendung finden.

Durch die Überleitungsrechnung wird die Konzernsteuerquote – je nach Richtung der Überleitung – in einen Ist-Soll- oder alternativ in einen Soll-Ist-Vergleich gebettet: Während der effektive Steuersatz einen Ist-Wert darstellt, da er sich aus den beiden Ist-Größen Steueraufwand und Jahresüberschuss vor Steuern zusammensetzt, handelt es sich beim Referenzsteuersatz um eine Soll-Größe. Dementsprechend ist zwischen diesen beiden Größen entweder ein Ist-Soll-Vergleich (Botttom-up Approach) oder ein Soll-Ist-Vergleich (Top-down Approach) möglich, dem als zu untersuchende Gesamtabweichung eine absolute Größe (Überleitung nach dem Steueraufwand) oder alternativ eine prozentuale

---

[109] Vgl. DRS 10.42.

[110] Vgl. Baetge, Jörg/Kirsch, Hans-Jürgen/Thiele, Stefan, Konzernbilanzen, 6. Aufl., Düsseldorf 2002, S. 77 und Gräfer, Horst/Scheld, Guido A., Grundzüge der Konzernrechnungslegung, 6. Aufl., Berlin 2000, S. 3-4.

[111] Vgl. z.B. Heyd, Reinhard, Zur Harmonisierung von internem und externem Rechnungswesen nach US-GAAP, in: ST 2001, S. 201-214, hier: S. 208.

[112] Vgl. Peemöller, Volker H., Controlling: Grundlagen und Einsatzgebiete, 4. Aufl., Herne/Berlin 2002, S. 39 und Schierenbeck, Henner/Lister, Michael, Value Controlling, 2. Aufl., München/Wien 2002, S. 7-10.

Größe (Überleitung nach dem Steuersatz) zugrunde liegt.[113] Die Überleitungsrechnung zwischen Soll- und Ist-Wert erklärt die Relation zwischen Steueraufwand und dem Ergebnis vor Ertragsteuern, indem Abweichungen zur erwarteten
Steuergröße offen gelegt werden. Durch den Vergleich von Soll- und Ist-Werten
erhält ein typisches Instrumentarium des internen Rechnungswesens Einzug in
den Konzernabschluss und damit in die externe Rechnungslegung. Mithin
werden Soll-Ist- bzw. Ist-Soll-Vergleiche unter die Grundfunktion „Kontrolle"
im Rahmen des internen Rechnungswesens subsumiert.[114]

Die in der Überleitungsrechnung zu analysierenden Überleitungspositionen
entsprechen den im Rahmen einer Abweichungsanalyse i.s. des internen Rechnungswesens zu ermittelnden Einzelabweichungen. Der Abweichungsanalyse
geht typischerweise ein Ist-Soll- bzw. ein Soll-Ist-Vergleich voran, um die
Differenzen zu ermitteln. Derartige Vergleiche haben im Rahmen der betriebswirtschaftlichen Kontroll-Methoden mit anschließender Abweichungsanalyse
grundsätzlich zwei Funktionen zu erfüllen:[115] zum einen die Entscheidungsfunktion, zum anderen die Verhaltenssteuerungsfunktion, die bei der Überleitungsrechnung neben die Informationsfunktion treten.

2.6.2 Informationsfunktion

Soweit Bilanz und GuV nur unzureichende Informationen vermitteln, sind die
dort ausgewiesenen Zahlen durch verbale und quantitative Erläuterungen im
Anhang zu ergänzen.[116] Als Informationsinstrumente stehen den aktuellen und
potenziellen Investoren die Jahresabschlüsse der einzelnen in den Konzernabschluss einzubeziehenden Unternehmen und der konsolidierte Abschluss zur
Verfügung. Einblicke in die steuerlichen Gewinn- und Einkommensermittlungen
werden dagegen in der Regel nicht gewährt. Da nicht das handelsrechtliche,
sondern das steuerrechtliche Ergebnis den Ausgangspunkt der Ertragsteuerbelastung einer Kapitalgesellschaft bildet, korrespondiert der in der Handelsbilanz ausgewiesene Ertragsteueraufwand regelmäßig auch nicht mit dem
handelsrechtlichen Ergebnis, d.h., diese beiden Größen stehen in keinem
funktionalen Zusammenhang zueinander. Im Extremfall ist es durchaus auch

---

[113] Vgl. Gliederungspunkt 2.2.

[114] Vgl. Peemöller, Volker H., Controlling: Grundlagen und Einsatzgebiete, 4. Aufl.,
Herne/ Berlin 2002, S. 39-46.

[115] Vgl. Ewert, Ralf/Wagenhofer, Alfred, Interne Unternehmensrechnung, 5. Aufl., Berlin
u.a. 2002, S. 348.

[116] Vgl. Buchholz, Rainer, Internationale Rechnungslegung, 3. Aufl., Berlin 2003, S. 233-
234 und Gräfer, Horst/Scheld, Guido A., Grundzüge der Konzernrechnungslegung, 6.
Aufl., Berlin 2000, S. 241-242.

möglich, dass im Konzernabschluss – trotz Bilanzierung latenter Steuern – ein Steueraufwand ausgewiesen wird, obwohl im Geschäftsjahr ein Verlust zu verzeichnen ist.[117] Umgekehrt ist es ebenso denkbar, dass einer Steuerlast von null oder sogar einem Steuerertrag ein positives handelsrechtliches Ergebnis gegenübersteht.[118] Obgleich die Informationsfunktion primäres Ziel des Konzernabschlusses ist, würden dem Abschlussleser – ohne Offenlegung einer Überleitungsrechnung im Anhang – die Zusammensetzung und damit das Zustandekommen des ausgewiesenen Steueraufwands im Verhältnis zum erwarteten Steueraufwand verborgen bleiben.[119]

Im internationalen Konzern treten Verwerfungen zwischen ausgewiesenem Steueraufwand und Vorsteuerergebnis typischerweise in verstärktem Maße auf, da die effektive Steuergröße in diesem Fall Steuerzahlungen an verschiedene Steuerhoheiten reflektiert. Insbesondere in einem international tätigen und strukturierten Konzern besteht folglich ein erhöhter Informationsbedarf bezüglich der Zusammensetzung des Steueraufwands, da für den externen Bilanzleser aufgrund des aggregierten Ausweises nicht ersichtlich ist, in welcher Höhe in welchem Land Steuern angefallen oder zu zahlen sind.[120]

Das Verhältnis von ausgewiesenem Steueraufwand zum Konzernergebnis vor Steuern durch Aufspaltung der Gesamtabweichung zwischen erwarteter und effektiver Steuergröße in einzelne Teilabweichungen zu erklären und damit dem externen Bilanzleser sowohl eine bessere Einschätzung des Nettoergebnisses zu ermöglichen als auch Einblick in die betriebliche Steuerpolitik zu gewähren, ist die Aufgabe der Tax Reconciliation.[121] Eine potenzielle Alternative zur aggregierten Informationsversorgung durch die Überleitungsrechnung besteht in der Analyse der Steuerbilanzen und ertragsteuerlichen Einkommensermittlungen.

---

[117] Vgl. z.B. Geschäftsbericht 2001 der Deutschen Telekom, S. 122 und S. 144. Im Geschäftsjahr 2001 steht einem Jahresfehlbetrag vor Steuern 2.504 Mio. € ein Ertragsteueraufwand i.H.v. 751 Mio. € gegenüber.

[118] Vgl. z.B. Geschäftsbericht 2002 der Bayer AG, S. 4. Im Geschäftsjahr 2002 steht einem Gewinn vor Steuern i.H.v. 956 Mio. € ein Steuerertrag von 107 Mio € gegenüber.

[119] Vgl. Kirsch, Hanno, Angabepflichten für Ertragsteuern nach IAS und deren Generierung im Finanz- und Rechnungswesen, in: StuB 2002, S. 1189-1196, hier: S. 1191.

[120] Vgl. Wagenhofer, Alfred, International Accounting Standards, 3. Aufl., Wien/Frankfurt 2001, S. 540.

[121] Vgl. Gruber, Thomas/Kühnberger, Manfred, Umstellung der Rechnungslegung von HGB auf US-GAAP: Bilanzrechtliche und bilanzpolitische Aspekte eines Systemwechsels, in: DB 2001, S. 1733-1740, hier: S. 1739 und Herzig, Norbert, Gestaltung der Konzernsteuerquote – eine neue Herausforderung für die Steuerberatung?, in: WPg Sonderheft 2003, S. 80-92, hier: S. 90.

Dabei müssen sämtliche in den Konzernabschluss einzubeziehenden Unternehmen gesondert geprüft werden, da in Deutschland kein Konzernsteuerrecht existiert.[122] Neben dem Aspekt des hohen Arbeitsaufwands, dem jeder interessierte Investor ausgesetzt wäre, würde diese Vorgehensweise wohl regelmäßig mangels Einblick in die entsprechenden steuerlichen Daten scheitern. Für Unternehmensexterne verbleibt folglich ausschließlich die Überleitungsrechnung als Informationsinstrument, um den Steueraufwand zu interpretieren und eventuell auch Maßnahmen der Konzernsteuerpolitik erkennen zu können.

Neben der Schaffung von Transparenz hinsichtlich der Auswirkungen einzelner Steuergestaltungsmaßnahmen ermöglicht die Tax Reconciliation einen qualitativen Vergleich der Steuerquoten im Zeitablauf.[123] Dem Abschlussleser werden durch eine vergleichende Betrachtung Änderungen der steuerlichen Konzernpolitik und somit potenzielle Entwicklungen offenbart, sodass es beispielsweise möglich ist, einmalige von dauerhaften Verwerfungen zu unterscheiden und beeinflussbare Abweichungen von unabänderlichen Differenzen abzugrenzen. Bei letzterer Differenzierung kann zudem – eine beeinflussbare Abweichung vorausgesetzt – auf die Eingriffsintensität des Konzerns auf die Steuerquote geschlossen werden. Ferner ermöglicht das Instrumentarium Überleitungsrechnung einen aussagekräftigeren Vergleich von Konzernsteuerquoten verschiedener Unternehmen, die beispielsweise der gleichen Branche zuzuordnen sind.

Für unternehmensinterne Zwecke kommt der Verprobungsmöglichkeit der Überleitungsrechnung ein besonderes Gewicht zu:[124] Je tiefer die Verprobung des ausgewiesenen Steueraufwands möglich ist, desto detailliertere Informationen stehen zur Verfügung. Dies können durchaus auch solche Informationen sein, die nicht in der Konzernüberleitungsrechnung sichtbar sind. Beispielsweise kann bei Erstellung unternehmensspezifischer Überleitungsrechnungen mit anschließender Zusammenfassung zu einer Konzernüberleitungsrechnung die Verteilung des Gesamtbetrags einer Abweichungsposition auf die einzelnen Konzerngesellschaften nachvollzogen werden. Für den externen Analysten ist diese Information dagegen aus der aggregierten Überleitungsrechnung nicht ersichtlich.

---

[122] Vgl. Wehrheim, Michael/Adrian, Gerrit, Einkommensermittlung nach der Bruttomethode bei Organschaft, in: StuB 2002, S. 688-692, hier: S. 688.

[123] Vgl. Herzig, Norbert/Dempfle, Urs, Konzernsteuerquote, betriebliche Steuerpolitik und Steuerwettbewerb, in: DB 2002, S. 1-8, hier: S. 1 und Müller, Rolf, Die Konzernsteuerquote – Modephänomen oder ernst zu nehmende neue Kennziffer?, in: DStR 2002, S. 1684-1688, hier: S. 1684.

[124] Vgl. Schäffeler, Ursula, Latente Steuern nach US-GAAP für deutsche Unternehmen, Diss. Univ. München 2000, Frankfurt am Main 2000, S. 99.

2.6.3 Kontrollfunktion

2.6.3.1 Entscheidungsfunktion

Die Konzernsteuerquote als Entscheidungsgrundlage zu nutzen, setzt voraus, dass dokumentiert wird, wie diese unternehmensindividuelle Kennzahl zustande kommt.[125] Dies bedeutet, dass steuerliche Effekte, aus denen Veränderungen in Form eines Sinkens oder eines Anstiegs der Steuerquote resultieren, bekannt sein müssen. Nur dann können in einem nächsten Schritt, auf der Grundlage dieser Informationen, fundierte Entscheidungen – sowohl von externen als auch internen Entscheidungsträgern – getroffen werden.[126] Die Überleitungsrechnung weist folglich eine der Informationsfunktion nachgelagerte Entscheidungsfunktion auf.

Hinsichtlich des durch die Entscheidung verfolgten Zieles ist grundsätzlich nicht zwischen internen und externen Entscheidungsträgern zu differenzieren, da beide Personengruppen regelmäßig an einer relativen Steuerminimierung interessiert sind, um den Unternehmenswert durch Reduktion von Kosten zu steigern.[127] Die sich durch die Überleitungsrechnung offenbarenden Entscheidungsmöglichkeiten unterscheiden sich jedoch erheblich zwischen externen und internen Entscheidungsträgern: Dem externen Entscheidungsträger verbleibt letztendlich nur die Wahl zwischen Investition und Desinvestition, wobei die Überleitungsrechnung als ergänzende Grundlage bei dieser Entscheidung dienen kann. Dagegen bietet sich internen Entscheidungsträgern durch die Informationen der Tax Reconciliation ein breit gefächerter Entscheidungsraum, da vielfältige Möglichkeiten einer Konzernsteuerpolitik i.S. einer Konzernsteuerminimierung aufgezeigt werden.[128]

---

[125] Vgl. Haarmann, Wilhelm, Aussagekraft und Gestaltbarkeit der Konzernsteuerquote, in: StbJb. 2001/2002, Herzig, Norbert u.a. (Hrsg.), Köln 2002, S. 367-379, hier: S. 368.

[126] Vgl. Müller, Rolf, Die Konzernsteuerquote – Modephänomen oder ernst zu nehmende neue Kennziffer?, in: DStR 2002, S. 1684-1688, hier: S. 1686.

[127] Vgl. Müller, Rolf, Die Konzernsteuerquote – Modephänomen oder ernst zu nehmende neue Kennziffer?, in: DStR 2002, S. 1684-1688, hier: S. 1684. Zur Behebung eines potenziell auftretenden Principal-Agent-Konflikts vgl. Gliederungspunkt 2.6.3.2. Siehe z.B. auch Ewert, Ralf/Wagenhofer, Alfred, Interne Unternehmensrechnung, 5. Aufl., Berlin u.a. 2002, S. 432-438.

[128] Ausführlich hierzu vgl. Gliederungspunkt 6.2.

2.6.3.2 Verhaltenssteuerungsfunktion

Da die Konzernsteuerquote zunehmend in den Fokus des Interesses von externen Entscheidungsträgern am Kapitalmarkt gerät, ist die Unternehmensleitung gezwungen, gestaltend auf die Konzernsteuerquote einzuwirken, um beim Wettbewerb um internationale Finanzierungsquellen nicht den Anschluss zu verpassen.[129] Zur Sicherstellung eines zieladäquaten Verhaltens interner Entscheidungsträger kann sich die Unternehmensleitung der Konzernsteuerquote bzw. der Veränderung der Konzernsteuerquote im Zeitablauf zur Beurteilung der jeweiligen Entscheidungsträger bedienen.[130] Beispielsweise ist es diesbezüglich denkbar, die Konzernsteuerquote in eine finanzielle Anreizstruktur einzugliedern, indem sie als Bemessungsgrundlage für eine variable Vergütung dient.

Um einen Anreizeffekt zu erreichen, dürfen allerdings nur solche Komponenten der Konzernsteuerquote in die Vergütung einfließen, auf die der entsprechende Mitarbeiter auch Einfluss hat. Der Verantwortlichkeit der Steuerabteilung in Bezug auf die Höhe der Konzernsteuerquote sind in mehrerer Hinsicht Grenzen gesetzt. Beispielsweise folgt einerseits aus dem unternehmerischen Engagement in einzelnen Steuerrechtskreisen zwangsläufig eine bestimmte Besteuerung, andererseits schlägt sich – zumindest partiell – die Reduktion der tatsächlichen Steuerlast einer Periode durch die handelsbilanzielle Steuerabgrenzung in Form der Bilanzierung latenter Steuern nicht auf die ausgewiesene Steuerlast im Konzern nieder. Es bedarf folglich auch für die Verhaltenssteuerungsfunktion einer eingehenden Analyse der Aussagefähigkeit der Konzernsteuerquote. Diese wird der Unternehmensführung durch die Tax Reconciliation geliefert.

---

[129] Vgl. Herzig, Norbert, Gestaltung der Konzernsteuerquote – eine neue Herausforderung für die Steuerberatung?, in: WPg Sonderheft 2003, S. 80-92, hier: S. 80.

[130] Vgl. Haarmann, Wilhelm, Aussagekraft und Gestaltbarkeit der Konzernsteuerquote, in: StbJb. 2001/2002, Herzig, Norbert u.a. (Hrsg.), Köln 2002, S. 367-379, hier: S. 368 und Herzig, Norbert, Steuerlatenz im Einzel- und Konzernabschluss, in: Erfolgsabgrenzungen in Handels- und Steuerbilanz, Bertl, Romuald u.a. (Hrsg.), Wien 2001, S. 109-125, hier: S. 123.

3. Effektiver Steuersatz (Konzernsteuerquote)

3.1 Ermittlung des effektiven Steuersatzes

Der effektive Steuersatz wird zur Erstellung einer Tax Reconciliation unabhängig von der Anwendung einer bestimmten Überleitungsmethode benötigt. Sofern nach dem Steuersatz übergeleitet wird, ist der effektive Steuersatz entweder die Ausgangsgröße (Bottom-up Approach) oder die Kennzahl, auf die übergeleitet wird (Top-down Approach). Aber auch bei einer Überleitung nach dem Steueraufwand determiniert der effektive Steuersatz in entscheidender Weise die Höhe der ausgewiesenen Steuerbelastung und beeinflusst daher – in Abhängigkeit von der gewählten Richtung der Tax Reconciliation – den Ausgangs- oder Endpunkt der Überleitungsrechnung.

Der effektive Steuersatz, der im Unternehmensverbund auch als Konzernsteuer-quote bezeichnet wird, ist eine retrospektive[131] unternehmensbezogene Kenn-ziffer, die die prozentuale Steuerbelastung des Konzerns angibt. Ermittelt wird die Konzernsteuerquote durch Bildung des Quotienten aus effektivem Steueraufwand und Konzernergebnis vor Steuern:[132]

$$\text{Effektiver Steuersatz} = \frac{\text{effektiver Steueraufwand}}{\text{Konzernergebnis vor Steuern}} \cdot 100.$$

Da es sich sowohl beim effektivem Steueraufwand als auch beim Konzern-ergebnis vor Steuern um Ist-Größen handelt, ist der Quotient in Form der Konzernsteuerquote ebenfalls eine Ist-Größe. Der effektive Steueraufwand entspricht dem im Konzernabschluss ausgewiesenen Steueraufwand. Dieser weicht regelmäßig signifikant von den tatsächlich zu zahlenden Ertragsteuern

---

[131] Die Konzernsteuerquote ist nicht grundsätzlich vergangenheitsorientiert. Es kann auch auf der Grundlage von Planbilanzen und Plangewinn- und Verlustrechnungen ein prospektiver Ansatz vorliegen. Vgl. Herzig, Norbert/Dempfle, Urs, Konzernsteuerquote, betriebliche Steuerpolitik und Steuerwettbewerb, in: DB 2002, 1-8, hier: S. 3 m.w.N. Bei der Tax Reconciliation ist allerdings der retrospektive Ansatz der Konzernsteuer-quote maßgeblich.

[132] Vgl. IAS 12.86 und Haarmann, Wilhelm, Aussagekraft und Gestaltbarkeit der Konzern-steuerquote, in: StbJb. 2001/2002, Herzig, Norbert u.a. (Hrsg.), Köln 2002, S. 367-379, hier: S. 370.

des betrachteten Geschäftsjahres ab, da die handelsrechtlich ausgewiesene Steuerbelastung zudem latente Steuern beinhaltet:[133]

Effektiver Steueraufwand = tatsächlicher + latenter Steueraufwand.

$$\text{Effektiver Steuersatz} = \frac{\text{tatsächlicher + latenter Steueraufwand}}{\text{Konzernergebnis vor Steuern}} \bullet 100.$$

Der tatsächliche Steueraufwand beinhaltet im Unternehmensverbund sämtliche Ertragsteuern, die der Konzern für das betrachtete Geschäftsjahr an den Fiskus abzuführen hat.[134] Mithin fließen erfolgswirksame Steuerzahlungen, Steuerrückstellungen, aber auch Steuererstattungen in die tatsächliche Steuerlast einer Periode ein.[135]

Als ertragsteuerliche Bemessungsgrundlage ist weder das Konzernergebnis noch die Summe der Jahresergebnisse der in den Konzernabschluss einzubeziehenden Unternehmen zu qualifizieren.[136] Ausgangspunkt der Ermittlung der tatsächlichen Steuerlast ist vielmehr der steuerbilanzielle Gewinn der einzelnen Konzerngesellschaft im Rahmen einer individuellen Ertragsteuerbelastung.[137] Folglich setzt sich die tatsächliche Steuerlast des internationalen Konzerns aus einer Vielzahl von Teilbeträgen zusammen, die von verschiedenen Steuersubjekten an unterschiedliche Steuerhoheiten zu leisten sind.[138] Rechtsgrundlage

---

[133] Vgl. Cotting, René, Analyse von latenten Ertragsteuerbeträgen im Konzernabschluss, in: ST 1995, S. 787-796, hier: S. 792 und Gruber, Thomas/Kühnberger, Manfred, Umstellung der Rechnungslegung von HGB auf US-GAAP: Bilanzrechtliche und bilanzpolitische Aspekte eines Systemwechsels, in: DB 2001, S. 1733-1740, hier: S. 1740.

[134] Vgl. Herzig, Norbert, Gestaltung der Konzernsteuerquote – eine neue Herausforderung für die Steuerberatung?, in: WPg Sonderheft 2003, S. 80-92, hier: S. 82 und Müller, Rolf, Die Konzernsteuerquote – Modephänomen oder ernst zu nehmende neue Kennziffer?, in: DStR 2002, S. 1684-1688, hier: S. 1684.

[135] Vgl. Müller, Rolf, Die Konzernsteuerquote – Modephänomen oder ernst zu nehmende neue Kennziffer?, in: DStR 2002, S. 1684-1688, hier: S. 1684.

[136] Vgl. z.B. Grotherr, Siegfried, Übertragung von Konzernrechnungslegungsgrundsätzen ins Konzernsteuerrecht?, in: WPg 1995, S. 81-97, hier: S. 81 und Wehrheim, Michael/Adrian, Gerrit, Einkommensermittlung nach der Bruttomethode bei Organschaft, in: StuB 2002, S. 688-692, hier: S. 688.

[137] Vgl. Breithecker, Volker/Schmiel, Ute, Steuerbilanz und Vermögensaufstellung in der Betriebswirtschaftlichen Steuerlehre, Bielefeld 2003, S. 120.

[138] Vgl. Spengel, Christoph/Lammersen, Lothar, Methoden zur Messung und zum Vergleich von internationalen Steuerbelastungen, in: StuW 2001, S. 222-238, hier: S. 224.

der Ermittlung der tatsächlichen Steuerlast sind die einschlägigen Steuergesetze unter Berücksichtigung von Rechtsprechung und Verwaltungsanweisungen. Im Vergleich zum Handelsrecht – unabhängig davon, ob die Vorschriften des HGB oder der IAS zur Anwendung kommen – finden sich im Steuerrecht einerseits abweichende Regelungen hinsichtlich des bilanziellen Ansatzes und der Bewertung von Aktiv- und Passivposten, andererseits resultieren zahlreiche Differenzen zwischen steuerlichem Gewinn und handelsrechtlichem Ergebnis aufgrund von Zu- und Abrechnungen außerhalb der Steuerbilanz.

Während die Höhe von tatsächlichen Steuerzahlungen einzelner Konzerngesellschaften durch die jeweilig zuständige Steuerhoheit vorgegeben wird, kommt latenten Steuern eine Korrekturfunktion beim Ausweis der handelsbilanziellen Steuerlast zu. Folglich handelt es sich bei latenten Steuern nicht um tatsächliche Steuerschulden oder -forderungen einer Periode, sondern Verrechnungsposten, die aufgrund unterschiedlicher Vermögens- und Gewinnermittlungen in Handels- und Steuerbilanz entstehen.[139] Da latente Steuern die zu zahlenden und bereits gezahlten Ertragsteuern nach Maßgabe der Handelsbilanz periodisieren, kann grundsätzlich von einer fiktiven Besteuerung des handelsrechtlichen Jahresüberschusses gesprochen werden.[140] Gleichwohl treten mitunter erhebliche Diskrepanzen zwischen Konzernergebnis vor Steuern und ausgewiesenem Steueraufwand auf, die im Rahmen einer ursächlichen Forschung zunächst eine dezidierte Untersuchung der Steuerabgrenzungskonzeptionen notwendig machen. Mit Blick auf die Überleitungsrechnung beeinflusst der Ansatz und die Bewertung latenter Steuern in entscheidender Weise den funktionalen Zusammenhang zwischen Konzernergebnis vor Steuern und ausgewiesener Steuerlast und determiniert daher auch die verbleibenden, in der Tax Reconciliation zu erläuternden Differenzen.[141]

Im Gegensatz zu tatsächlichen Steuern bestimmt das dem Konzernabschluss zugrunde liegende Rechnungslegungssystem maßgeblich die Bilanzierung latenter Steuern.[142] Da sich HGB-Abschlüsse einerseits und IAS-Abschlüsse andererseits signifikant hinsichtlich Bilanzierung und Bewertung von latenten

---

[139]   Vgl. Ballwieser, Wolfgang, Rechnungsabgrenzung, Steuerlatenz und Bilanztheorie, in: Erfolgsabgrenzungen in Handels- und Steuerbilanz, Bertl, Romuald u.a. (Hrsg.), Wien 2001, S. 13-24, hier: S. 19 und Karrenbrock, Holger, Latente Steuern in Bilanz und Anhang, Diss. Univ. Münster 1990, Düsseldorf 1991, S. 5-7.

[140]   Vgl. Krag, Joachim/Mölls, Sascha, Rechnungslegung, München 2001, S. 257 m.w.N.

[141]   Vgl. Müller, Rolf, Die Konzernsteuerquote – Modephänomen oder ernst zu nehmende neue Kennziffer?, in: DStR 2002, S. 1684-1688, hier: S. 1684 und Wagenhofer, Alfred, International Accounting Standards, 3. Aufl., Wien/Frankfurt 2001, S. 284.

[142]   Vgl. Haarmann, Wilhelm, Aussagekraft und Gestaltbarkeit der Konzernsteuerquote, in: StBJb. 2001/2002, Herzig, Norbert u.a. (Hrsg.), Köln 2002, S. 367-379, hier: S. 370.

Steuern unterscheiden,[143] differieren – in Abhängigkeit vom Rechnungslegungs-system – die einzelnen in der Überleitungsrechnung vorzunehmenden Anpas-sungen sowohl dem Grunde als auch der Höhe nach. Zur Identifizierung von Überleitungspositionen ist daher zunächst der Umfang der latenten Steuerabgrenzung von Bedeutung, der vom zugrunde liegenden Konzept determiniert wird, bevor anschließend der Ansatz, die Bewertung und der Ausweis von latenten Steuern hinsichtlich ihrer Bedeutung im Rahmen der Tax Reconciliation untersucht werden.

3.2 Latente Steuern

3.2.1 Konzepte

3.2.1.1 Timing-Konzept nach §§ 274 und 306 HGB

Die im HGB kodifizierten Vorschriften zur latenten Steuerabgrenzung basieren auf den Umsetzungen der vierten und siebten EG-Richtlinie.[144] Da handels- und steuerrechtliche Bilanzierungs- und Bewertungsdiskrepanzen ursächlich für den Ansatz latenter Steuern sind, wurde vor Implementierung der EG-Richtlinien in das deutsche HGB eine Steuerabgrenzung im HGB-Abschluss aufgrund der engen Verknüpfung von Handels- und Steuerbilanz durch das Maßgeblichkeits-prinzip gem. § 5 Abs. 1 EStG für nicht notwendig erachtet.[145] Allerdings ent-spricht der handelsrechtliche Jahresüberschuss – trotz des gesetzlich verankerten Maßgeblichkeitsprinzips – grundsätzlich weder dem steuerbilanziellen Gewinn

---

[143] Vgl. Heurung, Rainer, Latente Steuern im Konzernabschluß im Vergleich zwischen HGB, IAS und US-GAAP, in: AG 2000, S. 538-553, hier: S. 538.

[144] Vgl. Baumann, Karl-Hermann, 274 HGB, in: Handbuch der Rechnungslegung – Kommentar zur Bilanzierung und Prüfung, Bd. I a, Küting, Karlheinz/Weber, Claus-Peter (Hrsg.), 4. Aufl., Stuttgart 1995, Rn. 1 und Coenenberg, Adolf G./Hille, Klaus, Latente Steuern in Einzel- und Konzernabschluß, in: DBW 1979, S. 601-621, hier: S. 601.

[145] Vgl. Coenenberg, Adolf G./Hille, Klaus, Latente Steuern, Abt. I/13, in: Handbuch des Jahresabschlusses in Einzeldarstellungen, v. Wysocki, Klaus/Schulze-Osterloh, Joachim (Hrsg.), Köln 1994, Rn. 1 und Lührmann, Volker, Latente Steuern im Konzern-abschluss, Diss., Univ. Göttingen 1996, Düsseldorf 1997, S. 91.

noch den ertragsteuerlichen Bemessungsgrundlagen.[146] Ebenso weicht regelmäßig der Konzernerfolg von den addierten Einzelerfolgen der im Konzernabschluss zusammengefassten Unternehmen ab.[147] Insofern bestehen auch bei Geltung des Maßgeblichkeitsprinzips Diskrepanzen zwischen Konzernergebnis und ausgewiesenem Steueraufwand, die durch die Bildung und Auflösung latenter Steuern abgeschwächt und mitunter auch vollständig aufgehoben werden.[148]

Kern der latenten Steuerabgrenzung ist das zugrunde liegende Konzept, das primär festlegt, welche Differenzen in die Steuerabgrenzung einzubeziehen sind.[149] Die in den §§ 274 und 306 HGB kodifizierten Vorschriften zu latenten Steuern basieren auf dem so genannten Timing-Konzept. Während § 274 HGB grundsätzliche Vorschriften für den Einzel- und den Konzernabschluss beinhaltet, ergänzt § 306 HGB die Norm des § 274 HGB für Vollkonsolidierungsmaßnahmen.[150]

Das Ziel der latenten Steuerabgrenzung besteht nach dem Timing-Konzept in der periodengerechten Erfolgsermittlung oder genauer: in der periodengerechten Zuordnung des ertragsabhängigen Steueraufwands zum handelsrechtlichen Ergebnis.[151] Durch Bildung eines den tatsächlich gezahlten Steueraufwand korrigierenden Steuerabgrenzungspostens soll einer Periode derjenige Steuerauf-

---

[146] Zu einem Überblick wesentlicher Abweichungen zwischen Handels- und Steuerbilanz vgl. Heurung, Rainer, Latente Steuerabgrenzung im Konzernabschluss im Vergleich zwischen HGB, IAS und US-GAAP, in: AG 2000, S. 538-553, hier: S. 540-541 und Hoffmann, Karsten, Analyse und Darstellung der Abweichungen zwischen handels- und steuerrechtlichem Jahresabschluss, in: StuB 2000, S. 961-974, hier: S. 967-974.

[147] Vgl. Dusemond, Michael, Ursachen latenter Steuern im Konzernabschluss nach HGB und IAS, in: Internationale Rechnungslegung, FS Weber, Küting, Karlheinz/Langenbucher, Günther (Hrsg.), Stuttgart 1999, S. 311-342, hier: S. 313.

[148] Vgl. Schildbach, Thomas, Der Konzernabschluss nach HGB, IAS und US-GAAP, 6. Aufl., München/Wien 2001, S. 359 und Selchert, F.W., Latente Steuern in der Konzernabschlußpolitik, in: DStR 1994, S. 34-40, hier: S. 34.

[149] Vgl. Coenenberg, Adolf G./Hille, Klaus, Latente Steuern nach der neu gefassten Richtlinie IAS 12, in: DB 1997, S. 537-544, hier: S. 537.

[150] Vgl. z.B. Berger, Axel/Fischer, Norbert, § 306 HGB, in: Beck'scher Bilanz-Kommentar, Handels- und Steuerrecht - §§ 238 bis 339 HGB -, Berger, Axel u.a. (Hrsg.), 5. Aufl., München 2003, Anm. 3.

[151] Vgl. Adler, Hans/Düring, Walther/Schmaltz, Kurt, § 274 HGB, in: Rechnungslegung und Prüfung der Unternehmen, Kommentar zum HGB, AktG, GmbHG, PublG nach den Vorschriften des Bilanzrichtlinien-Gesetzes, bearbeitet von Forster, Karl-Heinz u.a., 6. Aufl., Teilband 5, Stuttgart 1997, Anm. 2 und Berger, Axel/Fischer, Norbert, § 274 HGB, in: Beck'scher Bilanz-Kommentar, Handels- und Steuerrecht - §§ 238 bis 339 HGB -, Berger, Axel u.a. (Hrsg.), 5. Aufl., München 2003, Anm. 4.

wand zugeordnet werden, der dem handelsrechtlichen Ergebnis wirtschaftlich entspricht.[152] Mithin ist es für die Korrektur unerheblich, dass aus steuerrechtlicher Sicht der latente Steueraufwand nicht in der betrachteten Periode entstanden ist.

Der Ausgangspunkt des Timing-Konzepts zur Ermittlung latenter Steuern liegt in einer vergleichenden Betrachtung von handels- und steuerrechtlichem Ergebnis.[153] Im Rahmen dieses ergebnisorientierten Vergleichs unterscheidet das Timing-Konzept drei Kategorien von Differenzen hinsichtlich ihrer zeitlichen Umkehrung:[154]

> Als timing differences werden zeitlich begrenzte Differenzen zwischen handels- und steuerrechtlichem Ergebnis bezeichnet, die sich innerhalb eines vorhersehbaren und planbaren Zeitraums ausgleichen.[155] Bei Betrachtung einer einzelnen Abweichung bedeutet dies, dass ein handelsrechtliches Ergebnis, das zum Zeitpunkt der Entstehung der Differenz im Vergleich zum steuerrechtlichen Ergebnis niedriger ist, zum Zeitpunkt der Umkehrung entsprechend höher sein muss et vice versa.[156]

> Permanent differences sind zeitlich unbegrenzte Differenzen zwischen handels- und steuerrechtlichem Ergebnis.[157] Folglich handelt es sich hierbei

---

[152]   Vgl. Groll, Karl-Heinz, Berücksichtigung der latenten Steuern bei der Ermittlung des Eigenkapitals und des Fremdkapitals für die Bilanzanalyse, in: DB 1994, S. 488-489, hier: S. 488 und Karrenbrock, Holger, Latente Steuern in Bilanz und Anhang, Diss. Univ. Münster 1990, Düsseldorf 1991, S. 7.

[153]   Vgl. Berger, Axel/Fischer, Norbert, § 274 HGB, in: Beck'scher Bilanz-Kommentar, Handels- und Steuerrecht - §§ 238 bis 339 HGB -, Berger, Axel u.a. (Hrsg.), 5. Aufl., München 2003, Anm. 5 und Berlage, Hans, Die Bedeutung von Bilanzansatz- und Ergebnisdifferenzen für die Bemessung latenter Steuern, in: BB 1987, 867-868, hier: S. 867.

[154]   Vgl. Krag, Joachim/Mölls, Sascha, Rechnungslegung, München 2001, S. 258-259 und Schildbach, Thomas, Der Konzernabschluss nach HGB, IAS und US-GAAP, 6. Aufl., München/Wien 2001, S. 359-361.

[155]   Vgl. Euler, Roland, Latente Steuern, in: Handbuch der Rechnungslegung und Prüfung, Ballwieser, Wolfgang u.a. (Hrsg.), 3. Aufl., Stuttgart 2002, S. 1462-1477, hier: S. 1464.

[156]   Eine auf die Nutzungsdauer begrenzte Differenz entsteht z.b. bei der Anwendung unterschiedlicher Abschreibungsmethoden für abnutzbares Anlagevermögen in Handels- und Steuerbilanz.

[157]   Vgl. Schmidbauer, Rainer, Die Bilanzierung latenter Steuern nach HGB unter Berücksichtigung von E-DRS 12 sowie nach IAS auf Basis der Änderung der Steuergesetze, in: DB 2001, S. 1569-1576, hier: S. 1569.

um Abweichungen, die sich in nachfolgenden Perioden nicht wieder umkehren, sondern von dauerhaftem Bestand sind.[158]

> Obgleich quasi-permanent differences eine zeitliche Begrenzung aufwei-
sen, sind sie als faktisch zeitlich unbegrenzte Differenzen zu
qualifizieren.[159] Charakteristisch für diese Abweichungsart ist, dass ihre
Umkehrung zum Zeitpunkt des Entstehens der Differenz nicht absehbar ist
und im Extremfall erst beim Ausscheiden des betreffenden Vermögensgegenstandes aus dem Betriebsvermögen oder bei Liquidation des
Unternehmens eintritt.[160]

Nach dem Timing-Konzept werden im Rahmen der Steuerperiodisierung ausschließlich zeitlich begrenzte Differenzen berücksichtigt, die sich innerhalb
eines bestimmten Planungszeitraums umkehren.[161] Bei derartigen Differenzen
kann somit durch zeitliche Verlagerung der zu zahlenden Ertragsteuern der in
der Handelsbilanz ausgewiesene Steueraufwand an das handelsrechtliche
Ergebnis angepasst werden.

Liegen dagegen permanente Differenzen zwischen handels- und steuerbilanziellem Ergebnis vor, werden auf diese Verwerfungen keine latenten Steuern gebildet.[162] Bei dauerhaften Abweichungen ist es nicht möglich, durch eine Periodisierung der Steuerlast eine bessere sachliche Zuordnung des Steueraufwands
zum handelsrechtlichen Ergebnis zu erreichen, da sich permanente Differenzen

---

[158] Eine zeitliche unbegrenzte Differenz entsteht z.b. bei der Gewährung von Aufsichtrats-
vergütungen, die das handelsrechtliche Ergebnis vollumfänglich mindern, aber steuerrechtlich nach § 10 Nr. 4 KStG nur zur Hälfte als Betriebsausgabe abgezogen werden
dürfen.

[159] Vgl. Baetge, Jörg/Kirsch, Hans-Jürgen/Thiele, Stefan, Konzernbilanzen, 6. Aufl.,
Düsseldorf 2002, S. 481.

[160] Vgl. Krag, Joachim/Mölls, Sascha, Rechnungslegung, München 2001, S. 258. Eine
quasi-permanente Differenz entsteht z.b. bei der außerplanmäßigen Abschreibung eines
nicht abnutzbaren Vermögensgegenstandes ohne korrespondierende steuerliche Teilwertabschreibung.

[161] Vgl. Bömelburg, Peter , Prüfung latenter Steuern und Zwischenergebniseliminierung,
in: BB 1994, S. 1250-1259, hier: S. 1251 und Weilinger, Arthur, Rechnungsabgrenzungsposten und Steuerlatenz im Bilanzrecht der EU, in: Erfolgsabgrenzungen in
Handels- und Steuerbilanz, Bertl, Romuald u.a. (Hrsg.), Wien 2001, S. 49-62, hier:
S. 61.

[162] Vgl. Coenenberg, Adolf G., Jahresabschluss und Jahresabschlussanalyse, 19. Aufl.,
Stuttgart 2003, S. 384 und Gräfer, Horst, Die praktische Behandlung latenter Steuern:
ihre Entstehung, Erfassung und Berechnung, in: BB 1986, S. 2092-2098, hier: S. 2093.

im Zeitablauf nicht wieder umkehren und sie somit weder den Steueraufwand einer vor- noch einer nachgelagerten Periode beeinflussen.[163]

Bei Betrachtung der Totalperiode kehren sich quasi-permanente Differenzen im Zeitablauf um, sodass eine zeitliche Verlagerung der Steuern i.s. einer perioden-gerechten Erfolgsermittlung prinzipiell möglich ist. Da die Umkehrung allerdings nicht automatisch erfolgt, sondern einer unternehmerischen Disposition bedarf, beispielsweise der Veräußerung eines Wirtschaftsgutes, ist der Zeitpunkt der Umkehrung bei quasi-permanenten Differenzen regelmäßig nicht genau bestimmbar. Daher werden quasi-permanente Differenzen im Rahmen des Timing-Konzepts nicht in die Ertragsteuerabgrenzung einbe-zogen.[164] Zudem ist die Abgrenzung quasi-permanenter Differenzen, deren Umkehrung erst bei Liquidation eintritt, nicht mit dem Going-concern-Prinzip vereinbar, das von einer grundsätzlichen Unternehmensfortführung ausgeht.[165] Obwohl quasi-permanente Differenzen eine Zwitterstellung einnehmen, die es nicht ermöglicht, sie einer der anderen Kategorien zuzuordnen, kann die Situation entstehen, dass durch bevorstehende unternehmerische Dispositionen eine quasi-permanente Differenz zu einer abgrenzungsfähigen zeitlich begrenzten Abweichung wird. Ein solcher Fall liegt beispielsweise bei einer geplanten Veräußerung eines nicht abnutzbaren Vermögensgegenstands (z.B. einer Finanzanlage) vor, der ohne korrespondierende steuerliche Teilwert-abschreibung in der Handelsbilanz aufgrund einer nicht dauerhaften Wert-minderung gem. § 253 Abs. 2 Satz 3 HGB außerplanmäßig abgeschrieben wurde.

Im Hinblick auf die dem Timing-Konzept zugrunde liegende dynamische Bilanzauffassung werden nicht alle zeitlich begrenzten Differenzen in die latente Steuerabgrenzung einbezogen, sondern ausschließlich solche Abweichungen, die sich sowohl bei ihrer Entstehung als auch bei ihrer Umkehrung

---

[163]   Vgl. Arians, Georg, Das Konzept der handelsrechtlichen Steuerabgrenzung im Überblick, in: StuB 2000, S. 290-297, hier: S. 292 und Schildbach, Thomas, Der Konzernabschluss nach HGB, IAS und US-GAAP, 6. Aufl., München/Wien 2001, S. 360.

[164]   Vgl. Adler, Hans/Düring, Walther/Schmaltz, Kurt, § 274 HGB, in: Rechnungslegung und Prüfung der Unternehmen, Kommentar zum HGB, AktG, GmbHG, PublG nach den Vorschriften des Bilanzrichtlinien-Gesetzes, bearbeitet von Forster, Karl-Heinz u.a., 6. Aufl., Teilband 5, Stuttgart 1996, Tz. 16 und Coenenberg, Adolf G./Hille, Klaus, Latente Steuern, Abt. I/13, in: Handbuch des Jahresabschlusses in Einzeldarstellungen, v. Wysocki, Klaus/ Schulze-Osterloh, Joachim (Hrsg.), Köln 1994, Rn. 6.

[165]   Vgl. Krag, Joachim/Mölls, Sascha, Rechnungslegung, München 2001, S. 258.

erfolgswirksam in der GuV niederschlagen.[166] Insofern handelt es sich beim Timing-Konzept um eine erfolgsorientierte Steuerabgrenzung. An dieser Stelle wird deutlich, dass primäres Ziel der Bilanzierung latenter Steuern nicht die korrekte Vermögensdarstellung oder die Kongruenz zwischen Ergebnis und Steueraufwand ist, sondern der periodengerechte Erfolgsausweis.

Angelehnt an die Erfolgsorientierung des Timing-Konzepts ist zwischen zwei Grundfällen zu differenzieren, die bei Erfüllung der tatbestandlichen Voraussetzungen zu latenten Steuern führen:

Handelsbilanz-Ergebnis < Steuerbilanz-Ergebnis → aktivische latente Steuer Handelsbilanz-Ergebnis > Steuerbilanz-Ergebnis → passivische latente Steuer

Abbildung 7: Grundfälle der Steuerabgrenzung nach dem Timing-Konzept

Aktivische latente Steuern sind zu bilden, wenn das handelsbilanzielle Ergebnis niedriger als das Steuerbilanz-Ergebnis ist und sich diese Ergebnisabweichung in nachfolgenden Perioden durch einen Umkehrungseffekt wieder ausgleicht.[167] Mithin kommt es zu einer aktivischen Steuerabgrenzung, sofern handelsrechtliche Erträge später realisiert werden als die entsprechenden Betriebseinnahmen auf steuerrechtlicher Seite oder Aufwendungen handelsrechtlich früher das Ergebnis mindern als die korrespondierenden steuerlichen Betriebsausgaben.[168] Durch die Aktivierung latenter Steuern wird in der Handelsbilanz ein Steueraufwand ausgewiesen, der im Vergleich zum tatsächlichen Steueraufwand niedriger ist und daher mit dem ebenfalls geringeren handelsbilanziellen Ergebnis korrespondiert.[169] Im Zeitpunkt der Umkehrung der Ergebniswirkung ist die aktivische latente Steuer aufzulösen, um den ausgewiesenen

---

[166] Vgl. Coenenberg, Adolf G., Jahresabschluss und Jahresabschlussanalyse, 19. Aufl., Stuttgart 2003, S. 383.

[167] Vgl. Berger, Axel/Fischer, Norbert, § 274 HGB, in: Beck'scher Bilanz-Kommentar, Handels- und Steuerrecht - §§ 238 bis 339 HGB -, Berger, Axel u.a. (Hrsg.), 5. Aufl., München 2003, Anm. 40 und Klein, Oliver, Die Bilanzierung latenter Steuern nach HGB, IAS und US-GAAP im Vergleich, in: DStR 2001, S. 1450-1456, hier: S. 1450. Z.B. führt die handelsrechtliche Passivierungspflicht von Rückstellungen für drohende Verluste aus schwebenden Geschäften (§ 249 Abs. 1 Satz 1 HGB), der mit § 5 Abs. 4a EStG ein steuerrechtliches Passivierungsverbot gegenübersteht, zu aktivischen latenten Steuern.

[168] Vgl. Winnefeld, Robert, Aktivierung latenter Ertragsteuern, in: Bilanz-Handbuch - Handels- und Steuerbilanz, Rechtsformspezifisches Bilanzrecht, bilanzielle Sonderfragen, Sonderbilanzen, IAS/US-GAAP, 2. Aufl., München 2000, S. 544.

[169] Vgl. Baetge, Jörg/Kirsch, Hans-Jürgen/Thiele, Stefan, Konzernbilanzen, 6. Aufl., Düsseldorf 2002, S. 481.

Steueraufwand an das nunmehr vergleichsweise höhere handelsrechtliche Jahresergebnis anzupassen.

Latente Steuern sind zu passivieren, wenn das handelsrechtliche Ergebnis im betrachteten Geschäftsjahr aufgrund einer zeitlich begrenzten Differenz das steuerrechtliche Ergebnis übersteigt.[170] Folglich entsteht eine passivische latente Steuer, sofern ein Ertrag in der Handelsbilanz früher erfasst wird als die korrespondierende steuerliche Betriebseinnahme oder ein handelsrechtlicher Aufwand der steuerlichen Betriebsausgabe zeitlich nachgelagert ist.[171] Im Geschäftsjahr der passivischen Differenzenabgrenzung wird der latente Steueraufwand erhöht, damit die ausgewiesene Steuerlast mit dem vergleichsweise höheren handelsbilanziellen Ergebnis korrespondiert. Bei ergebniswirksamer Umkehrung der Differenz resultiert aus der Auflösung der passivischen latenten Steuer dementsprechend eine Minderung des effektiven Steueraufwands.

3.2.1.2 Temporary-Konzept nach IAS 12

Im Vergleich zum deutschen Handelsrecht differenziert IAS 12 nicht explizit zwischen latenten Steuern im Einzel- und Konzernabschluss, sodass sich die Vorschriften zur latenten Steuerabgrenzung grundsätzlich gleichermaßen auf beide Rechenwerke beziehen. Intention der Periodisierung von Steuerzahlungen ist nach IAS 12 nicht eine Kongruenz von handelsrechtlichem Ergebnis und ausgewiesenem Steueraufwand, sondern eine zutreffende Darstellung der Vermögenslage.[172]

Das IAS 12 zugrunde liegende Temporary-Konzept ist im Gegensatz zum Timing-Konzept bilanzorientiert.[173] Vor dem Hintergrund einer korrekten Ver-

---

[170]   Z.B. führt die Inanspruchnahme des handelsrechtlichen Aktivierungswahlrechts für Ingangsetzungs- und Erweiterungsaufwendungen gem. § 269 HGB (Bilanzierungshilfe), dem steuerlich ein Ansatzverbot gegenübersteht, zu passivischen latenten Steuern.

[171]   Vgl. Schmidt, Matthias, Latente Steuern nach US-GAAP in deutschen Konzernabschlüssen: Wesentliche Konsequenzen einer Steuerabgrenzung gemäß SFAS No. 109 statt nach § 274 und § 306 HGB, in: US-amerikanische Rechnungslegung, Ballwieser, Wolfgang (Hrsg.), 4. Aufl., Stuttgart 2000, S. 241-281, hier: S. 249.

[172]   Vgl. Ballwieser, Wolfgang, Rechnungsabgrenzung, Steuerlatenz und Bilanztheorie, in: Erfolgsabgrenzungen in Handels- und Steuerbilanz, Bertl, Romuald u.a. (Hrsg.), Wien 2001, S. 13-24, hier: S. 19.

[173]   Vgl. IAS 12.10; Coenenberg, Adolf G./Hille, Klaus, Latente Steuern nach der neu gefassten Richtlinie IAS 12, in: DB 1997, S. 537-544, hier: S. 537 und Schildbach, Thomas, Der Konzernabschluss nach HGB, IAS und US-GAAP, 6. Aufl., München/Wien 2001, S. 361.

mögensdarstellung wird folglich nicht auf Ergebnisdifferenzen, sondern auf bilanzielle Verwerfungen abgestellt.[174] Grundsätzlich lösen sämtliche bilanzierungs- und bewertungsbedingten Inkongruenzen zwischen Handels- und Steuerbilanz latente Steuern aus, soweit sich die Differenzen innerhalb der Totalperiode ausgleichen.[175] Während sich die abzugrenzenden Bilanzierungs- und Bewertungsunterschiede zukünftig steuerbe- oder -entlastend auswirken müssen, ist dies zum Zeitpunkt der Entstehung keine zwingende tatbestandliche Voraussetzung.[176] Dementsprechend sind auch auf solche Abweichungen latente Steuern zu bilden, die zwar im Entstehungszeitpunkt keine Erfolgsdifferenzen zwischen Handels- und Steuerbilanz begründen, aber bei ihrer Auflösung das steuerrechtliche Ergebnis beeinflussen. Aufgrund der Betrachtung der Totalperiode unterscheidet das Temporary-Konzept nur zwischen zwei Kategorien von zeitlichen Differenzen:

➤ Temporary differences sind zeitlich begrenzte Differenzen, die sich innerhalb der Totalperiode wieder ausgleichen und daher in die latente Steuerabgrenzung einzubeziehen sind. Im Hinblick auf die Differenzenkategorisierung des Timing-Konzepts umfassen die nach IAS 12 abgrenzungspflichtigen temporary differences sowohl timing differences als auch quasi-permanent differences.[177]

➤ Permanent differences sind zeitlich unbegrenzte Differenzen, die sich in nachfolgenden Perioden nicht wieder ausgleichen, sondern dauerhaft als Abweichung zwischen dem fiktiven handelsrechtlichen Steueraufwand und der tatsächlichen Steuerlast bestehen bleiben.[178] Da auch nach IAS 12 das tatbestandliche Erfordernis der steuerwirksamen Umkehrung besteht, dürfen auf permanente Differenzen keine latenten Steuern gebildet werden.

---

[174] Z.B. werden bei der Anwendung unterschiedlicher Abschreibungsmethoden in Handels- und Steuerbilanz nicht die verschiedenen Abschreibungsbeträge in der GuV betrachtet, sondern die jeweiligen Restbuchwerte des Vermögenswertes bzw. des Wirtschaftsguts vergleichend gegenüber gestellt.

[175] Vgl. IAS 12.10 und Gröner, Susanne/Marten, Kai-Uwe/Schmid, Sonja, Latente Steuern im internationalen Vergleich – Analyse der Bilanzierungsvorschriften in der BRD, Großbritannien, den USA und nach IAS 12 (revised), in: WPg 1997, S. 479-488, hier: S. 480.

[176] Vgl. Coenenberg, Adolf G./Hille, Klaus, Latente Steuern nach der neu gefassten Richtlinie IAS 12, in: DB 1997, S. 537-544, hier: S. 537 und. Förschle, Gerhart/Kroner, Matthias, International Accounting Standards: Offene Fragen zur künftigen Steuerabgrenzung, in: DB 1996, S. 1633-1639, hier: S. 1633.

[177] Vgl. IAS 12.15 und 24.

[178] Vgl. Wagenhofer, Alfred, International Accounting Standards, 3. Aufl., Wien/Frankfurt 2001, S. 270-271.

Dem systemimmanenten Merkmal der Bilanzorientierung des Temporary-Konzepts folgend, sind zur Identifizierung abzugrenzender Differenzen Unterschiede auf Basis der Bilanz maßgeblich.[179] Dies bedeutet, dass latente Steuern aufgrund unterschiedlicher Wertansätze von Vermögenswerten und Verbindlichkeiten in Handels- und Steuerbilanz gebildet werden. Aus der vergleichenden Betrachtung von Bilanzansätzen durch Gegenüberstellung von Steuerwert und handelsbilanziellem Buchwert[180] resultieren vier Grundfälle der Steuerabgrenzung:[181]

Aktiva:
IAS-Ansatz < Steuerbilanz-Ansatz → aktivische latente Steuer
IAS-Ansatz >Steuerbilanz-Ansatz → passivische latente Steuer
Passiva:
IAS-Ansatz >Steuerbilanz-Ansatz → aktivische latente Steuer
IAS-Ansatz < Steuerbilanz-Ansatz → passivische latente Steuer

---

Abbildung 8: Grundfälle der Steuerabgrenzung nach dem Temporary-Konzept

Zunächst sind Abweichungen auf der Aktivseite der Bilanz von Differenzen auf der Passivseite zu unterscheiden. Beide Verwerfungen zwischen Handels- und Steuerbilanz können je nach Abweichungsrichtung sowohl zu aktivischen latenten Steuern aufgrund einer abzugsfähigen temporären Differenz[182] als auch zu einer passivischen Steuerabgrenzung aufgrund einer zu versteuernden temporären Differenz[183] führen.

Auf der Aktivseite kann der Buchwert eines handelsrechtlichen Vermögenswertes den Buchwert des steuerrechtlichen Wirtschaftsguts unter- oder überschreiten. Ist der Buchwert eines Vermögenswertes (asset) im IAS-Abschluss niedriger als in der Steuerbilanz oder wird in der IAS-Bilanz auf einen Ansatz verzichtet, da eine sofortige Aufwandsbuchung vorgeschrieben

---

[179] Vgl. Adler, Hans/Düring, Walther/Schmaltz, Kurt, § 274 HGB, in: Rechnungslegung und Prüfung der Unternehmen, Kommentar zum HGB, AktG, GmbHG, PublG nach den Vorschriften des Bilanzrichtlinien-Gesetzes, Teilband 5, bearbeitet von Forster, Karl-Heinz u.a., 6. Aufl., Stuttgart 1997, Tz. 14a und Schmidbauer, Rainer, Die Bilanzierung latenter Steuern nach HGB unter Berücksichtigung von E-DRS 12 sowie nach IAS auf Basis der Änderung der Steuergesetze, in: DB 2001, S. 1569-1576, hier: S. 1569-1570.

[180] Vgl. IAS 12.5.

[181] Vgl. Coenenberg, Adolf G./Hille, Klaus, Latente Steuern nach der neu gefassten Richtlinie IAS 12, in: DB 1997, S. 537-544, hier: S. 538 und Lüdenbach, Norbert, International Accounting Standards, Freiburg im Breisgau 2001, S. 190-191.

[182] Vgl. IAS 12.24-33.

[183] Vgl. IAS 12.15-23.

oder aus bilanzpolitischen Erwägungen präferiert wird, führt die Realisierung des Vermögenswertes – d.h. die Umkehrung der Differenz – zu einem handelsrechtlichen höheren Ergebnis als steuerlich.[184] Daraus folgt, dass im IAS-Abschluss zum Zeitpunkt der Umkehrung, aufgrund des vergleichsweise niedrigeren steuerrechtlichen Ergebnisses, eine entsprechend geringe tatsächliche Steuerbelastung ausgewiesen wird. Um einen korrekten handelsrechtlichen Vermögensausweis zu erreichen, ist zum Zeitpunkt des Entstehens der abzugsfähigen temporären Differenz ein Aktivposten für latente Steuern zu bilden.[185] Durch dessen Auflösung wird bei Realisierung des Vermögenswertes der aus handelsrechtlicher Sicht zu niedrige Steueraufwand an das handelsbilanzielle Ergebnis angepasst. Der umgekehrte Fall auf der Aktivseite, d.h. ein im Vergleich zur Steuerbilanz höherer handelsbilanzieller Ansatz eines Vermögenswertes, führt dementsprechend zur Passivierung einer latenten Steuerverbindlichkeit.[186]

Aus einer Abweichung in Ansatz und Bewertung einer Verbindlichkeit (liability) kann ebenfalls sowohl eine aktivische als auch eine passivische Steuerabgrenzung resultieren.[187] Sind Verbindlichkeiten in der IAS-Bilanz höher bewertet als in der Steuerbilanz oder werden die Verbindlichkeiten in der IAS-Bilanz abgebildet, aber in der Steuerbilanz ist der Ansatz untersagt oder wird aus bilanzpolitischen Gründen nicht präferiert, ist die entstehende Differenz aktivisch abzugrenzen.[188] Dementsprechend führt eine im Vergleich zur

---

[184] Vgl. Schmidbauer, Rainer, Die Bilanzierung latenter Steuern nach HGB unter Berücksichtigung von E-DRS 12 sowie nach IAS auf Basis der Änderung der Steuergesetze, in: DB 2001, S. 1569-1576, hier: S. 1569-1570.

[185] Z.B. führt die aufwandswirksame Erfassung von Fremdkapitalkosten nach IAS 23.7 zu aktivischen latenten Steuern, soweit diese steuerrechtlich nach § 255 Abs. 3 HGB i.V.m. R 33 Abs. 4 EStR als Teil der Herstellungskosten berücksichtigt werden.

[186] Vgl. IAS 12.16 und Euler, Roland, Latente Steuern, in: Handbuch der Rechnungslegung und Prüfung, Ballwieser, Wolfgang u.a. (Hrsg.), 3. Aufl., Stuttgart 2002, S. 1462-1477, hier: S. 1465. Z.B. führt die Bilanzierung von nicht entgeltlich erworbenen immateriellen Vermögenswerten des Anlagevermögens nach IAS 38, der steuerrechtlich gem. § 5 Abs. 2 EStG ein Aktivierungsverbot gegenübersteht, zu passivischen latenten Steuern.

[187] Vgl. Küting, Karlheinz/Wirth, Johannes, Latente Steuern und Kapitalkonsolidierung nach IAS/IFRS, in: BB 2003, S. 623-629, hier: S. 625.

[188] Z.B. führt die Passivierung von Drohverlustrückstellungen nach IAS 37.66-69, der mit § 5 Abs. 4a EStG ein steuerrechtliches Passivierungsverbot gegenübersteht, zu aktivischen latenten Steuern.

Steuerbilanz niedrigere handelsbilanzielle Bewertung einer Verbindlichkeit zu einer latenten Steuerschuld.[189]

3.2.1.3 „Misch"-Konzept nach DRS 10

DRS 10 „Latente Steuern im Konzernabschluss" verfolgt in klarer Linie weder das Timing- noch das Temporary-Konzept, sondern greift auf Bestandteile beider Konzepte zurück.[190] Dabei ist jedoch eindeutig eine Tendenz zum Temporary-Konzept erkennbar, das de lege ferenda nach Ansicht des DSR in das HGB implementiert werden sollte, um eine zutreffende Darstellung der Vermögenslage und des Eigenkapitals zu erreichen sowie die internationale Vergleichbarkeit von Konzernabschlüssen zu gewährleisten.[191]

In der Grundkonzeption bezieht DRS 10, entsprechend der Vorgehensweise des Timing-Konzepts, nur solche Bilanzierungs- und Bewertungsunterschiede in die latente Steuerabgrenzung ein, die sowohl bei ihrer Entstehung als auch bei ihrer Umkehrung erfolgswirksam erfasst werden und somit zu unterschiedlichen handels- und steuerrechtlichen Ergebnissen führen.[192] Dennoch bedient sich DRS 10 der Terminologie des Temporary-Konzepts, indem bei den Definitionen latenter Steuern[193] und ihnen zugrunde liegender Differenzen[194] nicht auf Ergebnisunterschiede, sondern auf abweichende Bilanzwerte abgestellt wird.[195] Ferner existiert mit den im Rahmen der Kapitalkonsolidierung nach § 301 HGB erfolgsneutral entstehenden Abweichungen zwischen Konzern- und Steuer-

---

[189] Z.B. führt die Rückstellungsbewertung unter Verwendung eines marktgängigen Zinssatzes (IAS 37.45-47), der ein steuerrechtlich anzuwendender Zinsatz i.H.v. 5,5 % nach § 6 Abs. 1 Nr. 3a lit. e EStG gegenübersteht, zu passivischen latenten Steuern, sofern der marktgängige Zins 5,5 % übersteigt.

[190] Vgl. Sauter, Thomas/Heurung, Rainer/Fischer, Wolfgang-Wilhelm, Erfassung von latenten Steuern im Konzernabschluss nach E-DRS 12, in: BB 2001, S. 1783-1788, hier: S. 1784 und Schmidbauer, Rainer, Die Bilanzierung latenter Steuern nach HGB unter Berücksichtigung von E-DRS 12 sowie nach IAS auf Basis der Änderung der Steuergesetze, in: DB 2001, S. 1569-1576, hier: S. 1750.

[191] Vgl. E-DRS 12, hier: Tz. A2, A3 und Schmidbauer, Rainer, Die Bilanzierung latenter Steuern nach HGB unter Berücksichtigung von E-DRS 12 sowie nach IAS auf Basis der Änderung der Steuergesetze, in: DB 2001, S. 1569-1576, hier: S. 1750.

[192] Vgl. DRS 10.4.

[193] Vgl. DRS 10.6 und DRS 10.8.

[194] Vgl. DRS 10.3.

[195] Vgl. Gräbsch, Ivonne, Bilanzierung latenter Steuern im Konzernabschluss nach DRS 10, in: StuB 2002, S. 743-750, hier: S. 744.

bilanzwerten eine nicht unwesentliche Ausnahme von der erfolgsorientierten Sichtweise, die nach DRS 10 zur Steuerabgrenzung zugelassen wird.[196]

Tatbestandliche Voraussetzung für die Bilanzierung latenter Steuern ist die zukünftige Umkehrung der Abweichung, aus der eine steuerliche Be- oder Entlastung resultiert. Ein bestimmter oder planbarer Umkehrungszeitpunkt wird dagegen nicht gefordert. Dies bedeutet, dass nach dem Konzept des DRS 10 bei der Bilanzierung latenter Steuern dem Grunde nach nicht nur timing differences, sondern auch quasi-permanent differences berücksichtigt werden.[197] Dementsprechend ist hinsichtlich ihrer zeitlichen Umkehrung auch nur zwischen zwei Kategorien von Differenzen zu unterscheiden: zum einen die abzugrenzenden zeitlichen Abweichungen, zum anderen die nicht abzugrenzenden permanenten Verwerfungen.[198] Diese Vorgehensweise, die aus der Betrachtung der Totalperiode bei Ermittlung der abgrenzungspflichtigen Differenzen resultiert, ist konform zum Temporary-Konzept. Der Einbezug quasi-permanenter Differenzen erfolgt allerdings – mit Ausnahme quasi-permanenter Differenzen aus der Kapitalkonsolidierung – nur, sofern sie erfolgswirksam entstanden sind.[199]

3.2.1.4 Auswirkungen auf die Überleitungsrechnung

Hinsichtlich der Auswirkung der einzelnen Konzepte auf die Überleitungsrechnung gilt folgender Grundsatz: Sämtliche Differenzen zwischen handelsrechtlichem Ergebnis und ertragsteuerlicher Bemessungsgrundlage, die nicht im jeweiligen Steuerabgrenzungskonzept berücksichtigt werden, sind in der Überleitungsrechnung zu erläutern.[200] Mit diesem ergebnisvergleichenden Grundsatz korrespondieren eher das Timing- und das „Misch"-Konzept, da diese – im Gegensatz zum bilanzorientierten Temporary-Konzept – auf Erfolgsdifferenzen abstellen. Folglich liegt zunächst die Vermutung nahe, dass bei einer Steuerabgrenzung nach dem Timing- oder dem „Misch"-Konzept der sachliche Zusam-

---

[196] Vgl. DRS 10.16.

[197] Vgl. DRS 10.5 und Wotschofsky, Stefan/Heller, Silke, Latente Steuern im Konzernabschluss, in: IStR 2002, S. 819-824, hier: S. 820.

[198] Vgl. Sauter, Thomas/Heurung, Rainer/Fischer, Wolfgang-Wilhelm, Erfassung von latenten Steuern im Konzernabschluss nach E-DRS 12, in: BB 2001, S. 1783-1788, hier: S. 1784.

[199] Vgl. Wendlandt, Klaus/Vogler, Gerlinde, Latente Steuern nach E-DRS 12 im Vergleich mit IAS, US-GAAP und bisheriger Bilanzierung nach HGB sowie Kritik an E-DRS 12, in: KoR 2001, S. 244-254, hier: S. 245.

[200] Vgl. Wagenhofer, Alfred, International Accounting Standards, 3. Aufl., Wien/Frankfurt 2001, S. 284.

menhang zwischen ausgewiesenem Steueraufwand und Konzernergebnis vor Steuern tendenziell besser ist als bei Zugrundelegung des Temporary-Konzepts.

Allerdings zeigt ein Vergleich der Steuerabgrenzungskonzepte, dass sich diese primär durch ihre Differenzenkategorisierung und die daraus resultierende Einbeziehung von bestimmten Abweichungen in die Steuerabgrenzung voneinander unterscheiden. Gem. zuvor aufgestelltem Grundsatz ist der Umfang der latenten Steuerabgrenzung für die verbleibenden in der Tax Reconciliation zu erläuternden Differenzen entscheidend. Mithin finden Verwerfungen, auf die latente Steuern gebildet werden, grundsätzlich keinen Niederschlag als Überleitungsposition in der Tax Reconciliation, weil die latente Steuerabgrenzung – bezogen auf die einzelne Aufweichung – eine funktionale Relation zwischen Konzernergebnis vor Steuern und Steueraufwand herstellt. In diesem Zusammenhang gewährleisten sowohl das Temporary- als auch das „Misch"-Konzept aufgrund der Einbeziehung quasi-permanenter Differenzen die umfassendere Steuerabgrenzung.[201] Da insbesondere das Abgrenzungskonzept des IAS 12 diesbezüglich deutlich über die Steuerabgrenzung des Timing-Konzepts hinausgeht, resultiert trotz Fokussierung des Temporary-Konzepts auf bilanzielle Unterschiede ein besserer sachlicher Zusammenhang zwischen handelsrechtlichem Vorsteuerergebnis und Steueraufwand. Während nach dem Timing-Konzept sowohl permanente als auch quasi-permanente Differenzen eine Überleitungsposition in der Tax Reconciliation bedingen, beschränken sich die notwendigen Erläuterungen in der Überleitungsrechnung nach dem Temporary-Konzept gem. IAS 12 sowie dem „Misch"-Konzept nach DRS 10 auf permanente Differenzen.

Zudem unterscheiden sich die alternativen Konzepte hinsichtlich der Behandlung von erfolgsneutralen Differenzen. Während das Timing- und das „Misch"-Konzept grundsätzlich auf erfolgsneutral entstehende Abweichungen keine latenten Steuern bilden, grenzt das Temporary-Konzept auch derartige Verwerfungen zwischen Handels- und Steuerbilanz ab. Mit Blick auf den zu Anfang formulierten Grundsatz wird deutlich, dass nur erfolgswirksame latente Steuern den funktionalen Zusammenhang zwischen Konzernergebnis und Steueraufwand stärken, da auch nur diese Steuern Auswirkungen auf die zu erläuternde Größe in Form des ausgewiesenen Steueraufwands haben. Erfolgsneutrale latente Steuern haben hingegen keine Relevanz, weil sie die GuV nicht berühren. Allerdings sind nach dem Temporary-Konzept auch nur

---

[201]   Vgl. Arians, Georg, Das Konzept der handelsrechtlichen Steuerabgrenzung im Überblick, in: StuB 2000, S. 290-297, hier: S. 292-293 und Gruber, Thomas/Kühnberger, Manfred, Umstellung der Rechnungslegung von HGB auf US-GAAP: Bilanzrechtliche und bilanzpolitische Aspekte eines Systemwechsels, in: DB 2001, S. 1733-1740, hier: S. 1739.

solche erfolgsneutralen Differenzen abzugrenzen, die bei ihrer Umkehrung eine Erfolgswirkung entfalten. Insofern hat zwar die Bildung derartiger Steuerlatenzen keinen Einfluss auf die Konzernsteuerquote, wohl aber deren erfolgswirksame Auflösung. Demzufolge ist auch die Bilanzierung latenter Steuern auf erfolgsneutrale entstehende Abweichungen für den funktionalen Zusammenhang zwischen Konzernergebnis vor Steuern und ausgewiesenem Steueraufwand von entscheidender Bedeutung.[202]

Zusammenfassend ist zu konstatieren, dass das Temporary-Konzept als das umfassendste Steuerabgrenzungskonzept tendenziell zu einem besseren Zusammenhang von Konzernergebnis vor Steuern und Steueraufwand führt, als dies beim „Misch"-Konzept der Fall ist, das erfolgsneutrale Differenzen grundsätzlich nicht in die latente Steuerabgrenzung einbezieht. In der Grundrichtung weist das Timing-Konzept die größte in der Überleitungsrechnung zu untersuchende Gesamtabweichung auf, da bei diesem zusätzlich auch quasi-permanente Differenzen eine Überleitungsposition begründen.

3.2.2 Ansatz

3.2.2.1 Aktivische latente Steuern

Auf Grundlage der im HGB kodifizierten Vorschriften ist beim Ansatz latenter Steuern zwischen verschiedenen Ebenen der Entstehung von Steuerlatenzen zu differenzieren.[203] Im Einzelnen sind dies die Handelsbilanz I (HB I), die aus dem Einzelabschluss zu entwickelnde Handelsbilanz II (HB II) sowie die Konzernbilanz.

Sofern die tatbestandlichen Voraussetzungen des Timing-Konzepts erfüllt sind, gewährt § 274 Abs. 2 HGB im Rahmen des handelsrechtlichen Einzelabschlusses ein Ansatzwahlrecht für aktivische latente Steuern. Diese sind nicht als Vermögensgegenstand zu qualifizieren, sondern stellen eine Bilanzierungshilfe dar, die als Abgrenzungsposten gebildet werden darf.[204] Mit dem Ansatz der Bilanzierungshilfe geht nach § 274 Abs. 2 Satz 3 HGB eine Ausschüttungs-

---

[202] Vgl. Küting, Karlheinz/Wirth, Johannes, Latente Steuern und Kapitalkonsolidierung nach IAS/IFRS, in: BB 2003, S. 623-629, hier: S. 624.

[203] Vgl. Baetge, Jörg/Kirsch, Hans-Jürgen/Thiele, Stefan, Konzernbilanzen, 6. Aufl., Düsseldorf 2002, S. 482.

[204] Vgl. Berger, Axel/Fischer, Norbert, § 274 HGB, in: Beck'scher Bilanz-Kommentar, Handels- und Steuerrecht - §§ 238 bis 339 HGB -, Berger, Axel u.a. (Hrsg.), 5. Aufl., München 2003, Anm. 13.

sperre einher.[205] Gem. § 274 Abs. 2 Satz 4 HGB ist die Aktivierung untersagt bzw. die Auflösung aktivischer Steuerlatenzen geboten, soweit mit einer zukünftigen Steuerentlastung nicht mehr zu rechnen ist.

Das Wahlrecht des § 274 Abs. 2 HGB darf auf Ebene der konsolidierungsvorbereitenden HB II nach § 300 Abs. 2 Satz 2 HGB unabhängig von der Inanspruchnahme in den Jahresabschlüssen der einzelnen in den Konzernabschluss einzubeziehenden Tochtergesellschaften ausgeübt werden.[206] Folglich kann der Umfang der Steuerabgrenzung im Verhältnis von HB I zu HB II stark voneinander abweichen. Entstehen zudem – beispielsweise durch Anpassungen an konzerneinheitliche Ansatz- und Bewertungsregelungen – abgrenzungsfähige Differenzen zwischen HB I- und HB II-Ergebnis, ist ebenfalls die Vorschrift des § 274 HGB einschlägig.[207]

Für Zwecke des Konzernabschlusses ist die Norm des § 274 Abs. 2 HGB gem. § 298 Abs. 1 HGB entsprechend anzuwenden, sofern keine anderen Vorschriften entgegenstehen.[208] Da die Bilanzierungspflicht für latente Steuern gem. § 306 HGB ausschließlich für Differenzen auslösende erfolgswirksame Vollkonsolidierungsmaßnahmen einschlägig ist, gilt das Aktivierungswahlrecht des § 274 Abs. 2 HGB grundsätzlich auch auf Konzernebene.

Nach den Vorschriften des DRS 10 zur Steuerabgrenzung im Konzernabschluss besteht für aktivische latente Steuern eine Bilanzierungspflicht, soweit die

---

[205] Dies bedeutet, dass die aktivische Steuerabgrenzung bei der Ermittlung des ausschüttungsfähigen Gewinns außer Ansatz bleibt. Vgl. z.B. Klein, Oliver, Die Bilanzierung latenter Steuern nach HGB, IAS und US-GAAP im Vergleich, in: DStR 2001, S. 1450-1456, hier: S. 1454 und Krag, Joachim/Mölls, Sascha, Rechnungslegung, München 2001, S. 261.

[206] Vgl. Heurung, Rainer, Latente Steuerabgrenzung im Konzernabschluss im Vergleich zwischen HGB, IAS und US-GAAP, in: AG 2000, S. 538-553, hier: S. 540 und Schmidbauer, Rainer, Die Bilanzierung latenter Steuern nach HGB unter Berücksichtigung von E-DRS 12 sowie nach IAS auf Basis der Änderung der Steuergesetze, in: DB 2001, S. 1569-1576, hier: S. 1750.

[207] Vgl. Adler, Hans/Düring, Walther/Schmaltz, Kurt, § 274 HGB, in: Rechnungslegung und Prüfung der Unternehmen, Kommentar zum HGB, AktG, GmbHG, PublG nach den Vorschriften des Bilanzrichtlinien-Gesetzes, Teilband 5, bearbeitet von Forster, Karl-Heinz u.a., 6. Aufl., Stuttgart 1997, Tz. 9 und Löhr, Dirk, Ansatz von latenten Steuern bei abweichender Bilanzierung und Bewertung in der Handelsbilanz II, in: DB 1995, S. 1921-1925, hier: S. 1921-1922.

[208] Vgl. Adler, Hans/Düring, Walther/Schmaltz, Kurt, § 274 HGB, in: Rechnungslegung und Prüfung der Unternehmen, Kommentar zum HGB, AktG, GmbHG, PublG nach den Vorschriften des Bilanzrichtlinien-Gesetzes, Teilband 5, bearbeitet von Forster, Karl-Heinz u.a., 6. Aufl., Stuttgart 1997, Tz. 9.

zukünftige Steuerentlastung hinreichend wahrscheinlich ist.[209] In Abweichung zur herrschenden Meinung[210] sind nach Auffassung des DRSC im HGB-Konzernabschluss neben ergebniswirksamen Differenzen auch steuerliche Verlustvorträge und Steuergutschriften abzugrenzen.[211] Hintergrund dieser Handhabung ist die Qualifizierung von aktivischen latenten Steuern als Vermögenswert und insofern – im Einklang zu den Vorschriften des IAS 12 – die Interpretation als forderungsähnliche Position gegenüber dem Fiskus.[212] Ein Bilanzierungsverbot latenter Steuern besteht in Abweichung zu den Grundsätzen des „Misch"-Konzepts im Zusammenhang mit einem aus der Kapitalkonsolidierung resultierenden Geschäfts- oder Firmenwert.[213]

Während die Vorschriften der §§ 274 und 306 HGB bei der Aktivierung zwischen verschiedenen Ebenen unterscheiden, erstreckt sich die Aktivierungspflicht des DRS 10 nicht nur auf zeitliche Differenzen zwischen Buchwerten der Konzernbilanz und der HB II, sondern ebenfalls auf Differenzen zwischen HB II und HB I sowie zwischen HB I und der Steuerbilanz.[214] Obwohl die Bilanzierungspflicht aktivischer latenter Steuern im Konzernabschluss nach DRS 10 über die im HGB kodifizierte Pflicht zum Ansatz latenter Steuern aufgrund von Vollkonsolidierungsmaßnahmen hinausgeht,[215] ist dies m.E. nicht als Eingriff des DRSC in die Bilanzierung des Einzelabschlusses zu werten,[216] da auf Ebene des Einzelabschlusses das Bilanzierungswahlrecht des § 274 Abs. 2 HGB weiterhin von Bestand ist und insofern die Bilanzierung aktivischer latenter Steuern durchaus unterbleiben kann. Die Vorschrift des DRS 10 setzt vielmehr erst auf Ebene der HB II an, indem hier eine einheitliche Ausübung i.S. einer gebotenen Aktivierung von Steuerlatenzen vorgeschrieben wird: Hat ein in den Konzernabschluss einzubeziehendes Unternehmen im Einzelabschluss auf

---

[209] Vgl. DRS 10.8.

[210] Vgl. z.B. Klein, Oliver, Die Bilanzierung latenter Steuern nach HGB, IAS und US-GAAP im Vergleich, in: DStR 2001, S. 1450-1456, hier: S. 1454 und Sauter, Thomas/Heurung, Rainer/Fischer, Wolfgang-Wilhelm, Erfassung von latenten Steuern im Konzernabschluss nach E-DRS 12, in: BB 2001, S. 1783-1788, hier: S. 1785 m.w.N.

[211] Vgl. DRS 10.11 und 14.

[212] Vgl. DRS 10.37.

[213] Vgl. DRS 10.18.

[214] Vgl. DRS 10.9-10 und Schmidbauer, Rainer, Die Bilanzierung latenter Steuern nach HGB unter Berücksichtigung von E-DRS 12 sowie nach IAS auf Basis der Änderung der Steuergesetze, in: DB 2001, S. 1569-1576, hier: S. 1570.

[215] Vgl. Gräbsch, Ivonne, Bilanzierung latenter Steuern im Konzernabschluss nach DRS 10, in: StuB 2002, S. 743-750, hier: S. 745.

[216] A.A. Wendlandt, Klaus/Vogler, Gerlinde, Latente Steuern nach E-DRS 12 im Vergleich mit IAS, US-GAAP und bisheriger Bilanzierung nach HGB sowie Kritik an E-DRS 12, in: KoR 2001, S. 244-254, hier: S. 247.

die Bilanzierungshilfe verzichtet, kann das Bilanzierungswahlrecht gem. § 300 Abs. 2 Satz 2 HGB im Konzernabschluss neu ausgeübt werden. An dieser Stelle sieht DRS 10 nunmehr eine Aktivierungspflicht vor, die abgrenzbare Differenzen zwischen Einzelabschluss und Steuerbilanz umfasst. Damit erfolgt die verpflichtende Bilanzierung aktivischer latenter Steuern nach DRS 10 ausschließlich für Zwecke des Konzernabschlusses.

Gem. IAS 12 besteht sowohl für den Einzel- als auch den Konzernabschluss eine grundsätzliche Aktivierungspflicht sämtlicher nach dem Temporary-Konzept abgrenzungsfähiger Differenzen.[217] Da aktivische latente Steuern nach IAS 12 nicht als Rechnungsabgrenzungsposten, sondern vielmehr als Forderung bzw. forderungsähnliche Position zu qualifizieren sind, müssen neben temporären Abweichungen in Form von abzugsfähigen Differenzen regelmäßig auch steuerliche Verlustvorträge sowie ungenutzte Steuergutschriften durch Bildung eines latenten Steueranspruchs in der Bilanz abgebildet werden.[218] Allerdings ist die Bilanzierung von latenten Steueransprüchen nur vorzunehmen, soweit es wahrscheinlich ist, dass zukünftig ein zu versteuerndes Einkommen verfügbar sein wird, gegen das die Forderung verrechnet werden kann.[219] Hintergrund dieses zusätzlichen Aktivierungskriteriums ist, dass die aktivische Steuerabgrenzung im Rahmen der bilanzorientierten Sichtweise der Temporary-Methode zwar als Forderung gegenüber dem Fiskus zu interpretieren ist, in Realität aber nicht in einer Forderung mündet, sondern nur gegen zukünftige Steuerzahlungen verrechnet werden kann.[220]

Im Verhältnis zu den Grundsätzen des Temporary-Konzepts benennt IAS 12 explizite Ausnahmen, bei denen aktivische latente Steuern nicht gebildet werden dürfen. Einerseits ist dies bei einem steuerlich nicht absetzbaren Geschäfts- oder Firmenwert der Fall, andererseits bei einer erfolgsneutralen Differenz, die beim erstmaligen Ansatz eines Vermögensgegenstandes oder einer Schuld entsteht und nicht auf einem Unternehmenszusammenschluss beruht.[221] Zudem dürfen aktivische latente Steuern im Zusammenhang mit Beteiligungen nur gebildet werden, wenn sich die zeitlichen Differenzen in einem vorsehbaren Zeitraum

---

[217]   Vgl. IAS 12.24.

[218]   Vgl. Coenenberg, Adolf G./Hille, Klaus, Latente Steuern nach der neu gefassten Richtlinie IAS 12, in: DB 1997, S. 537-544, hier: S. 542 und Pellens, Bernhard, Internationale Rechnungslegung, 4. Aufl., Stuttgart 2001, S. 489.

[219]   Vgl. IAS 12.24 und Schildbach, Thomas, Der Konzernabschluss nach HGB, IAS und US-GAAP, 6. Aufl., München/Wien 2001, S. 362.

[220]   Vgl. Wagenhofer, Alfred, International Accounting Standards, 3. Aufl., Wien/Frankfurt 2001, S. 274.

[221]   Vgl. IAS 12.24.

ausgleichen und im Zeitpunkt der Umkehrung steuerpflichtiges Einkommen in entsprechender Höhe vorliegt.[222]

3.2.2.2 Passivische latente Steuern

Passivische latente Steuern sind sowohl nach § 274 Abs. 1 HGB als auch nach § 306 HGB für erfolgswirksame Vollkonsolidierungsmaßnahmen im Konzernabschluss verpflichtend zu passivieren, sofern das steuerrechtliche Ergebnis des Geschäftsjahres aufgrund von zeitlich begrenzten Differenzen niedriger als das handelsrechtliche Ergebnis ist. Hierbei zeigt sich das im HGB dominierende Prinzip des Gläubigerschutzes: Während für aktivische latente Steuern ein Bilanzierungswahlrecht mit einhergehender Ausschüttungssperre vorliegt, besteht für passivische latente Steuern eine Bilanzierungspflicht.[223] Mithin sind die im Einzelabschluss verpflichtend zu passivierenden latenten Steuern nach § 298 Abs. 1 HGB i.V.m. § 274 Abs. 1 HGB unverändert in die HB II zu übernehmen.[224] Entstehen zudem Differenzen zwischen HB I- und HB II-Ergebnis, ist ebenfalls § 274 HGB einschlägig. Passivische latente Steuern sind als Rückstellung für ungewisse Verbindlichkeiten nach § 249 Abs. 1 Satz 1 HGB zu bilden.

Auch nach DRS 10 besteht für den HGB-Konzernabschluss die Verpflichtung zur Passivierung von latenten Steuern, sodass es diesbezüglich zu keiner Kollision mit den Vorschriften des § 274 Abs. 1 HGB und des § 306 HGB kommt.[225] Entsprechend den im HGB kodifizierten Rechtsnormen sieht DRS 10 keine zusätzlichen Passivierungskriterien vor, da vor dem Hintergrund des Vorsichtsprinzips von dem Eintritt der zukünftigen Steuerbelastung auszugehen ist.[226] Äquivalent zu den Regelungen zur aktivischen Steuerperiodisierung dürfen auf einen Geschäfts- oder Firmenwert keine passivischen latenten Steuern gebildet werden.[227]

---

[222] Vgl. IAS 12.44.

[223] Vgl. Berger, Axel/Fischer, Norbert, § 274 HGB, in: Beck'scher Bilanz-Kommentar, Handels- und Steuerrecht - §§ 238 bis 339 HGB -, Berger, Axel u.a. (Hrsg.), 5. Aufl., München 2003, Anm. 13 und Wendlandt, Klaus/Vogler, Gerlinde, Latente Steuern nach E-DRS 12 im Vergleich mit IAS, US-GAAP und bisheriger Bilanzierung nach HGB sowie Kritik an E-DRS 12, in: KoR 2001, S. 244-254, hier: S. 247.

[224] Vgl. Heurung, Rainer, Latente Steuerabgrenzung im Konzernabschluss im Vergleich zwischen HGB, IAS und US-GAAP, in: AG 2000, S. 538-553, hier: S. 540.

[225] Vgl. DRS 10.6.

[226] Vgl. Gräbsch, Ivonne, Bilanzierung latenter Steuern im Konzernabschluss nach DRS 10, in: StuB 2002, S. 743-750, hier: S. 745.

[227] Vgl. DRS 10.18.

IAS 12 beinhaltet sowohl für den Einzelabschluss als auch für den Konzernabschluss eine grundsätzliche Pflicht zur Bilanzierung passivischer latenter Steuern.[228] Dem bilanzorientierten Temporary-Konzept folgend, sind passivische
Steuerlatenzen nicht als Rechnungsabgrenzungsposten, sondern als Verbindlichkeit gegenüber dem Fiskus zu interpretieren. Eine Realisierungswahrscheinlichkeit ist im Rahmen des Ansatzes der passivischen Steuerabgrenzung aufgrund
ihres Schuldcharakters nicht zu beachten. Die für aktivische latente Steuern
geltenden Ausnahmen vom Temporary-Konzept sind bei der passivischen
Steuerabgrenzung entsprechend anzuwenden.[229] Darüber hinaus ist der Ansatz
passivischer latenter Steuern im Zusammenhang mit Anteilen an
Tochterunternehmen, Zweigniederlassungen, assoziierten Unternehmen und
Joint Ventures untersagt, sofern die Obergesellschaft die in absehbarer Zeit nicht
eintretende Umkehrung der zeitlichen Differenz beeinflussen kann.[230]

3.2.2.3 Gesamt- versus Einzeldifferenzenbetrachtung

Zur Ermittlung latenter Steuern stellen § 274 und § 306 HGB auf eine Gesamtbetrachtung der Differenz zwischen handels- und steuerrechtlichem Ergebnis
bzw. Konzernergebnis und der Summe der Einzelergebnisse ab.[231] Mithin ist
darauf zu achten, dass Differenzen, die nicht in die Steuerabgrenzung
einbezogen werden dürfen, von der Gesamtabweichung abzuziehen sind.[232]
Ergebnis dieser zusammenfassenden Vorgehensweise ist der alleinige Ausweis
des jeweiligen Überhangs an aktivischen oder passivischen latenten Steuern.
Dies bedeutet, dass die Anwendung der Gesamtdifferenzenbetrachtung die
Möglichkeit der Saldierung von aktivischen mit passivischen latenten Steuern
voraussetzt.[233] Nach § 306 Satz 3 HGB darf zudem der aus erfolgswirksamen
Vollkonsolidierungsmaßnahmen entstehende Abgrenzungsposten mit latenten
Steuern nach § 274 HGB zusammengefasst werden, d.h., die Anwendung der

---

[228]   Vgl. IAS 12.15 und Wagenhofer, Alfred, Rechnungsabgrenzungsposten und
        Steuerlatenz in der internationalen Rechnungslegung, in: Erfolgsabgrenzungen in
        Handels- und Steuerbilanz, Bertl, Romuald u.a. (Hrsg.), Wien 2001, S. 25-47, hier: S.
        41.

[229]   Vgl. IAS 12.15.

[230]   Vgl. IAS 12.39.

[231]   Vgl. Havermann, Hans, Ansatzvorschriften für Kapitalgesellschaften, in: BFuP 1986,
        S. 114-128, hier: S. 123.

[232]   Vgl. Debus, Christian, Latente Steuern, in: Castan, Edgar u.a. (Hrsg.): Beck'sches
        Handbuch der Rechnungslegung, Bd. II, München 1997, Abschnitt C 440, hier: Rz. 91.

[233]   Vgl. Berger, Axel/Fischer, Norbert, § 274 HGB, in: Beck'scher Bilanz-Kommentar,
        Handels- und Steuerrecht - §§ 238 bis 339 HGB -, Berger, Axel u.a. (Hrsg.), 5. Aufl.,
        München 2003, Anm. 10.

Gesamtdifferenzenbetrachtung und somit die Saldierung von Steuerlatenzen ist ebenenübergreifend möglich.[234]

Entgegen des Gesetzeswortlauts hält die herrschende Meinung eine Einzeldifferenzenbetrachtung im Rahmen des HGB-Abschlusses für zulässig.[235] Bei der Einzeldifferenzenbetrachtung wird der Gesamtumfang der Steuerlatenzen über die einzelnen zugrunde liegenden Geschäftsvorfälle ermittelt. Durch Addition aller aktivischen latenten Steuern einerseits und sämtlicher passivischer latenten Steuern andererseits wird der Umfang des jeweiligen Steuerabgrenzungspostens ermittelt. Da nach ganz vorwiegender Literaturauffassung – sowohl bei saldiertem als auch bei unsaldiertem Ausweis – das Aktivierungswahlrecht des § 274 Abs. 2 HGB nur für den Überhang an aktivischen latenten Steuern gilt, besteht im Rahmen der Einzeldifferenzenbetrachtung bei der Existenz von passivischen Steuerlatenzen eine Aktivierungspflicht latenter Steuern.[236]

Obgleich DRS 10 nicht explizit eine bestimmte Vorgehensweise vorschreibt, resultiert aus den restriktiven Saldierungsmöglichkeiten die zwingende Anwendung der Einzeldifferenzenbetrachtung. Eine Saldierung darf nach DRS 10 nur vorgenommen werden, wenn sich aktivische und passivische latente Steuern für dieselbe Steuerart gegenüber derselben Steuerbehörde im selben Geschäftsjahr umkehren.[237]

In IAS-Abschlüssen ist ebenfalls die Einzeldifferenzenbetrachtung geboten, da eine zusammenfassende Abbildung aktivischer und passivischer latenter Steuern

---

[234] A.A. Harms, Jens E./Küting, Karlheinz, Latente Steuern im Konzernabschluß, in: ZfB 1981, S. 146-164, hier: S. 149.

[235] Vgl. z.B. Coenenberg, Adolf G./Hille, Klaus, Latente Steuern, Abt. I/13, in: Handbuch des Jahresabschlusses in Einzeldarstellungen, v. Wysocki, Klaus/Schulze-Osterloh, Joachim (Hrsg.), Köln 1994, hier: Rn. 39 und Winnefeld, Robert, Aktivierung latenter Ertragsteuern, in: Bilanz-Handbuch – Handels- und Steuerbilanz, Rechtsformspezifisches Bilanzrecht, bilanzielle Sonderfragen, Sonderbilanzen, IAS/US-GAAP, 2. Aufl., München 2000, hier: Rn. 705.

[236] Vgl. Adler, Hans/Düring, Walther/Schmaltz, Kurt, § 274 HGB, in: Rechnungslegung und Prüfung der Unternehmen, Kommentar zum HGB, AktG, GmbHG, PublG nach den Vorschriften des Bilanzrichtlinien-Gesetzes, Teilband 5, bearbeitet von Forster, Karl-Heinz u.a., 6. Aufl., Stuttgart 1997, Tz.22 und Berger, Axel/Fischer, Norbert, § 274 HGB, in: Beck'scher Bilanz-Kommentar, Handels- und Steuerrecht - §§ 238 bis 339 HGB -, Berger, Axel u.a. (Hrsg.), 5. Aufl., München 2003, Anm. 11.

[237] Vgl. DRS 10.36 und Sauter, Thomas/Heurung, Rainer/Fischer, Wolfgang-Wilhelm, Erfassung von latenten Steuern im Konzernabschluss nach E-DRS 12, in: BB 2001, S. 1783-1788, hier: S. 1787.

88

grundsätzlich nicht gestattet ist.[238] Die in Ausnahmefällen zulässige Saldierung latenter Steuern ist jedoch verpflichtend, wenn ein einklagbares Recht zur Verrechnung von Steuerforderungen und -verbindlichkeiten besteht und sich die latenten Steuern auf dieselbe Steuerbehörde und dasselbe Steuersubjekt beziehen. Eine Saldierung bei unterschiedlichen Steuersubjekten ist nur vorzunehmen, sofern eine Verrechnung der tatsächlichen Steuerforderungen und -schulden geplant ist.[239]

3.2.2.4 Erfolgswirksame versus -neutrale latente Steuern

Grundsätzlich erfolgt sowohl im HGB- als auch IAS-Abschluss die Erfassung von aktivischen und passivischen latenten Steuern korrespondierend zur Erfolgswirksamkeit des zugrunde liegenden Sachverhaltes.[240] Dies bedeutet, dass latente Steuern im Regelfall – ebenso wie tatsächliche Steuern – erfolgswirksam zu bilden und im Zeitpunkt der Umkehrung über die GuV aufzulösen sind.[241] Dennoch ist hinsichtlich der Erfolgswirksamkeit latenter Steuern im Detail nach den einzelnen Abgrenzungskonzepten zu differenzieren.

Bei Geltung des Timing-Konzepts sind latente Steuern bei ihrer Bildung und Auflösung ausschließlich erfolgswirksam zu erfassen, da nur solche Differenzen in die Steuerabgrenzung einbezogen werden, die sowohl im Zeitpunkt ihrer Entstehung als auch bei ihrer Umkehrung zu Abweichungen zwischen handels- und steuerrechtlichem Ergebnis führen. Aufgrund der erfolgsorientierten Ausrichtung des Timing-Konzepts entstehen keine erfolgsneutralen Steuerlatenzen. Nach dem „Misch"-Konzept des DRS 10, das entsprechend dem Timing-Konzept im Grundsatz nur erfolgswirksam entstehende Abweichungen abgrenzt, sind latente Steuern folglich ebenfalls erfolgswirksam zu bilden und aufzulösen.[242] Eine Ausnahme besteht hinsichtlich der erfolgsneutralen Aufdeckung stiller Reserven und Lasten bei der erstmaligen Kapitalkonsolidierung.[243] Dagegen ist bei dem IAS 12 zugrunde liegenden Temporary-Konzept – neben der erfolgswirksamen Entstehung latenter Steuern – im Grundsatz auch

---

238   Vgl. IAS 12.69 und App, Jürgen G., Latente Steuern nach IAS, US-GAAP und HGB, in: KoR 2003, S. 209-214, hier: S. 210.

239   Vgl. IAS 12.74.

240   Vgl. DRS 10.29-30 und IAS 12.57.

241   Vgl. IAS 12.58 und Wagenhofer, Alfred, International Accounting Standards, 3. Aufl., Wien/Frankfurt 2001, hier: S. 279.

242   Vgl. DRS 10.29.

243   Vgl. DRS 10.31 und Sauter, Thomas/Heurung, Rainer/Fischer, Wolfgang-Wilhelm, Erfassung von latenten Steuern im Konzernabschluss nach E-DRS 12, in: BB 2001, S. 1783-1788, hier: S. 1787.

eine erfolgsneutrale Bildung latenter Steuern möglich, sofern sich der Differenzen auslösende Sachverhalt ebenfalls unmittelbar im bilanziellen Eigenkapital und damit erfolgsneutral niederschlägt.[244]

Insgesamt ergeben sich folgende, hinsichtlich ihrer Erfolgswirkung zu unterscheidende Buchungssätze bei Entstehung und Umkehrung von Differenzen:

	Vorschriften	Buchung bei Entstehen der Differenz	Buchung bei Umkehrung der Differenz
erfolgswirksam entstehende Differenzen	§§ 274, 306 HGB; DRS 10; IAS 12	aktivische latente Steuern an Steuerertrag	Steueraufwand an aktivische latente Steuern
	§§ 274, 306 HGB; DRS 10; IAS 12	Steueraufwand an passivische latente Steuern	passivische latente Steuern an Steuerertrag
erfolgsneutral entstehende Differenzen	DRS 10; IAS 12	aktivische latente Steuern an EK	Steueraufwand an aktivische latente Steuern
	DRS 10; IAS 12	EK an passivische latente Steuern	passivische latente Steuern an Steuerertrag

Abbildung 9: Buchungen bei erfolgswirksamen und erfolgsneutralen Differenzen

Allerdings sind Ausnahmen vom Grundsatz der Erfolgswirkung latenter Steuern nach Maßgabe der Entstehungsursache zu beachten,[245] bei denen dementsprechend auch nicht die zuvor dargestellte tabellarische Übersicht der Buchungen

---

[244] Vgl. IAS 12.61.

[245] Vgl. Ernsting, Ingo, Auswirkungen des Steuersenkungsgesetzes auf die Steuerabgrenzung in Konzernabschlüssen nach US-GAAP und IAS, in: WPg 2001, S. 11-22, hier: S. 18.

von Steuerlatenzen anwendbar ist.[246] Ein Ausnahmetatbestand besteht nach DRS 10 und IAS 12 in der Wertberichtigung aktivischer latenter Steuern im Zusammenhang mit Unternehmenserwerben: So sind aktivische latente Steuern, deren erfolgsneutraler Ansatz aufgrund einer niedrigen zukünftigen Realisierungswahrscheinlichkeit unterblieben ist, bei einer nachträglichen Bilanzierung – ungeachtet ihrer erfolgsneutralen Entstehung – stets als Ertrag zu erfassen.[247] Da die aus der Wertberichtigung in entsprechender Höhe resultierende Minderung des derivativen Geschäfts- oder Firmenwerts ebenfalls erfolgswirksam, in diesem Fall allerdings als Aufwand, zu berücksichtigen ist, ergeben sich im Ergebnis keine Auswirkungen auf die Höhe des Konzernergebnisses.[248]

Gem. IAS 12 sind Wertberichtigungen latenter Steuern aufgrund steuerlicher Neuregelungen – beispielsweise in Form einer Steuersatzänderung – entsprechend der Erfolgswirksamkeit bei Entstehung der Abweichung vorzunehmen.[249] Dagegen ist bei Anpassungen aufgrund neuer IAS-Regelungen die Norm des IAS 8 einschlägig, sofern keine spezifischen Übergangsvorschriften hinsichtlich der Erfolgswirkung bei der erstmaligen Anwendung der neuen Regelung bestehen.[250] Nach IAS 8 dürfen Anpassungen latenter Steuern infolge von Neuregelungen in der Periode der erstmaligen Anwendung entweder erfolgswirksam oder erfolgsneutral erfolgen.[251] Dabei ist das Wahlrecht einheitlich auszuüben, sofern mehrere Differenzen betroffen sind.[252]

3.2.2.5 Auswirkungen auf die Überleitungsrechnung

Wie bereits die Ausführungen zu den Konzepten latenter Steuern gezeigt haben, ist es für den funktionalen Zusammenhang zwischen Steueraufwand und Konzernergebnis vor Steuern entscheidend, in welchem Umfang Ergebnisdifferenzen abgegrenzt werden.[253] Hierbei kommt neben den Grundlagen der

---

[246] Vgl. Abbildung 9.

[247] Vgl. DRS 10.34 und IAS 12.68.

[248] Vgl. Gräbsch, Ivonne, Bilanzierung latenter Steuern im Konzernabschluss nach DRS 10, in: StuB 2002, S. 743-750, hier: S. 748 und Sauter, Thomas/Heurung, Rainer/Fischer, Wolfgang-Wilhelm, Erfassung von latenten Steuern im Konzernabschluss nach E-DRS 12, in: BB 2001, S. 1783-1788, hier: S. 1787.

[249] Vgl. IAS 12.60.

[250] Vgl. IAS 8.46.

[251] Vgl. IAS 8.49 i.V.m. IAS 8.54 und Fuchs, Markus, Anwendungshinweise zu IAS 12 „Income Taxes", in: DB 2000, S. 1925-1928, hier: S. 1925.

[252] Vgl. IAS Rahmenkonzept.39.

[253] Vgl. Gliederungspunkt 3.2.1.4.

Konzepte zur Einbeziehung bestimmter Abweichungen in die Steuerabgrenzung sowohl der Ausgestaltung spezifischer Ansatzvorschriften als auch der Ermittlungsart der latenten Steuern eine besondere Bedeutung zu.

Da im HGB-Abschluss aufgrund entsprechender Bilanzierungs- und Bewertungsvorschriften regelmäßig ein Überhang an aktivischen latenten Steuern zu verzeichnen ist,[254] für den ausschließlich im Rahmen von Vollkonsolidierungsmaßnahmen ein Bilanzierungsgebot existiert, ist die Ausübung des Aktivierungswahlrechts gem. § 274 Abs. 2 HGB maßgeblich, inwieweit der ausgewiesene Steueraufwand im Einklang zum Konzernergebnis vor Steuern steht.[255] Häufig ist in HGB-Konzernabschlüssen ein mangelnder sachlicher Zusammenhang zwischen diesen beiden Größen festzustellen, weil die Inanspruchnahme des Wahlrechtes des § 274 Abs. 2 HGB von Analysten als negatives Signal gedeutet wird.[256] Bei Verzicht auf die Aktivierung latenter Steuern reduziert sich der Steuerausweis im HGB-Konzernabschluss aufgrund der Gesamtdifferenzenbetrachtung auf die tatsächliche Steuerlast zuzüglich der nach § 306 HGB verpflichtend zu bildenden Steuerlatenzen. Für die Tax Reconciliation bedeutet dies, dass sich die in der Überleitungsrechnung zu erläuternden Sachverhalte um die in der latenten Steuerabgrenzung nicht berücksichtigten Differenzen des Timing-Konzepts vermehren.

Zudem ist bei der Gesamtdifferenzenbetrachtung zu bedenken, dass diese zusammenfassende Betrachtungsweise bei der Ermittlung des Steuerlatenzenumfangs keine differenzierten Steuersätze berücksichtigen kann.[257] Eine Inkongruenz zwischen erwarteter und effektiver Steuergröße entsteht in diesem Zusammenhang, wenn einzelne Differenzen mit unterschiedlichen Steuersätzen besteuert werden.

---

[254] Eine Ausnahme bilden Wohnungsbauunternehmen, bei denen passivische latente Steuern aufgrund des erhöhten steuerlichen Abschreibungssubstrats nach Verlust der Gemeinnützigkeit regelmäßig überwiegen. Vgl. Bergmeister, Konrad/Kupsch, Peter, Latente Steuern im Jahresabschluss von Wohnungsunternehmen, Düsseldorf 1991, S. 47.

[255] Vgl. Baetge, Jörg/Kirsch, Hans-Jürgen/Thiele, Stefan, Konzernbilanzen, 6. Aufl., Düsseldorf 2002, S. 481 und Herzig, Norbert/Dempfle, Urs, Konzernsteuerquote, betriebliche Steuerpolitik und Steuerwettbewerb, in: DB 2002, S. 1-8, hier: S. 1.

[256] Vgl. Krawitz, Norbert, Latente Steuern als Problem der Konzernabschlussanalyse, in: Investororientierte Unternehmenspublizität – Neue Entwicklungen von Rechnungslegung, Prüfung und Jahresabschlussanalyse – Lachnit, Laurenz/Freidank, Carl-Christian (Hrsg.), Wiesbaden 2000, S. 701-736, hier: S. 725.

[257] Vgl. Baetge, Jörg/Kirsch, Hans-Jürgen/Thiele, Stefan, Konzernbilanzen, 6. Aufl., Düsseldorf 2002, S. 514 und Debus, Christian, Latente Steuern, in: Castan, Edgar u.a. (Hrsg.): Beck'sches Handbuch der Rechnungslegung, Bd. II, München 1997, Abschnitt C 440, hier: Rz. 91.

Mit Anwendung der Vorschriften des DRS 10 verbessert sich der sachliche Zusammenhang zwischen Steueraufwand und Konzernergebnis vor Steuern im HGB-Konzernabschluss deutlich, da diese – entsprechend zu den Regelungen des IAS 12 – eine grundsätzliche Aktivierungs- und Passivierungspflicht latenter Steuern vorsehen.[258] Zudem entstehen mit Anwendung der Einzeldifferenzenbetrachtung nicht die von der aggregierten Betrachtungsweise ausgelösten Diskrepanzen, da prinzipiell für jede Teilabweichung ein anderer Steuersatz verwendet werden kann. Auch die fingierte steuerliche Gleichbehandlung von Gewinnen und Verlusten, indem aktivische latente Steuern auf steuerliche Verlustvorträge zu bilden sind, führt zu einem Gleichklang zwischen Steueraufwand und Konzernergebnis vor Steuern. Allerdings bestehen einerseits explizite Ausnahmen von der Bilanzierungspflicht in Form von Verboten, andererseits ist bei der Aktivierung latenter Steuern ihre wahrscheinliche Realisierung zu beachten. Hinsichtlich des Ansatzes latenter Steuern nach DRS 10 und IAS 12 kann folglich durchaus eine Vielzahl möglicher Diskrepanzen entstehen, die in der Tax Reconciliation ihren Niederschlag finden.[259]

Wie bereits dargestellt, sind grundsätzlich nur ergebniswirksame Steuerlatenzen für die Konzernsteuerquote relevant.[260] Daher werden nunmehr ausschließlich die Ausnahmen von der Grundregel der Erfolgswirksamkeit latenter Steuern nach Maßgabe der Entstehungsursache untersucht: Die Ausnahme in Form von Wertberichtigungen aktivischer latenter Steuern, die im Zusammenhang mit Unternehmenserwerben stehen, hat keine Auswirkungen auf die Überleitungsrechnung, da bei Betrachtung des Gesamteffekts keine Verzerrung des Ergebnisses entsteht. Hinsichtlich des Wahlrechts des IAS 8 bei der Anpassung des Bestands an Steuerlatenzen müssen mögliche Auswirkungen auf die Überleitungsrechnung im Einzelfall untersucht werden. Dabei ist sowohl die Ausübung des Wahlrechts als auch der Effekt der Regelungsänderung auf die Konzernsteuerquote beachtlich. Eine Abweichung zwischen erwarteter und effektiver Steuergröße resultiert in diesem Zusammenhang, wenn durch die Anpassungen ein periodenfremder Steueraufwand entsteht oder ein erfolgswirksamer Sachverhalt erfolgsneutral abgegrenzt wird.[261]

---

[258]   Vgl. Müller, Rolf, Die Konzernsteuerquote – Modephänomen oder ernst zu nehmende neue Kennziffer?, in: DStR 2002, S. 1684-1688, hier: S. 1686.

[259]   Vgl. Kirsch, Hanno, Steuerliche Berichterstattung im Jahresabschluss nach IAS/IFRS, in: DStR 2003, S. 703-708, hier: S. 705.

[260]   Vgl. Gliederungspunkt 3.2.1.4.

[261]   Vgl. Gliederungspunkt 5.8.3.

3.2.3 Bewertung

3.2.3.1 Methoden

Mit Blick auf die Konzernsteuerquote ist nach der Ermittlung abzugrenzender Differenzen im nächsten Schritt die Bilanzierung latenter Steuern der Höhe nach zu erörtern. Dabei sind zunächst mit der Deferred- und Liability-Methode zwei voneinander differierende Bewertungsmethoden latenter Steuern zu unterscheiden.[262] Mithin besteht zwischen den verschiedenen Konzepten und den alternativen Methoden der latenten Steuerabgrenzung ein innerer Zusammenhang: Während das Timing-Konzept eher mit der Deferred-Methode korrespondiert, ist das Temporary-Konzept dem Wesen nach mit der Liability-Methode verbunden.[263]

Die Deferred-Methode, die latente Steuern als Abgrenzungsposten interpretiert, verfolgt das Ziel des periodengerechten Erfolgsausweises.[264] Um eine korrekte Periodisierung des Steueraufwands zu erreichen, werden die abgrenzungspflichtigen Differenzen im Zeitpunkt ihrer Entstehung mit dem aktuell gültigen Ertragsteuersatz multipliziert.[265] Im Rahmen der Folgebewertung determiniert weiterhin der Steuersatz der Entstehungsperiode die Höhe der Steuerabgrenzung. Dies bedeutet im Umkehrschluss, dass zukünftige Steuersatzänderungen keine Auswirkungen auf die Bewertung des latenten Steuerbestands haben. Daher muss zwingend eine Einzelbetrachtung der Differenzen erfolgen, um bei einer Steuersatzänderung ausschließlich die entstehenden Steuerlatenzen mit dem neuen Steuertarif zu bewerten.[266] Im Hinblick auf die Intention des

---

[262]   Auf die Darstellung der sogenannten Net-of-Tax-Methode wird verzichtet, da sie in der Praxis keine Relevanz hat. Zur Net-of-Tax-Methode vgl. z.B. Neumann, Patrick, Die Steuerabgrenzung im handelsrechtlichen Jahresabschluß, Diss. Univ. Mannheim 1991, Frankfurt am Main u.a. 1992, S. 61-63.

[263]   Vgl. Coenenberg, Adolf G./Hille, Klaus, Latente Steuern nach der neu gefassten Richtlinie IAS 12, in: DB 1997, S. 537-544, hier: S. 538.

[264]   Vgl. Arians, Georg, Das Konzept der handelsrechtlichen Steuerabgrenzung im Überblick, in: StuB 2000, S. 290-297, hier: S. 294 und Krag, Joachim/Mölls, Sascha, Rechnungslegung, München 2001, S. 262.

[265]   Vgl. Heurung, Rainer, Latente Steuerabgrenzung im Konzernabschluss im Vergleich zwischen HGB, IAS und US-GAAP, in: AG 2000, S. 538-553, hier: S. 551.

[266]   Vgl. Laser, Helmut, Latente Steuern, in: Beck'sches Handbuch der Rechnungslegung, Bd. I, Castan, Edgar u.a. (Hrsg.), München 1997, Abschnitt B 235, hier: Rz. 100.

periodengerechten Erfolgsausweises der Deferred-Methode korrespondiert diese Sichtweise latenter Steuern mit dem Timing-Konzept.[267]

Die Liability-Methode verfolgt das Ziel des zutreffenden Vermögens- und Schuldenausweises.[268] Dementsprechend sind aktivische latente Steuern als Forderung gegenüber dem Fiskus interpretierbar, während passivische Steuerabgrenzungen einen Verbindlichkeitscharakter aufweisen.[269] Da die Liability-Methode auf erwartete Steuereffekte abstellt, ist die abgrenzende Differenz mit dem zukünftigen, im Zeitpunkt der Umkehrung der Abweichung gültigen Steuersatz zu bewerten.[270] Sofern bei Entstehung der latenten Steuer ein abweichender zukünftiger Steuersatz noch nicht bekannt ist, wird zunächst der aktuell gültige Steuersatz zur Bewertung herangezogen. Sobald die Steuersatzänderung jedoch bekannt wird, muss zwingend eine entsprechende Umbewertung des Gesamtbestands latenter Steuern erfolgen. Aufgrund dieser einheitlichen Bewertung ist die Liability-Methode sowohl mit der Einzel- als auch mit der Gesamtdifferenzenbetrachtung kompatibel. Mithin entspricht die bilanzorientierte Liability-Methode der Zielverfolgung des Temporary-Konzepts.

3.2.3.2 Anzuwendende Methode im HGB- und IAS/IFRS-Abschluss

Weder die Kernvorschrift des § 274 HGB zur handelsrechtlichen Steuerabgrenzung noch die Regelung des § 306 HGB zur Bilanzierung latenter Steuern im Rahmen von Vollkonsolidierungsmaßnahmen schreiben explizit eine bestimmte Abgrenzungsmethode vor. Vielmehr enthalten beide Normen sowohl statische Elemente[271], die auf eine Anwendung der Liability-Methode schließen lassen, als auch dynamische Elemente[272], die für eine Geltung der Deferred-Methode

---

267 Vgl. Lührmann, Volker, Latente Steuern im Konzernabschluss, Diss. Univ. Göttingen 1996, Düsseldorf 1997, S. 136.

268 Vgl. z.B. Bömelburg, Peter, Grundsätze ordnungsmäßiger Abschlussprüfung für latente Steuern im Konzernabschluß, Diss. Univ. Nürnberg-Erlangen 1992, München 1993, S. 28 und Debus, Christian, Latente Steuern, in: Castan, Edgar u.a. (Hrsg.): Beck'sches Handbuch der Rechnungslegung, Bd. II, München 1997, Abschnitt C 440, hier: Rz. 77.

269 Vgl. Lührmann, Volker, Latente Steuern im Konzernabschluss, Diss. Univ. Göttingen 1996, Düsseldorf 1997, S. 136 und Wendlandt, Klaus/Vogler, Gerlinde, Latente Steuern nach E-DRS 12 im Vergleich mit IAS, US-GAAP und bisheriger Bilanzierung nach HGB sowie Kritik an E-DRS 12, in: KoR 2001, S. 244-254, hier: S. 246.

270 Vgl. Baetge, Jörg/Kirsch, Hans-Jürgen/Thiele, Stefan, Bilanzen, 6. Aufl., Düsseldorf 2002, S. 491.

271 Beispielsweise die Passivierung latenter Steuern als Rückstellungen.

272 Beispielsweise die Aktivierung latenter Steuern als Abgrenzungsposten und Bilanzierungshilfe.

sprechen. Gleichwohl erachtet die herrschende Meinung im Hinblick auf den Wortlaut des § 274 HGB, der einerseits auf die zukünftige Steuerbe- bzw. -entlastung, andererseits auf die Gesamtdifferenzenbetrachtung abstellt, die Anwendung der Liability-Methode für geboten.[273] DRS 10 folgt der herrschenden Auffassung, indem für die Bewertung latenter Steuern der steuerliche Tarif maßgeblich ist, der im Umkehrungszeitpunkt der abzugrenzenden Differenzen voraussichtlich gilt.[274]

IAS 12 bestimmt als anzuwendende Bewertungsmethode der latenten Steuerabgrenzung ebenfalls die Liability-Methode.[275] Mithin entspricht die Bewertung abzugrenzender Differenzen mit dem zukünftigen Steuersatz der Zielsetzung der IAS-Rechnungslegung, eine möglichst verlässliche Prognosebasis zur Schätzung zukünftiger Cash-flows bereitzustellen.[276]

Eine Schätzung des zukünftigen Steuersatzes ist allerdings weder nach HGB noch nach IAS erlaubt. Vielmehr wird in der Bilanzierungspraxis aus Objektivierungsgründen regelmäßig auf den am Abschlussstichtag geltenden Steuersatz als bestmöglicher Schätzer für den zukünftigen Tarif abgestellt.[277] Einzige Ausnahme ist in diesem Zusammenhang ein abweichender zukünftiger Steuersatz, dessen Inkrafttreten mit hinreichender Sicherheit – beispielsweise aufgrund einer bereits beschlossenen Gesetzesänderung – angenommen werden kann.[278]

---

[273] Vgl. Berger, Axel/Fischer, Norbert, § 274 HGB, in: Beck'scher Bilanz-Kommentar, Handels- und Steuerrecht - §§ 238 bis 339 HGB -, Berger, Axel u.a. (Hrsg.), 5. Aufl., München 2003, Anm. 61; Coenenberg, Adolf G./Hille, Klaus, Latente Steuern, Abt. I/13, in: Handbuch des Jahresabschlusses in Einzeldarstellungen, v. Wysocki, Klaus/Schulze-Osterloh, Joachim (Hrsg.), Köln 1994, hier: Rn. 50; Gräfer, Horst, Die praktische Behandlung latenter Steuern: ihre Entstehung, Erfassung und Berechnung, in: BB 1986, S. 2092-2098, hier: S. 2094 und Krag, Joachim/Mölls, Sascha, Rechnungslegung, München 2001, S. 264.

[274] Vgl. DRS 10.20.

[275] Vgl. IAS 12.47-48 und Pellens, Bernhard, Internationale Rechnungslegung, 4. Aufl., Stuttgart 2001, S. 489.

[276] Vgl. IAS Rahmenkonzept.15.

[277] Vgl. IAS 12.47 und Coenenberg, Adolf G./Hille, Klaus, Latente Steuern, Abt. I/13, in: Handbuch des Jahresabschlusses in Einzeldarstellungen, v. Wysocki, Klaus/Schulze-Osterloh, Joachim (Hrsg.), Köln 1994, hier: Rn. 50.

[278] Vgl. Coenenberg, Adolf G./Hille, Klaus, Latente Steuern nach der neu gefassten Richtlinie IAS 12, in: DB 1997, S. 537-544, hier: S. 543 und HFA des IDW, Rechnungslegungshinweis: Auswirkungen des gespaltenen Körperschaftsteuersatzes auf die Bilanzierung latenter Steuern nach IAS 12, in: WPg 2000, S. 937-938, hier: S. 937.

Eine Abzinsung latenter Steuern sieht keines der alternativen Rechnungslegungssysteme vor: Während die herrschende Meinung bezüglich der im HGB
kodifizierten Vorschriften eine Barwertbetrachtung ablehnt,[279] ist sowohl in
DRS 10 als auch in IAS 12 ein Abzinsungsverbot explizit festgehalten.[280] Eine
Abzinsung von Steuerlatenzen wäre zudem nicht mit der Liability-Methode
vereinbar, da diese ausdrücklich auf die zukünftige Steuerent- bzw. -belastung
abstellt. In diesem Zusammenhang darf allerdings nicht unbeachtet bleiben, dass
ein Diskontierungsverbot insbesondere zu Überbewertungen latenter Steuern
führt, die sich erst in ferner Zukunft umkehren.[281]

3.2.3.3 Anzuwendender Steuersatz im Konzern

Zur Ermittlung des maßgeblichen Steuersatzes im Rahmen der Bewertung von
latenten Steuern im Konzern ist zunächst zu differenzieren, ob es sich um einen
inländisch oder international strukturierten Unternehmensverbund handelt. Sind
ausschließlich inländische Gesellschaften in den Konzern integriert, setzt sich
der anzuwendende Ertragsteuersatz aus der Körperschaft- und Gewerbesteuer
sowie dem Solidaritätszuschlag zusammen.[282] Sofern die einzelnen Konzerngesellschaften jedoch unterschiedlichen Steuerhoheiten mit differierenden
Steuersätzen unterliegen, bieten sich alternative Möglichkeiten zur Ermittlung
des Steuersatzes an: Zum einen können unternehmensindividuelle Steuersätze
herangezogen werden, zum anderen ist es aus Vereinfachungsgründen denkbar,

---

[279] Vgl. Achatz, Markus/Kofler, Georg, Die Abzinsung von Rechnungsabgrenzungsposten
in Handels- und Steuerbilanz, in: Erfolgsabgrenzungen in Handels- und Steuerbilanz,
Bertl, Romuald u.a. (Hrsg.), Wien 2001, S. 185-219, hier: S. 203; Adler, Hans/Düring,
Walther/Schmaltz, Kurt, § 274 HGB, in: Rechnungslegung und Prüfung der
Unternehmen, Kommentar zum HGB, AktG, GmbHG, PublG nach den Vorschriften
des Bilanzrichtlinien-Gesetzes, Teilband 5, bearbeitet von Forster, Karl-Heinz u.a., 6.
Aufl., Stuttgart 1997, Tz. 33-34 und Berger, Axel/Fischer, Norbert, § 274 HGB, in:
Beck'scher Bilanz-Kommentar, Handels- und Steuerrecht - §§ 238 bis 339 HGB -,
Berger, Axel u.a. (Hrsg.), 5. Aufl., München 2003, Anm. 17.

[280] Vgl. DRS 10 und IAS 12.53.

[281] Vgl. Loitz, Rüdiger/Rössel, Carsten, Die Diskontierung von latenten Steuern, in: DB
2002, S. 645-651, hier: S. 650-651 und Schildbach, Thomas, Latente Steuern auf
permanente Differenzen und andere Kuriositäten – Ein Blick in das gelobte Land
jenseits der Maßgeblichkeit, in: WPg 1998, S. 939-947, hier: S. 944.

[282] Vgl. Baetge, Jörg/Kirsch, Hans-Jürgen/Thiele, Stefan, Bilanzen, 6. Aufl., Düsseldorf
2002, S. 492 und Laser, Helmut, Latente Steuern, in: Beck'sches Handbuch der
Rechnungslegung, Bd. I, Castan, Edgar u.a. (Hrsg.), München 1997, Abschnitt B 235,
hier: Rz. 82.

auf einen konzerneinheitlichen Steuersatz abzustellen.[283] Dieser kann entweder dem Steuersatz der Konzernmutter entsprechen oder ein Durchschnittswert aller Steuersätze der in den Konzernabschluss einzubeziehenden Unternehmen sein.

Da weder § 274 HGB noch § 306 HGB einen anzuwendenden Steuersatz bestimmen, ist grundsätzlich jeder Steuersatz zulässig, der zu einer sachgerechten Abbildung der latenten Steuerlast führt. Als sachgemäß wird im Schrifttum überwiegend der konzerneinheitliche Konzernsteuersatz angesehen, wobei regelmäßig die Ausgestaltung eines durchschnittlichen Steuersatzes präferiert wird.[284] Mithin korrespondiert dieser Steuersatz mit der Gesamtbetrachtung bei der Ermittlung abzugrenzender Differenzen, während unternehmensindividuelle Steuersätze zwangsläufig eine Einzeldifferenzenbetrachtung bedingen.

DRS 10 normiert dagegen, dass zur Bewertung von latenten Steuern grundsätzlich unternehmensindividuelle Steuersätze heranzuziehen sind.[285] Die Verwendung eines konzerneinheitlichen Steuersatzes ist folglich nicht gestattet. Der unternehmensindividuelle Steuersatz entspricht dem steuerlichen Tarif des jeweiligen Konzernunternehmens, das die stillen Reserven bzw. Lasten im Umkehrungszeitpunkt der Differenzen steuerlich realisiert.[286] In begründeten Ausnahmefällen dürfen latente Steuern im Zusammenhang mit konzerninternen Lieferungen und Leistungen mit einem konzerneinheitlichen Steuersatz bewertet werden.[287]

---

[283] Vgl. z.B. Adler, Hans/Düring, Walther/Schmaltz, Kurt, § 306 HGB, in: Rechnungslegung und Prüfung der Unternehmen, Kommentar zum HGB, AktG, GmbHG, PublG nach den Vorschriften des Bilanzrichtlinien-Gesetzes, Teilband 3, bearbeitet von Forster, Karl-Heinz u.a., 6. Aufl., Stuttgart 1996, Tz. 40 und App, Jürgen G., Latente Steuern nach IAS, US-GAAP und HGB, in: KoR 2003, S. 209-214, hier: S. 212.

[284] Vgl. Berger, Axel/Fischer, Norbert, § 306 HGB, in: Beck'scher Bilanz-Kommentar, Handels- und Steuerrecht - §§ 238 bis 339 HGB -, Berger, Axel u.a. (Hrsg.), 5. Aufl., München 2003, Anm. 32 und Debus, Christian, Latente Steuern, in: Castan, Edgar u.a. (Hrsg.): Beck'sches Handbuch der Rechnungslegung, Bd. II, München 1997, Abschnitt C 440, hier: Rz. 58.

[285] Vgl. DRS 10.21. Ebenso z.B. Wendlandt, Klaus/Vogler, Gerlinde, Latente Steuern nach E-DRS 12 im Vergleich mit IAS, US-GAAP und bisheriger Bilanzierung nach HGB sowie Kritik an E-DRS 12, in: KoR 2001, S. 244-254, hier: S. 253.

[286] Vgl. Sauter, Thomas/Heurung, Rainer/Fischer, Wolfgang-Wilhelm, Erfassung von latenten Steuern im Konzernabschluss nach E-DRS 12, in: BB 2001, S. 1783-1788, hier: S. 1786.

[287] Vgl. DRS 10.24.

Obgleich IAS 12 keine expliziten Regelungen hinsichtlich eines anzuwendenden Steuersatzes im Konzern beinhaltet, ist nach IAS 12.11 grundsätzlich der lokale Steuersatz für die Bewertung latenter Steuern maßgeblich.[288] Dies bedeutet, dass der jeweilige Steuersatz des Konzernunternehmens anzuwenden ist, bei dem die Steuerent- oder -belastung entsteht. Nach herrschender Meinung ist es aus Vereinfachungsgründen allerdings auch zulässig, einen durchschnittlichen Konzernsteuersatz zu verwenden.[289]

3.2.3.4 Auswirkungen auf die Überleitungsrechnung

Grundsätzlich korrespondiert die dynamische Überleitungsrechnung eher mit der ebenfalls dynamisch geprägten Deferred-Methode als mit der statisch ausgerichteten Liability-Methode. Die Verwendung des aktuellen Steuersatzes führt – zumindest bei ausschließlicher Betrachtung der abgrenzungsfähigen Differenzen – zu einem funktionalen Zusammenhang zwischen handelsrecht-lichem Ergebnis und ausgewiesenem Ertragsteueraufwand.[290] Insofern resultiert bei Anwendung der Deferred-Methode keine zu erläuternde Position in der Überleitungsrechnung. Zum selben Ergebnis kommt jedoch auch die Liability-Methode, wenn im Zeitraum zwischen Entstehung und Auflösung der Differenz keine Steuersatzänderung eintritt.

Unterschiede zwischen den beiden Methoden ergeben sich, sofern der aktuelle Steuersatz vom zukünftigen Steuersatz abweicht. In diesem Fall führen sowohl die Deferred- als auch die Liability-Methode zu Diskrepanzen zwischen ausge-wiesenem Steueraufwand und Konzernergebnis vor Steuern.[291] Bei der Deferred-Methode resultiert die Abweichung aus der erfolgswirksamen

---

[288] Vgl. IAS 12.11 und Küting, Karlheinz/Wirth, Johannes, Latente Steuern und Kapital-konsolidierung nach IAS/IFRS, in: BB 2003, S. 623-629, hier: S. 624.

[289] Vgl. Coenenberg, Adolf G./Hille, Klaus, Latente Steuern nach der neu gefassten Richtlinie IAS 12, in: DB 1997, S. 537-544, hier: S. 543 und Förschle, Gerhart/Kroner, Matthias, International Accounting Standards: Offene Fragen zur künftigen Steuer-abgrenzung, in: DB 1996, S. 1633-1639, hier: S. 1638.

[290] Vgl. Arians, Georg, Das Konzept der handels-rechtlichen Steuerabgrenzung im Überblick, in: StuB 2000, S. 290-297, hier: S. 294 und Wendlandt, Klaus/Vogler, Gerlinde, Latente Steuern nach E-DRS 12 im Vergleich mit IAS, US-GAAP und bisheriger Bilanzierung nach HGB sowie Kritik an E-DRS 12, in: KoR 2001, S. 244-254, hier: S. 245.

[291] Vgl. Gruber, Thomas/Kühnberger, Manfred, Umstellung der Rechnungslegung von HGB auf US-GAAP: Bilanzrechtliche und bilanzpolitische Aspekte eines Systemwechsels, in: DB 2001, S. 1733-1740, hier: S. 1739 und Rabeneck, Jasmin/Reichert, Gudrun, Latente Steuern im Einzelabschluss (Teil I), in: DStR 2002, S. 1366-1372, hier: S. 1368.

Umkehrung der abgegrenzten Differenzen in den Perioden nach Inkrafttreten des neuen Steuersatzes, da zuvor gebildete Steuerlatenzen weiterhin mit dem alten Steuertarif bewertet sind.[292] Dagegen impliziert die Bewertung mit einem zukünftigen Steuersatz i.S. der Liability-Methode bereits im Zeitpunkt der Entstehung der Differenz zu erläuternde Inkongruenzen, weil die latenten Steuern mit einem aktuell nicht gültigen Steuersatz bewertet werden. Ab Inkrafttreten der Steuersatzänderungen ist allerdings im Gegensatz zur Deferred-Methode ein Gleichklang der in der Überleitungsrechnung zu untersuchenden Größen gewährleistet.

Die in HGB- und IAS-Abschlüssen anzuwendende Modifikation der Liability-Methode zeichnet sich regelmäßig durch eine Bewertung latenter Steuern mit dem aktuellen Steuertarif aus.[293] Dies bedeutet, dass im Zeitpunkt der Steuersatzänderung eine Umbewertung des gesamten Bestands an Steuer-latenzen vorzunehmen ist, wodurch die zukünftige Synchronisation zwischen Steueraufwand und Konzernergebnis vor Steuern gewährleistet ist, die aller-dings zu Lasten der Umbewertungsperiode geht.

Eine Abzinsung latenter Steuern führt – insbesondere im Hinblick auf Differen-zen, deren Umkehrung in entfernterer Zukunft liegt – zu einem verbesserten Vermögensausweis. Allerdings ist dieser vermögensorientierten Vorgehens-weise eine sich verstärkende Inkongruenz zwischen effektiver und erwarteter Steuergröße immanent, da der ausgewiesene Steueraufwand durch abgezinste aktivische latente Steuern zu hoch ausfiele, während bei passivischen latenten Steuern ein zu niedriger Steuerausweis zu verzeichnen wäre. Sämtliche Abzinsungen wären folglich in der Überleitungsrechnung aufzuführen.

Hinsichtlich der Auswirkungen des zur Bewertung latenter Steuern angewandten Steuersatzes im Konzern ist eine vergleichende Betrachtung mit dem tatsäch-lichen unternehmensindividuellen Steuersatz notwendig.[294] So bedarf jede Steuerlatenz, die mit einem vom unternehmensindividuellen Steuersatz abwei-chenden Steuersatz bewertet wird, einer Erläuterung in der Überleitungs-rechnung.

---

[292]   Vgl. Selchert, F.W., Latente Steuern in der Konzernabschlußpolitik, in: DStR 1994, S. 34-40, hier: S. 35.

[293]   Vgl. Krag, Joachim/Mölls, Sascha, Rechnungslegung, München 2001, S. 264 m.w.N.

[294]   Vgl. Hintze, Stefan, Zur Bilanzierung latenter Steuern im Konzernabschluß, in: DB 1990, S. 845-850, hier: S. 849.

3.2.4 Ausweis

3.2.4.1 Bilanz

Beim Ausweis latenter Steuern gem. §§ 274 und 306 HGB ist zwischen Einzel-
und Konzernabschluss sowie zwischen aktivischen und passivischen Steuerlatenzen zu differenzieren. Im HGB-Einzelabschluss sind aktivische latente
Steuern gem. § 274 Abs. 2 Satz 2 HGB gesondert auszuweisen. Da das Gesetz
nicht explizit regelt, an welcher Stelle der aktivische Posten in der Bilanz offen
zu legen ist, wird in der Literatur sowohl ein Ausweis vor als auch nach dem
aktivischen Rechnungsabgrenzungsposten i.S. des § 250 HGB für zulässig
erachtet.[295] Passivische latente Steuern sind nach § 274 Abs. 1 HGB entweder in
der Bilanz gesondert anzugeben oder alternativ im Anhang zu erläutern. Mithin
soll der bilanzielle Ausweis durch eine weitere Untergliederung gem. § 265
Abs. 5 HGB oder als davon-Vermerk unter den Steuerrückstellungen
erfolgen.[296] Für den nach § 306 HGB aus erfolgswirksamen Vollkonsolidierungsmaßnahmen resultierenden aktivischen oder passivischen Posten besteht
gem. § 306 Satz 2 HGB die Pflicht zur gesonderten Angabe, die jedoch mit
einem Ausweiswahlrecht zwischen Konzernbilanz und -anhang verbunden ist.
Zudem darf der durch Anwendung der Gesamtdifferenzenbetrachtung resultierende Posten nach § 306 Satz 3 HGB mit den latenten Steuern nach
§ 274 HGB zusammengefasst werden, sodass folglich nur ein Posten für latente
Steuern gesondert in der Konzernbilanz auszuweisen ist.
Nach DRS 10 müssen aktivische und passivische latente Steuern im Konzernabschluss grundsätzlich unsaldiert und gesondert ausgewiesen werden.[297]
Aktivische latente Steuern sind als Vermögenswerte unter entsprechender
Bezeichnung auf der Aktivseite der Konzernbilanz offen zu legen. Da der vom
DSR verwendete Begriff des Vermögenswertes neben Vermögensgegenstände
alle sonstigen aktivierbaren Werte umfasst, sind die aktivischen Steuerlatenzen

[295]   Vgl. Berger, Axel/Fischer, Norbert, § 274 HGB, in: Beck'scher Bilanz-Kommentar,
Handels- und Steuerrecht - §§ 238 bis 339 HGB -, Berger, Axel u.a. (Hrsg.), 5. Aufl.,
München 2003, Anm. 71 und Coenenberg, Adolf G./Hille, Klaus , Latente Steuern, Abt.
I/13, in: Handbuch des Jahresabschlusses in Einzeldarstellungen, v. Wysocki,
Klaus/Schulze-Osterloh, Joachim (Hrsg.), Köln 1994, hier: Rn. 48.

[296]   Vgl. z.B. Ernsting, Ingo/Schröder, Martin, Die Bilanzierung latenter Steuern nach HGB
und IAS vor dem Hintergrund des Kapitalaufnahmeerleichterungsgesetzes (Teil I), in:
IStR 1997, S. 184-190, hier: S. 187 und Laser, Helmut, Latente Steuern, in: Beck'sches
Handbuch der Rechnungslegung, Bd. I, Castan, Edgar u.a. (Hrsg.), München 1997, Abschnitt B 235, hier: Rz. 130.

[297]   Vgl. DRS 10.36 und 37.

gem. der bisherigen Praxis als Abgrenzungsposten zu zeigen.[298] Der bilanzielle Ausweis passivischer latenter Steuern als Rückstellung ist ebenfalls unter entsprechender Bezeichnung vorzunehmen.

Im IAS-Abschluss sind grundsätzlich sowohl aktivische als auch passivische latente Steuern in der Bilanz als gesonderte Posten, getrennt von anderen Vermögenswerten und Schulden, d.h. auch von tatsächlichen Steueransprüchen und Steuerschulden, unsaldiert auszuweisen.[299] Sofern das bilanzierende Unternehmen zwischen kurz- und langfristigen Bilanzpositionen unterscheidet, sind latente Steuern als langfristig zu qualifizieren.[300] Äquivalent zum HGB-Abschluss offenbart der IAS-Bilanzausweis folglich nicht, ob latente Steueransprüche und -schulden einen kurz- oder langfristigen Charakter aufweisen. Ein derartig differenzierender Ausweis ließe, insbesondere vor dem Hintergrund einer fehlenden Diskontierung latenter Steuern, Rückschlüsse auf den voraussichtlichen Zeitpunkt der Umkehrung zu.

3.2.4.2 Gewinn- und Verlustrechnung

Im Rahmen eines HGB-Abschlusses sind latente Steuern in der GuV unter der Position „Steuern vom Einkommen und Ertrag" auszuweisen.[301] Obgleich eine zusammenfassende Darstellungsweise von tatsächlichen und latenten Steuern nicht gegen das Saldierungsverbot des § 246 Abs. 2 HGB verstößt, kann alternativ eine freiwillige Untergliederung des Postens „Steuern vom Einkommen und Ertrag" erfolgen.[302] Da DRS 10 diesbezüglich keine explizite Regelung enthält, kann in Form eines aggregierten Ausweises von tatsächlichem

---

[298] Vgl. Gräbsch, Ivonne, Bilanzierung latenter Steuern im Konzernabschluss nach DRS 10, in: StuB 2002, S. 743-750, hier: S. 749 und Sauter, Thomas/Heurung, Rainer/Fischer, Wolfgang-Wilhelm, Erfassung von latenten Steuern im Konzernabschluss nach E-DRS 12, in: BB 2001, S. 1783-1788, hier: S. 1787.

[299] IAS 12.69 und Pellens, Bernhard, Internationale Rechnungslegung, 4. Aufl., Stuttgart 2001, S. 489.

[300] Vgl. IAS 12.70.

[301] Beim Gesamtkostenverfahren handelt es sich um die Position § 275 Abs. 2 Nr. 18 HGB, bei Anwendung des Umsatzkostenverfahrens ist dies § 275 Abs. 3 Nr. 17 HGB. Vgl. z.B. Moxter, Adolf, Grundsätze ordnungsmäßiger Rechnungslegung, Düsseldorf 2003, S. 271.

[302] Vgl. z.B. Debus, Christian, Latente Steuern, in: Castan, Edgar u.a. (Hrsg.): Beck'sches Handbuch der Rechnungslegung, Bd. II, München 1997, Abschnitt C 440, hier: Rz. 36-37.

und latentem Steueraufwand der herrschenden Meinung gefolgt werden.[303] Auch
IAS 12 sieht keinen getrennten Ausweis in der GuV vor.[304] Es muss lediglich
der Steueraufwand, der der gewöhnlichen Geschäftstätigkeit zuzurechnen ist,
gesondert offen gelegt werden.[305]

3.2.4.3 Anhang

Im Rahmen des Einzelabschlusses sind aktivische latente Steuern gem. § 274
Abs. 2 Satz 2 HGB im Anhang zu erläutern, sofern die Bilanzierungshilfe in
Anspruch genommen wird. Diese Erläuterungen sollten zumindest Aussagen
hinsichtlich der Höhe und der Zusammensetzung des Steuerabgrenzungspostens
umfassen.[306] Für passivische Abgrenzungsposten besteht hingegen keine
gesetzliche Erläuterungspflicht. Nach § 274 Abs. 1 Satz 1 HGB sind latente
Steuerverpflichtungen lediglich betragsmäßig im Anhang aufzuführen, sofern
auf einen gesonderten Ausweis in der Bilanz verzichtet wird. Der aus
Konsolidierungsmaßnahmen entstehende Abgrenzungsposten ist nach § 306
Satz 2 HGB ebenfalls nur dann im Anhang gesondert anzugeben, wenn dessen
Höhe aus der Konzernbilanz nicht ersichtlich ist. In diesem Zusammenhang
bestehen nach den §§ 284-286 und 313-314 HGB keine weiteren expliziten
Verpflichtungen. Gleichwohl kann aus der sinngemäßen Auslegung des § 313
Abs. 1 Nr. 1 HGB die zwingende Offenlegung der angewandten Methoden bei
Bilanzierung und Bewertung latenter Steuern abgeleitet werden.[307] Unter diese
Berichtspflichten sind insbesondere Angaben zur Ermittlungsmethode, zum

---

[303]   Vgl. Sauter, Thomas/Heurung, Rainer/Fischer, Wolfgang-Wilhelm, Erfassung von
         latenten Steuern im Konzernabschluss nach E-DRS 12, in: BB 2001, S. 1783-1788,
         hier: S. 1787 m.w.N. und Wendlandt, Klaus/Vogler, Gerlinde, Latente Steuern nach E-
         DRS 12 im Vergleich mit IAS, US-GAAP und bisheriger Bilanzierung nach HGB
         sowie Kritik an E-DRS 12, in: KoR 2001, S. 244-254, hier: S. 251.

[304]   Eine bestimmte verpflichtend einzuhaltende Gliederung der GuV ist nach IAS nicht
         vorgesehen. IAS 1.75 benennt lediglich neun aufzuführende Posten, von denen eine mit
         der Überschrift „Steueraufwendungen" zu bezeichnen ist. Vgl. Heno, Rudolf, Jahres-
         abschluss nach Handelsrecht, Steuerrecht und internationalen Standards (IAS/IFRS), 3.
         Aufl., Heidelberg 2003, S. 434-435.

[305]   Vgl. IAS 12.77.

[306]   Vgl. Krawitz, Norbert, Latente Steuern als Problem der Konzernabschlussanalyse, in:
         Investororientierte Unternehmenspublizität – Neue Entwicklungen von Rechnungs-
         legung, Prüfung und Jahresabschlussanalyse – Lachnit, Laurenz/Freidank, Carl-
         Christian (Hrsg.), Wiesbaden 2000, S. 701-736, hier: S. 711.

[307]   Vgl. Adler, Hans/Düring, Walther/Schmaltz, Kurt, § 306 HGB, in: Rechnungslegung
         und Prüfung der Unternehmen, Kommentar zum HGB, AktG, GmbHG, PublG nach den
         Vorschriften des Bilanzrichtlinien-Gesetzes, Teilband 3, bearbeitet von Forster, Karl-
         Heinz u.a., 6. Aufl., Stuttgart 1996, Tz. 49.

angewandten Steuersatz sowie gegebenenfalls zu erfolgswirksamen Konsolidierungsmaßnahmen zu subsumieren.[308]

Unternehmen, die bei Aufstellung ihres HGB-Konzernabschlusses die Vorschriften des DRS 10 zu beachten haben, müssen eine Vielzahl von Anhangsangaben publizieren,[309] die weit über die im HGB kodifizierten Berichtspflichten hinausgehen.[310] Maßstab für eine verpflichtende Offenlegung bestimmter Informationen – entsprechend den Regelungen des DRS 10 zur Überleitungsrechnung[311] – ist weder die Rechtsform noch die Größe des bilanzierenden Unternehmens, sondern die Inanspruchnahme des Kapitalmarktes.[312] Eine weitere Kategorisierung der umfangreichen Anhangsangaben ist hinsichtlich ihres Bezugs zum Bilanz- bzw. GuV-Ausweis möglich.[313]

> **Anhangsangaben nach DRS 10, die sich auf den Bilanzausweis beziehen:**

Die in der Konzernbilanz ausgewiesenen aktivischen latenten Steuern sind im Anhang hinsichtlich ihres zugrunde liegenden Sachverhaltes – abzugsfähige zeitliche Differenz, steuerliche Verlustvorträge und Steuergutschriften – aufzuspalten.[314] Nach DRS 10.40 ist die aktivische Abgrenzung steuerlicher Verlustvorträge zu begründen, sofern dem Aktivposten kein entsprechender Betrag an passivischen Steuerlatenzen gegenübersteht und die steuerliche Realisierung des Verlustvortrags damit von zukünftigen Erwartungen hinsichtlich des steuerlichen Einkommens abhängt. Ferner sind nach

---

[308] Vgl. Ernsting, Ingo/Schröder, Martin, Die Bilanzierung latenter Steuern nach HGB und IAS vor dem Hintergrund des Kapitalaufnahmeerleichterungsgesetzes (Teil II), in: IStR 1997, S. 212-221, hier: S. 218 und Klein, Oliver, Die Bilanzierung latenter Steuern nach HGB, IAS und US-GAAP im Vergleich, in: DStR 2001, S. 1450-1456, hier: S. 1456.

[309] Vgl. DRS 10.39-43.

[310] Vgl. Wendlandt, Klaus/Vogler, Gerlinde, Latente Steuern nach E-DRS 12 im Vergleich mit IAS, US-GAAP und bisheriger Bilanzierung nach HGB sowie Kritik an E-DRS 12, in: KoR 2001, S. 244-254, hier: S. 251-253.

[311] Bezüglich der Vorschriften des DRS 10 zur Überleitungsrechnung vgl. Gliederungspunkt 2.1.1.

[312] Zur Abgrenzung eines kapitalmarktorientierten Unternehmens von einem nicht kapitalmarktorientierten Unternehmen vgl. Gliederungspunkt 2.1.1.

[313] Die Überleitungsrechnung, die bei der folgenden Auflistung, aufgrund der in Gliederungspunkt 2.1.1 diesbezüglich bereits erfolgten Darstellung der Vorschriften des DRS 10, nicht gesondert berücksichtigt wird, wäre unter letztere Kategorie zu subsumieren, da ihr Ausgangspunkt im ausgewiesenen Steueraufwand und somit im GuV-Ausweis liegt.

[314] Vgl. DRS 10.39j.

DRS 10.39c aktivische latente Steuern betragsmäßig anzugeben, die in der Berichtsperiode gebildet werden, deren ursächliche Sachverhalte aber in vergangenen Geschäftsjahren liegen. Eine derartige Nachaktivierung resultiert beispielsweise aus Erwartungsänderungen hinsichtlich der Entwicklung des steuerpflichtigen Einkommens. Anpassungen des zur Bewertung von Steuerlatenzen maßgeblichen Steuersatzes sind mittels einer vergleichenden Erläuterung zum Vorjahr zu dokumentieren. Zudem ist die in Ausnahmefällen gestattete Bewertung latenter Steuern mit einem konzerneinheitlichen Steuersatz im Anhang zwingend zu begründen.[315]

Kapitalmarktorientierte Unternehmen sind zu einer weitreichenderen Offenlegung hinsichtlich des Bilanzausweises latenter Steuern verpflichtet:[316] Neben der Angabe des Gesamtbetrags erfolgsneutral gebildeter latenter Steuern ist jedem ausgewiesenen Bilanzposten, dem nach § 266 HGB ein Buchstabe oder eine römische Zahl voransteht, die jeweilige Höhe aktivischer und passivischer latenter Steuern zuzuordnen. Werden aufgrund negativer Zukunftserwartungen keine aktivischen latenten Steuern auf entsprechend abzugrenzende Sachverhalte bzw. Geschäftsvorfälle gebildet, sind einerseits die Beträge, andererseits – sofern dies möglich ist – die Umkehrungszeitpunkte der Differenzen, der nicht genutzten steuerlichen Verlustvorträge und der Steuergutschriften zu vermerken. Außerdem müssen die potenziellen Ansprüche auf Körperschaftsteuerminderungen aufgrund von Steuerguthaben gem. § 37 Abs. 2 KStG sowie mögliche Körperschaftsteuererhöhungen durch den nach § 38 Abs. 1 KStG fortzuführenden Endbestand an EK 02 betragsmäßig offen gelegt werden.

> **Anhangsangaben nach DRS 10, die sich auf die Gewinn- und Verlustrechnung beziehen:**

Nach DRS 10.39 ist die Höhe der erfolgswirksamen latenten Steuern der Rechnungslegungsperiode anzugeben. Zudem sind die Auswirkungen auf das Jahresergebnis gesondert offen zu legen, sofern latente Steuern aus Steuergesetzänderungen sowie Wertberichtigungen resultieren. Kapitalmarktorientierte Unternehmen müssen neben der zusätzlichen Angabe von latenten Steueraufwendungen, die auf Änderungen der Bilanzierungs- und Bewertungsmethoden zurückzuführen sind, die Ergebniswirkung latenter Steuern aufzeigen, die außerordentlichen Posten zuzurechnen sind.

---

315 Vgl. DRS 10.39h.
316 Vgl. DRS 10.39, 40 und 43.

Auch im IAS-Abschluss werden die Ertragsteuern im Anhang nicht ausschließlich mittels Überleitungsrechnung erläutert,[317] sondern zudem durch zahlreiche weitere Angaben.[318] Diese lassen sich – entsprechend zur Vorgehensweise bei den Vorschriften des DRS 10 – in folgende Kategorien einordnen:

> **Anhangsangaben nach IAS 12, die sich auf den Bilanzausweis beziehen:**

Im Anhang sind latente Steuerforderungen und -verbindlichkeiten für jede Art von temporärer Differenz sowie für nicht genutzte Verlustvorträge und Steuergutschriften ihrer Höhe nach aufzuführen.[319] Sofern die Realisierung aktivischer latenter Steuern von zukünftigem zu versteuerndem Einkommen abhängt und passivische Steuerlatenzen nicht in entsprechender Höhe gegenüberstehen, ist der Ansatz der aktivischen Steuerabgrenzung nach IAS 12.82 gesondert zu begründen. Wird in der Bilanz kein latenter Steueranspruch aktiviert, obwohl ein abzugrenzender Sachverhalt vorliegt, ist dieser betragsmäßig offen zu legen.[320] Zudem muss gem. IAS 12.81f der bilanziell nicht berücksichtigte Gesamtbetrag an latenten Steuern im Zusammenhang mit Anteilen an Tochterunternehmen, assoziierten Unternehmen und Joint Ventures angegeben werden. Ferner ist die Summe der erfolgsneutral gebildeten tatsächlichen und latenten Steuern offen zu legen.[321]

> **Anhangsangaben nach IAS 12, die sich auf die Gewinn- und Verlustrechnung beziehen:**

IAS 12.79 bestimmt, dass die wesentlichen Bestandteile des Steueraufwands im Anhang anzugeben sind: Beispielhaft, d.h. nicht abschließend, benennt IAS 12.80 eine Vielzahl von Angaben, die unter diese Kategorie zu subsumieren sind. Unter anderem sind dies der tatsächliche Steueraufwand des Geschäftsjahres,[322] der latente Steueraufwand, der auf das Entstehen und die Umkehrung von temporären Differenzen oder Steuersatzänderungen zurückzuführen ist,[323] sowie Anpassungen für periodenfremde tatsächliche Ertragsteuern.[324] Beispiels-

---

[317] Bezüglich der Vorschriften des IAS 12 zur Überleitungsrechnung vgl. Gliederungspunkt 2.1.2.

[318] Vgl. IAS 12.79-88.

[319] Vgl. IAS 12.81g.

[320] Vgl. IAS 12.81e.

[321] Vgl. IAS 12.81a.

[322] Vgl. IAS 12.80a.

[323] Vgl. IAS 12.80c-d.

[324] Vgl. IAS 12.80b.

weise müssen ferner sowohl der tatsächliche als auch der latente Steuerertrag des Geschäftsjahres, der auf die Nutzung von Verlustvorträgen zurückzuführen ist, angegeben werden.[325]

3.2.4.4 Auswirkungen auf die Überleitungsrechnung

Obgleich der Ausweis latenter Steuern im Gegensatz zu Ansatz und Bewertung keine materiellen Auswirkungen auf die Überleitungsrechnung hat, kann die Offenlegungsart der latenten Steuerabgrenzung sachdienliche Informationen für die Tax Reconciliation liefern: einerseits hinsichtlich der Aufspaltung der Konzernsteuerquote, andererseits bezüglich der Ermittlung einzelner Überleitungspositionen.

Im Rahmen der Aufspaltung des effektiven Steueraufwands ist es notwendig, tatsächliche Steueraufwendungen von erfolgswirksamen latenten Steuern zu trennen. Da ein gesonderter GuV-Ausweis der Steuerlatenzen im HGB nicht verankert ist, gelingt aufgrund der regelmäßig aggregierten Darstellungsweise keine unmittelbare Abgrenzung zwischen tatsächlichen und latenten Steuern. Die Bestimmung von erfolgswirksamen Steuerlatenzen des Geschäftsjahres ermöglicht allerdings eine Differenzenrechnung der Bilanzposten. Auf Basis des DRS 10 kann man den latenten Steueraufwand des Geschäftsjahres dagegen nicht über die Veränderung der Steuerabgrenzungsposten ermitteln, da zumindest partiell auch eine erfolgsneutrale Bildung latenter Steuern geboten ist. Zur betragsmäßigen Bestimmung der erfolgswirksamen Steuerlatenzen muss folglich auf entsprechende Anhangsangaben zurückgegriffen werden. Diese informieren nicht nur über die Zusammensetzung des Steueraufwands hinsichtlich latenter und tatsächlicher Bestandteile, sondern offenbaren zudem Inkongruenzen zwischen erwarteter und effektiver Steuergröße, die als Überleitungspositionen in der Tax Reconciliation zu erfassen sind. Beispielsweise können die Ausführungen zum angewandten Steuersatz im Rahmen der Bewertung latenter Steuern sowie die Erläuterungen zu Erfolgswirkungen von Steuersatzänderungen genutzt werden, um Überleitungspositionen zu ermitteln. Aber auch die Angabe der betragsmäßigen Wertberichtigung von Steuerlatenzen und die verpflichtende Offenlegung von bestimmten Geschäftsvorfällen, die nicht durch Bildung latenter Steuern abgegrenzt wurden, geben Ursachen für bestehende Diskrepanzen zwischen Steueraufwand und Konzernergebnis vor Steuern preis.

---

[325] Vgl. IAS 12.80e-f.

Da auch nach der Steuerabgrenzungskonzeption des IAS 12 die Bilanzierung latenter Steuern bei bestimmten Sachverhalten erfolgsneutral erfolgt, ist zur betragsmäßigen Ermittlung erfolgswirksamer latenter Steuern ein Rückgriff auf Anhangsangaben notwendig. Entsprechend der Nutzung der Offenlegungspflichten des DRS 10 sind zahlreiche Informationen des IAS-Anhangs für Zwecke der Überleitungsrechnung verwendbar. Ursachen für Diskrepanzen zwischen ausgewiesenem Steueraufwand und Konzernergebnis vor Steuern und damit relevante Daten für die Überleitungsrechnung lassen sich beispielsweise anhand der Angabe von Differenzen, auf die keine latenten Steuern gebildet wurden, oder in Form der verpflichtenden Offenlegung periodenfremder Steueraufwendungen ersehen.

3.3 Aussagekraft des effektiven Steuersatzes

3.3.1 Kompensatorischer Effekt latenter Steuern

Wenn latente Steuern auf eine temporäre Verwerfung zwischen Handels- und Steuerbilanz gebildet werden, resultiert eine Anpassung des im Konzernabschluss ausgewiesenen Steueraufwands an das Konzernergebnis vor Steuern. Dieser der Bilanzierung latenter Steuern immanente Effekt kann als kompensatorische Wirkung latenter Steuern auf die in den Konzernabschluss zu übernehmende tatsächliche Steuerlast bezeichnet werden.[326] Die Aussagefähigkeit der Konzernsteuerquote wird durch latente Steuern erhöht, da die Volatilität der Konzernsteuerquote durch die abzugrenzenden Steuerwirkungen temporärer Ergebnisunterschiede tendenziell gemildert wird und insofern ein sinnvoller Zusammenhang zwischen Steuerlast und Konzernergebnis vor Steuern entsteht.

Beispiel:

Aufgrund einer von der steuerrechtlichen Nutzungsdauer eines Wirtschaftsgutes von fünf Jahren abweichenden handelsrechtlichen Nutzungsdauer eines Vermögensgegenstandes von zwei Jahren entsprechen sich die nach dem Temporary-Konzept zu vergleichenden Bilanzwerte in Konzern- und Steuerbilanz nicht. Die gem. Timing-Konzept gegenüberzustellenden handels- und steuerrechtlichen Ergebnisse stimmen ebenfalls nicht überein. Da der Zeitpunkt der Differenzenumkehrung genau bestimmbar ist, müssen die Abweichungen nach beiden Konzepten in die Steuerabgrenzung einbezogen werden. Während die Anschaffungskosten des betrachteten Vermögensgegenstandes bzw. Wirtschaftsgutes eine Höhe von 2.000 €

---

[326] Vgl. Herzig, Norbert/Dempfle, Urs, Konzernsteuerquote, betriebliche Steuerpolitik und Steuerwettbewerb, in: DB 2002, S. 1-8, hier: S. 3-4.

aufweisen, liegt der aktuell gültige gesetzliche Steuersatz annahmegemäß bei 50 %. Sowohl die Anwendung der Deferred- als auch der Liability- Methode führen zum selben Ergebnis, da sich der Steuersatz annahmegemäß im Zeitablauf nicht ändert.

Geschäftsjahr	01	02	03	04	05
Handelsrechtliches Ergebnis	4.000 €	1.000 €	3.000 €	4.000 €	5.000 €
Steuerrechtliches Ergebnis	4.600 €	1.600 €	2.600 €	3.600 €	4.600 €
Konzernbilanzwert des VG	1.000 €	0 €	0 €	0 €	0 €
Steuerbilanzwert des WG	1.600 €	1.200 €	800 €	400 €	0 €
Aktivische latente Steuern	300 €	600 €	400 €	200 €	0 €
Passivische latente Steuern	0 €	0 €	0 €	0 €	0 €
Latenter Steuerertrag	300 €	300 €	0 €	0 €	0 €
Latenter Steueraufwand	0 €	0 €	200 €	200 €	200 €
Tatsächlicher Steueraufwand	2.300 €	800 €	1.300 €	1.800 €	2.300 €
Effektiver Steueraufwand	2.000 €	500 €	1.500 €	2.000 €	2.500 €
Konzernsteuerquote ohne latente Steuern (tatsächliche Steuerquote)	57,5 %	80 %	43,3 %	45 %	46 %
Konzernsteuerquote	50 %	50 %	50 %	50 %	50 %

Die Beispielrechnung verdeutlicht den kompensatorischen Effekt latenter Steuern: Während in den ersten beiden Perioden der aus handelsrechtlicher Sicht zu hohe Steueraufwand durch den Ansatz aktivischer latenter Steuern gesenkt wird, führt die Auflösung der aktivischen latenten Steuern im Zeitpunkt der Umkehrung (Perioden drei bis fünf) zu einem im Vergleich zur tatsächlichen Steuerzahlung erhöhten Steuerausweis in der Konzernbilanz. Bei Verzicht auf die handelsbilanzielle Steuerperiodisierung fehlt der sachliche Zusammenhang zwischen Konzernergebnis und ausgewiesenem Steueraufwand. Dies verdeutlicht die volatile Konzernsteuerquote ohne Einbeziehung latenter Steuern. Im Beispielfall wäre keine Überleitungsrechnung notwendig, da die effektive Steuergröße mit dem erwarteten Steueraufwand übereinstimmt, der sich durch Multiplikation von handelsrechtlichem Vorsteuerergebnis und gesetzlichem Steuersatz ergibt.

Allerdings bestehen zwischen den einzelnen Rechnungslegungssystemen nach HGB auf der einen Seite und nach IAS auf der anderen Seite starke Abweichungen hinsichtlich der latenten Steuerabgrenzung, die sich dementsprechend auf den kompensatorischen Effekt und damit auf die Aussagekraft der Konzernsteuerquote auswirken. In diesem Zusammenhang ist zu konstatieren, dass die

Aussagefähigkeit der Konzernsteuerquote steigt, je umfassender latente Steuern Verwerfungen zwischen Handels- und Steuerrecht berücksichtigen.[327]

3.3.2 Grenzen der Aussagekraft

Die Aussagekraft der Konzernsteuerquote erfährt Einschränkungen in mehrfacher Hinsicht: In die Ermittlung der Kennziffer fließen ausschließlich Steuerbe- und -entlastungen ein, die in einem funktionalen Zusammenhang zum Ergebnis stehen, d.h. Steuern vom Einkommen und Ertrag. Andere Steuerarten, die im Unternehmensverbund durchaus nicht zu vernachlässigende Belastungen begründen können – beispielsweise Grunderwerbsteuer im Rahmen von Umstrukturierungen –, werden dagegen nicht einbezogen.[328] Die Konzernsteuerquote informiert folglich nur über einen Teil der Konzernsteuerlast.

Die Bilanzierung latenter Steuern, die aufgrund ihrer kompensatorischen Wirkung die Aussagekraft des effektiven Steuersatzes zwar tendenziell stärkt,[329] führt im Regelfall jedoch nicht zu einem funktionalen Zusammenhang zwischen Konzernergebnis und ausgewiesenem Steueraufwand. Zunächst erfährt die Konzernsteuerquote durch das zugrunde liegende Konzept der latenten Steuern Einschränkungen, da permanente Differenzen und teilweise auch quasipermanente Abweichungen sowie erfolgsneutral entstehende Verwerfungen nicht in die Steuerabgrenzung einbezogen werden.[330] Auch die expliziten Ansatzvorschriften der Rechnungslegungssysteme in Bezug auf latente Steuern schränken die Interpretationsfähigkeit des effektiven Steuersatzes mitunter gravierend ein.[331]

Grenzen der Aussagekraft ergeben sich beispielsweise aufgrund des Ausschlusses bestimmter Sachverhalte aus der Steuerabgrenzung, obwohl diese prinzipiell vom Grundkonzept erfasst werden. Im Extremfall reduziert sich der ausgewiesene Steueraufwand im HGB-Konzernabschluss auf die tatsächliche Steuerlast zuzüglich latenter Steuern aus der Kapitalkonsolidierung. Zudem wird die Aussagefähigkeit der Konzernsteuerquote bei Verwendung der Gesamt-

---

[327] Vgl. Fischer, Wolfgang Wilhelm, Bilanzierung latenter Steuern (deferred taxes) nach IAS 12 (rev. 2000), in: BBK 2002, Fach 20, S. 669-686, hier: S. 683.

[328] Vgl. Herzig, Norbert, Gestaltung der Konzernsteuerquote – eine neue Herausforderung für die Steuerberatung?, in: WPg Sonderheft 2003, S. 80-92, hier: S. 82.

[329] Vgl. Herzig, Norbert/Dempfle, Urs, Konzernsteuerquote, betriebliche Steuerpolitik und Steuerwettbewerb, in: DB 2002, S. 1-8, hier: S. 3.

[330] Vgl. Gliederungspunkt 3.2.1.4.

[331] Vgl. Gliederungspunkt 3.2.2.5.

differenzenbetrachtung eingeschränkt, da diese keine Berücksichtigung differen-
zierter Steuersätze zulässt.[332] Die Bewertung latenter Steuern kann sich ebenfalls
negativ auf die Aussagefähigkeit des effektiven Steuersatzes auswirken, wenn
beispielsweise ein konzerneinheitlicher Steuersatz zur Anwendung kommt oder
eine Steuersatzänderung eintritt.[333] Hinsichtlich der Aussagekraft der Konzernsteuerquote ist zudem zu konstatieren, dass die Vorschriften zur latenten Steuerabgrenzung teilweise erhebliche Ermessensspielräume gewähren.[334] Letztlich
finden insbesondere durch die gebotene Berücksichtigung der Realisierbarkeit
aktivischer latenter Steuern unsichere, von Bilanzpolitik geprägte Werte
Eingang in den Konzernabschluss.[335]

Im Konzernabschluss ergeben sich auch aus der Aggregation der tatsächlichen
Ertragsteueraufwendungen Interpretationsschwierigkeiten: Da sich bei einem
international tätigen Konzern eine Vielzahl von unterschiedlichen nationalen
Belastungen in der Steuerquote niederschlagen, gibt die Konzernsteuerquote
weder Auskunft über das Ertragsteuerniveau eines einzelnen Staates, noch lässt
sie Rückschlüsse auf die Ertragsteuerbelastung der Konzernmutter zu.[336]

Grenzen der Aussagefähigkeit ergeben sich ferner durch die Tatsache, dass die
Konzernsteuerquote nicht linear abhängig vom Konzernergebnis vor Steuern ist,
sondern diese beiden Größen typischerweise einen Kurvenverlauf bilden.[337] Je
stärker das Konzernergebnis gegen null tendiert, desto größer wird der relative
Einfluss einzelner Abweichungen, die nicht durch latente Steuern kompensiert
werden, desto größer ist folglich die Volatilität des effektiven Steuersatzes. Umgekehrt sind die Auswirkungen derartiger Abweichungen bei entsprechend
hohen Ergebnissen relativ gering. Diese Effekte sind ebenfalls aus der
Überleitungsrechnung abzulesen: explizit in der Höhe der einzelnen

---

[332] Vgl. Herzig, Norbert/Dempfle, Urs, Konzernsteuerquote, betriebliche Steuerpolitik und
Steuerwettbewerb, in: DB 2002, S. 1-8, hier: S. 2.

[333] Vgl. Gliederungspunkt 3.2.3.4.

[334] Vgl. Gruber, Thomas/Kühnberger, Manfred, Umstellung der Rechnungslegung von
HGB auf US-GAAP: Bilanzrechtliche und bilanzpolitische Aspekte eines Systemwechsels, in: DB 2001, S. 1733-1740, hier: S. 1740.

[335] Vgl. Engel-Ciric, Dejan, Einschränkung der Aussagekraft des Jahresabschlusses nach
IAS durch bilanzpolitische Spielräume, in: DStR 2002, S. 780-784, hier: S. 781 und
Klein, Oliver, Die Bilanzierung latenter Steuern nach HGB, IAS und US-GAAP im
Vergleich, in: DStR 2001, S. 1450-1456, hier: S. 1452.

[336] Vgl. Herzig, Norbert, Gestaltung der Konzernsteuerquote – eine neue Herausforderung
für die Steuerberatung?, in: WPg Sonderheft 2003, S. 80-92, hier: S. 82.

[337] Vgl. Kröner, Michael/Benzel, Ute, Konzernsteuerquote – Die Ertragsteuerbelastung in
der Wahrnehmung durch Kapitalmärkte, in: Konzernsteuerrecht, Kröner, Michael u.a.
(Hrsg.), München 2004, S. 701-734, hier: S. 704.

Überleitungspositionen, sofern nach dem Steueraufwand übergeleitet wird, da sich die Höhe des Konzernergebnisses vor Steuern im erwarteten Steueraufwand widerspiegelt; implizit bei einer Überleitung nach dem Steuersatz, weil hierbei das Konzernergebnis vor Steuern nicht aus den Daten der Tax Reconciliation ersichtlich ist, sondern zur Interpretation der Teilabweichung hinzugezogen werden muss.

4. Erwarteter Steuersatz (Referenzsteuersatz)

4.1 Ermittlung des erwarteten Steuersatzes

4.1.1 Einzubeziehende Steuerarten

Der erwartete Steuersatz wird für Zwecke der Überleitungsrechnung – unabhängig von einer bestimmten Überleitungsmethode – zur Ermittlung der Soll-Größe benötigt. Stellt die Überleitungsmethode auf einen absoluten Ausweis der Überleitungspositionen ab, ergibt sich der auf Basis des Konzernabschlusses erwartete Steueraufwand aus dem Produkt von Konzernergebnis vor Steuern und Referenzsteuersatz.[338] Bei einer Überleitung nach dem Steuersatz stellt der Referenzsteuersatz selbst die prozentuale Soll-Größe dar. Insofern ist der erwartete Steuersatz die entscheidende Determinante bei Ermittlung der Soll-Größe innerhalb der Überleitungsrechnung.

Zur Bestimmung des für die Tax Reconciliation maßgeblichen erwarteten Steuersatzes ist zunächst zu erörtern, welche Steuerarten zu berücksichtigen sind. Um einen sachgerechten Vergleich zwischen effektiver und erwarteter Steuergröße zu gewährleisten, müssen die einzubeziehenden Steuerarten beider Größen übereinstimmen. Folglich ist bei der Ermittlung des Referenzsteuersatzes – entsprechend zur Vorgehensweise bei der Konzernsteuerquote[339] – ausschließlich auf Steuern vom Einkommen und Ertrag abzustellen. Ferner können nur diese Steuerarten in einem funktionalen Zusammenhang zum Vorsteuerergebnis stehen.[340] Substanz- und Verkehrsteuern sind dagegen auszublenden, da bei ihnen einerseits die sachliche Bindung zum Ergebnis fehlt und sie andererseits auch nicht in die effektive Steuergröße der Überleitungsrechnung einbezogen werden.

---

[338] Vgl. Cotting, René, Analyse von latenten Ertragsteuerbeträgen im Konzernabschluss, in: ST 1995, S. 787-796, hier: S. 792 und Gruber, Thomas/Kühnberger, Manfred, Umstellung der Rechnungslegung von HGB auf US-GAAP: Bilanzrechtliche und bilanzpolitische Aspekte eines Systemwechsels, in: DB 2001, S. 1733-1740, hier: S. 1740.

[339] Vgl. Gliederungspunkt 3.1 und Bömelburg, Peter, Grundsätze ordnungsmäßiger Abschlußprüfung für latente Steuern im Konzernabschluß, Diss. Univ. Nürnberg-Erlangen 1992, München 1993, S. 216.

[340] Vgl. Herzig, Norbert/Dempfle, Urs, Konzernsteuerquote, betriebliche Steuerpolitik und Steuerwettbewerb, in: DB 2002, S. 1-8, hier: S. 1.

4.1.2 Mögliche Anknüpfungspunkte

In einem zweiten Schritt ist die Zusammensetzung des erwarteten Steuersatzes im Detail zu klären: Während sich diese Problematik in einem ausschließlich national strukturierten und tätigen Konzern auf die Bestimmung der einzubeziehenden Ertragsteuerarten beschränkt, besteht bei einem internationalen Konzern ein größerer Entscheidungsraum, da regelmäßig eine Vielzahl von Steuerhoheiten mit unterschiedlichen Steuersätzen auf Teilergebnisse des Unternehmensverbunds zugreifen. Grundsätzlich sind zwei verschiedene Ausgangspunkte bei der Ermittlung des maßgeblichen Referenzsteuersatzes zu differenzieren. Der eine stellt auf die steuerlichen Verhältnisse der Konzernmutter ab, beim anderen wird der Gesamtkonzern betrachtet.[341]

Im Rahmen eines so genannten Homebased-Ansatzes sind bei der Ermittlung der Soll-Größe ausschließlich die steuerrechtlichen Verhältnisse der Obergesellschaft von Relevanz.[342] Als Referenzsteuersatz kann einerseits auf den gesetzlich gültigen Ertragsteuersatz der Konzernmutter abgestellt werden. Alternativ ist denkbar, dass vergangene durchschnittliche Ist-Werte der Obergesellschaft als Soll-Wert für den Konzern dienen. Dies bedeutet, dass normalisierte effektive Steuersätze der Obergesellschaft als Maßstab für die aktuell erwartete Steuerbelastung fungieren. Beide Anknüpfungspunkte gehen implizit von der Prämisse aus, dass das Konzernergebnis vollumfänglich als steuerliche Bemessungsgrundlage der Obergesellschaft zu qualifizieren ist.

Die Alternative zum Homebased-Ansatz besteht in der Betrachtung des Gesamtkonzerns im Rahmen eines so genannten Konzern-Ansatzes. Zur Ermittlung des erwarteten Steuersatzes sind in Form des gesetzlichen und des effektiven Steuersatzes ebenfalls zwei Ausgestaltungen dieses Ansatzes denkbar. Die Höhe des Referenzsteuersatzes wird bei Zugrundelegung des aktuell gültigen gesetzlichen Steuersatzes allerdings nicht nur vom Steuersatz der Obergesellschaft, sondern von sämtlichen Ertragsteuersätzen determiniert, die auf Teilkonzernergebnisse angewendet werden. Alternativ kann im Rahmen des Konzern-Ansatzes auch ein Durchschnittswert der effektiven Konzernsteuersätze vergangener Geschäftsjahre als Soll-Größe dienen.

---

[341] Vgl. Herzig, Norbert, Gestaltung der Konzernsteuerquote – eine neue Herausforderung für die Steuerberatung?, in: WPg Sonderheft 2003, S. 80-92, hier: S. 91 und Kirsch, Hanno, Angabepflichten für Ertragsteuern nach IAS und deren Generierung im Finanz- und Rechnungswesen, in: StuB 2002, S. 1189-1196, hier: S. 1193.

[342] Vgl. Herzig, Norbert, Steuerlatenz im Einzel- und Konzernabschluss, in: Erfolgsabgrenzungen in Handels- und Steuerbilanz, Bertl, Romuald u.a. (Hrsg.), Wien 2001, S. 109-125, hier: S. 122.

Zusammenfassend bestehen zur Ermittlung des erwarteten Steuersatzes vier potenzielle Anknüpfungspunkte:

	Homebased-Ansatz	Konzern-Ansatz
Gesetzlicher Steuersatz	Gesetzlicher Steuersatz der Konzernobergesellschaft	Gesetzlicher Steuersatz aller in den Konzernabschluss einzubeziehender Unternehmen
Effektiver Steuersatz	Effektiver Steuersatz der Konzernobergesellschaft vergangener Perioden als normalisierte Größe	Konzernsteuerquote vergangener Perioden als normalisierte Größe

Abbildung 10: Anknüpfungspunkte zur Ermittlung des erwarteten Steuersatzes

4.1.3 Homebased-Ansatz

4.1.3.1 Anwendung des gesetzlichen Steuersatzes

4.1.3.1.1 Grundlagen der deutschen Ertragsbesteuerung

Bei Anwendung des gesetzlichen Steuersatzes der Obergesellschaft – unter der
Prämisse einer deutschen Kapitalgesellschaft als Konzernmutter – ist zunächst
die Zusammensetzung des Referenzsteuersatzes zu klären, da das deutsche
Ertragsteuerrecht mit der Körperschaftsteuer (KSt), der Gewerbesteuer (GewSt)
und dem Solidaritätszuschlag (SolZ) eine dreifache Ertragsbesteuerung für
Kapitalgesellschaften aufweist.[343] Hierbei sind sowohl Dependenzen als auch
Interdependenzen zwischen den einzelnen Ertragsteuerarten festzustellen,[344] die
bei der Ermittlung des erwarteten Steuersatzes zu berücksichtigen sind.

---

[343] Vgl. hierzu ausführlich Schäffeler, Ursula, Latente Steuern nach US-GAAP für
deutsche Unternehmen, Diss. Univ. München 2000, Frankfurt am Main 2000, S. 172-
215.

[344] Vgl. z.B. Scheffler, Wolfram, Besteuerung von Unternehmen I, 5. Aufl., Heidelberg
2002, S. 244-246 und Wurmsdobler, Norbert, Unternehmenssteuerreform und Steuerplanung, in: DStZ 2001, S. 841-849, hier: S. 841.

116

Eine Kapitalgesellschaft ist Steuersubjekt der KSt.[345] Sofern sich die Geschäfts-
leitung oder der Sitz im Inland befindet, ist die Kapitalgesellschaft nach § 1
Abs. 1 KStG als unbeschränkt körperschaftsteuerpflichtig zu qualifizieren.[346]
Die Bemessungsgrundlage der KSt ist gem. § 7 Abs. 1 KStG das zu
versteuernde Einkommen, das nach § 7 Abs. 2 KStG i.V.m. § 8 Abs. 1 KStG
nach den einkommensteuerlichen Vorschriften, ergänzt durch körperschaftsteuerliche Regelungen, zu ermitteln ist. Mithin ist gem. § 5 Abs. 1 EStG die
Maßgeblichkeit der Handelsbilanz für die Steuerbilanz sowie die umgekehrte
Maßgeblichkeit zu beachten.[347] Ausgangspunkt der Ermittlung der Körper-
schaftsteuerschuld ist somit das steuerbilanzielle Ergebnis, das durch
Bilanzierungs- und Bewertungsvorschriften des HGB geprägt ist.

Der Körperschaftsteuertarif, d.h. der auf das zu versteuernde Einkommen anzuwendende Steuersatz, beträgt gem. § 23 Abs. 1 KStG 25 %. Der Steuersatz von
25 % ist definitiv und somit unabhängig von Gewinnausschüttungen und -
thesaurierungen. Ausschließlich für den Veranlagungszeitraum 2003 gilt ein
abweichender Körperschaftsteuersatz i.H.v. 26,5 %, der zur Finanzierung der
Beseitigung von Hochwasserschäden eingeführt wurde.[348]

Seit dem 1.1.1995 wird ein so genannter SolZ als Ergänzungsabgabe zur KSt
erhoben. Eingeführt wurde der SolZ zur Finanzierung der deutschen Einheit.
Nach § 3 Abs. 1 Nr. 1 SolZG[349] knüpft der SolZ als Annexsteuer an die
festgesetzte KSt an.[350] Die festgesetzte KSt als Bemessungsgrundlage des SolZ
ergibt sich aus der Tarifbelastung zuzüglich Körperschaftsteuererhöhungen

345   Vgl. Brönner, Herbert, Die Besteuerung der Gesellschaften, 17. Aufl., Stuttgart 1999,
       S. 802 und Rose, Gerd, Unternehmenssteuerrecht, Bielefeld 2001, S. 27.

346   Vgl. Arndt, Hans-Wolfgang, Steuerrecht, 2. Aufl., Heidelberg 2001, S. 89 und
       Schneeloch, Dieter, Besteuerung und betriebliche Steuerpolitik, Band 1: Besteuerung, 4.
       Aufl., München 2003, S. 135.

347   Vgl. z.B. Wehrheim, Michael/Renz, Anette, Die Steuerbilanz, München 2003, S. 14-22.

348   Vgl. Höreth, Ulrike/Wolf, Nathalie C./Zipfel, Lars, Steuerliche Maßnahmen zur
       Finanzierung der Beseitigung der Hochwasser-Schäden, in: DB 2002, S. 2065-2069,
       hier: S. 2065. Hinsichtlich Auswirkungen auf die latente Steuerabgrenzung vgl. Kirsch,
       Hanno, Änderungen des deutschen Unternehmenssteuerrechts 2003 und deren
       Auswirkungen auf die steuerliche Berichterstattung im IAS-Jahresabschluss, in: DStR
       2003, S. 128-132, hier: S. 128-129.

349   Siehe SolZG 1995, in der Fassung der Bekanntmachung vom 15. Oktober 2002,
       veröffentlicht in: BGBl. I 2002, S. 4130, in: Steuergesetze, Stand 1.3.2003, München
       2003.

350   Vgl. Kußmaul, Heinz, Betriebswirtschaftliche Steuerlehre, 3. Aufl., München 2003,
       S. 348.

abzüglich Körperschaftsteuerminderungen.[351] Als Personensteuer ist der SolZ nach § 10 Nr. 2 KStG als nicht abzugsfähige Ausgabe zu qualifizieren und mindert daher das körperschaftsteuerliche Einkommen der Kapitalgesellschaft nicht. Der Zuschlagsatz auf die Bemessungsgrundlage beträgt nach § 4 SolZG 5,5 %.

Neben KSt und SolZ wird die Kapitalgesellschaft zudem mit GewSt belastet. Steuergegenstand der GewSt ist nach § 2 Abs. 1 GewStG[352] der inländische Gewerbebetrieb.[353] Da es sich bei einer Kapitalgesellschaft gem. § 2 Abs. 2 GewStG – unabhängig von ihrer Tätigkeit – um einen Gewerbebetrieb kraft Rechtsform handelt, fällt sie grundsätzlich in den Anwendungsbereich des GewStG.[354] Die Bemessungsgrundlage der GewSt ist nach § 6 GewStG der Gewerbeertrag. Dieser entspricht gem. § 7 GewStG dem nach einkommensteuerlichen und körperschaftsteuerlichen Vorschriften ermittelten Gewinn aus Gewerbebetrieb, modifiziert um Hinzurechnungen nach § 8 GewStG sowie Kürzungen nach § 9 GewStG. Da die GewSt als Betriebsausgabe i.S. des § 4 Abs. 4 EStG zu qualifizieren ist, mindert sie sowohl die körperschaftsteuerliche als auch ihre eigene Bemessungsgrundlage. Die Ermittlung der gewerbesteuerlichen Zahllast gestaltet sich wie folgt:[355] Zunächst ist das Produkt aus Gewerbeertrag und einer fünfprozentigen Steuermesszahl zu bilden, das als so genannter Steuermessbetrag bezeichnet wird. Auf den Messbetrag ist wiederum ein bestimmter Hebesatz der hebeberechtigten Gemeinde anzuwenden, um die Gewerbesteuerschuld des Erhebungszeitraums zu erhalten.[356]

4.1.3.1.2 Körperschaft- versus Mischsteuersatz

Bei Anwendung des gesetzlichen Steuersatzes im Rahmen eines Homebased-Ansatzes sind grundsätzlich mehrere Verknüpfungsmöglichkeiten der drei Ertragsteuerarten denkbar. Mathematisch möglich sind sieben verschiedene

---

[351] Vgl. Scheffler, Wolfram, Besteuerung von Unternehmen I, 5. Aufl., Heidelberg 2002, S. 242.

[352] Siehe GewStG 2002, in der Fassung der Bekanntmachung vom 15. Oktober 2002, veröffentlicht in: BGBl. I 2002, S. 4167, in: Steuergesetze, Stand 1.3.2003, München 2003.

[353] Vgl. Tipke, Klaus/Lang, Joachim, Steuerrecht, 17. Aufl., Köln 2002, S. 476 und Wüstenhofer, Ulrich, Gewerbesteuer, 4. Aufl., München 1997, S. 1.

[354] Vgl. Tipke, Klaus/Lang, Joachim, Steuerrecht, 17. Aufl., Köln 2002, S. 480 und von Wallis, Hugo/Brandmüller, Gerhard/ Schulze zur Wiesche, Dieter, Besteuerung der Personen- und Kapitalgesellschaften, 5. Aufl., Heidelberg 2002, S. 219.

[355] Zur formelmäßigen Darstellung vgl. Gliederungspunkt 4.1.3.1.2.

[356] Vgl. Rose, Gerd, Die Ertragsteuern, 16. Aufl., Wiesbaden 2001, S. 191.

Varianten. Vor dem Hintergrund des ertragsteuerlichen Beziehungsgeflechts erscheinen dagegen nur folgende drei Alternativen diskussionswürdig:

➢ Körperschaftsteuer,
➢ Körperschaftsteuer und Solidaritätszuschlag,
➢ Körperschaftsteuer, Solidaritätszuschlag und Gewerbesteuer.

Erörtert werden somit weder die alleinigen Anwendungen des SolZ und der GewSt noch ein Mischsteuersatz aus SolZ und GewSt. Bei diesen Konstellationen fehlt jeweils die KSt, die als zentrale Ertragsteuerart der Kapitalgesellschaft unabdingbar in den Referenzsteuersatz einzubeziehen ist. Ein erwarteter Steuersatz, kombiniert aus KSt und GewSt unter Ausschluss des SolZ, ist aufgrund der engen Bindung des SolZ an die KSt nicht sachgemäß.[357]

Die erste Möglichkeit zur Ermittlung des Referenzsteuersatzes im Rahmen des gesetzlichen Steuersatzes der deutschen Obergesellschaft ist die alleinige Anwendung des körperschaftsteuerlichen Tarifs von 25 %. Diese Vorgehensweise lässt sich mit der bereits erwähnten zentralen Stellung der KSt bei der Ertragsteuerbelastung einer Kapitalgesellschaft begründen. Dagegen handelt es sich beim SolZ lediglich um eine Annexsteuer der KSt. Zudem besteht die Zielsetzung dieser Ergänzungsabgabe in der Finanzierung der deutschen Einheit und nicht in der originären Einkommensbesteuerung einer Kapitalgesellschaft.

Eine Alternative zur alleinigen Verwendung des Körperschaftsteuersatzes als Referenzsteuersatz ist der Mischsteuersatz aus körperschaftsteuerlichem Tarif zuzüglich SolZ. Sachgerecht erscheint die Integration des SolZ in den erwarteten Steuersatz aufgrund seiner direkten Anknüpfung an die Körperschaftsteuerlast. Dagegen kann die Vernachlässigung der Gewerbesteuer mit ihrem Objektsteuercharakter und dem daraus nicht unmittelbar resultierenden Zusammenhang zwischen Ergebnis und gewerbesteuerlicher Belastung begründet werden. Der erwartete Steuersatz wird bei dieser Konstellation wie folgt ermittelt:[358]

---

[357]   Vgl. Schäffeler, Ursula, Latente Steuern nach US-GAAP für deutsche Unternehmen, Diss. Univ. München 2000, Frankfurt am Main 2000, S. 175.

[358]   Vgl. Ottersbach, Jörg H., Die Teilsteuerrechnung nach dem StSenkG, in: DB 2001, S. 1157-1161, hier: S. 1158 und Wotschofsky, Stefan, Teilsteuerrechnung – Eine Idee mit Erfolg, in: WPg 2001, S. 652-655, hier: S. 653.

$$s_r = s_{Kst} + s_{Kst} \bullet s_{SolZ} = 25\% + 5,5\% \bullet 25\% = 26,375\%$$

s_r............Referenzsteuersatz = erwarteter Steuersatz
s_{Kst}..........Körperschaftsteuersatz
s_{SolZ}.........Solidaritätszuschlagsatz.

Die dritte Möglichkeit zur Bestimmung des erwarteten Steuersatzes besteht in einer umfassenden Berücksichtigung der ertragsteuerlichen Belastung der Obergesellschaft. Dies bedeutet, dass nicht nur die KSt und der SolZ, sondern auch die GewSt in die Ermittlung des Referenzsteuersatzes einfließen. Zu legitimieren ist diese Variante einerseits durch eine den tatsächlichen Verhältnissen entsprechende Abbildung der Steuerlast, andererseits mit der Anknüpfung der gewerbesteuerlichen Bemessungsgrundlage an das körperschaftsteuerliche Einkommen, sodass – trotz Qualifizierung als Objektsteuer – durchaus ein sachlicher Kontext zwischen Vorsteuerergebnis und Gewerbesteueraufwand vorhanden ist. Die Höhe des Referenzsteuersatzes wird bei dieser Variante maßgeblich vom gewerbesteuerlichen Hebesatz beeinflusst, der nach § 16 GewStG von der hebeberechtigten Gemeinde festzulegen ist.[359] Ferner muss bei Ermittlung des Mischsteuersatzes die Abzugsfähigkeit der GewSt von der körperschaftsteuerlichen und damit auch ihrer eigenen Bemessungsgrundlage berücksichtigt werden:[360]

$$GewSt = (GE - GewSt)\, m \bullet h$$

$$\Rightarrow \quad GewSt = GE\, \frac{m \bullet h}{(1 + m \bullet h)} \quad \Rightarrow \quad s_{GewSt} = \frac{h}{2000 + h}\, 100$$

GE..........Gewerbeertrag vor Abzug der Gewerbesteuer
h..............Hebesatz der Gemeinde
m..............Gewerbesteuermesszahl
s_{GewSt}.......Gewerbesteuersatz

---

[359] Zur Ermittlung des Gewerbesteuersatzes in Abhängigkeit des Hebesatzes vgl. Ottersbach, Jörg H., Die Teilsteuerrechnung nach dem StSenkG, in: DB 2001, S. 1157-1161, hier: S. 1158 und Rose, Gerd, Die Ertragsteuern, 16. Aufl., Wiesbaden 2001, S. 192.

[360] Vgl. Kußmaul, Heinz, Betriebswirtschaftliche Steuerlehre, 3. Aufl., München 2003, S. 390.

Der erwartete Steuersatz ist somit in Abhängigkeit der gewerbesteuerliche Belastung zu definieren:

$$s_r = (s_{Kst} + s_{Kst} \bullet s_{SolZ})(1 - s_{GewSt}) + s_{GewSt} = 26{,}375 \% (1 - s_{GewSt}) + s_{GewSt}.$$

Nach Maßgabe des gewerbesteuerlichen Hebesatzes[361] ergeben sich beispielsweise folgende Referenzsteuersätze:

Hebesatz	0 %	300 %	400 %	500 %
Referenz-steuersatz	26,375 %	35,98	38,65 %	41,1 %

Abbildung 11: Referenzsteuersatz in Abhängigkeit des gewerbesteuerlichen Hebesatzes bei Anwendung eines umfassenden Mischsteuersatzes im Rahmen des gesetzlichen Steuersatzes der Obergesellschaft

4.1.3.2 Anwendung des effektiven Steuersatzes als normalisierte Größe

Im Rahmen des Homebased-Ansatzes besteht die Alternative zum gesetzlichen Steuersatz der Muttergesellschaft in der Anwendung eines durchschnittlichen effektiven Steuersatzes der Konzernobergesellschaft. Zur Ermittlung des erwarteten Steuersatzes sind in diesem Fall zunächst die einzubeziehenden Geschäftsjahre festzulegen. Im nächsten Schritt muss die Summe der effektiven Steuersätze der entsprechenden Perioden zur Anzahl der Geschäftjahre ins Verhältnis gesetzt werden, um einen Mittelwert als Referenzgröße zu erhalten:

$$s_r = \frac{\sum_{t=1}^{n} s_{e(t)}}{n}$$

n..............Anzahl der Geschäftsjahre
$s_{e(t)}$ ....effektiver Steuersatz des Geschäftsjahres t
s_r ....Referenzsteuersatz = erwarteter Steuersatz.

---

[361] Besonders häufig ist ein Hebesatz von 400 %. Vgl. Rose, Gerd, Die Ertragsteuern, 16. Aufl., Wiesbaden 2001, S. 193. Bis zum 31.12.2003 war in Ausnahmefällen ein Hebesatz von 0 % möglich. In diesen Fällen reduziert sich der Referenzsteuersatz auf den körperschaftsteuerlichen Tarif zuzüglich SolZ. Mit Wirkung zum 1.1.2004 bestimmt § 16 Abs. 4 GewStG jedoch einen Mindesthebesatz i.H.v. 200 %.

Eine derartige Ermittlung des Referenzsteuersatzes kann mit einer mangelnden Eignung des gesetzlichen Steuersatzes – unabhängig von dessen konkreter Ausgestaltung – als Soll-Größe begründet werden: Im Gegensatz zum gesetzlichen Steuersatz werden in einem normalisierten effektiven Steuersatz Abweichungen zwischen steuerlicher Bemessungsgrundlage und handelsrechtlichem Vorsteuerergebnis der Obergesellschaft, Steuersatzabweichungen sowie periodenfremde Steuereinflüsse berücksichtigt. In diesem Fall bildet der Referenzsteuersatz folglich die normalisierten Diskrepanzen zwischen ausgewiesenem Steueraufwand und Jahresüberschuss vor Steuern ab. Insofern kann argumentiert werden, dass die durchschnittlichen Ist-Werte vergangener Perioden einen realistischeren und damit sinnvolleren Soll-Wert für das aktuelle Geschäftsjahr widerspiegeln als der gesetzliche Steuersatz.

4.1.3.3 Auswirkungen auf die Überleitungsrechnung

Der Referenzsteuersatz ist der Maßstab hinsichtlich eines funktionalen Zusammenhangs zwischen ausgewiesenem Steueraufwand und Konzernergebnis vor Steuern.[362] Folglich variieren einzelne Überleitungspositionen sowohl dem Grunde als auch der Höhe nach mit der Ausgestaltung des erwarteten Steuersatzes. So muss jeder Sachverhalt, der nicht im Referenzsteuersatz berücksichtigt wird, aber die Konzernsteuerquote beeinflusst, et vice versa in der Überleitungsrechnung aufgeführt werden.

Bei Anwendung des gesetzlichen Steuersatzes der Obergesellschaft ist hinsichtlich der Auswirkungen auf die Überleitungsrechnung zunächst zu differenzieren, aus welchen Ertragsteuerarten sich der Referenzsteuersatz zusammensetzt. Sofern einzelne Ertragsteuerarten nicht in den erwarteten Steuersatz einbezogen werden, begründen diese im vollen Umfang eine Abweichung zwischen Konzernsteuerquote und Referenzsteuersatz. Wird dagegen ein Mischsteuersatz verwendet, ist bei Ermittlung jeder Teilabweichung – aufgrund der unterschiedlichen Bemessungsgrundlagen der einzelnen Ertragsteuerarten – der maßgebliche Steuersatz zu eruieren. Beispielsweise ist es trotz Anwendung eines Mischsteuersatzes durchaus möglich, dass einzelne Abweichungen ausschließlich mit dem Tarif einer Ertragsteuerart zu bewerten sind. Bei der Bestimmung einzelner Überleitungspositionen erweist sich diese Ausgestaltung des Referenzsteuersatzes folglich als vergleichsweise aufwendig.

---

362 Vgl. Cotting, René, Analyse von latenten Ertragsteuerbeträgen im Konzernabschluss, in: ST 1995, S. 787-796, hier: S. 792.

Im Vergleich zum gesetzlichen Steuersatz erfolgt bei Anwendung der durchschnittlichen effektiven Steuerquote tendenziell eine starke Annäherung der
Soll- an die Ist-Größe. Allerdings gehen mit diesem Referenzsteuersatz zwei
Problembereiche einher: Sofern in Perioden, die in die Ermittlung des
Referenzsteuersatzes einfließen, gesetzliche Steuersätze geändert wurden,
determinieren veraltete Tarife die Soll-Größe. Als Maßstab für einen funktionalen Zusammenhang von aktueller Steuerbelastung und Vorsteuerergebnis ist
dieser Referenzsteuersatz folglich nicht geeignet. Zum anderen ist eine
sachgerechte Aufspaltung der Gesamtabweichung in einzelne Teilabweichungen
problembehaftet. Da die Referenzgröße von bestimmten normalisierten
Inkongruenzen ausgeht, müsste der erwartete Steuersatz zunächst in einzelne
Referenzgrößen je Sachverhalt, d.h. einzelne standardisierte Abweichungen
aufgespalten werden, um diese in einem zweiten Schritt mit den Steuerwirkungen des aktuellen Geschäftsjahres zu vergleichen. Eine solche
Vorgehensweise ist nicht nur unpraktikabel und mit immensem Erstellungsaufwand der Tax Reconciliation verbunden, sondern würde auch zu
Interpretationsschwierigkeiten führen. Eine Vergleichbarkeit einzelner Überleitungsrechnungen und -positionen wäre aufgrund ständig wechselnder Referenzsteuersätze annähernd unmöglich. Obgleich normalisierte Ist-Größen regelmäßig
die besseren Schätzer i.S. einer erwarteten Steuerbelastung sein mögen, sind sie
als Referenzsteuersatz für Zwecke der Überleitungsrechnung nicht geeignet.

4.1.4 Konzern-Ansatz

4.1.4.1 Anwendung des gesetzlichen Steuersatzes

Die Alternative zum Homebased-Ansatz ist der so genannte Konzern-Ansatz,
bei dem der Fokus nicht auf den steuerlichen Verhältnissen der
Obergesellschaft, sondern auf dem Gesamtkonzern liegt. Übertragen auf die
Funktion des gesetzlichen Steuersatzes als Referenzsteuersatz bedeutet dies,
dass sämtliche Ertragsteuersätze des Unternehmensverbunds in die Ermittlung
des erwarteten Steuersatzes eingebunden werden. Aus Sicht der Muttergesellschaft bzw. im Vergleich zum Homebased-Ansatz ist die Zweckmäßigkeit
dieses Ansatzes davon abhängig, inwieweit ausländische Steuersätze auf die
Steuerbelastung der inländischen Obergesellschaft durchschlagen.[363] Dies wird
maßgeblich von der zugrunde liegenden Methode zur Verhinderung einer
Doppelbesteuerung determiniert.

---

[363] Vgl. Herzig, Norbert, Gestaltung der Konzernsteuerquote – eine neue Herausforderung
für die Steuerberatung?, in: WPg Sonderheft 2003, S. 80-92, hier: S. 91.

Bei Geltung der Anrechnungsmethode wird ein im Vergleich zum inländischen Tarif niedrigerer ausländischer Steuersatz auf das Steuerniveau des Anrechnungsstaates hochgeschleust.[364] Ist die ausländische Steuerbelastung dagegen höher als die inländische Besteuerung, wird die ausländische Belastung im Rahmen einer vollen Anrechnung auf inländisches Niveau gesenkt, während sie bei einer begrenzten Anrechnung regelmäßig nur in Höhe des inländischen Tarifs die Steuerzahllast mindert.[365] Bei Anwendung der Freistellungsmethode zur Vermeidung einer Doppelbesteuerung unterbleibt eine Anrechnung der ausländischen Steuerlast, d.h., diese schlägt unverändert auf die Steuerlast der Konzernmutter durch.[366] Dies bedeutet, dass ein ausländischer Steuersatz aufgrund der steuerlichen Freistellung der ausländischen Einkünfte entsprechend seines Niveaus die tatsächliche Steuerquote der Obergesellschaft verändert. Während bei Geltung der Anrechnungsmethode der Einfluss ausländischer Steuersätze auf die Steuerbelastung der Konzernmutter vergleichsweise gering ist, kann der gesetzliche Steuersatz der Konzernobergesellschaft als erwarteter Steuersatz bei Geltung der Freistellungsmethode durchaus kritisch hinterfragt werden.[367]

Im Rahmen des Welteinkommensprinzips ist bei ausländischen Einkünften unbeschränkt Körperschaftsteuerpflichtiger nach § 26 Abs. 1 KStG grundsätzlich die Anrechnungsmethode zur Ermittlung der Steuerlast anzuwenden. Diese Rechtsnorm ist allerdings nur einschlägig, sofern mit dem entsprechenden Staat kein DBA besteht, das eine gegensätzliche Vorgehensweise bestimmt.[368] Mithin beinhaltet die Mehrzahl der von Deutschland abgeschlossenen DBA die Freistellungsmethode.[369] Dies bedeutet, dass sich bei entsprechenden ausländischen Einkünften regelmäßig eine Vielzahl von Steuersätzen, die vom

---

[364] Vgl. Djanani, Christiana/Brähler, Gernot, Internationales Steuerrecht, Wiesbaden 2003, S. 101.

[365] Vgl. Homburg, Stefan, Allgemeine Steuerlehre, 2. Aufl., München 2000, S. 247 und Rose, Gerd, Grundzüge des internationalen Steuerrechts, 5. Aufl., Wiesbaden 2000, S. 59-60.

[366] Vgl. Scheffler, Wolfram, Besteuerung der grenzüberschreitenden Unternehmenstätigkeit, 2. Aufl., München 2002, S. 59.

[367] Vgl. Herzig, Norbert/Dempfle, Urs, Konzernsteuerquote, betriebliche Steuerpolitik und Steuerwettbewerb, in: DB 2002, 1-8, hier: S. 3.

[368] Vgl. Schneeloch, Dieter, Besteuerung und betriebliche Steuerpolitik, Band 1: Besteuerung, 4. Aufl., München 2003, S. 147.

[369] Vgl. Kußmaul, Heinz/Schäfer, René, Ertragsteuerliche Behandlung der internationalen Unternehmenstätigkeit inländischer Kapitalgesellschaften im Ausland – Neuerungen durch das StSenkG, in: StuB 2002, S. 275-282, hier: S. 277 und Schreiber, Ulrich, Die Steuerbelastung der Personenunternehmen und der Kapitalgesellschaften, in: WPg 2002, S. 557-571, hier: S. 568.

gesetzlichen Steuersatz im Rahmen des Homebased-Ansatzes abweichen, im Steueraufwand der Obergesellschaft niederschlagen.

Zudem ist in diesem Zusammenhang zu beachten, dass mangels Konzernsteuerrecht typischerweise nicht das gesamte Konzernergebnis Ausgangspunkt zur Ermittlung der ertragsteuerlichen Bemessungsgrundlage der Konzernmutter ist.[370] Vielmehr bestimmt eine Vielzahl von unterschiedlichen Ertragsteuersätzen den tatsächlichen Steueraufwand eines internationalen Konzerns, da insbesondere im Rahmen eines Kapitalgesellschaftskonzerns dem nationalen Fiskus bei der Obergesellschaft Anknüpfungspunkte zur Besteuerung fehlen.[371]

Vor dem Hintergrund der aufgezeigten Wirkungen ausländischer Steuersätze im Konzern kann in Erwägung gezogen werden, den Referenzsteuersatz nicht nur auf den gesetzlichen Steuersatz der Obergesellschaft zu begrenzen, sondern sämtliche im Gesamtkonzern zur Anwendung kommenden Ertragsteuersätze zu berücksichtigen. Hierbei ist allerdings zu beachten, dass der einzelne gesetzliche Ertragsteuersatz des in den Konzernabschluss einzubeziehenden Unternehmens nur anteilig im Verhältnis des Teilkonzernergebnisses zum Gesamtergebnis des Konzerns in die Ermittlung des Referenzsteuersatzes einfließen darf, um einen durchschnittlichen erwarteten Steuersatz zu erhalten:[372]

$$s_r = \frac{\sum_{u=1}^{n} EBT_u \cdot s_u}{EBT_k}$$

EBT_u.......Teilkonzernergebnis vor Steuern des Unternehmens U
EBT_k.......Konzernergebnis vor Steuern
n..............Anzahl der Unternehmen
s_r.............Referenzsteuersatz = erwarteter Steuersatz
s_u.............Ertragsteuersatz des Unternehmens U.

Mithin ist es zur Ermittlung des Referenzsteuersatzes nicht zwingend erforderlich, jedem einzelnen in den Konzernabschluss einzubeziehenden Unternehmen gesondert ein Teilkonzernergebnis zuzuordnen, da die Ergebnisse

---

370 Vgl. Wehrheim, Michael/Adrian, Gerrit, Einkommensermittlung nach der Bruttomethode bei Organschaft, in: StuB 2002, S. 688-692, hier: S. 688 m.w.N.

371 Vgl. Rose, Gerd, Grundzüge des internationalen Steuerrechts, 5. Aufl., Wiesbaden 2000, S. 66. Vgl. in diesem Zusammenhang zur Hinzurechnungsbesteuerung des AStG Gliederungspunkt 5.4.

372 Vgl. Kirsch, Hanno, Angabepflichten für Ertragsteuern nach IAS und deren Generierung im Finanz- und Rechnungswesen, in: StuB 2002, S. 1189-1196, hier: S. 1193.

von Gesellschaften, die demselben Ertragsteuersatz unterliegen, zusammengefasst werden können. Äquivalent zur Erörterung des gesetzlichen Steuersatzes im Rahmen des Homebased-Ansatzes gilt es auch beim Konzern-Ansatz, die Integrationen bestimmter Ertragsteuerarten zu klären.[373]

4.1.4.2 Anwendung des effektiven Steuersatzes als normalisierte Größe

Neben dem durchschnittlichen gesetzlichen Steuersatz des Unternehmensverbunds kommt im Rahmen des Konzern-Ansatzes der durchschnittliche effektive Steuersatz als Referenzsteuersatz in Betracht. Dabei sind zunächst – entsprechend der Vorgehensweise beim Homebased-Ansatz – die einzubeziehenden Geschäftsjahre festzulegen. Den Mittelwert als Referenzgröße bestimmt in einem nächsten Schritt der Quotient aus der Summe der Konzernsteuerquoten und der Anzahl der Geschäftsjahre:

$$s_r = \frac{\sum_{t=1}^{n} s_{k(t)}}{n}$$

n .... Anzahl der Geschäftsjahre
$s_{k(t)}$ .... Konzernsteuerquote des Geschäftsjahres t
s_r .... Referenzsteuersatz = erwarteter Steuersatz.

Als Maßstab für eine erwartete Steuergröße ist der durchschnittliche effektive Steuersatz der vergangenen Jahre sicherlich die geeignetste Alternative, da zum einen sämtliche im Konzern relevanten Steuersätze in die Ermittlung des Referenzsteuersatzes eingebunden werden und zum anderen auch die durchschnittlichen Abweichungen der letzten Jahre als bestmögliche Schätzer für die Abweichungen des betrachteten Geschäftsjahres Niederschlag im Referenzsteuersatz finden. Trotz dieser Vorzüge scheidet der effektive Steuersatz als Referenzsteuersatz auch im Rahmen des Konzern-Ansatzes aus denselben Gründen wie beim Homebased-Ansatz aus: zum einen aufgrund der verzerrenden Wirkung bei Steuersatzänderungen, zum anderen durch die Problematik hinsichtlich der sachgerechten Aufspaltung der Gesamtabweichung mit einhergehendem Informationsdefizit.[374]

---

[373] Vgl. Gliederungspunkt 4.1.3.1.2.
[374] Vgl. Gliederungspunkt 4.1.3.3.

4.1.4.3 Auswirkungen auf die Überleitungsrechnung

Auch die Auswirkungen des Konzern-Ansatzes auf die Überleitungsrechnung sind vor dem Hintergrund zu betrachten, dass sämtliche Sachverhalte Überleitungspositionen begründen, die nicht in die Ermittlung des erwarteten Steuersatzes einfließen, aber die Höhe der Konzernsteuerquote beeinflussen. Mangels Eignung der durchschnittlichen Konzernsteuerquote als Referenzsteuersatz kann sich die Beschreibung der Konsequenzen des Konzern-Ansatz auf den durchschnittlichen gesetzlichen Steuersatz beschränken.

Da beim gesetzlichen Steuersatz im Rahmen des Konzern-Ansatzes nicht nur auf den Tarif der Obergesellschaft abgestellt wird, sondern sämtliche Ertragsteuersätze des Unternehmensverbunds in die Ermittlung des Referenzsteuersatzes einfließen, begründen abweichende ausländische Steuersätze grundsätzlich keine Überleitungspositionen. Bei einer derartigen Ausgestaltung des Referenzsteuersatzes konzentriert sich die Überleitungsrechnung folglich auf Abweichungen zwischen der ertragsteuerlichen Bemessungsgrundlage und dem Konzernergebnis vor Steuern sowie periodenfremde Steueraufwendungen.

4.1.5 Anzuwendender Steuersatz nach DRS 10 und IAS 12

DRS 10 bestimmt, dass bei der Ermittlung des erwarteten Steuersatzes für Zwecke der Überleitungsrechnung der in Deutschland geltende gesetzliche Steuersatz anzuwenden ist.[375] Insofern wird nach DRS 10 der Homebased-Ansatz vorgeschrieben. Da die Vorschriften des DRS 10 jedoch nicht die konkrete Zusammensetzung des Referenzsteuersatzes regeln, besteht hinsichtlich der einzubeziehenden Ertragsteuerarten ein gewisser Gestaltungsspielraum. Eine verpflichtende Offenlegung der Ermittlung des erwarteten Steuersatzes im Anhang ist in diesem Zusammenhang nicht vorgesehen.

Hinsichtlich der Vorschriften zur Ermittlung des Referenzsteuersatzes ist IAS 12 im Vergleich zu den Regelungen des DRS 10 weniger restriktiv: Primär ist gem. IAS 12.85 die Orientierung an den Informationsinteressen der Abschlussadressaten. Regelmäßig erfülle dieses Kriterium ein Referenzsteuersatz, der auf Grundlage der gesetzlichen Steuersätze im Sitzland der Obergesellschaft berechnet wird.[376] Allerdings darf im Rahmen der spezifischen Überlei-

---

[375] Vgl. DRS 10.42.
[376] Vgl. IAS 12.85.

tungsrechnungen[377] auch ein durchschnittlicher gesetzlicher Steuersatz als Referenzsteuersatz fungieren.[378] Dabei werden zunächst einzelne Überleitungsrechnungen je Steuerrechtskreis mit den individuellen gesetzlichen Steuersätzen erstellt, bevor die Aggregation zu einer einzigen Überleitungsrechnung auf Grundlage eines gewichteten Steuersatzes der einzelnen Steuerjurisdiktionen erfolgt.[379]

Obgleich IAS 12 die Ausgestaltung des Referenzsteuersatzes auf gesetzlich gültige Steuersätze einschränkt, besteht mit der Wahl zwischen Homebased- und Konzern-Ansatz ein gestalterischer Spielraum bei der Bestimmung des erwarteten Steuersatzes. Um den Informationsinteressen der Abschlussadressaten zu genügen, sind zwingend sowohl die Ermittlungsgrundlagen des Referenzsteuersatzes offen zu legen als auch Änderungen im Vergleich zur Vorperiode zu erläutern.[380]

Nachfolgende tabellarische Übersicht thematisiert die praktische Umsetzung der DAX-30-Unternehmen hinsichtlich der Vorschriften zum Referenzsteuersatz im Geschäftsjahr 2001.[381] Neben der Angabe von zugrunde gelegtem Rechnungslegungssystem gehen sowohl der gewählte Ansatz bei Ermittlung des erwarteten Steuersatzes als auch die Höhe des Referenzsteuersatzes in die Untersuchung ein. Zudem werden – sofern möglich – die einbezogenen Ertragsteuerarten benannt und in diesem Zusammenhang die Existenz verbaler Erläuterungen geprüft.

---

[377] Vgl. Gliederungspunkt 2.1.2.

[378] Vgl. Dahlke, Jürgen/von Eitzen, Bernd, Steuerliche Überleitungsrechnung im Rahmen der Bilanzierung latenter Steuern nach IAS 12, in: DB 2003, S. 2237-2243, hier: S. 2238 und Kirsch, Hanno, Steuerliche Berichterstattung im Jahresabschluss nach IAS/IFRS, in: DStR 2003, S. 703-708, hier: S. 705.

[379] Vgl. IAS 12.85 und Coenenberg, Adolf G./Hille, Klaus, IAS 12: Bilanzierung von Ertragsteuern, in: Rechnungslegung nach International Accounting Standards, Baetge, Jörg u.a. (Hrsg.), Stuttgart 1997, S. 397-441, hier: S. 437-438.

[380] Vgl. IAS 12.81c und d. Nach DRS 10 sind diese Angaben nicht verpflichtend offen zu legen.

[381] Augrund ihrer Bilanzierung gem. US-GAAP nicht aufgeführt sind Daimler Chrysler, Deutsche Bank, E-on, Epcos, Fresenius Medical Care, Infineon, SAP, Siemens, und Thyssen Krupp. Als Status quo hinsichtlich der Zusammensetzung des DAX-30 wurde – äquivalent zu Abbildung 2 „Angewandte Überleitungsmethoden der DAX-30 Unternehmen im Geschäftsjahr 2001" der 30.9.2002 gewählt.

DAX-30 Unternehmen	Rechnungslegungssystem	Ansatz	Referenzsteuersatz	Ertragsteuerarten	Verbale Erläuterung
ADIDAS SALOMON AG	IAS	Homebased	40 %	KSt + SolZ + GewSt	nein
ALLIANZ AG	IAS	Konzern	19,2 %	?	nein
ALTANA AG	IAS	Homebased	39 %	KSt + SolZ + GewSt	ja
BASF AG	HGB mit Überleitung zu US-GAAP	Homebased	25 %	KSt	nein
BAYER AG	IAS	Konzern	37,1 %	?	nein
BMW AG	IAS	Homebased	38,9 %	KSt + SolZ + GewSt	nein
COMMERZ-BANK AG	IAS	Homebased	39 %	KSt + SolZ + GewSt	ja
DEUTSCHE POST AG	IAS	Homebased	39,9 %	KSt + SolZ + GewSt	nein
DEUTSCHE LUFT-HANSA AG	IAS	Homebased	35 %	KSt + GewSt	ja
DEUTSCHE TELEKOM AG	HGB mit Überleitung zu US-GAAP	Homebased	39 %	KSt + SolZ + GewSt	ja
HENKEL KGaA	IAS	Homebased	40 %	KSt + SolZ + GewSt	ja
HYPO-VEREINS-BANK AG	IAS	Homebased	26,4 %	KSt + SolZ	ja
LINDE AG	HGB	keine TR*	keine TR	keine TR	keine TR
MAN AG	IAS	Homebased	26,4 %	KSt + SolZ	ja
METRO AG	IAS	Homebased	39,15 %	KSt + SolZ + GewSt	nein

---

* TR = Tax Reconciliation

MLP AG	HGB	keine TR	keine TR	keine TR	keine TR
MÜNCH. RÜCK AG	IAS	Homebased	35 %	KSt + SolZ + GewSt	ja
RWE AG	IAS	Homebased	39 %	KSt + SolZ + GewSt	nein
SCHERING AG	IAS	Homebased	39,1 %	KSt + SolZ + GewSt	nein
TUI AG	IAS	Homebased	39 %	KSt + SolZ + GewSt	nein
VOLKS- WAGEN AG	IAS	Homebased	38,3 %	KSt + SolZ + GewSt	ja

Abbildung 12: Referenzsteuersätze der nach IAS/IFRS und HGB bilanzierenden DAX-30-Unternehmen im Geschäftsjahr 2001

Die Auswertung der Ergebnisse hinsichtlich der angewandten Anknüpfungspunkte bei der Bestimmung des Referenzsteuersatzes zeigt ein eindeutiges Übergewicht des Homebased-Ansatzes. Lediglich zwei der 19 Unternehmen, die eine Überleitungsrechnung erstellen, wählten im Geschäftsjahr 2001 den Konzern-Ansatz. Aufgrund verschiedener Ermittlungsansätze ist das Spektrum, in dem sich die Referenzsteuersätze der analysierten Konzerne betragsmäßig bewegen, entsprechend breit. Es reicht von 19,2 % bei Anwendung des Konzern-Ansatzes[382] bis zu 40 % im Rahmen des Homebased-Ansatzes.[383] Dies bedeutet allerdings keineswegs, dass der Konzern-Ansatz regelmäßig zu einem niedrigeren Referenzsteuersatz führt: Während das zweite, den Konzern-Ansatz anwendende Unternehmen von einem Referenzsteuersatz i.H.v. 37,1 % ausgeht,[384] beläuft sich der niedrigste erwartete Steuersatz beim Homebased-Ansatz auf 25 %.[385]

Hinsichtlich der Höhe des Referenzsteuersatzes sind im Rahmen des Konzern-Ansatzes sowohl die ertragsteuerlichen Tarife der auf das Konzernergebnis zugreifenden Steuerjurisdiktionen als auch die Höhe des jeweilig zuzuordnenden Teilkonzernergebnisses entscheidend. Eine aussagekräftige vergleichende Betrachtung verschiedener Referenzsteuersätze, die über tendenzielle Aussagen hinausgeht, ist beim Konzern-Ansatz folglich ohne entsprechende Zusatzinformationen kaum möglich. Dagegen kann beim Homebased-Ansatz mitunter auch

---

[382] Vgl. Geschäftsbericht 2001 der Allianz Group, S. 62.

[383] Vgl. Geschäftsbericht 2001 der Adidas-Salomon AG, S. 88 und Geschäftsbericht 2001 der Henkel KGaA, S. 55.

[384] Vgl. Geschäftsbericht 2001 der Bayer AG, S. 72.

[385] Vgl. Geschäftsbericht 2001 der BASF AG, S. 134.

ohne zusätzliche Ausführungen bezüglich der Ermittlungsgrundlagen auf einbezogene Ertragsteuerarten geschlossen werden.[386] Nur neun Konzernabschlüsse
der DAX-30-Unternehmen beinhalten verbale Ausführungen zum Referenzsteuersatz dergestalt, dass erläutert wird, welche Ertragsteuerarten bei der
Ermittlung einbezogen wurden. Bei beiden Überleitungsrechnungen, die auf
dem Konzern-Ansatz basieren, ist die Ermittlung des Referenzsteuersatzes
mangels zusätzlicher Erläuterungen nicht nachvollziehbar. Die neun Unternehmen, die im Konzernanhang die einbezogenen Ertragsteuern benennen,
verwenden zur Ermittlung des erwarteten Steuersatzes den Homebased-Ansatz.

Insgesamt lässt sich bei Anwendung des Homebased-Ansatzes bezüglich der
einbezogenen Ertragsteuerarten folgende Verteilung feststellen, die ein
eindeutiges Übergewicht des umfassenden Mischsteuersatzes zeigt:

	KSt	**KSt + SolZ**	**KSt + GewSt**	**KSt + SolZ + GewSt**
Anzahl Unternehmen (prozentualer Anteil)	1 (5,9 %)	2 (11,8 %)	1 (5,9 %)	13 (76,4 %)

Abbildung 13: Einbezogene Ertragsteuerarten der den Homebased-Ansatz anwendenden
DAX-30-Unternehmen

Im folgenden Geschäftsjahr 2002 ändert kein Unternehmen den Anknüpfungspunkt zur Ermittlung des Referenzsteuersatzes oder – soweit ersichtlich – die
einbezogenen Ertragsteuerarten. Unter Anwendung des Homebased-Ansatzes
variieren nur zwei von 17 erwarteten Steuersätzen marginal der Höhe nach.[387]
Diese Veränderungen sind auf den gewerbesteuerlichen Hebesatz zurückzuführen.[388] Im Rahmen des Konzern-Ansatzes ändert sich der Referenzsteuersatz
aufgrund der Abhängigkeit von der Höhe der einzelnen Teilkonzernergebnisse
hingegen fast zwangsläufig jede Periode. Während bei einem Unternehmensverbund diese Abweichung mit 0,4 % moderat ausfällt,[389] ist sie bei einem

---

[386]   Vgl. Gliederungspunkt 4.1.3.1.2. Eine exakte Bestimmung setzt allerdings die Kenntnis
des anzuwendenden gewerbesteuerlichen Hebesatzes voraus.

[387]   Die RWE geht von einem erwarteten Steuersatz i.H.v. 39,28 % (Vorjahr: 39 %) aus.
Vgl Geschäftsbericht 2002 der RWE AG, S. 126. Bei der Commerzbank steigt der
Referenzsteuersatz dagegen um 1 % (von 39 % auf 40 %). Vgl. Geschäftsbericht 2002
der Commerzbank AG, S. 118.

[388]   Vgl. Gliederungspunkt 5.6.3.

[389]   Vgl. Geschäftsbericht 2002 der Bayer AG, S. 27.

anderen Konzern mit einem Anstieg von 19,2 % auf 32,5 % umso deutlicher.[390] Von der Offenlegungspraxis des Geschäftsjahres 2001 weicht hinsichtlich verbaler Erläuterungen des Referenzsteuersatzes in der folgenden Periode lediglich ein Unternehmen ab.[391]

Inwiefern eine Entscheidung für einen bestimmten Referenzsteuersatz sinnvoll ist, wird nachfolgend vor den Hintergründen der Auswirkungen auf einzelne Überleitungspositionen und der Zwecke der Überleitungspositionen beurteilt. Diesbezüglich beschränken sich die Ausführungen auf Gestaltungsmöglichkeiten, die im Rahmen der Vorschriften des DRS 10 und IAS 12 bestehen. Folglich werden Referenzsteuersätze, die auf normalisierten Ist-Steuerquoten beruhen, nicht in die Betrachtung einbezogen.

4.2 Aussagekraft des erwarteten Steuersatzes

4.2.1 Auswirkungen auf Überleitungspositionen

Der Referenzsteuersatz hat als Soll-Größe der Überleitungsrechnung nicht nur entscheidende Auswirkungen auf die Höhe der Gesamtabweichung, sondern beeinflusst auch einzelne Überleitungspositionen sowohl dem Grunde als auch der Höhe nach. Je geringer die Aussagekraft des erwarteten Steuersatzes ist, desto umfangreicher sind die notwendigen Erläuterungen in der Überleitungsrechnung. Im Umkehrschluss nimmt mit steigender Aussagekraft des Referenzsteuersatzes die Gesamtabweichung zwischen Soll- und Ist-Größe ab, da potenzielle Abweichungen bereits im erwarteten Steuersatz berücksichtigt sind.

Die Aussagekraft des Referenzsteuersatzes korrespondiert im Rahmen des Homebased-Ansatzes mit den einbezogenen Ertragsteuerarten: Ausgehend von der alleinigen Anwendung des körperschaftsteuerlichen Tarifs als Referenzgröße verringert sich die in der Tax Reconciliation zu untersuchende Gesamtabweichung mit der Berücksichtigung weiterer Ertragsteuerarten. Sofern eine bestimmte Ertragsteuerart nicht in die Ermittlung des erwarteten Steuersatzes einfließt, ist in Höhe der entsprechenden steuerlichen Belastung eine Überleitungsposition zu bilden. Derartige Überleitungspositionen entstehen bei Anwendung des umfassenden Mischsteuersatzes aus körperschaftsteuerlichem Tarif, SolZ und Gewerbesteuersatz nicht. Allerdings ist bei dieser Variante jeder

---

[390]   Vgl. Geschäftsbericht 2002 der Allianz-Group, S. 131.

[391]   Die Deutsche Telekom erläutert die Zusammensetzung des Referenzsteuersatzes im Geschäftsjahr 2002 nicht. Vgl. Geschäftsbericht 2002 der Deutschen Telekom AG, S. 149.

Sachverhalt, der zu einer Diskrepanz zwischen erwarteter und effektiver Steuergröße führt, auf den maßgeblichen Steuersatz hin zu prüfen. Diese Problematik ergibt sich bei Anwendung des Körperschaftsteuersatzes nicht und bei Anwendung eines Mischsteuersatzes aus körperschaftsteuerlichem Tarif und SolZ nur bedingt, sodass dem Nachteil der geringeren Aussagekraft der Vorteil eines vergleichsweise geringeren Erstellungsaufwands der Tax Reconciliation gegenübersteht.

Die Aussagekraft des Referenzsteuersatzes ist auf Basis des gesetzlichen Steuersatzes der Obergesellschaft im Vergleich zum Konzern-Ansatz bei einem international tätigen und strukturierten Konzern geringer. Im Rahmen des Konzern-Ansatzes werden ausländische Steuersätze entsprechend ihres Anteils am Konzernergebnis vor Steuern bei der Ermittlung des Referenzsteuersatzes berücksichtigt. Folglich verringert sich die in der Überleitungsrechnung zu untersuchende Gesamtabweichung um Differenzen, die auf ausländische Steuersätze zurückzuführen sind. Hinsichtlich einer Veränderung der Aussagekraft durch Variation einzubeziehender Ertragsteuerarten gelten die Ausführungen zum Homebased-Ansatz in entsprechender Weise auch für den Konzern-Ansatz.

4.2.2 Beurteilung vor dem Hintergrund der Funktionen der Überleitungs rechnung

Eine Entscheidung hinsichtlich einer bestimmten Ausgestaltung des erwarteten Steuersatzes kann m.E. nur vor dem Hintergrund der Zwecke der Überleitungsrechnung getroffen werden.[392] Im Rahmen der Informationsfunktion erläutert die Tax Reconciliation Diskrepanzen zwischen ausgewiesenem Steueraufwand und Konzernergebnis vor Steuern. Der Informationsfunktion nachgelagert ist die Kontrollfunktion der Überleitungsrechnung, die sich in eine Entscheidungs- und eine Verhaltenssteuerungsfunktion unterteilen lässt.[393]

Im Hinblick auf die Funktionen der Tax Reconciliation sollte m.E. zunächst ein einheitlicher Ausgangspunkt zur Ermittlung des erwarteten Steuersatzes gefunden werden,[394] um einerseits die Vergleichbarkeit von Überleitungsrechnungen verschiedener Geschäftsjahre sowie zwischenbetriebliche Auswertungen zu vereinfachen und andererseits zu verhindern, dass durch gestalterischen

---

[392] So auch Coenenberg, Adolf G./Hille, Klaus, IAS 12: Bilanzierung von Ertragsteuern, in: Rechnungslegung nach International Accounting Standards, Baetge, Jörg u.a. (Hrsg.), Stuttgart 1997, S. 397-441, hier: S. 437.

[393] Vgl. ausführlich zu den Funktionen der Überleitungsrechnung Gliederungspunkt 2.6.

[394] Gl.A. Herzig, Norbert, Gestaltung der Konzernsteuerquote – eine neue Herausforderung für die Steuerberatung?, in: WPg Sonderheft 2003, S. 80-92, hier: S. 91.

Spielraum bei Ermittlung des Referenzsteuersatzes potenzielle Diskrepanzen und somit Informationen im erwarteten Steuersatz „versteckt" werden. Diese Informationsdefizite, die sich durchaus auch negativ auf die Kontrollfunktion auswirken, können durch eine dezidierte Offenlegung der Ermittlung des erwarteten Steuersatzes ausgeglichen werden. Allerdings führt dies zu einer – m.E. unnötigen – Informationsstreuung, die vergleichende Betrachtungen einzelner Überleitungsrechnungen erschwert. Eine derartige Vorgehensweise korrespondiert nicht mit der Intention der Überleitungsrechnung, in einer aggregierten Darstellungsweise über sämtliche Diskrepanzen zwischen ausgewiesenem Steueraufwand und Konzernergebnis vor Steuern zu informieren. Vielmehr konterkariert eine gezielte Angleichung der Soll- an die Ist-Größe, um die gesonderte Offenlegung bestimmter Sachverhalte in der Überleitungsrechnung zu vermeiden, die Zielrichtung der Tax Reconciliation.

Determiniert der durchschnittliche gesetzliche Steuersatz des Konzerns den Referenzsteuersatz, werden Informationen hinsichtlich einer abweichenden ausländischen Steuerbelastung in den erwarteten Steuersatz verlagert. Dies beeinträchtigt zum einen die konzernübergreifende Analyse, erschwert zum anderen aber auch die unternehmensindividuelle vergleichende Betrachtung von Überleitungsrechnungen mehrerer Perioden, da die Höhe des Referenzsteuersatzes nicht nur vom Niveau einzelner Steuersätze, sondern zudem von den zuzuordnenden Teilergebnissen abhängt. Folglich wird fast zwangsläufig diese Ermittlungsart in jedem Geschäftsjahr zu einem neuen Referenzsteuersatz führen. Zudem zeigt die Praxis der DAX-30-Unternehmen, dass aufgrund sehr restriktiver verbaler Erläuterung der Referenzsteuersatz nur schwerlich nachzuvollziehen ist.[395]

Die m.E. mangelbehaftete Eignung des durchschnittlichen gesetzlichen Konzernsteuersatzes als Referenzsteuersatz darf den Blick auf die Vorteile nicht versperren, die spezifische Überleitungsrechnungen unter Verwendung des jeweiligen gesetzlichen Steuersatzes als Soll-Größe bieten. Für interne Kontrollzwecke – beispielsweise bei der Verprobung der Überleitungsrechnung – kann die Erstellung einer Konzernüberleitungsrechnung über einzelne Überleitungsrechnungen der Tochtergesellschaften oder spezifische Überleitungsrechnungen je Steuerrechtskreis sinnvoll sein. Insbesondere bei einer Vielzahl von Tochtergesellschaften in einem mehrstufigen Konzern ist diese Vorgehensweise sowohl zur Generierung zusätzlicher Informationen als auch zur Vermeidung von unaufgedeckten Differenzen ratsam. Obgleich die spezifischen Tax Reconciliations nach IAS 12 prinzipiell mit der Verwendung eines durchschnittlichen

---

[395] Vgl. Gliederungspunkt 4.1.5.

Steuersatzes auf Ebene der Konzernüberleitungsrechnung verbunden sind,[396] kann bei der Zusammenfassung einzelner Unternehmensüberleitungsrechnungen durchaus ein Rückgriff auf den Homebased-Ansatz erfolgen, sodass die Vorteile dieser Vorgehensweise auch im Rahmen eines HGB-Abschlusses genutzt werden können.

Bei Anwendung des gesetzlichen Steuersatzes der Obergesellschaft ist wiederum zwischen den alternativen Zusammensetzungen der Referenzgröße aufgrund der dreifachen Ertragsbesteuerung deutscher Kapitalgesellschaften zu differenzieren. Mithin ist unabhängig von der konkreten Ausgestaltung des erwarteten Steuersatzes ein gesonderter Posten für abweichende ausländische Steuersätze in die Überleitungsrechnung aufzunehmen.[397]

Nachteil der alleinigen Verwendung des Körperschaftsteuersatzes oder eines Mischsteuersatzes aus körperschaftsteuerlichem Tarif und SolZ ist die einge- schränkte Interpretationsmöglichkeit der Einzelabweichungen: Einem bestimm- ten Sachverhalt, der einer Erläuterung in Form einer Überleitungsposition bedarf, wird nicht mehr der komplette Ertragsteuereffekt, sondern nur ein steuerartenspezifischer Effekt zugewiesen. Je nach Ausgestaltung des erwarteten Steuersatzes kann bei der jeweiligen Überleitungsposition entweder der Gewerbesteuereffekt oder zusätzlich die steuerliche Wirkung des SolZ fehlen. Bei einem steuerartenspezifischen Ausweis einzelner Überleitungspositionen, der eine isolierte Offenlegung des SolZ und der gewerbesteuerlichen Belastung bedingt, geht insofern eine Vielzahl von Informationen verloren. Dies kann wiederum negative Konsequenzen in Form von Fehlanreizen im Zusammenhang mit der Kontrollfunktion haben.

Die ertragsteuerliche Gesamtwirkung einzelner Abweichungsgründe wird aus- schließlich durch die Anwendung des umfassenden Mischsteuersatzes als Refe- renzgröße offenbart.[398] Obgleich sich die Ermittlung von Teilabweichungen vergleichsweise aufwendiger gestaltet, da beispielsweise die Spezifika der ver- schiedenen ertragsteuerlichen Bemessungsgrundlagen zu beachten sind, gewähr- leistet die Tax Reconciliation auf Basis eines umfassenden Mischsteuersatzes eine bessere Informationsversorgung, die sich in entsprechender Weise auf die Kontrollfunktion der Überleitungsrechnung auswirkt. Vor diesem Hintergrund sollte m.E. auch im Geschäftsjahr 2003 der körperschaftsteuerliche Tarif von 25 % bei Ermittlung des Referenzsteuersatzes maßgeblich sein, um die

---

[396] Vgl. IAS 12.85.

[397] Vgl. Gliederungspunkt 5.6.1.

[398] Vgl. Schäffeler, Ursula, Latente Steuern nach US-GAAP für deutsche Unternehmen, Diss. Univ. München 2000, Frankfurt am Main 2000, S. 208.

einmalige Steuersatzabweichung i.H.v. 1,5 % zur Finanzierung der Beseitigung von Hochwasserschäden in der Tax Reconciliation zeigen zu können.

Da der umfassende gesetzliche Mischsteuersatz im Rahmen des Homebased-Ansatzes m.E. als Referenzgröße für einen funktionalen Zusammenhang zwischen ausgewiesenem Steueraufwand und Konzernergebnis vor Steuern zu präferieren ist,[399] liegt dieser – entsprechend der überwiegenden Praxis der DAX-30-Unternehmen – den nachfolgenden Ausführungen zur Ermittlung einzelner Überleitungspositionen zugrunde. Eine Übertragung auf alternative Referenzsteuersätze ist unter Beachtung der zuvor geschilderten Unterschiede aber dennoch möglich.

---

[399] So auch Kröner, Michael/Benzel, Ute, Konzernsteuerquote – Die Ertragsteuerbelastung in der Wahrnehmung durch Kapitalmärkte, in: Konzernsteuerrecht, Kröner, Michael u.a. (Hrsg.), München 2004, S. 701-734, hier: S. 729 und Schäffeler, Ursula, Latente Steuern nach US-GAAP für deutsche Unternehmen, Diss. Univ. München 2000, Frankfurt am Main 2000, S. 212. A.A. Herzig, Norbert, Gestaltung der Konzernsteuerquote – eine neue Herausforderung für die Steuerberatung?, in: WPg Sonderheft 2003, S. 80-92, hier: S. 91.

5. Überleitungspositionen im Einzelnen

5.1 Steuerfreie Einnahmen

5.1.1 Steuerbefreiungen nach § 8b Absatz 1 KStG

Bei nachfolgender Untersuchung von Teilabweichungen zwischen erwarteter und effektiver Steuergröße wird entsprechend der zuvor beschriebenen Handlungsempfehlung in Form einer Aufspaltung der Konzernüberleitungsrechnung in einzelne Tax Reconciliations je Unternehmen und Bilanzierungsebene vorgegangen.[400] Dennoch ist die Gliederungssystematik dieses Kapitels auf die Erörterung einzelner Überleitungspositionen ausgerichtet, da eine Vielzahl von Teilabweichungen mehrere Bilanzierungsebenen betreffen. Der Handlungsempfehlung folgend wird auf potenzielle Überschneidungen sowie kompensatorische Effekte auf den verschiedenen Bilanzierungsebenen innerhalb der jeweiligen Position hingewiesen. Als Nebeneffekt dieser Gliederungssystematik wird zudem – zumindest implizit – die Erstellung einer Konzernüberleitungsrechnung mittels direktem Vergleich von Konzern- und Steuerwert dargestellt. Besonders deutlich werden die alternativen Vorgehensweisen bei der Ermittlung von Überleitungspositionen, die aus der Steuerbefreiung gem. § 8b Abs. 1 KStG resultieren.

Steuerfreie Einnahmen sind weder im HGB- noch im IAS-Abschluss in die latente Steuerabgrenzung einzubeziehen.[401] Der Ansatz scheitert entweder aufgrund einer fehlenden oder nicht abgrenzungsfähigen Differenz. Sofern eine Abweichung zwischen handels- und steuerbilanziellem Wert oder eine Ergebnisdifferenz vorliegt, darf keine latente Steuer gebildet werden, da sich die Differenz – bedingt durch die steuerfreie Vereinnahmung – zukünftig nicht steuerwirksam umkehrt. Konsequenz der Steuerbefreiung eines Teilkonzernergebnisses ist zwangsläufig eine Diskrepanz zwischen Konzernergebnis vor Steuern und effektivem Steueraufwand, da aus handelsrechtlicher Sicht eine zu

---

[400] Vgl. Gliederungspunkt 2.5.

[401] Vgl. Rabeneck, Jasmin/Reichert, Gudrun, Latente Steuern im Einzelabschluss (Teil I), in: DStR 2002, S. 1366-1372, hier: S. 1366 und Wotschofsky, Stefan/Heller, Silke, Latente Steuern im Konzernabschluss, in: IStR 2002, S. 819-824, hier: S. 820.

geringere Steuerlast ausgewiesen wird.[402] Ursächlich für derartige Inkongruenzen zwischen effektiver und erwarteter Steuergröße sind stets Abweichungen zwischen Konzernergebnis vor Steuern und der Summe der ertragsteuerlichen Bemessungsgrundlagen, sodass zur Ermittlung der Überleitungsposition – abhängig von der jeweiligen Überleitungsmethode – die Formeln UP_1 bis UP_4 anzuwenden sind.[403]

Da laufende Beteiligungserträge sowohl das handels- als auch das steuerbilanzielle Ergebnis erhöhen, entsteht weder nach dem Timing- noch nach dem Temporary-Konzept eine abgrenzungsfähige Differenz.[404] Allerdings bestimmt § 8b Abs. 1 KStG, dass Bezüge i.S. des § 20 Abs. 1 Nr. 1, 2, 9 und 10 lit. a EStG, also u.a. Ausschüttungen in- und ausländischer Tochterkapitalgesellschaften, steuerfrei zu vereinnahmen sind. Dies gilt unabhängig von der Höhe sowie Haltedauer der zugrunde liegenden Beteiligung.[405] Mithin sind für die Anwendung des § 8b Abs. 1 KStG bei ausländischen Dividenden weder DBA-Vorschriften noch die Qualifikation als aktive oder passive Einkünfte von Relevanz.[406] Die Steuerfreiheit wird gem. § 8b Abs. 1 Satz 1 KStG im Rahmen der Gewinnermittlung der Kapitalgesellschaft über eine außerbilanzielle Abrechnung der Dividenden erreicht. Nicht in den Anwendungsbereich des § 8b Abs. 1 KStG fallen nach § 8b Abs. 7 KStG laufende Beteiligungserträge, wenn Kredit- und Finanzdienstleistungsinstitute die Beteiligungen im Handelsbuch führen oder Finanzunternehmen die Anteile zur Erzielung eines kurzfristigen Eigenhandelserfolgs erworben haben.[407]

---

[402] Vgl. Hannemann, Susanne/Peffermann, Petra, IAS-Konzernsteuerquote: Begrenzte Aussagekraft für die steuerliche Performance eines Konzerns, in: BB 2003, S. 727-733, hier: S. 731 und Herzig, Norbert/Dempfle, Urs, Konzernsteuerquote, betriebliche Steuerpolitik und Steuerwettbewerb, in: DB 2002, S. 1-8, hier: S. 3.

[403] Vgl. bei Verweisen auf die Formeln UP_1 bis UP_{16} stets Gliederungspunkt 2.3.

[404] Vgl. Fuchs, Markus, Anwendungshinweise zu IAS 12 „Income Taxes", in: DB 2000, S. 1925-1928, hier: S. 1927 und Schmidbauer, Rainer, Die Bilanzierung latenter Steuern nach HGB unter Berücksichtigung von E-DRS 12 sowie nach IAS auf Basis der Änderung der Steuergesetze, in: DB 2001, S. 1569-1576, S. 1571.

[405] Vgl. BMF-Schreiben vom 28.4.2003 IV A2 – S 2750a – 7/03, in: BStBl. I 2003, S. 292-299, hier: S. 293.

[406] Vgl. Köster, Beate-Katrin, StSenkG: Befreiung innerkonzernlicher Beteiligungserträge, in: FR 2000, S. 1263-1269, hier: S. 1263.

[407] Vgl. BMF-Schreiben vom 25.7.2002 IV A2 – S 2750a – 6/02, in: BStBl. I 2002, S. 712-713, hier: S. 712 und Pyszka, Tillmann/Brauer, Michael, Einschränkung der Steuerbefreiung von Dividenden und Veräußerungsgewinnen bei Holdinggesellschaften (§ 8b Abs. 7 KStG), in: BB 2002, S. 1669-1674, hier: S. 1669.

Die steuerfreie Vereinnahmung von Beteiligungserträgen verhindert den durch das körperschaftsteuerliche Halbeinkünfteverfahren drohenden Kaskadeneffekt, der sich in einem mehrstufigen Konzern beim Durchreichen der Dividende aufgrund einer sich wiederholenden definitiven körperschaftsteuerlichen Belastung ergeben würde.[408] Folglich resultiert aus konzerninternen Ausschüttungen keine Diskrepanz zwischen Konzernergebnis vor Steuern und ausgewiesenem Steueraufwand, da die Einmalbelastung innerhalb des Unternehmensverbunds durch die gewährte Steuerfreiheit sichergestellt wird. Zudem ist auf Ebene des Konzernabschlusses neben dem Ergebnis des ausschüttenden Unternehmens auch dessen Steueraufwand zu übernehmen. Eine doppelte Berücksichtigung des Gewinns wird durch die Aufwands- und Ertragskonsolidierung vermieden.[409] Folglich beschränken sich Abweichungen erzeugende steuerfreie Dividenden auf Ausschüttungen solcher Unternehmen, deren Steueraufwand sich nicht im Konzernerfolg niederschlägt. Gleichwohl entsteht auf Ebene des Einzelabschlusses, unabhängig von den beschriebenen Effekten im Konzernabschluss, eine Diskrepanz, indem zunächst sowohl handels- als auch steuerbilanziell die Dividendenforderung erfolgswirksam zu buchen ist, aber steuerrechtlich eine außerbilanzielle Kürzung erfolgt. Um eine Verprobungsmöglichkeit der Tax Reconciliation auf Ebene des Einzelabschlusses zu sichern, sind sämtliche steuerfreien Beteiligungserträge als Überleitungsposition zu berücksichtigen, bevor auf Konzernebene die Steuereffekte von Dividenden eliminiert werden, denen ein entsprechender Steueraufwand gegenübersteht.[410]

Hinsichtlich der Ermittlung der resultierenden Überleitungspositionen ist zwischen inländischen und ausländischen Dividenden zu unterscheiden: Da bei inländischen Beteiligungserträgen im Rahmen des § 8b KStG keine weiteren die Steuerbefreiung einschränkenden Regelungen zu beachten sind und die körperschaftsteuerliche Befreiung auch grundsätzlich über § 7 GewStG auf die Gewerbesteuer durchschlägt,[411] sind die Dividenden in voller Höhe bewertet mit dem umfassenden Mischsteuersatz in die Überleitungsrechnung aufzunehmen. Bei ausländischen Dividendeneinkünften ist die Rechtsnorm des § 8b Abs. 5 KStG zu beachten: Nach § 8b Abs. 5 KStG sind 5 % der Dividenden

---

[408]   Vgl. Breithecker, Volker/Klapdor, Ralf/Zisowski, Ute, Unternehmenssteuerreform, Bielefeld 2001, S. 30-31; Haun, Jürgen/Winkler, Hartmut, Klarstellungen und Unklarheiten bei der Besteuerung von Beteiligungserträgen nach der Neufassung des § 8b KStG, in: GmbHR 2002, S. 192-199, hier: S. 193 und MENck, Thomas, § 8b KStG, in: Blümich, EStG, KStG, GewStG, Ebling, Klaus (Hrsg.), München 2002, Rz. 43.

[409]   Vgl. Gliederungspunkt 5.10.2.

[410]   Zu Besonderheiten im Rahmen der Equity-Methode vgl. Gliederungspunkt 5.11.

[411]   Vgl. Rosenbach, Georg, Organschaft und Holding – Zweifelsfragen zu §§ 8b KStG und 3c EStG –, in: WPg Sonderheft 2003, S. 3-13, hier: S. 7. Eine Ausnahme benennt allerdings § 8 Nr. 5 GewStG in Form von Streubesitzdividenden. Vgl. Gliederungspunkt 5.5.

ausländischer Beteiligungen fiktiv als nicht abzugsfähige Ausgaben zu behandeln. Im Ergebnis sind somit lediglich 95 % der Dividende steuerlich freigestellt, während die übrigen 5 % zu versteuern sind.[412] Folglich sind als Überleitungsposition auch nur 95 % der Dividende bewertet zum Mischsteuersatz auszuweisen. Im Zusammenhang mit ausländischen Beteiligungserträgen können sich neben dieser Abweichung zwischen handelsrechtlichem Ergebnis vor Steuern und ertragsteuerlicher Bemessungsgrundlage zudem Steuersatzabweichungen aufgrund von Quellensteuerregelungen[413] sowie Differenzen durch Bestimmungen des Außensteuergesetzes[414] ergeben.

Mit Wirkung zum 1.1.2004 wurde der sachliche Anwendungsbereich des pauschalen Betriebsausgabenabzugsverbots i.H.v. 5 % der Dividenden auf inländische Beteiligungen ausgeweitet.[415] Nunmehr ist die steuerfreie Vereinnahmung von Beteiligungserträgen einheitlich i.H.v. 95 % der Dividende bewertet zum Mischsteuersatz als Überleitungsposition aufzuführen.

5.1.2 Steuerbefreiungen nach § 8b Absatz 2 KStG

Bei der Einkommensermittlung einer Kapitalgesellschaft bleiben Gewinne aus der Veräußerung von Anteilen an einer in- oder ausländischen Kapitalgesellschaft nach § 8b Abs. 2 KStG außer Ansatz, d.h., die Differenz zwischen Veräußerungserlös und Beteiligungsbuchwert ist steuerfrei zu vereinnahmen.[416] Die Steuerbefreiung ist grundsätzlich unabhängig von der Beteiligungshöhe und Haltedauer.[417] Da der Veräußerungsgewinn zunächst sowohl das handels- als auch das steuerbilanzielle Ergebnis erhöht, aber steuerlich in einem zweiten Schritt eine außerbilanzielle Abrechnung des Gewinns zur Umsetzung der in § 8b Abs. 2 KStG gewährten Steuerfreiheit erfolgt, besteht kein Raum für eine

---

412 Vgl. Jacobs, Otto H., Internationale Unternehmensbesteuerung, 5. Aufl., München 2002, S. 239 und Utescher, Tanja/Blaufus, Kay, Unternehmenssteuerreform 2001: Begrenzung des Betriebsausgabenabzugs bei Beteiligungserträgen, in: DStR 2000, S. 1581-1586, hier: S. 1583.

413 Vgl. Gliederungspunkt 5.6.1.

414 Vgl. Gliederungspunkt 5.4.

415 Vgl. Rogall, Matthias, Die Belastung von Dividenden und Veräußerungsgewinnen im Konzern nach den beabsichtigten Neuerungen des § 8b Abs. 3 und 5 KStG, in: DB 2003, S. 2185-2188, hier: S. 2185.

416 Vgl. Töben, Thomas, Steuersenkungsgesetz: Steuerbefreiung von Anteilsveräußerungsgewinnen nach § 8b Abs. 2 KStG n.F., in: FR 2000, S. 905-917, hier: S. 906.

417 Vgl. Harle, Georg/Kulemann Grit, Die steuerfreie Veräußerung von Unternehmen nach § 3 Nr. 40 EStG und § 8b Abs. 2 KStG i.d.F. des UntStFG, in: StuB 2002, S. 58-61, hier: S. 58.

latente Steuerabgrenzung. Die Steuerfreiheit des Veräußerungsgewinns verhindert eine steuerwirksame Umkehrung von Differenzen zwischen handels- und steuerrechtlichem Beteiligungsbuchwert, sodass aufgrund des permanenten Charakters der Abweichung keine latenten Steuern gebildet werden dürfen.[418]

Da der Ergebniserhöhung bei steuerfreier Vereinnahmung des Veräußerungsgewinns kein äquivalenter Steueraufwand gegenübersteht, entsteht auf Ebene des Einzelabschlusses eine Diskrepanz zwischen Jahresergebnis vor Steuern und ausgewiesenem Steueraufwand, die unverändert auf den Konzernabschluss durchschlägt. In der Überleitungsrechnung ist folglich sowohl auf Einzelabschluss- als auch auf Konzernabschlussebene eine Überleitungsposition auszuweisen. Da die steuerliche Befreiungsvorschrift des § 8b Abs. 2 KStG gem. § 7 GewStG auch für gewerbesteuerliche Zwecke anzuwenden ist,[419] muss bei Ermittlung der Überleitungsposition der Veräußerungsgewinn mit dem umfassenden Mischsteuersatz multipliziert werden.

Neben der steuerfreien Veräußerung von Anteilen einer anderen Kapitalgesellschaft fällt auch der Veräußerungsgewinn eigener Anteile in den Anwendungsbereich des § 8b Abs. 2 KStG.[420] Ist die veräußernde Kapitalgesellschaft mit dem Veräußerungsobjekt durch ein organschaftliches Verhältnis i.S. der §§ 14, 17 und 18 KStG verbunden, sind ebenfalls die Regelungen des § 8b Abs. 2 KStG einschlägig.[421] Ferner sind Gewinnrealisierungen aus so genannten veräußerungsgleichen Tatbeständen, wie beispielsweise die Aufdeckung von stillen Reserven nach den Vorschriften des UmwStG, steuerfrei. Ein veräußerungsgleicher Vorgang ist in diesen Fällen grundsätzlich dann gegeben, wenn die Übertragung, Einbringung oder Spaltung zum Zwischen- oder Teilwert erfolgt.[422]

---

[418] Vgl. Ernsting, Ingo, Auswirkungen des Steuersenkungsgesetzes auf die Steuerabgrenzung in Konzernabschlüssen nach US-GAAP und IAS, in: WPg 2001, S. 11-22, hier: S. 20. Vgl. zur Equity-Methode Gliederungspunkt 5.11.

[419] Vgl. z.B. Prinz, Ulrich/Simon, Stefan, Kuriositäten und Ungereimtheiten des UntStFG: Ungewollte Abschaffung des gewerbesteuerlichen Schachtelprivilegs für Kapitalgesellschaften, in: DStR 2002, S. 149-152, hier: S. 149 m.w.N.

[420] Vgl. Haun, Jürgen/Winkler, Hartmut, Klarstellungen und Unklarheiten bei der Besteuerung von Beteiligungserträgen nach der Neufassung des § 8b KStG, in: GmbHR 2002, S. 192-199, hier: S. 193.

[421] Vgl. Funk, Thomas E., Unternehmensakquisitionen und -restrukturierungen nach dem Gesetz zur Fortentwicklung des Unternehmenssteuerrechts, in: BB 2002, S. 1231-1245, hier: S. 1231.

[422] Vgl. Dötsch, Ewald/Pung, Alexandra, § 8b Abs. 1 bis 6 KStG: Das Einführungsschreiben des Bundesfinanzministeriums, in: DB 2003, S. 1016-1027, hier: S. 1020.

Von der grundsätzlichen Steuerbefreiung bei Veräußerungen von Beteiligungen bestimmt § 8b KStG jedoch Ausnahmetatbestände, die einem gestalterischen Missbrauch der Befreiungsvorschrift des § 8b Abs. 2 KStG vorbeugen sollen.[423] Sind die tatbestandlichen Voraussetzungen einer Ausnahme erfüllt, besteht die Rechtsfolge in einem zu versteuernden Veräußerungsgewinn. Folglich steht der Erhöhung des Ergebnisses ein entsprechender Steueraufwand gegenüber, sodass keine Erläuterung in der Überleitungsrechnung notwendig ist.

Entsprechend zu der Vorschrift des § 8b Abs. 1 KStG greifen auch bei § 8b Abs. 2 KStG die Ausnahmetatbestände des § 8b Abs. 7 KStG für Finanzunternehmen.[424] Zudem ist nach § 8b Abs. 2 KStG ein Veräußerungsgewinn steuerpflichtig, soweit in früheren Jahren der Beteiligungsbuchwert steuerwirksam auf einen niedrigeren Teilwert abgeschrieben und die Teilwertabschreibung bis zum Veräußerungszeitpunkt nicht durch eine Wertaufholung ausgeglichen wurde. Die Steuerfreiheit wird der Kapitalgesellschaft nach § 8b Abs. 4 KStG in voller Höhe versagt, sofern es sich bei den veräußerten Anteilen um so genannte einbringungsgeborene Anteile i.S. des § 21 UmwStG[425] handelt. Einbringungsgeborene Anteile liegen vor, wenn Betriebe, Teilbetriebe oder Mitunternehmeranteile unter Teilwert gegen Gewährung von Gesellschaftsrechten in eine Kapitalgesellschaft eingebracht werden.[426] Der Ausschluss ist allerdings nur in einer Sperrfrist von sieben Jahren, beginnend zum Zeitpunkt der Einbringung, von Bestand.[427] Nach Beendigung der Sperrfrist sind auch einbringungsgeborene Anteile steuerfrei veräußerbar. In diesen Fällen muss für Zwecke der Überleitungsrechnung unterschieden werden, ob steuerpflichtig innerhalb der Frist oder steuerfrei – mit resultierender Überleitungsposition – außerhalb der Sperrfrist veräußert wurde.

Im Wege der Rückausnahme bestimmt § 8b Abs. 4 Satz 2 KStG, dass der Veräußerungsgewinn einbringungsgeborener Anteile grundsätzlich steuerfrei zu

---

[423] Vgl. Haun, Jürgen/Winkler, Hartmut, Klarstellungen und Unklarheiten bei der Besteuerung von Beteiligungserträgen nach der Neufassung des § 8b KStG, in: GmbHR 2002, S. 192-199, hier: S. 195.

[424] Vgl. Gliederungspunkt 5.1.1.

[425] Siehe UmwStG 2002, in der Fassung der Bekanntmachung vom 15. Oktober 2002, veröffentlicht in: BGBl. I 2002, S. 4133, in: Steuergesetze, Stand 1.3.2003, München 2003.

[426] Vgl. Funk, Thomas E., Unternehmensakquisitionen und -restrukturierungen nach dem Gesetz zur Fortentwicklung des Unternehmenssteuerrechts, in: BB 2002, S. 1231-1245, hier: S. 1232.

[427] Vgl. Dötsch, Ewald/Pung, Alexandra, § 8b Abs. 1 bis 6 KStG: Das Einführungsschreiben des Bundesfinanzministeriums, in: DB 2003, S. 1016-1027, hier: S. 1023 und Wehrheim, Michael, Grundzüge der Unternehmensbesteuerung, München 2002, S. 47.

vereinnahmen ist, soweit keine Einbringung eines Betriebs, Teilbetriebs oder Mitunternehmeranteils gegen Gewährung von Gesellschaftsrechten gem. § 20 Abs. 1 Satz 1 UmwStG, keine Einbringung i.S. des § 23 Abs. 1 bis 3 UmwStG[428] und auch keine Einbringung durch eine natürliche Person oder nicht körperschaftsteuerpflichtige Körperschaft vorliegt. Folglich ist in diesen Fällen, beispielsweise bei Einbringungen i.S. des § 20 Abs. 1 Satz 2 UmwStG und § 23 Abs. 4 UmwStG,[429] die Behaltefrist nicht einschlägig.[430] Werden derartige Anteile veräußert, sind sie nach § 8b Abs. 2 KStG steuerfrei und begründen daher eine Überleitungsposition in der Tax Reconciliation.

In Entsprechung zur ertragsteuerlichen Behandlung von Dividenden, wurde mit Wirkung zum 1.1.2004 auch für Veräußerungsgewinne ein pauschales Betriebsausgabenabzugsverbot kodifiziert.[431] Unabhängig von der Höhe der tatsächlichen Aufwendungen deklariert § 8b Abs. 3 Satz 1 KStG 5 % des Veräußerungsgewinns als nicht abzugsfähige Betriebsausgabe. Folglich sind zukünftig 95 % des Veräußerungsgewinns i.S. des § 8b Abs. 2 KStG bewertet mit dem umfassenden Mischsteuersatz als Überleitungsposition auszuweisen.

---

[428] § 23 Abs. 1 UmwStG regelt Einbringungen von Betrieben oder Teilbetrieben einer unbeschränkt körperschaftsteuerpflichtigen Kapitalgesellschaft in eine inländische Betriebsstätte einer beschränkt steuerpflichtigen EU-Kapitalgesellschaft. Abs. 2 betrifft Einbringungen inländischer Betriebsstätten von beschränkt steuerpflichtigen EU-Kapitalgesellschaften in unbeschränkt steuerpflichtige EU-Kapitalgesellschaften. Dagegen setzt Abs. 3 eine ausländische Betriebsstätte als Einbringungsgegenstand voraus, die nach entsprechenden DBA-Regelungen nicht im Inland zur Besteuerung herangezogen werden kann. Vgl. Köster, Beate-Katrin, StSenkG: Befreiung innerkonzernlicher Beteiligungserträge, in: FR 2000, S. 1263-1269, hier: S. 1266 und Wehrheim, Michael, Grundzüge der Unternehmensbesteuerung, München 2002, S. 48.

[429] Gegenstand einer Einlage nach § 20 Abs. 1 Satz 2 UmwStG sind mehrheitsvermittelnde Anteile an einer Kapitalgesellschaft. § 23 Abs. 4 UmwStG regelt Einbringungen mehrheitsvermittelnder Anteile an einer EU-Kapitalgesellschaft in eine andere EU-Kapitalgesellschaft. Vgl. Köster, Beate-Katrin, StSenkG: Befreiung innerkonzernlicher Beteiligungserträge, in: FR 2000, S. 1263-1269, hier: S. 1266.

[430] Vgl. Rödder, Thomas/Wochinger, Peter, Veräußerungen von Kapitalgesellschaftsanteilen durch Kapitalgesellschaften, in: FR 2001, S. 1253-1270, hier: S. 1254.

[431] Vgl. Rogall, Matthias, Die Belastung von Dividenden und Veräußerungsgewinnen im Konzern nach den beabsichtigten Neuerungen des § 8b Abs. 3 und 5 KStG, in: DB 2003, S. 2185-2188, hier: S. 2185.

5.1.3 Investitionszulagen

Investitionszulagen stellen steuerfreie staatliche Direktsubventionen dar, mit denen auf Grundlage des InvZulG bestimmte Investitionen in den Bundesländern Berlin, Brandenburg, Mecklenburg-Vorpommern, Sachsen, Sachsen-Anhalt und Thüringen gefördert werden.[432] Anspruchsberechtigt sind nach § 1 InvZulG[433] 1999[434] Steuerpflichtige i.S. des § 1 Abs. 1 bis 4 EStG sowie Körperschaften, sofern sie nicht nach § 5 Abs. 1 Nr. 1 bis 9 und 11 bis 22 KStG von der Körperschaftsteuer befreit sind.[435]

Erfüllt die Kapitalgesellschaft die jeweiligen tatbestandlichen Voraussetzungen, ist die Investitionszulage gem. § 9 Satz 1 InvZulG steuerfrei zu vereinnahmen und mindert demzufolge nach § 9 Satz 2 InvZulG auch nicht die Anschaffungs- und Herstellungskosten der begünstigten Wirtschaftsgüter. Zur Sicherung der Steuerbefreiung erfolgt steuerlich eine außerbilanzielle Abrechnung, die als permanente Differenz zu qualifizieren ist, da die Zulage handelsrechtlich erfolgswirksam vereinnahmt wird.[436] Auch wenn die Investitionszulage handelsrechtlich nicht erfolgswirksam im Zeitpunkt der Gewährung, sondern pro rata temporis über eine entsprechende Minderung der Anschaffungs- und Herstellungskosten vereinnahmt wird,[437] sind weder im HGB- noch IAS-Abschluss latente Steuern zu bilden.[438] Folglich übersteigt die erwartete die effektive Steuergröße, sodass in der Tax Reconciliation in Höhe der Zulage

---

432   Vgl. Tipke, Klaus/Lang, Joachim, Steuerrecht, 17. Aufl., Köln 2002, S. 715.

433   Siehe InvZulG 1999, in der Fassung der Bekanntmachung vom 11. Oktober 2002, veröffentlicht in: BGBl. I 2002, S. 4034, in: Steuergesetze, Stand 1.3.2003, München 2003.

434   Für nach dem 31.12.1998 abgeschlossene Investitionen gilt das InvZulG 1999. Vgl. InvZulG vom 18.8.1997, in: BGBl. I 1997, S. 2070.

435   Vgl. Scharenhoop, Jens, Weitere Neuerungen des InvZulG 1999, in: StuB 2001, S. 379-384, hier: S. 379 und Stuhrmann, Gerd, Eckpunkte des Gesetzes zur Änderung des Investitionszulagengesetzes 1999, in: DStR 2001, S. 109-111, hier: S. 111.

436   Vgl. Heurung, Rainer, Latente Steuerabgrenzung im Konzernabschluss im Vergleich zwischen HGB, IAS und US-GAAP, in: AG 2000, S. 538-553, hier: S. 539 und Wendlandt, Klaus/Vogler, Gerlinde, Latente Steuern nach E-DRS 12 im Vergleich mit IAS, US-GAAP und bisheriger Bilanzierung nach HGB sowie Kritik an E-DRS 12, in: KoR 2001, S. 244-254, hier: S. 245.

437   Beispielsweise ist dies nach IAS 20.24 möglich.

438   Während eine Steuerabgrenzung nach dem Timing- und dem „Misch"-Konzept aufgrund der erfolgsneutral entstehenden Differenz schon konzeptionell nicht in Betracht kommt, schließt IAS 12.24 und 12.33 die Bildung einer Steuerlatenz explizit aus. Vgl. Wotschofsky, Stefan/Heller, Silke, Latente Steuern im Konzernabschluss, in: IStR 2002, S. 819-824., hier: S. 819-820.

multipliziert mit dem umfassenden Ertragsteuersatz eine Erläuterung in Form einer Überleitungsposition notwendig ist. Da es sich hierbei um eine Abweichung zwischen Konzernergebnis vor Steuern und ertragsteuerlicher Bemessungsgrundlage handelt, resultieren Überleitungspositionen der Art 1 bis 4.

Nach den Regelungen der §§ 2 bis 4 InvZulG werden drei Kategorien von Investitionen mit steuerfreien Zulagen gefördert. Neben betrieblichen Investitionen sind dies Investitionen in Mietwohngebäude sowie Modernisierungsmaßnahmen von privat genutztem Wohnraum. Im Rahmen von betrieblichen Investitionen werden gem. § 2 InvZulG neue abnutzbare bewegliche Wirtschaftsgüter gefördert, die nach § 10 Abs. 5 InvZulG mindestens fünf Jahre ohne Unterbrechung zum Anlagevermögens eines Betriebs oder einer Betriebsstätte im Fördergebiet gehören.[439] Begünstigt sind nach § 2 Abs. 2 Nr. 1 InvZulG allerdings nur solche Wirtschaftsgüter, die in Betrieben des verarbeitenden Gewerbes oder der so genannten produktionsnahen Dienstleistung[440] angeschafft werden und auch dort verbleiben. Die Investitionszulage beträgt abhängig von Unternehmensgröße, Gewerbeart sowie Erst- oder Ersatzinvestition zwischen zehn und 25 % der Anschaffungs- und Herstellungskosten des subventionierten Wirtschaftsgutes. Zudem werden betriebliche Erstinvestitionen in neue Gebäude sowie Wohnungen gefördert.[441] Ferner werden gem. §§ 3 und 3a InvZulG Mietwohnungsneubauten sowie Modernisierungsmaßnahmen an Mietwohngebäuden unter die förderungswürdigen Investitionen subsumiert. Je nach Wohnfläche und Art des Gebäudes beträgt die Investitionszulage zwischen zehn und 22 %. Unter den spezifischen Voraussetzungen des § 4 InvZulG – für eine Kapitalgesellschaft nicht relevant – wird selbst genutztes Wohneigentum mit Gewährung einer Investitionszulage bedacht.

---

[439]   Ausführlich zu den einzelnen Voraussetzungen vgl. Scharenhoop, Jens, Weitere Neuerungen des InvZulG 1999, in: StuB 2001, S. 379-384 und Stuhrmann, Gerd, Schwerpunkte des BMF-Schreibens vom 28.6.2001 zur Anwendung des Investitionszulagengesetzes 1999, in: DStR 2001, S. 1409-1415.

[440]   Zur Auflistung derartiger Betriebe vgl. § 2 Abs. 2 Nr. 1 Satz 2 InvZulG.

[441]   Vgl. Stuhrmann, Gerd, Schwerpunkte des BMF-Schreibens vom 28.6.2001 zur Anwendung des Investitionszulagengesetzes 1999, in: DStR 2001, S. 1409-1415, hier: S. 1411.

5.2 Steuerlich nicht abzugsfähige Ausgaben und Aufwendungen

5.2.1 Ausgaben im Sinne der §§ 3c und 4 Absatz 5 EStG

Steuerlich nicht abzugsfähige Ausgaben und Aufwendungen sind bei handelsrechtlicher Bejahung des Aufwandscharakters stets als permanente Differenzen
zu qualifizieren und dürfen daher – unabhängig vom zugrunde liegenden
Konzept – bei der latenten Steuerabgrenzung nicht berücksichtigt werden.[442]
Aus handelsrechtlicher Sicht steht dem Ergebnis ein zu hoher Steueraufwand
gegenüber, d.h., die effektive Steuergröße übersteigt die erwartete Steuerbelastung.[443] Da für die Inkongruenz zwischen Soll- und Ist-Größe keine
Steuersatzabweichung, sondern eine Abweichung zwischen handelrechtlichem
Ergebnis und ertragsteuerlicher Bemessungsgrundlage ursächlich ist, sind bei
der Ermittlung der Überleitungspositionen – äquivalent zur Vorgehensweise bei
steuerfreien Einnahmen – die Formeln UP_1 bis UP_4 anzuwenden.

§ 3c Abs. 1 EStG schließt Ausgaben, die in unmittelbarem Zusammenhang mit
steuerfreien Einnahmen stehen, vom Abzug als Betriebsausgabe aus.[444] Im
Rahmen des Nettoprinzips sind die Ausgaben als nicht abzugsfähig zu qualifizieren, soweit ihnen steuerfreie Einnahmen gegenüberstehen.[445] Derartige Ausgaben liegen bis zum 31.12.2003 beispielsweise in Form von Finanzierungsaufwendungen für Beteiligungen an inländischen Kapitalgesellschaften vor,
sofern aus den Beteiligungen steuerfreie Dividenden resultieren.[446] Im Fall der

---

[442] Vgl. Ernsting, Ingo, Auswirkungen des Steuersenkungsgesetzes auf die
Steuerabgrenzung in Konzernabschlüssen nach US-GAAP und IAS, in: WPg 2001, S.
11-22, hier: S. 20-21 und Marx, Franz Jürgen, Steuern in der externen
Rechnungslegung, Herne/Berlin 1998, S. 190.

[443] Vgl. Haag, Stefan/von Rotz, Alex, IAS 12 Ertragssteuern, in: ST 1998, S. 795-806, hier:
S. 799 und Kirsch, Hanno, Änderungen des deutschen Unternehmenssteuerrechts 2003
und deren Auswirkungen auf die steuerliche Berichterstattung im IAS-Jahresabschluss,
in: DStR 2003, S. 128-132, hier: S. 129.

[444] Vgl. Wehrheim, Michael, Einkommensteuer und Steuerwirkungslehre, Wiesbaden
2001, S. 126.

[445] Vgl. Funk, Thomas E., Unternehmensakquisitionen und -restrukturierungen nach dem
Gesetz zur Fortentwicklung des Unternehmenssteuerrechts, in: BB 2002, S. 1231-1245,
hier: S. 1233.

[446] Vgl. Beinert, Stefanie/Mikus, Rudolf, Das Abzugsverbot des § 3c Abs. 1 EStG im
Kapitalgesellschaftskonzern, in: DB 2002, S. 1467-1472, hier: S. 1467 und Frotscher,
Gerrit, Die Ausgabenabzugsbeschränkung nach § 3c EStG und ihre Auswirkung auf
Finanzierungsentscheidungen, in: DStR 2001, S. 2045-2054, S. 2045.

Finanzierungsaufwendungen ist folglich der die steuerfreien Dividenden-einkünfte übersteigende Betrag als Betriebsausgabe steuerlich abzugsfähig.[447]

Aufgrund des Generalnormcharakters des § 3c Abs. 1 EStG sind leges specialis – wie beispielsweise § 8b Abs. 5 KStG – zu beachten.[448] § 8b Abs. 5 KStG deklariert pauschal 5 % einer ausländischen Dividende – sowie ab 1.1.2004 auch einer inländischen Dividende – als nicht abzugsfähig. Da § 3c Abs. 1 EStG in diesen Fällen folglich nicht zur Anwendung kommt, sind Finanzierungs-aufwendungen in voller Höhe abzugsfähig.[449] Dementsprechend resultiert aus tatsächlichen Finanzierungsaufwendungen dieser Beteiligungen keine Über-leitungsposition.

Eine Kapitalgesellschaft hat im Rahmen der einkommensteuerlichen Vorschriften, die den Betriebsausgabenabzug beschränken, nicht nur § 3c Abs. 1 EStG, sondern auch § 4 Abs. 5 EStG zu beachten. Dieser beinhaltet eine Auflistung von Betriebsausgaben, die den steuerlichen Gewinn nicht mindern dürfen und daher als nicht abzugsfähig zu qualifizieren sind. Da die in § 4 Abs. 5 EStG kodifizierten nicht abzugsfähigen Ausgaben gem. § 4 Abs. 7 Satz 1 EStG einzeln und getrennt von sonstigen Betriebsausgaben aufzuzeichnen sind,[450] besteht für Zwecke der Tax Reconciliation kein Mehraufwand bei Ermittlung der Abweichungshöhe zwischen Konzernergebnis vor Steuern und ertragsteuerlicher Bemessungsgrundlage. Zur Bestimmung der Überleitungsposition ist der umfassende Mischsteuersatz maßgeblich, da das GewStG keine Kürzung der nicht abzugsfähigen Aufwendungen vorschreibt.

Nach § 4 Abs. 5 Satz 1 Nr. 1 EStG sind Aufwendungen für Geschenke an Perso-nen, die keine Arbeitnehmer der Kapitalgesellschaft sind, nicht abzugsfähig. Als Betriebsausgaben abzugsfähig sind derartige Aufwendungen nur, sofern die Anschaffungs- oder Herstellungskosten der dem Empfänger im Geschäftsjahr insgesamt zugewendeten Gegenstände den Betrag von 40 € bzw. ab 1.1.2004 35 € nicht überschreiten.[451] Für Zwecke der Überleitungsrechnung ist folglich zu

---

[447] Vgl. Schmittmann, Peter/Schäffeler, Ursula, Kompensationszahlungen bei der Aktienleihe nach der Steuerreform, in: FB 2002, S. 530-537, hier: S. 532.

[448] Vgl. Köster, Beate-Katrin, StSenkG: Befreiung innerkonzernlicher Beteiligungserträge, in: FR 2000, S. 1263-1269, hier: S. 1268.

[449] Vgl. Utescher, Tanja/Blaufus, Kay, Unternehmenssteuerreform 2001: Begrenzung des Betriebsausgabenabzugs bei Beteiligungserträgen, in: DStR 2000, S. 1581-1586, hier: S. 1583 und Wehrheim, Michael, Grundzüge der Unternehmensbesteuerung, München 2002, S. 51.

[450] Vgl. Tipke, Klaus/Lang, Joachim, Steuerrecht, 17. Aufl., Köln 2002, S. 297.

[451] Vgl. R 21 EStR.

prüfen, ob die maßgebliche Freigrenze eingehalten wird. Ist dies nicht der Fall, muss eine entsprechende Erläuterung in der Überleitungsrechnung erfolgen.

§ 4 Abs. 5 Satz 1 Nr. 2 EStG bestimmt, dass pauschal nur 80 % bzw. ab 1.1.2004 nur 70 % der geschäftlich veranlassten Bewirtungskosten als abzugsfähige Betriebsausgaben zu qualifizieren sind. 20 % respektive 30 % der Bewirtungskosten sind daher als nicht abzugsfähige Aufwendungen in der Tax Reconciliation aufzuführen.

Aufwendungen für Gästehäuser, Jagd, Fischerei, Segel- und Motorjachten sowie für ähnliche Zwecke sind nach § 4 Abs. 5 Satz 1 Nr. 3 und 4 EStG nicht abzugsfähig.[452] Dementsprechend begründen solche Aufwendungen in voller Höhe, bewertet mit dem umfassenden Mischsteuersatz, eine Überleitungsposition.

Zinsen auf hinterzogene Steuern gem. § 235 AO[453] werden nach § 4 Abs. 5 Satz 1 Nr. 8a EStG nicht zum Betriebsausgabenabzug zugelassen. In Höhe der Zinsen multipliziert mit dem umfassenden Ertragsteuersatz ist demzufolge eine Position in der Überleitungsrechnung auszuweisen.

Im Fall einer ertragsteuerlichen Organschaft bestimmt § 4 Abs. 5 Satz 1 Nr. 9 EStG, dass so genannte Ausgleichszahlungen i.S. des § 16 KStG an außenstehende Gesellschafter den steuerlichen Gewinn nicht mindern dürfen. Aufgrund der handelsrechtlichen Qualifizierung der Ausgleichszahlungen als betrieblicher Aufwand müssen sie für steuerrechtliche Zwecke dem Jahresergebnis außerbilanziell zugerechnet werden.[454] Dementsprechend begründet die Vorschrift des § 4 Abs. 5 Satz 1 Nr. 9 EStG eine Inkongruenz zwischen erwarteter und effektiver Steuergröße.

§ 4 Abs. 5 Satz 1 Nr. 10 EStG regelt das Abzugsverbot für Bestechungs- und Schmiergelder sowie damit verbundene Aufwendungen.[455] Da bei betrieblicher Veranlassung diese Zahlungen für handelsrechtliche Zwecke als Aufwendungen

---

452 Vgl. Wacker, Roland, § 4 EStG, in: Blümich, EStG, KStG, GewStG, Ebling, Klaus (Hrsg.), München 2000, Rz. 271 und 275.

453 Siehe AO 1977, in der Fassung der Bekanntmachung vom 1. Oktober 2002, veröffentlicht in: BGBl. I 2002, S. 3866, ber. in: BGBl. I 2003, S. 61, in: Steuergesetze, Stand 1.3.2003, München 2003.

454 Vgl. Sauter, Thomas/Heurung, Rainer, Ausgleichszahlungen i.S.d. § 16 KStG i.V.m. § 304 AktG und vororganschaftliche Gewinnausschüttungen nach dem Systemwechsel, in: GmbHR 2001, S. 754-763, hier: S. 757 m.w.N.

455 Vgl. hierzu BMF-Schreiben vom 10.10.2002 IV A6 – S 2145 – 35/02, in: BStBl. I 2002, S. 1031-1036.

in die GuV eingehen, entsteht eine in der Überleitungsrechnung zu erläuternde Differenz.

5.2.2 Ausgaben im Sinne des § 8b Absatz 3 Satz 3 KStG

Als Korrelat zu steuerfreien Veräußerungsgewinnen gem. § 8b Abs. 2 KStG sind nach § 8b Abs. 3 Satz 3 KStG Gewinnminderungen, die im Zusammenhang mit Anteilen i.S. des § 8b Abs. 2 KStG stehen, nicht abzugsfähig.[456] Durch die handelsbilanzielle Behandlung als Aufwand entsteht eine Differenz, die sich zukünftig nicht umkehrt und daher nicht in die latente Steuerabgrenzung einzubeziehen ist.[457] Da aus handelsrechtlicher Sicht dem Vorsteuerergebnis ein zu geringer Steueraufwand gegenübersteht, ist eine Überleitungsposition zu ermitteln.

Derartige nicht abzugsfähige Gewinnminderungen resultieren in erster Linie aus Veräußerungsverlusten von Kapitalgesellschaftsanteilen, sofern nicht der Ausnahmetatbestand des § 8b Abs. 7 KStG entgegensteht.[458] Die Ausnahmen der steuerfreien Vereinnahmung von Veräußerungsgewinnen i. S. des § 8b Abs. 4 KStG[459] sind dagegen nicht auf Gewinnminderungen übertragbar.[460] Dies bedeutet, dass Verluste aus Veräußerungen von einbringungsgeborenen Anteilen

---

[456] Vgl. Funk, Thomas E., Unternehmensakquisitionen und -restrukturierungen nach dem Gesetz zur Fortentwicklung des Unternehmenssteuerrechts, in: BB 2002, S. 1231-1245, hier: S. 1233 und Schmidt, Lutz/Hageböke, Jens, Der Verlust von eigenkapitalersetzenden Darlehen und § 8b Abs. 3 KStG, in: DStR 2002, S. 1202-1205, hier: S. 1202-1203.

[457] Vgl. Schmidbauer, Rainer, Die Bilanzierung latenter Steuern nach HGB unter Berücksichtigung von E-DRS 12 sowie nach IAS auf Basis der Änderung der Steuergesetze, in: DB 2001, S. 1569-1576, S. 1571.

[458] Vgl. Hardecker, Sven, Anteilsveräußerungen von Holding-Gesellschaften – Steuerliche Wahlmöglichkeiten bei Einstufung als Finanzunternehmen, in: DB 2002, S. 2127-2129, S. 2128 und Menck, Thomas, § 8b KStG, in: Blümich, EStG, KStG, GewStG, Ebling, Klaus (Hrsg.), München 2002, Rz. 133.

[459] Vgl. Gliederungspunkt 5.1.2.

[460] Vgl. Köster, Beate-Katrin, StSenkG: Befreiung innerkonzernlicher Beteiligungserträge, in: FR 2000, S. 1263-1269, hier: S. 1267 und Leip, Carsten, Die Veräußerung von Anteilen an Kapitalgesellschaften durch Kapitalgesellschaften, in: BB 2002, S. 1839-1843, hier: S. 1841.

auch innerhalb der Sperrfrist nicht steuermindernd wirken und daher als Überleitungspositionen zu erfassen sind.[461]

Neben Veräußerungsverlusten sind auch Teilwertabschreibungen auf die Beteiligung sowie Verluste aus der Herabsetzung des Nennkapitals und der Auflösung der Gesellschaft unter die Rechtsnorm des § 8b Abs. 3 KStG zu subsumieren.[462] Ferner stellen Aufwendungen, die der Realisierung eines Veräußerungsgewinns gegenüberstehen, Gewinnminderungen i.S. des § 8b Abs. 3 Satz 3 KStG dar. Laufende Aufwendungen – wie beispielsweise Finanzierungsaufwendungen – fallen dagegen nicht in den sachlichen Anwendungsbereich des § 8b Abs. 3 KStG, sondern unterliegen gegebenenfalls dem Abzugsverbot des § 3c Abs. 1 EStG oder dem pauschalen Betriebsausgabenabzugsverbot des § 8b Abs. 5 KStG.[463]

5.2.3 Ausgaben im Sinne des § 9 Absatz 1 Nummer 2 KStG

Nach § 9 Abs. 1 Nr. 2 KStG sind Spenden nur innerhalb bestimmter Grenzen steuerlich abziehbar. Die übersteigenden Beträge, die keine steuermindernde Wirkung entfalten und daher dem Steuerbilanzergebnis außerbilanziell zuzurechnen sind, begründen aufgrund der handelsrechtlichen Aufwandsbuchung eine Überleitungsposition. Für Zwecke der Überleitungsrechnung erfolgt die Bewertung des nicht abzugsfähigen Spendenanteils mit dem umfassenden Mischsteuersatz, da bei der Ermittlung des Gewerbeertrags die körperschaftsteuerlich abzugsfähigen Spenden gem. § 8 Nr. 9 GewStG zunächst hinzuzurechnen und anschließend nach § 9 Nr. 5 GewStG zu kürzen sind.

§ 9 Abs. 1 Nr. 2 KStG benennt verschiedene Kategorien von Spenden, für die jeweils unterschiedliche Bemessungsgrundlagen zur Ermittlung des Spenden-

---

[461] Vgl. Desens, Marc, Die systemwidrige Anwendung des Halbabzugsverfahrens beim Wertansatz von Kapitalanteilen (§ 3c Abs. 2 S. 1 Hs. 2 EStG) und des Abzugsverbots in § 8b Abs. 3 KStG bei Veräußerungen innerhalb der 7-Jahres-Missbrauchsfristen, in: FR 2002, S. 247-260, hier: S. 249-250 und Rödder, Thomas/Wochinger, Peter, Veräußerungen von Kapitalgesellschaftsanteilen durch Kapitalgesellschaften, in: FR 2001, S. 1253-1270, hier: S. 1255.

[462] Vgl. Wehrheim, Michael, Grundzüge der Unternehmensbesteuerung, München 2002, S. 49.

[463] Vgl. Dötsch, Ewald/Pung, Alexandra, § 8b Abs. 1 bis 6 KStG: Das Einführungsschreiben des Bundesfinanzministeriums, in: DB 2003, S. 1016-1027, hier: S.1021-1022.

höchstbetrags anzuwenden sind.[464] Mitgliedsbeiträge und Spenden an politische Parteien sind in voller Höhe vom Betriebsausgabenabzug ausgeschlossen, d.h., hierbei entfällt eine Ermittlung des abzugsfähigen Höchstbetrages. Spenden zur Förderung mildtätiger, kirchlicher, religiöser und wissenschaftlicher sowie anderer anerkannter gemeinnütziger Zwecke sind maximal bis zu einer Höhe von fünf Prozent des Einkommens oder zwei Prozent der Summe des Gesamtumsatzes und der im Geschäftsjahr aufgewendeten Löhne und Gehälter abziehbar. Dabei handelt es sich um kein Wahlrecht, sondern die Finanzverwaltung ermittelt den jeweils höheren abzugsfähigen Betrag. Sofern Spendenzuwendungen für wissenschaftliche, mildtätige sowie für andere als besonders förderungswürdig anerkannte kulturelle Zwecke erfolgen, sind maximal zehn Prozent des Einkommens oder zwei Prozent der Summe des Gesamtumsatzes und der im Geschäftsjahr aufgewendeten Löhne und Gehälter als abzugsfähig zu qualifizieren. Bei Spenden an bestimmte Stiftungen tritt neben die beiden zuvor beschriebenen variablen ein fixer Höchstbetrag von 20.450 €.[465] § 9 Abs. 1 Nr. 2 KStG bestimmt zudem eine Sonderregelung für so genannte Großzuwendungen, die mindestens 25.565 € betragen: Derartige Spenden dürfen – sofern die abzugsfähigen Höchstbeträge überschritten werden – vorgetragen werden und in den folgenden sechs Veranlagungszeiträumen neu in die Ermittlung der abzugsfähigen Spenden einfließen.[466] Die positive Differenz zwischen Spendenzuwendung und Höchstbetrag an steuerlich zugelassenem Betriebsausgabenabzug, bewertet zum umfassenden Mischsteuersatz, begründet in diesen Fällen eine Überleitungsposition.

5.2.4 Aufwendungen im Sinne des § 10 KStG

§ 10 KStG benennt vier Kategorien nicht abziehbarer Aufwendungen, die außerbilanziell für Zwecke der Einkommensermittlung zuzurechnen sind.[467] Auch in diesen Fällen können permanente Differenzen vorliegen, die in der Tax Reconciliation in Form einer Überleitungsposition zu berücksichtigen sind.

---

[464] Vgl. Schneider, Josef, Der Spendenabzug nach dem Jahr 2000, in: DStZ 2000, S. 291-299, hier: S. 298.

[465] Ausführlich zu den einzelnen tatbestandlichen Voraussetzungen vgl. Hofmeister, Ferdinand, § 9 KStG, in: Blümich, EStG, KStG, GewStG, Ebling, Klaus (Hrsg.), München 2001, Rz. 64.

[466] Vgl. Schneider, Josef, Der Spendenabzug nach dem Jahr 2000, in: DStZ 2000, S. 291-299, hier: S. 293.

[467] Vgl. z.B. Wehrheim, Michael, Grundzüge der Unternehmensbesteuerung, München 2002, S. 17.

Vom Einkommen nicht abziehbar sind nach § 10 Nr. 1 KStG Aufwendungen für die Erfüllung von Zwecken, die dem Körperschaftsteuersubjekt durch Stiftungsgeschäft, Satzung oder sonstige Verfassungen vorgeschrieben sind.[468] Sofern derartige Aufwendungen das handelsrechtliche Ergebnis mindern, entsteht eine permanente Differenz, die in der Tax Reconciliation als Überleitungsposition aufzunehmen ist. Für Kapitalgesellschaften ist die Bedeutung der Vorschrift des § 10 Nr. 1 KStG regelmäßig gering, da sie vielmehr Stiftungen und andere Vermögenszwecke betrifft.[469]

Gem. § 10 Nr. 2 KStG sind Steuern vom Einkommen, sonstige Personensteuern sowie die Umsatzsteuer auf Umsätze, die als Entnahmen oder verdeckte Gewinnausschüttung zu qualifizieren sind, nicht abzugsfähig. Zu den relevanten Steuern vom Einkommen ist neben der KSt der SolZ zu rechnen.[470] Unter die sonstigen Personensteuern sind ausländische Quellensteuern und die Kapitalertragsteuer zu subsumieren. Da die in § 10 Nr. 2 KStG aufgeführten Steuern nach § 4 Abs. 4 EStG den Steuerbilanzgewinn der Kapitalgesellschaft gemindert haben, sind sie außerbilanziell zuzurechnen, um die gesetzlich festgelegte Nichtabziehbarkeit zu erreichen.[471] Auswirkungen auf die Überleitungsrechnung hat diese Vorschrift nicht, da die korrespondierende handelsrechtliche Größe das Vorsteuerergebnis ist. Eine Sonderstellung nimmt in diesem Zusammenhang die GewSt ein, die als Betriebsausgabe abzugsfähig ist und daher auch ihre eigene Bemessungsgrundlage mindert.[472] Dies wird jedoch bei Ermittlung des Referenzsteuersatzes in Form des umfassenden Mischsteuersatzes berücksichtigt. Eine Inkongruenz zwischen effektiver und erwarteter Steuergröße können hingegen ausländische Quellensteuern und die Kapitalertragsteuer auslösen. Allerdings resultiert diese Verwerfung nicht aus der gesetzlich verwehrten Abzugsfähigkeit, sondern vielmehr aus einer entstehenden Steuersatzdifferenz.[473]

---

[468] Vgl. Scheffler, Wolfram, Besteuerung von Unternehmen I, 5. Aufl., Heidelberg 2002, S. 153.

[469] Vgl. Tipke, Klaus/Lang, Joachim, Steuerrecht, 17. Aufl., Köln 2002, S. 465 und von Wallis, Hugo/Brandmüller, Gerhard/ Schulze zur Wiesche, Dieter, Besteuerung der Personen- und Kapitalgesellschaften, 5. Aufl., Heidelberg 2002, S. 287.

[470] Vgl. Schneeloch, Dieter, Besteuerung und betriebliche Steuerpolitik, Band 1: Besteuerung, 4. Aufl., München 2003, S. 145.

[471] Vgl. Schneeloch, Dieter, Besteuerung und betriebliche Steuerpolitik, Band 1: Besteuerung, 4. Aufl., München 2003, S. 146.

[472] Vgl. Rose, Gerd, Unternehmenssteuerrecht, Bielefeld 2001, S. 34.

[473] Zur Auswirkung von Quellensteuern und der Kapitalertragsteuer auf die Überleitungsrechnung vgl. Gliederungspunkte 5.6.1 und 5.6.4.

§ 10 Nr. 3 KStG regelt die Nichtabziehbarkeit von Geldstrafen sowie sonstigen vermögensrechtlichen Rechtsfolgen, die einen überwiegenden Strafcharakter aufweisen. Zudem fallen Leistungen zur Erfüllung von Auflagen oder Weisungen in den Anwendungsbereich des § 10 Nr. 3 KStG.[474] Ausgenommen vom Abzugsverbot sind in diesem Zusammenhang anfallende Verfahrenskosten, die beispielsweise in Form von Gerichts- und Anwaltskosten anfallen können.[475] Die den Anwendungsbereich des § 10 Nr. 3 KStG betreffenden Vermögensminderungen begründen aufgrund des handelsrechtlichen Aufwandscharakters permanente Differenzen, die bewertet zum umfassenden Mischsteuersatz in die Überleitungsrechnung aufzunehmen sind.

§ 10 Nr. 4 KStG untersagt hälftig den Abzug von Aufsichtsratsaufwendungen sowie sonstiger Ausgaben, die im Rahmen der Entlohnung von Personen anfallen, die mit der Überwachung der Geschäftsführung beauftragt sind. Da diese Aufwendungen in voller Höhe das handelsrechtliche Ergebnis mindern, ist in Höhe der hälftig ertragsteuerlich nicht abziehbaren Ausgaben eine Position in der Tax Reconciliation auszuweisen.

5.2.5   Ausgaben im Sinne des § 160 AO

Nach § 160 AO sind Schulden und andere Lasten sowie mit ihnen zusammenhängende Betriebsausgaben steuerlich nicht zu berücksichtigen, sofern der Steuerpflichtige dem zuständigen Finanzamt die Gläubiger und Zahlungsempfänger nicht benennt.[476] Intention der Vorschrift ist die gesicherte Erfassung der steuererhöhenden Position beim Geschäftspartner und insofern die Vorbeugung einer potenziellen Steuerhinterziehung.[477] § 160 AO ist nicht anzuwenden, soweit feststeht, dass der Empfänger die korrespondierenden Forderungen bzw. Erträge der Steuer unterworfen hat oder bei ihm keine Steuer anfällt.

Wird als Rechtsfolge der tatbestandlichen Erfüllung des § 160 AO der steuerliche Betriebsausgabenabzug verweigert, entsteht aufgrund der korrespon-

---

474 Vgl. von Wallis, Hugo/Brandmüller, Gerhard/ Schulze zur Wiesche, Dieter, Besteuerung der Personen- und Kapitalgesellschaften, 5. Aufl., Heidelberg 2002, S. 289.

475 Vgl. R 44 KStR.

476 Vgl. Sedemund, Jan, Die Anwendung von § 160 AO auf Leistungen an europäische Gesellschaften im Spannungsverhältnis zum Europarecht, in: IStR 2002, S. 279-282, hier: S. 279.

477 Vgl. Spatscheck, Rainer/Alvermann, Jörg, Die Aufforderung zur Gläubiger- oder Empfängerbenennung nach § 160 AO, in: DStR 1999, S. 1427-1430, hier: S. 1429 und Tipke, Klaus/Lang, Joachim, Steuerrecht, 17. Aufl., Köln 2002, S. 781-782.

dierenden Ergebnisminderungen im Einzelabschluss eine permanente Differenz. Diese begründet eine Abweichung zwischen ertragsteuerlicher Bemessungsgrundlage und Konzernergebnis vor Steuern, die über eine Ermittlung gem. UP_1 bis UP_4 in die Tax Reconciliation aufzunehmen ist.

5.3 Gesellschaftsrechtlich veranlasste Zuwendungen

5.3.1 Verdeckte Gewinnausschüttungen

Obgleich schuldrechtliche Verträge zwischen einer Kapitalgesellschaft und ihren Gesellschaftern grundsätzlich auch steuerrechtlich anerkannt werden, ist zu prüfen, ob aus diesen durch das Gesellschaftsverhältnis veranlasste Vermögensminderungen oder verhinderte Vermögensmehrungen resultieren.[478] Werden dem Gesellschafter Vorteile zugewandt, die in keinem Zusammenhang mit einer offenen Gewinnausschüttung stehen, einem fremden Dritten von einem ordentlichen und gewissenhaften Geschäftsleiter nicht eingeräumt würden und ihrem Wesen nach bei dem begünstigten Gesellschafter zu Einkünften aus Kapitalvermögen führen, liegt eine so genannte verdeckte Gewinnausschüttung (vGA) vor.[479]

Nach § 8 Abs. 3 Satz 2 KStG dürfen vGA das Einkommen der Kapitalgesellschaft – ebenso wie ordentliche Gewinnausschüttungen – nicht mindern.[480] In der Nichtabzugsfähigkeit haben sie eine Gemeinsamkeit mit nicht abzugsfähigen Ausgaben. Letztere sind allerdings im Gegensatz zur vGA durch den Betrieb des Steuersubjekts und nicht durch das gesellschaftsrechtliche Verhältnis veranlasst. Folglich schließen sich nicht abzugsfähige Betriebsausgaben und vGA gegenseitig aus.[481] Zudem sind bei vGA die Vorschriften zum

---

[478] Vgl. BFH-Urteil vom 22.2.1989 I R 44/85, in: BStBl. II 1989, S. 475-477, hier: S. 475 und BFH-Urteil vom 22.2.1989 I R 9/85, in: BStBl. II 1989, S. 631-633, hier: S. 631.

[479] Vgl. ständige Rechtsprechung des BFH, z.B. BFH-Urteil vom 30.1.2002 I R 13/01, in: BFH/NV 2002, S. 1172-1174 hier: S. 1173 m.w.N. Vgl. in diesem Zusammenhang zum Korrespondenzprinzip: BFH-Urteil vom 7.8.2002 I R 2/02, in: BFH/NV 2003, S. 124-125 und Frotscher, Gerrit, „Zweistufige Gewinnermittlung" und Korrektur der verdeckten Gewinnausschüttung, in: FR 2003, S. 230-234.

[480] Vgl. Schiffers, Joachim, Konsequenzen verdeckter Gewinnausschüttungen nach dem Systemwechsel bei der Besteuerung von Kapitalgesellschaften, in: GmbHR 2001, S. 885-892, hier: S. 885.

[481] Vgl. BFH-Urteil vom 7.7.1976 I R 180/74, in: BStBl. II 1976, S. 753-755, hier: S. 754.

18-jährigen Übergangszeitraum vom Anrechnungs- zum Halbeinkünfte-verfahren zu beachten.[482]

Die handelsrechtlich als Aufwand erfassten gesellschaftsrechtlich veranlassten Zuwendungen müssen als vGA gem. § 8 Abs. 3 KStG dem steuerlichen Ergebnis außerbilanziell zugerechnet werden.[483] Folglich entsteht eine permanente Differenz, die nicht durch die Bildung einer latenten Steuer abgegrenzt werden darf.[484] Dementsprechend ist der handelsrechtlich ausge-wiesene Steueraufwand der gewährenden Kapitalgesellschaft im Vergleich zum Jahresergebnis vor Steuern zu hoch. Ursächlich ist eine Abweichung zwischen ertragsteuerlicher Bemessungsgrundlage und handelsrechtlichem Vorsteuer-ergebnis, sodass bei der Ermittlung der resultierenden Überleitungsposition die Formeln UP_1 bis UP_4 anzuwenden sind. Da die Ermittlung des Gewerbeertrags nach § 7 GewStG an den Gewinn aus Gewerbebetrieb anknüpft, erhöht eine vGA auch die gewerbesteuerliche Bemessungsgrundlage.[485] Folglich determi-niert der umfassende Mischsteuersatz die Höhe der Überleitungsposition.

Die Kapitalgesellschaft, die den Vorteil in Form der vGA erhält, vereinnahmt diesen gem. § 8b Abs. 1 KStG steuerfrei.[486] Handelsrechtlich bilanziert sie hingegen einen Ertrag, sodass auch auf dieser Ebene eine permanente Differenz vorliegt.[487] Handelt es sich beim ausschüttenden Unternehmen um eine zu konsolidierende Tochterkapitalgesellschaft, gleicht sich der steuerliche Effekt

---

[482] Vgl. Gliederungspunkt 5.6.2.

[483] Vgl. BFH-Urteil vom 29.6.1994 I R 137/93, in: BStBl. II 2002, S. 366-367, hier: S. 366; BMF-Schreiben vom 28.5.2002 IV A2 – S 2742 – 32/02, in: BStBl. I 2002, S. 603-609, hier: S. 603; Frotscher, Gerrit, Korrektur der verdeckten Gewinnausschüttung außerhalb der Steuerbilanz, in: FR 2002, S. 859-866; Grützner, Dieter, Auswirkungen von verdeckten Gewinnausschüttungen auf die steuerliche Gewinnermittlung der Kapitalgesellschaft, in: StuB 2003, S. 200-207 und Wassermeyer, Franz, Verdeckte Gewinnausschüttung – Bundesfinanzhof versus Finanzverwaltung, in: GmbHR 2002, S. 1-5, hier: S. 1.

[484] Vgl. Federmann, Rudolf, Bilanzierung nach Handelsrecht und Steuerrecht, 11. Aufl., Berlin 2000, S. 247 und Marx, Franz Jürgen, Steuern in der externen Rechnungslegung, Herne/ Berlin 1998, S. 190.

[485] Vgl. Asmussen, Jan P./Westphal, Michael R., Vergleich der Auswirkungen einer vGA im Halbeinkünfteverfahren zum Anrechnungsverfahren, in: StuB 2002, S. 937-945, hier: S. 938 und Staiger, Jürgen/Scholz, Annette, Belastungswirkungen verdeckter Gewinnausschüttungen nach Einführung des Halbeinkünfteverfahrens, in: BB 2002, S. 2633-2649, hier: S. 2643.

[486] Vgl. BMF-Schreiben vom 28.4.2003 IV A2 – S 2750a – 7/03, in: BStBl. I 2003, S. 292-299, hier: S. 293.

[487] Vgl. zu Überleitungspositionen resultierend aus steuerfreien Einnahmen i.S. des § 8b Abs. 1 KStG Gliederungspunkt 5.1.1.

im Unternehmensverbund wieder aus, da korrespondierend zum vergleichsweise zu hohen Steueraufwand der ausschüttenden Kapitalgesellschaft die empfangende Obergesellschaft einen zu niedrigen Steueraufwand in entsprechender Höhe ausweist. Im Ergebnis hat eine vGA dementsprechend nur Einfluss auf die Konzernüberleitungsrechnung, sofern entweder die empfangende oder die ausschüttende Gesellschaft außerhalb des zu konsolidierenden Unternehmensverbunds steht.

Zwischen Kapitalgesellschaft und einem beherrschenden Gesellschafter, der die Stimmrechtsmehrheit innehat, werden restriktivere Regelungen getroffen: So liegt hierbei grundsätzlich eine vGA vor, wenn es an einer zivilrechtlich wirksamen, klaren und im Voraus getroffenen Vereinbarung mangelt, die die Höhe des Entgeltes für Leistungen des Gesellschafters festlegt.[488]

Bei Darlehensverhältnissen zwischen Kapitalgesellschaft und Gesellschafter ist die Rechtsnorm des § 8a KStG zu beachten, wenn der Gesellschafter zu mindestens 25 % an der Kapitalgesellschaft beteiligt ist. Nach § 8a Abs. 1 Nr. 1 KStG sind Vergütungen für Fremdkapital von wesentlich beteiligten Gesellschaftern, die gewinn- oder umsatzabhängig ausgestaltet sind, stets als vGA zu qualifizieren. Bei gewinn- und umsatzunabhängigen Fremdfinanzierungsvergütungen ist eine vGA anzunehmen, wenn die steuerunschädliche Relation von Eigenkapital des Anteilseigners zu Fremdkapital (so genannter safe-haven) von 1:1,5 überschritten wird. Da der persönliche Anwendungsbereich des § 8a KStG bis zum 31.12.2003 auf solche Anteilseigner beschränkt ist, deren Vergütungen nicht im Rahmen einer inländischen Veranlagung erfasst werden, stellt die Vorschrift des § 8a KStG in erster Linie auf ausländische Gesellschafter ab.[489] Ab dem 1.1.2004 sind hingegen auch Vergütungen für Fremdkapitalüberlassungen, die inländische Anteilseigner gewähren, gefährdet, als vGA zu gelten.[490]

---

[488] Vgl. Abschn. 31 Abs. 5 und 6 KStR.

[489] Vgl. Prinz, Ulrich, Neues zur Gesellschafter-Fremdfinanzierung (§ 8a KStG) nach der Unternehmensteuerreform – Bestandsaufnahme und Gestaltungsmöglichkeiten, in: FR 2000, S. 1061-1069, hier: S. 1062 und Wienands, Hans-Gerd, Schädliche Fremdfinanzierung bei Rückgriffsberechtigung des Darlehensgebers, in: PIStB 2001, S. 210-214, hier: S. 210.

[490] Vgl. Herzig, Norbert, Gesellschafter-Fremdfinanzierung – Analyse und Perspektiven, in: WPg Sonderheft 2003, S. 191-204, hier: S. 196.

5.3.2 Verdeckte Einlage

Während bei einer vGA die Gesellschaft einem Gesellschafter einen Vorteil zukommen lässt, dreht sich bei einer verdeckten Einlage (vE) dieser Sachverhalt um, d.h., die Kapitalgesellschaft erhält Vorteile, deren Ursachen im Gesellschaftsverhältnis liegen und einem Fremdvergleich nicht standhalten.[491] Derartige einlagefähige Vermögensvorteile,[492] die der Gesellschaft unentgeltlich oder nur teilentgeltlich vom Gesellschafter zugewendet werden, sind steuerlich als vE zu qualifizieren.[493]

Handelsrechtlich vereinnahmt die Kapitalgesellschaft die Vermögensmehrung erfolgswirksam, während steuerrechtlich die vE nach § 4 Abs. 1 Satz 1 EStG erfolgsneutral zu behandeln ist.[494] Um Letzteres zu erreichen, ist der Vermögensvorteil außerbilanziell durch eine Abrechnung zu neutralisieren.[495] Obgleich dem handelsrechtlichen Ergebnis ein zu niedriger Steueraufwand gegenübersteht, besteht kein Raum für eine latente Steuerabgrenzung, da eine zukünftig steuerwirksame Umkehrung der Ergebnisdifferenz nicht eintritt und die Abweichung daher als permanent einzustufen ist. Durch eine vE entsteht eine Diskrepanz zwischen handelsrechtlichem Vorsteuerergebnis und ertragsteuerlicher Bemessungsgrundlage, die gem. den Formeln UP_1 bis UP_4 als Position in die Tax Reconciliation eingeht. Mithin ist bei der Ermittlung der Teilabweichung – entsprechend der vGA – der umfassende Mischsteuersatz einschlägig.

Auf Ebene des einlegenden Gesellschafters begründet die vE keine Betriebsausgabe, sondern gem. § 6 Abs. 6 Satz 2 EStG nachträgliche Anschaffungskosten

---

491 Vgl. BFH-Urteil vom 4.12.1991, I R 68/89, in: BStBl. II 1992, S. 744-748, hier: S. 745 und BFH-Urteil vom 19.2.1970, I R 24/67, in: BStBl. II 1970, S. 442-444, hier: S. 442.

492 Vgl. BFH-Beschluß vom 26.10.1987 GrS 2/86, in: BStBl. II 1988, S. 348-357, hier: S. 352 und BFH-Urteil vom 14.11.1984 I R 50/80, in: BStBl. II 1985, S. 227-230, hier: S. 229.

493 Vgl. Seibold, Felix, Die ertragsteuerliche Behandlung sogenannter verdeckter Einlagen, in: DStR 1990, S. 719-724, hier: S. 719.

494 Vgl. BFH-Urteil vom 12.1.1977 I R 157/74, in: BStBl. II 1977, S. 439-442, hier: S. 439 und Büchele, Ernst, Die verdeckte Einlage im Brennpunkt von Bilanz- und Gesellschaftsrecht, in: DB 1999, S. 2336-2340, hier: S. 2337.

495 Vgl. z.B. Kußmaul, Heinz/Klein, Nicole, Maßgeblichkeitsprinzip bei verdeckter Einlage und verdeckter Gewinnausschüttung?, in: DStR 2001, S. 189-194, hier: S. 190.

der Beteiligung an der Kapitalgesellschaft.[496] Die Differenz zwischen Teilwert des eingelegten Wirtschaftsgutes und bisherigem Buchwert ist erfolgswirksam zu vereinnahmen.[497] Diese Erhöhung führt allerdings ebenfalls zu keiner Bildung latenter Steuern, da der aus der Beteiligungsveräußerung resultierende Gewinn oder Verlust gem. § 8b Abs. 2 und 3 KStG nicht steuerwirksam zu vereinnahmen ist.[498] Entsprechend der Wirkung der vGA heben sich auch bei der vE die gegenläufigen Ergebniswirkungen im Konzernverbund auf. Auswirkungen auf die Konzernüberleitungsrechnung ergeben sich demzufolge nur, sofern entweder die einlegende oder die empfangende Gesellschaft außerhalb des zu konsolidierenden Konzernverbunds steht.

Beispiel:

Der Konzern K, bestehend aus der Mutterkapitalgesellschaft M und der Tochterkapital-gesellschaft T, weist als Ergebnis vor Steuern 210 € und eine Steuerlast i.h.v. 84 € aus. Das Konzernergebnis setzt sich aus den Ergebnissen von M (80 €) und T (130 €) zusammen. Bei Zugrundelegung eines Referenzsteuersatzes von 40 % liegt auf Ebene der Konzernüber-leitungsrechnung folglich eine Kongruenz von effektiver und erwarteter Steuergröße vor. Dennoch besteht auf Ebene der Einzelabschlüsse Erläuterungsbedarf, da M unentgeltlich ein Wirtschaftsgut (Buchwert = 20 €; Teilwert = 30 €) T überlassen hat. Vor diesem Geschäfts-vorfall betragen sowohl die steuerlichen als auch handelsrechtlichen Ergebnisse von M und T jeweils 100 €. Die Überleitungsrechnungen sollen nach dem Steueraufwand im Rahmen eines Top-down Approach erfolgen.

Überleitungsrechnung der T:

	Erwarteter Steueraufwand	52 €	$(130 \text{ €} \cdot 0{,}4)$
+	Steuereffekt vE	- 12 €	$(UP_2 = - 30 \text{ €} \cdot 0{,}4)$
=	Effektiver Steueraufwand	40 €	(Verprobung: $100 \text{ €} \cdot 0{,}4$)

---

[496] Vgl. Kußmaul, Heinz/Klein, Nicole, Maßgeblichkeitsprinzip bei verdeckter Einlage und verdeckter Gewinnausschüttung?, in: DStR 2001, S. 189-194, hier: S. 191 und Weber-Grellet, Heinrich, Die verdeckte Einlage, in: DB 1998, S. 1532-1538, hier: S. 1535.

[497] Vgl. Füger, Rolf/Rieger, Norbert, Verdeckte Einlage in eine Kapitalgesellschaft zu Buchwerten, in: DStR 2003, S. 628-630, hier: S. 629.

[498] Vgl. zu Überleitungspositionen aufgrund steuerfreier Einnahmen i.S. des § 8b Abs. 2 KStG Gliederungspunkte 5.1.2 und nicht abzugsfähiger Aufwendungen i.S. des § 8b Abs. 3 KStG Gliederungspunkt 5.2.2.

Überleitungsrechnung der M:

	Erwarteter Steueraufwand	32 €	(80 € • 0,4)
+	Steuereffekt vE	12 €	(UP$_2$ = 30 € • 0,4)
=	Effektiver Steueraufwand	44 €	(Verprobung: 110 € • 0,4)

Das Beispiel verdeutlicht die entgegengesetzten Wirkungen der vE im Unternehmensverbund. In der Konzernüberleitungsrechnung entsteht folglich keine Überleitungsposition, sofern T in den Konzernabschluss einzubeziehen ist.

Konzernüberleitungsrechnung:

	Erwarteter Steueraufwand	84 €	(210 € • 0,4 oder 32 € + 52 €)
=	Effektiver Steueraufwand	84 €	(210 € • 0,4 oder 40 € + 44 €).

5.3.3 Gewinnberichtigung des § 1 AStG

Neben vGA und vE ist mit § 1 AStG eine weitere Gewinnberichtigung zwingend vorzunehmen, die ihre Ursache in Leistungsbeziehungen zwischen Gesellschaft und Gesellschafter hat. Nach § 1 Abs. 1 AStG ist das Ergebnis der Kapitalgesellschaft entsprechend zu korrigieren, wenn Einkunftsminderungen aus Geschäftsbeziehungen zum Ausland mit einer nahe stehenden Person resultieren, die auf Vereinbarungen beruhen, die einem Drittvergleich nicht standhalten.[499] Als der Kapitalgesellschaft nahe stehend definiert § 1 Abs. 2 AStG Personen, die eine Beteiligung von mindestens 25 % halten oder einen beherrschenden Einfluss ausüben. Im Fall einer deutschen Obergesellschaft ist der Anwendungsbereich des § 1 AStG auf Vermögensverlagerungen von der deutschen Mutterkapitalgesellschaft zur ausländischen Tochterkapitalgesellschaft beschränkt. Im Unterschied zur vE erfolgt allerdings keine korrespondierende Erhöhung der Beteiligung an der Kapitalgesellschaft, sondern lediglich eine außerbilanzielle Gewinnberichtigung. Bei Ermittlung des steuerfreien Veräußerungsgewinns i.S. von § 8b KStG ist jedoch der Berichtigungsbetrag i.S. des § 1 AStG zu kürzen, um eine doppelte Erfassung zu vermeiden.[500]

Da handelsrechtlich keine Ergebniskorrektur i.S. des § 1 AStG vorzunehmen ist, entsteht eine Differenz zwischen handelsrechtlichem Ergebnis und ertragsteuer-

---

[499] Vgl. Köhler, Stefan, Aktuelles Beratungs-Know-how Internationales Steuerrecht, in: DStR 2002, S. 1341-1344, hier: S. 1341 und Scheffler, Wolfram, Besteuerung der grenzüberschreitenden Unternehmenstätigkeit, 2. Aufl., München 2002, S. 307.

[500] Vgl. Jacobs, Otto H., Internationale Unternehmensbesteuerung, 5. Aufl., München 2002, S. 682.

licher Bemessungsgrundlage, die aufgrund fehlender latenter Steuerabgrenzung über eine Ermittlung gem. UP_1 bis UP_4 in die Überleitungsrechnung aufzunehmen ist. Relevanter Steuersatz ist in diesem Zusammenhang der umfassende Mischsteuersatz.

5.4 Hinzurechnungsbetrag nach § 10 Absatz 2 AStG

Im Zusammenhang mit Beteiligungen an ausländischen Kapitalgesellschaften sind die spezifischen Regelungen der §§ 7 bis 14 AStG zu prüfen. Sofern die tatbestandlichen Voraussetzungen erfüllt sind, werden dem inländischen Gesellschafter gem. § 10 Abs. 2 AStG – unabhängig von Ausschüttung oder Thesaurierung der ausländischen Gesellschaft – ausländische Einkünfte in Form einer fiktiven Dividende unmittelbar zugerechnet.[501] Der Hinzurechnungsbetrag ist gem. § 10 Abs. 2 Satz 3 AStG nicht nach § 8b Abs. 1 KStG steuerfrei zu vereinnahmen, sondern unterliegt vollumfänglich – unabhängig von DBA-Regelungen[502] – der Ertragsbesteuerung.[503]

Auf Ebene des handelsrechtlichen Einzelabschlusses steht der steuerlichen Hinzurechnung kein entsprechendes Ergebnis gegenüber. Eine latente Steuerabgrenzung der Ergebnisabweichung kommt jedoch nicht in Betracht, da keine steuermindernde zukünftige Umkehr eintritt und insofern eine permanente Differenz vorliegt. Um die Verprobungsmöglichkeit auf der Stufe des Einzelabschlusses zu sichern, ist die Teilabweichung zwischen erwarteter und tatsächlicher Steuergröße – unabhängig von kompensatorischen Effekten im Konzernabschluss – über die Formeln UP_1 bis UP_4 zu ermitteln.

Hinsichtlich der Auswirkungen der Hinzurechnungsbesteuerung auf die Konzernüberleitungsrechnung ist zu differenzieren, ob eine entsprechende Ergebniserhöhung auf Ebene des Konzernabschlusses eintritt und die Steuerlast der ausländischen Gesellschaft zu übernehmen ist: Handelt es sich bei dem ausländischen Unternehmen um eine zu konsolidierende Tochtergesellschaft, steht dem Teilkonzernergebnis einerseits ein korrespondierender Steueraufwand der Gesellschaft selbst gegenüber, andererseits ein zusätzlicher Steueraufwand durch die Hinzurechnungsbesteuerung, sodass eine Doppelbelastung des

---

[501] Vgl. Lieber, Bettina, Neuregelung der Hinzurechnungsbesteuerung durch das Unternehmenssteuerfortentwicklungsgesetz, in: FR 2002, S. 139-151, S. 141.

[502] Zur Aufhebung des DBA-Schutzes vgl. Rödder, Thomas/Schumacher, Andreas, Das Steuervergünstigungsabbaugesetz, in: DStR 2003, S. 805-819, hier: S. 817.

[503] Vgl. Grützner, Dieter, Erneute Änderung des AStG im Zusammenhang mit dem Übergang auf das Halbeinkünfteverfahren, in: NWB 2002, Fach 2, S. 7831-7836, hier: S. 7833.

Konzernverbunds zu verzeichnen ist. Sofern die ausländische Beteiligung nach der Equity-Methode in den Konzernabschluss einbezogen wird, erhöht sich das Konzernergebnis – ohne eine korrespondierende Übernahme des Steueraufwands – um das anteilige Jahresergebnis des Unternehmens. In diesem Fall führt die Hinzurechnungsbesteuerung zu einer kongruenten erwarteten und effektiven Konzernsteuergröße. Die auf Ebene des Einzelabschlusses gebildete Überleitungsposition ist folglich auf Konzernebene zu tilgen. Steht der zusätzlichen tatsächlichen Steuerbelastung dagegen keine handelsrechtliche Ergebniserhöhung gegenüber – beispielsweise aufgrund einer Gewinnthesaurierung der ausländischen Beteiligung, die nicht nach der Equity-Methode zu bewerten ist –, bleibt die gebildete Überleitungsposition auf Konzernebene bestehen.

Ob die inländische Kapitalgesellschaft einen Hinzurechnungsbetrag i.S. von § 10 Abs. 2 AStG der Ertragsbesteuerung zu unterwerfen hat, ist von der Art der ausländischen Einkünfte, der Höhe des ausländischen Steuersatzes sowie der Beteiligungsquote am Nennkapital der ausländischen Gesellschaft abhängig. Die Rechtsfolgen der Hinzurechnungsbesteuerung kommen nur in Betracht, sofern die ausländische Kapitalgesellschaft in ihrem Ansässigkeitsstaat niedrig besteuerte passive Einkünfte erzielt.[504] Während § 8 Abs. 1 AStG durch eine abschließende Aufzählung aktiver Einkünfte eine Negativabgrenzung zu passiven Einkünften beinhaltet, wird nach § 8 Abs. 3 AStG eine ausländische Besteuerung als niedrig eingestuft, wenn der Ertragsteuersatz unter 25 % beträgt. Grundsätzlich sind die Vorschriften des AStG nur anwendbar, sofern Steuerinländer – unabhängig von einer Verbundenheit untereinander – in der Summe mehrheitlich an der ausländischen Kapitalgesellschaft beteiligt sind.[505]

Bei passiven Einkünften in Form von so genannten Zwischeneinkünften mit Kapitalanlagecharakter i.S. des § 7 Abs. 6a AStG – es handelt sich hierbei um Einkünfte, die primär aus dem Halten und Verwalten von Zahlungsmitteln, Beteiligungen o.Ä. entstehen – treten nach § 7 Abs. 6 AStG die Rechtsfolgen des § 10 Abs. 2 AStG bereits ein, wenn die inländische Kapitalgesellschaft eine Beteiligung von mindestens einem Prozent hält und die passive Tätigkeit zehn Prozent der Bruttoerträge der Zwischengesellschaft oder 62.000 € übersteigt. Erzielt die ausländische Gesellschaft ausschließlich oder fast ausschließlich Zwi-

---

[504] Vgl. Grützner, Dieter, Erneute Änderung des AStG im Zusammenhang mit dem Übergang auf das Halbeinkünfteverfahren, in: NWB 2002, Fach 2, S. 7831-7836, hier: S. 7832-7833.

[505] Vgl. Rättig, Horst/Protzen, Peer Daniel, Die „neue Hinzurechnungsbesteuerung" der §§ 7-14 AStG in der Fassung des UntStFG – Problembereiche und Gestaltungshinweise, in: IStR 2002, S. 123-128, hier: S. 123.

scheneinkünfte mit Kapitalanlagecharakter, entfällt gem. § 7 Abs. 6 Satz 3 AStG die Mindestbeteiligungsgrenze von einem Prozent.[506]

5.5 Gewerbesteuerliche Hinzurechnungen und Kürzungen

Ausgangspunkt der gewerbesteuerlichen Bemessungsgrundlage in Form des Gewerbeertrags ist nach § 7 GewStG das körperschaftsteuerliche Einkommen, das um Hinzurechnungen gem. § 8 GewStG zu modifizieren ist.[507] Zur Ermittlung des Gewerbeertrags ist in einem weiteren Schritt die zuvor ermittelte Summe um Kürzungen nach § 9 GewStG zu verändern. Während gewerbesteuerliche Hinzurechnungen den Gewerbeertrag erhöhen, vermindern Kürzungen die gewerbesteuerliche Bemessungsgrundlage.[508] Obgleich die gewerbesteuerlichen Hinzurechnungen und Kürzungen grundsätzlich Abweichungen zwischen gewerbe- und körperschaftsteuerlicher Bemessungsgrundlage erzeugen, resultieren aus den gewerbesteuerlichen Modifikationen nicht zwangsläufig Differenzen zwischen erwarteter und effektiver Steuergröße.

Eine gewerbesteuerliche Modifikation der körperschaftsteuerlichen Bemessungsgrundlage begründet eine Überleitungsposition, wenn diese Abwandlung zu einer Differenz zwischen handelsrechtlichem Ergebnis und gewerbesteuerlicher Bemessungsgrundlage führt. Dies ist beispielsweise der Fall, wenn der nach § 8 GewStG hinzuzurechnende Betrag das handelsrechtliche Jahresergebnis gemindert hat oder soweit einer gewerbesteuerlichen Kürzung nach § 9 GewStG keine äquivalente handelsbilanzielle Vorgehensweise gegenübersteht. Derartige Abweichungen bedürfen einer Erläuterung in der Überleitungsrechnung, da sie sich im Zeitablauf nicht umkehren und insofern einen dauerhaften Charakter aufweisen.[509] Da Inkongruenzen zwischen erwarteter und effektiver Steuergröße aufgrund von gewerbesteuerlichen Hinzurechnungen und Kürzungen auf Differenzen zwischen ertragsteuerlicher Bemessungsgrundlage und handelsrechtlichem Vorsteuerergebnis zurückzuführen sind, liegen Überleitungspositionen der Kategorien UP_1 bis UP_4 vor. Der maßgebliche Steuersatz

---

[506]   Vgl. Dautzenberg, Norbert, Änderungen im Bereich des internationalen Steuerrechts im Jahr 2002 (Teil B), in: StuB 2002, S. 537-540, hier: S. 539.

[507]   Vgl. Wehrheim, Michael, Grundzüge der Unternehmensbesteuerung, München 2002, S. 65.

[508]   Vgl. Tipke, Klaus/Lang, Joachim, Steuerrecht, 17. Aufl., Köln 2002, S. 484.

[509]   Vgl. Neumann, Patrick, Die Steuerabgrenzung im handelsrechtlichen Jahresabschluß, Diss. Univ. Mannheim 1991, Frankfurt am Main u.a. 1992, S. 117.

ist in diesem Zusammenhang der unter Beachtung der Interdependenzen der einzelnen Steuerarten zu ermittelnde gewerbesteuerliche Tarif.[510]

Eine gewerbesteuerliche Modifikation, die eine Überleitungsposition in der Tax Reconciliation begründet, ist beispielsweise die Hinzurechnung der hälftigen Zinslast für Dauerschulden nach § 8 Nr. 1 GewStG.[511] Die Differenz zwischen erwarteter und effektiver Steuergröße resultiert in diesem Fall aus der handelsrechtlichen Behandlung der Zinsen als Aufwand in voller Höhe. Dabei werden Schulden mit einer Laufzeit von mehr als einem Jahr widerlegbar als Dauerschulden qualifiziert.[512]

Von gewerbesteuerlichen Kürzungen sind z.B. nach § 9 Nr. 1 GewStG 1,2 % des Einheitswertes des zum Betriebsvermögen gehörenden Grundbesitzes betroffen.[513] Da handelsrechtlich keine entsprechende Minderung des Ergebnisses gegenübersteht, entsteht auch in diesem Fall eine Abweichung zwischen handelsrechtlichem Vorsteuerergebnis und gewerbesteuerlicher Bemessungsgrundlage.

Da der Ausgangspunkt zur Ermittlung des Gewerbeertrags das körperschaftsteuerliche Einkommen ist, sind in der gewerbesteuerlichen Ausgangsgröße ebenfalls Abweichungen zum handelsrechtlichen Ergebnis inbegriffen, die ihre Ursachen in einkommen- oder körperschaftsteuerlichen Regelungen haben.[514] Gewerbesteuerlichen Modifikationen sind zwar stets Abweichungen vom körperschaftsteuerlichen Einkommen immanent, sie können aber auch bestehende Inkongruenzen zum handelsrechtlichen Ergebnis für gewerbesteuerliche Zwecke auflösen. Insofern begründen derartige Hinzurechnungen und Kürzungen grundsätzlich keine Überleitungsposition. Allerdings ist im Einzelfall zu prüfen, inwiefern der zugrunde liegende Sachverhalt – beispielsweise aufgrund einer körperschaftsteuerlichen Abweichung – bereits in der Überleitungsrechnung berücksichtigt wird. Sofern bei der Ermittlung der Teilabweichung ein umfassender Mischsteuersatz angewandt wird, ist die Hinzurechnung respektive Kürzung, bewertet zum Gewerbesteuersatz, in die Tax

---

[510]   Vgl. Schäffeler, Ursula, Latente Steuern nach US-GAAP für deutsche Unternehmen, Diss., Univ. München 2000, Frankfurt am Main 2000, S. 199.

[511]   Vgl. auch Abschn. 45-48 GewStR.

[512]   Vgl. Tipke, Klaus/Lang, Joachim, Steuerrecht, 17. Aufl., Köln 2002, hier: S. 487 m.w.N. und Wehrheim, Michael, Grundzüge der Unternehmensbesteuerung, München 2002, S. 66.

[513]   Vgl. Schneeloch, Dieter, Besteuerung und betriebliche Steuerpolitik, Band 1: Besteuerung, 4. Aufl., München 2003, S. 167.

[514]   Vgl. von Twickel, Degenhard, § 7 GewStG, in: Blümich, EStG, KStG, GewStG, Ebling, Klaus (Hrsg.), München 2002, Rz. 90.

Reconciliation aufzunehmen. Nachfolgend soll dies am Beispiel der Hinzu-rechnung gem. § 8 Nr. 5 GewStG verdeutlicht werden.

Beteiligungserträge, die als so genannte Streubesitzdividenden nicht die tatbe-standlichen Voraussetzungen des § 9 Nr. 2a oder Nr. 7 GewStG erfüllen, sind gem. § 8 Nr. 5 GewStG für gewerbesteuerliche Zwecke hinzuzurechnen, sofern kein Schachtelprivileg gewährendes DBA entgegensteht.[515] Streubesitz liegt vor, wenn die Beteiligungshöhe weniger als zehn Prozent beträgt.[516] Da derartige in- und ausländische Dividenden, die für körperschaftsteuerliche Zwecke die Be-messungsgrundlage gem. § 8b Abs. 1 KStG gemindert haben, im Rahmen der Ermittlung des Gewerbeertrags hinzuzurechnen sind und sie auch handels-rechtlich eine ergebniserhöhende Wirkung entfalten, entsteht durch diese gewerbesteuerliche Modifikation folglich keine in der Überleitungsrechnung zu erläuternde Differenz.

Grundsätzlich schlägt die Steuerbefreiung des § 8b Abs. 1 KStG allerdings auf die Gewerbesteuer durch,[517] sodass die resultierende Differenz für Zwecke der Überleitungsrechnung auch stets mit einem Mischsteuersatz bewertet werden kann. Sofern in dieser Weise vorgegangen wird, ist der auf die Gewerbesteuer entfallende Anteil in Höhe der Hinzurechnung zu eliminieren. Dies bedeutet, dass trotz fehlender Differenz zwischen gewerbesteuerlicher Bemessungs-grundlage und handelsrechtlichem Vorsteuerergebnis zwingend eine Über-leitungsposition auszuweisen ist.

Ein weiteres Beispiel in diesem Kontext ist die Qualifizierung von Vergütungen für eine Gesellschafter-Fremdfinanzierung gem. § 8a KStG als vGA. Da dieser Spezialfall einer vGA für körperschaftsteuerliche, aber bis zum 31.12.2003 nicht für gewerbesteuerliche Zwecke gilt, ist die außerbilanzielle Zurechnung durch eine Kürzung gem. § 9 Nr. 10 GewStG rückgängig zu machen.[518] Dies bedeutet,

---

[515] Vgl. Kessler, Wolfgang/Kahl, Ilona, Gewerbesteuer auf Nicht-Schachteldividenden –
Aussage i.S. des § 3c EStG n.F.?, in: DB 2002, S. 1017-1020, hier: S. 1017 und Prinz,
Ulrich/ Simon, Stefan, Kuriositäten und Ungereimtheiten des UntStFG: Ungewollte
Abschaffung des gewerbesteuerlichen Schachtelprivilegs für Kapitalgesellschaften, in:
DStR 2002, S. 149-152, hier: S. 149.

[516] Vgl. Haas, Wolfgang, Die Gewerbesteuerpflicht von Dividenden aus Streubesitz nach
§ 8 Nr. 5 GewStG und ihre Auswirkungen auf 100%-Beteiligungen, in: DB 2002,
S. 549-553.

[517] Vgl. Eilers, Stephan/Wienands, Hans-Gerd, Steuersenkungsgesetz: Besteuerung der
Dividendeneinnahmen von Körperschaften nach der Neufassung von § 8b Abs. 1 KStG,
in: GmbHR 2000, S. 957-964, hier: S. 963.

[518] Mit Wirkung zum 1.1.2004 ist die Kürzungsvorschrift des § 9 Nr. 10 KStG ersatzlos ge-
strichen worden.

dass durch die Minderung der gewerbesteuerlichen Bemessungsgrundlage ein funktionaler Zusammenhang zwischen handelsrechtlichem Ergebnis und ausgewiesener Gewerbesteuerlast herrscht. Folglich entfällt eine gewerbesteuerliche Erläuterung in der Überleitungsrechnung, sofern die vGA mit einem Mischsteuersatz aus KSt und SolZ bewertet wurde.

5.6 Steuersatzabweichungen

5.6.1 Ausländische Steuern

Die steuerliche Belastung eines Teilkonzernergebnisses durch Zugriff einer ausländischen Steuerhoheit führt zu einer Inkongruenz zwischen erwartetem und effektivem Steueraufwand, sofern der ausländische Steuertarif vom Referenzsteuersatz abweicht und diese Belastung im Unternehmensverbund definitiv ist. Letzteres ist in einem Kapitalgesellschaftskonzern mit ausländischen Tochtergesellschaften der Fall, wenn dem deutschen Fiskus bei der Obergesellschaft ein Anknüpfungspunkt für eine Besteuerung – beispielsweise in Form einer Ausschüttung – fehlt, da die ausländische Kapitalgesellschaft eine abschirmende Wirkung entfaltet.[519] Bei dieser Konstellation determiniert ausschließlich das ausländische Steuerniveau die effektive Steuerbelastung des zugehörigen Teilkonzernergebnisses, sodass eine im Vergleich zum Referenzsteuersatz niedrigere Quellenbesteuerung zu einem entsprechend niedrigeren effektiven Konzernsteueraufwand führt. Umgekehrt resultiert aus einem höheren ausländischen Steuertarif eine Abweichung zwischen den in der Überleitungsrechnung zu erörternden Größen aufgrund eines zu niedrigen Referenzsteuersatzes.[520] Da für derartige Inkongruenzen eine Steuersatzabweichung ursächlich ist, sind in Abhängigkeit der gewählten Überleitungsmethode die Formeln UP_5 bis UP_8 zur Ermittlung der Überleitungspositionen anzuwenden.

Sofern das mit einer ausländischen Quellensteuer belastete Teilkonzernergebnis im Rahmen des Welteinkommensprinzips des § 1 KStG vom inländischen Fiskus erfasst wird, ist für Zwecke der Tax Reconciliation zu prüfen, in welcher Weise der Einbezug in die inländische Ertragsbesteuerung erfolgt: Kommt durch

---

[519] Zum sogenannten Trennungsprinzip zwischen Kapitalgesellschaften und ihren Anteilseignern vgl. z.B. Kessler, Wolfgang/Schiffers, Joachim/Teufel, Tobias, Rechtsformwahl Rechtsformoptimierung, München 2002, S. 120-122. Das Trennungsprinzip wird nur durch die spezielle Regelung der Hinzurechnungsbesteuerung gem. §§ 7-14 AStG durchbrochen. Vgl. Gliederungspunkt 5.4.

[520] Vgl. Haag, Stefan/von Rotz, Alex, IAS 12 Ertragssteuern, in: ST 1998, S. 795-806, hier: S. 797.

166

eine unilaterale Maßnahme zur Vermeidung einer Doppelbesteuerung oder aufgrund einer DBA-Regelung die Freistellungsmethode zur Anwendung, determiniert ausschließlich das ausländische Steuerniveau eine potenzielle Inkongruenz zwischen erwarteter und effektiver Steuergröße. Mithin beinhalten die meisten von Deutschland abgeschlossenen DBA die Freistellungsmethode.[521]

Sofern das einschlägige DBA die Anrechnungsmethode vorsieht oder eine unilaterale Maßnahme diese Methode zur Vermeidung einer Doppelbesteuerung bestimmt, ist zunächst zwischen unterschiedlichen Ausgestaltungen der Anrechnung zu differenzieren:[522] Bei der vollen Anrechnung werden die ausländischen Steuern in unbegrenzter Höhe auf die inländische Steuerlast angerechnet.[523] Folglich determiniert der Referenzsteuersatz der inländischen Obergesellschaft das Steuerniveau, sodass keine in der Überleitungsrechnung zu erläuternde Diskrepanz entsteht. Meist ist die Anrechnungsmethode jedoch in Form einer begrenzten Anrechnung ausgestaltet,[524] um eine Subventionierung eines hohen ausländischen Steuertarifs zu Lasten des Anrechnungsstaats zu vermeiden.[525] Mithin ist die Anrechnung der Quellensteuer in diesem Fall auf einen Höchstbetrag begrenzt, der regelmäßig den ausländischen Einkünften, bewertet zum inländischen Steuertarif, entspricht.[526] Hinsichtlich der Auswirkungen auf die Überleitungsrechnung ist hierbei wiederum das ausländische Steuerniveau entscheidend: Sofern der Quellensteuertarif geringer als der inländische Steuersatz ist, wird die Belastung der ausländischen Einkünfte auf inländisches Niveau angehoben. Folglich entsteht keine Abweichung zwischen erwartetem und tatsächlichem Steuersatz. Übersteigt dagegen der ausländische den inländischen Steuertarif, wird diese Differenz

---

[521]   Vgl. Kußmaul, Heinz/Schäfer, René, Ertragsteuerliche Behandlung der internationalen Unternehmenstätigkeit inländischer Kapitalgesellschaften im Ausland – Neuerungen durch das StSenkG, in: StuB 2002, S. 275-282, hier: S. 277 und Schreiber, Ulrich, Die Steuerbelastung der Personenunternehmen und der Kapitalgesellschaften, in: WPg 2002, S. 557-571, hier: S. 568.

[522]   Vgl. Rose, Gerd, Grundzüge des Internationalen Steuerrechts, 5. Aufl., Wiesbaden 2000, S. 59-62 und Spengel, Christoph, Grenzüberschreitende Geschäftstätigkeit und effektive Steuerbelastung nach der deutschen Steuerreform, in: ZfbF 2002, S. 710-742, hier: S. 725.

[523]   Vgl. Wacker, Wilhelm H./Seibold, Sabine/Oblau, Markus, Steuerrecht für Betriebswirte, Bielefeld 2000, S. 120.

[524]   So beispielsweise auch in § 26 Abs. 1 KStG i.V.m. § 34c EStG.

[525]   Vgl. Rose, Gerd, Grundzüge des Internationalen Steuerrechts, 5. Aufl., Wiesbaden 2000, S. 60.

[526]   Vgl. Jacobs, Otto H., Internationale Unternehmensbesteuerung, 5. Aufl., München 2002, S. 13.

nicht angerechnet, d.h., sie führt zu einem vergleichsweise zu hohen effektiven Steuerwert und muss insofern als Steuersatzabweichung in die Überleitungsrechnung aufgenommen werden.

Neben den Hauptmethoden zur Vermeidung einer Doppelbesteuerung in Form von Freistellung und Anrechnung existieren zudem die Pauschalierungs- und die Abzugsmethode.[527] Im Rahmen der Pauschalierungsmethode wird die ausländische Steuerbelastung durch eine pauschale Herabsetzung des inländischen Tarifs berücksichtigt. Sofern sich zwischen dem für Zwecke der Tax Reconciliation anzuwendenden Referenzsteuersatz und der Summe von ausländischem und reduziertem inländischen Steuertarif eine Abweichung ergibt, ist diese Steuersatzdifferenz in der Überleitungsrechnung zu berücksichtigen. Bei der Abzugsmethode werden die ausländischen Einkünfte zwar unvermindert dem inländischen Steuersatz unterworfen, allerdings darf die ausländische Steuerlast zur Milderung der Doppelbesteuerung als Betriebsausgabe von der inländischen Bemessungsgrundlage abgezogen werden.[528] Folglich können hierbei zwei Abweichungsarten vorliegen: einerseits eine Steuersatzdifferenz zwischen ausländischem und inländischem Tarif, zum anderen – bedingt durch den Abzug der ausländischen Steuerlast – eine Abweichung zwischen ertragsteuerlicher Bemessungsgrundlage und Konzernergebnis vor Steuern. Folglich bieten sich zur Ermittlung der resultierenden Überleitungsposition die Formeln UP_{13} bis UP_{16} an, die beide Abweichungsarten innerhalb eines Sachverhaltes berücksichtigen.[529]

5.6.2 Körperschaftsteuerminderungen und -erhöhungen

Trotz des Wechsels von der körperschaftsteuerlichen Anrechnungsmethode auf das Halbeinkünfteverfahren und der damit einhergehenden definitiven Körperschaftsteuerbelastung i.H.v. 25 % können Ausschüttungen sowohl Körperschaftsteuerminderungen als auch -erhöhungen während eines achtzehnjährigen

---

[527] Vgl. Kußmaul, Heinz, Betriebswirtschaftliche Steuerlehre, 3. Aufl., München 2003, S. 674.

[528] Vgl. Scheffler, Wolfram, Besteuerung der grenzüberschreitenden Unternehmenstätigkeit, 2. Aufl., München 2002, S. 78.

[529] Vgl. Gliederungspunkt 2.3.

Übergangszeitraums[530] auslösen.[531] In dieser Übergangsphase sollen, trotz Abkehr von der bisherigen Eigenkapitalgliederungsrechnung, die unter der Ägide des Anrechnungsverfahrens generierten, unterschiedlich besteuerten Gewinne bei Ausschüttung – entsprechend des damaligen Tarifs – einer Definitivbelastung von 30 % unterliegen.[532] Diese Intention wurde beim Wechsel zum Halbeinkünfteverfahren durch folgende Schlussgliederung umgesetzt: Während das ehemalige EK 40 in Körperschaftsteuerminderungspotenzial als so genanntes Guthaben transformiert und EK 04 als Anfangsbestand des steuerlichen Einlagekontos i.S. des § 27 KStG erfasst wurde, ist das EK 02 während der Übergangszeit fortzuführen und jährlich gesondert festzustellen.[533]

Das Steuerminderungspotenzial, das 1/6 des festgestellten Endbestands an EK 40 entspricht, kann ausschließlich im Rahmen ordentlicher Gewinnausschüttungen während der achtzehnjährigen Übergangszeit – die dreijährige Sperrfrist ausgenommen – geltend gemacht werden.[534, 535] Im Geschäftsjahr der Ausschüttung von ehemaligen EK 40 verringern sich nach § 37 Abs. 2 Satz 2 KStG das Minderungspotenzial sowie die zu entrichtende Körperschaftsteuer der ausschüttenden Kapitalgesellschaft um 1/6 des Ausschüttungsbetrags. Im Kapitalgesellschaftskonzern muss zudem die Vorschrift des § 37

---

530 Der Zeitraum erstreckte sich vormals von 2002 bis 2016 (bei abweichendem Wirtschaftsjahr bis 2017), bevor er, einhergehend mit einer Aussetzung von körperschaftsteuermindernden Ausschüttungen vom 12.4.2003 bis zum 31.12.2005, um drei Jahre bis 2019 verlängert wurde. Vgl. Förster, Guido, Die Änderungen durch das StVergAbG bei der Einkommensteuer und der Körperschaftsteuer, in: DB 2003, S. 899-905, hier: S. 901-902 und Lornsen-Veit, Birgitt/Möbus, Susanne, Erhebliche Einschränkungen bei der Nutzung des Körperschaftsteuer-Guthabens durch den neuen § 37 Abs. 2a KStG, in: BB 2003, S. 1154-1159.

531 Vgl. Breithecker, Volker/Klapdor, Ralf/Zisowski, Ute, Unternehmenssteuerreform, Bielefeld 2001, S. 59-63 und Semmler, Ernst, Die Körperschaftsteuerminderung und -erhöhung sowie die Einlagenrückgewähr nach dem StSenkG, in: DStR 2001, S. 1337-1341, hier: S. 1337.

532 Vgl. BDI/Ernst & Young (Hrsg.), Die Unternehmenssteuerreform, 2. Aufl., Bonn/Berlin 2000, S. 109 und Scheffler, Wolfram, Besteuerung von Unternehmen I, 5. Aufl., Heidelberg 2002, S. 194.

533 Vgl. Lang, Bianca, Das System der Ausschüttungen in der fünfzehnjährigen Übergangszeit, in: DB 2002, S. 1793-1798, hier: S. 1793 und Wehrheim, Michael, Grundzüge der Unternehmensbesteuerung, München 2002, S. 33-38.

534 Vgl. Förster, Guido/van Lishaut, Ingo, Das körperschaftsteuerliche Eigenkapital i.S.d. §§ 27-29 KStG 2001 (Teil 1), in: FR 2002, S. 1205-1217, hier: S. 1207-1208.

535 Dies bedeutet einerseits, dass Körperschaftsteuerguthaben nicht durch vGA realisiert werden kann und andererseits, dass mit Ablauf der Übergangszeit das Minderungspotenzial verloren geht. Vgl. Lang, Bianca, Das System der Ausschüttungen in der fünfzehnjährigen Übergangszeit, in: DB 2002, S. 1793-1798, hier: S. 1794.

Abs. 3 KStG beachtet werden, die eine Minderung der körperschaftsteuerlichen Belastung durch Mobilisierung von Guthaben innerhalb des Unternehmensverbunds verhindert, indem bei der empfangenden Kapitalgesellschaft – trotz steuerfreier Dividendenvereinnahmung gem. § 8b Abs. 1 KStG – sowohl das Körperschaftsteuerguthaben als auch die körperschaftsteuerliche Zahllast des Veranlagungszeitraums um den Betrag der Körperschaftsteuerminderung zu erhöhen sind.

Körperschaftsteuererhöhungen resultieren dagegen aus der Verwendung von EK 02 zur Ausschüttung.[536] Mithin erhöht sich in diesem Fall die KSt gem. § 38 Abs. 2 Satz 1 KStG um 3/7 des Betrags der Gewinnausschüttung. § 38 Abs. 1 Satz 4 KStG i.V.m. § 27 Abs. 1 Satz 4 KStG regelt in diesem Zusammenhang, dass EK 02 als verwendet gilt, wenn die Ausschüttung den um den Bestand des EK 02 verminderten ausschüttbaren Gewinn übersteigt. Der ausschüttbare Gewinn entspricht gem. § 27 Abs. 1 Satz 4 KStG dem steuerbilanziellen Eigenkapital abzüglich des gezeichneten Kapitals sowie des Bestandes im steuerlichen Einlagekonto.[537]

Mangels gesonderter Berücksichtigung ertragsteuerlicher Konsequenzen von Dividendenzahlungen in der erwarteten Steuergröße muss für Zwecke der Überleitungsrechnung zunächst die effektive Steuergröße und damit der Einfluss latenter Steuern analysiert werden: Dabei ist zu konstatieren, dass Körperschaftsteuererhöhungen und -minderungen ein quasi-permanenter Charakter zuzuordnen ist, da sie von Dispositionen bzw. vom Ausschüttungsverhalten der Kapitalgesellschaft abhängen.[538] Bei Einbezug derartiger Differenzen in die latente Steuerabgrenzung sind auf steuerminderndes Ausschüttungspotenzial aktivische latente Steuern zu bilden und die zukünftig herzustellende Ausschüttungsbelastung durch eine passivische Steuerabgrenzung zu berücksichtigen.[539] Werden die körperschaftsteuerlichen Ausschüttungskonsequenzen dagegen nicht durch Bildung latenter Steuern abgegrenzt, ist in Höhe

---

536   Vgl. Heidemann, Otto, Vorabausschüttungen in der Übergangsphase zwischen Anrechnungs- und Halbeinkünfteverfahren, in: INF 2001, S. 685-689, hier: S. 687 und Wehrheim, Michael, Grundzüge der Unternehmensbesteuerung, München 2002, S. 38.

537   Vgl. Schlagheck, Markus, Nutzungsvorteile im Konzern nach der Unternehmenssteuerreform, in: GmbHR 2002, S. 92-101, hier: S. 94-95.

538   Vgl. Pellens, Bernhard/Bonse, Andreas/Schremper, Ralf, Auswirkungen gespaltener Körperschaftsteuersätze im Konzernabschluß nach HGB, IAS und US-GAAP, in: WPg 1998, S. 899-907, hier: S. 902.

539   Vgl. Ernsting, Ingo, Auswirkungen des Steuersenkungsgesetzes auf die Steuerabgrenzung in Konzernabschlüssen nach US-GAAP und IAS, in: WPg 2001, S. 11-22, hier: S. 16 und IDW, Stellungnahme zur Rechnungslegung: Einzelfragen zur Anwendung von IAS, in: WPg 1999, S. 591-601, hier: S. 596-597.

der Körperschaftsteueränderung eine Überleitungsposition in der Tax Reconciliation auszuweisen, da die erwartete Steuergröße im Fall einer Steuerminderung die effektive Steuerbelastung übersteigt, während bei einer Körperschaftsteuererhöhung eine zu niedrige Steuergröße prognostiziert wird.

Bezug nehmend auf die Vorschriften der §§ 274 und 306 HGB kommt aufgrund des quasi-permanenten Charakters keine latente Steuerabgrenzung in Betracht.[540] Da das „Misch"-Konzept des DRS 10 auch Abweichungen in die latente Steuerabgrenzung einbezieht, die i.S. des Timing-Konzepts als quasi-permanent zu qualifizieren sind, müssen ausschüttungsbedingte Körperschaftsteueränderungen nach den Vorschriften des DRS 10 bei der Steuerabgrenzung beachtet werden.[541] Obgleich nach den Grundsätzen des Temporary-Konzept äquivalent zu verfahren wäre,[542] bestimmt IAS 12.52B, dass ertragsteuerliche Auswirkungen von Ausschüttungen erst zu berücksichtigen sind, wenn der entsprechende Gewinnverwendungsbeschluss der Haupt- bzw. Gesellschafterversammlung vorliegt und die Ausschüttungsverpflichtung in Folge dessen als Verbindlichkeit zu passivieren ist.[543] Dies bedeutet, dass latente Steuern bei einem abweichenden Ausschüttungssteuersatz stets mit dem Thesaurierungstarif zu bewerten sind und daher die potenziellen Körperschaftsteuerminderungen

---

[540] Vgl. z.B. Karrenbrock, Holger, Latente Steuern in Bilanz und Anhang, Diss. Univ. Münster 1990, Düsseldorf 1991, S. 259 und Wendlandt, Klaus/Vogler, Gerlinde, Latente Steuern nach E-DRS 12 im Vergleich mit IAS, US-GAAP und bisheriger Bilanzierung nach HGB sowie Kritik an E-DRS 12, in: KoR 2001, S. 244-254, hier: S. 248.

[541] Vgl. DRS 10.5; DRS 10.14 und Gräbsch, Ivonne, Bilanzierung latenter Steuern im Konzernabschluss nach DRS 10, in: StuB 2002, S. 743-750, hier: S. 746. A.A. Bischof, Stefan, Erfassung der ausschüttungsbedingten Änderung des Körperschaftsteueraufwands nach Handelsrecht und nach International Accounting Standards im Licht der §§ 37 und 38 KStG, in: DB 2002, S. 1565-1569, hier: S. 1567.

[542] Vgl. Förschle, Gerhart/Hoffmann, Karl, Latente Steuern nach IAS 12 unter Berücksichtigung des deutschen Körperschaftsteuersystems, in: DB 1998, S. 2125-2129, hier: S. 2125-2126 und Heurung, Rainer, Steuerabgrenzung nach dem Temporary Differences-Konzept im befreienden Konzernabschluss, in: BB 2000, S. 1340-1347, hier: S. 1341.

[543] Vgl. Ernsting, Ingo, Auswirkungen des Steuersenkungsgesetzes auf die Steuerabgrenzung in Konzernabschlüssen nach US-GAAP und IAS, in: WPg 2001, S. 11-22, hier: S. 17 und Fuchs, Markus, Anwendungshinweise zu IAS 12 „Income Taxes", in: DB 2000, S. 1925-1928, hier: S. 1925.

und -erhöhungen durch die Bilanzierung latenter Steuern nicht antizipiert werden dürfen.[544]

Hinsichtlich der Berücksichtigung der Körperschaftsteuerminderungen und -erhöhungen in der Überleitungsrechnung stehen – entsprechend der Behandlung von steuerfreien Erträgen i.S. des § 8b Abs. 1 KStG – zwei alternative Vorgehensweisen zur Auswahl: Zum einen ist eine Nettomethode anwendbar, indem ausschließlich die ertragsteuerlichen Effekte von Ausschüttungen an Dritte und von Dritten, d.h. außerhalb des Konzernverbunds stehende Anteilseigner, berücksichtigt werden. Zum anderen ist es im Rahmen einer Bruttomethode möglich, sämtliche Steuerwirkungen aufgrund von konzerninternen oder -externen Ausschüttungen in der Überleitungsrechnung zu berücksichtigen. Die Bruttomethode führt zum selben Ergebnis wie die Nettomethode, weil aus konzerninternen Ausschüttungen, die beim ausschüttenden Unternehmen beispielsweise eine Realisierung von Körperschaftsteuerguthaben auslösen, bei der empfangenden Kapitalgesellschaft korrespondierend zu einer Körperschaftsteuererhöhung in entsprechender Höhe führt. Im Gegensatz zur Nettomethode ist der Bruttomethode eine Verprobungsmöglichkeit der Tax Reconciliation auf Einzelabschlussebene immanent.

5.6.3 Gewerbesteuerhebesätze

Im Rahmen des Homebased-Ansatzes wird zur Ermittlung des Referenzsteuersatzes auf die Ertragsteuersätze der Konzernobergesellschaft abgestellt. Bei konsequenter Umsetzung dieses Ansatzes ist zur Bestimmung des Gewerbesteuersatzes ausschließlich der Hebesatz der inländischen Mutter maßgeblich. Sofern einzelne in den Konzernabschluss einzubeziehende inländische Gesellschaften in Gemeinden gewerbesteuerpflichtig sind, die einen vom Referenzhebesatz der Obergesellschaft abweichenden Hebesatz aufweisen, entsteht eine Differenz zwischen erwarteter und effektiver Steuergröße. Da es sich hierbei um eine Steuersatzabweichung handelt, resultieren Überleitungspositionen der Arten 5 bis 8.

In diesem Zusammenhang ist allerdings darauf hinzuweisen, dass die DAX-30-Unternehmen – trotz Homebased-Ansatz – mitunter einen gewichteten durch-

---

544   Vgl. Bischof, Stefan, Erfassung der ausschüttungsbedingten Änderung des Körperschaftsteueraufwands nach Handelsrecht und nach International Accounting Standards im Licht der §§ 37 und 38 KStG, in: DB 2002, S. 1565-1569, hier: S. 1567 und Kirsch, Hanno, Änderungen des deutschen Unternehmenssteuerrechts 2003 und deren Auswirkungen auf die steuerliche Berichterstattung im IAS-Jahresabschluss, in: DStR 2003, S. 128-132, hier: S. 131.

schnittlichen Hebesatz zur Ermittlung des erwarteten Steuersatzes verwenden.[545]
Bei dieser Vorgehensweise entsteht folglich aufgrund von abweichenden Hebesätzen keine in der Tax Reconciliation zu erläuternde Differenz.

5.6.4 Kapitalertragsteuer

Ausschüttungen inländischer Kapitalgesellschaften unterliegen zusätzlich zur
definitiven Belastung mit KSt gem. § 43 Abs. 1 Satz 3 EStG der Kapitalertragsteuer (KapESt).[546] Nach § 43a Abs. 1 Nr. 1 EStG wird KapESt i.H.v.
20 % zuzüglich des SolZ i.H.v. 5,5 % auf die Bardividende erhoben, sodass sich
der Quellenabzug auf insgesamt 21,1 % beläuft. Mithin ist es für den
Steuerabzug irrelevant, ob ein in- oder ausländischer Anteilseigner Dividenden-
empfänger ist.[547] Sofern es sich beim Anteilseigner um eine unbeschränkt
steuerpflichtige Körperschaft handelt, mindert sich die festzusetzende KSt gem.
§ 31 KStG i.V.m. § 36 Abs. 2 Satz 2 Nr. 2 EStG um die anzurechnende
KapESt.[548]

Im Unternehmensverbund gleicht sich der Steuerabzug folglich wieder aus, d.h.,
es ergeben sich keine Auswirkungen auf die Höhe des im Konzernabschluss
auszuweisenden Steueraufwands, wenn die Quellensteuer beim Dividenden-
empfänger vollumfänglich auf die Körperschaftsteuerlast angerechnet wird und
sich der Steueraufwand der Unternehmen in der Konzernerfolgsrechnung
wiederfindet.[549] Dementsprechend resultiert auf Konzernebene eine Überleitungsposition, wenn der Anteilseigner entweder nicht anrechnungsberechtigt
ist oder sich die korrespondierende Steuerminderung nicht im Konzernerfolg
niederschlägt. In diesen Fällen bleibt die Quellenbesteuerung in Form der
KapESt im Unternehmensverbund definitiv bestehen, wodurch ein, im Vergleich
zur Referenzgröße, zu hoher effektiver Steueraufwand ausgewiesen wird.

---

[545] Vgl. z.B. Geschäftsbericht 2001 der Deutschen Telekom AG, S. 144 und Geschäfts-
       bericht 2001 der BASF AG, S. 133.

[546] Vgl. Lausterer, Martin, Änderungen bei der Kapitalertragsteuer, in: Steueränderungen
       zum 1.1.2002 im Unternehmensbereich, Linklaters Oppenhoff & Rädler (Hrsg.), in: DB
       2002 Beilage 1, S. 13-16, hier: S. 13 und Wehrheim, Michael, Grundzüge der Unter-
       nehmensbesteuerung, München 2002, S. 26.

[547] Vgl. Dautzenberg, Norbert, Änderungen im Bereich des internationalen Steuerrechts im
       Jahr 2002 (Teil B), in: StuB 2002, S. 537-540, S. 540.

[548] Vgl. Wehrheim, Michael, Grundzüge der Unternehmensbesteuerung, München 2002,
       S. 15-27.

[549] Vergleiche zu den grundsätzlichen Wirkungen des Anrechnungsverfahrens
       Gliederungspunkt 5.6.1.

Folglich ist in Höhe des Quellensteuerabzugs eine Überleitungsposition zu ermitteln.

5.7 Steuerliche Verluste

5.7.1 Verlustrücktrag versus -vortrag

Schließt eine Kapitalgesellschaft ihr Geschäftsjahr mit einem steuerlichen Verlust ab, hat sie nach § 8 Abs. 1 KStG i.V.m. § 10d EStG für körperschaftsteuerliche Zwecke grundsätzlich die Wahl zwischen einem Verlustrücktrag und einem Verlustvortrag.[550] Im Rahmen der GewSt besteht dagegen nach § 10a GewStG ausschließlich die Möglichkeit eines Verlustvortrags.[551]

Nach § 8 Abs. 4 KStG i.V.m. § 10d Abs. 1 EStG ist der körperschaftsteuerliche Rücktrag negativer Einkünfte zeitlich auf den unmittelbar vorangegangenen Veranlagungszeitraum sowie in der Höhe auf 511.500 € beschränkt.[552] Mithin ist ein Verlustrücktrag nur möglich, soweit im zurückliegenden Veranlagungszeitraum ein positives Ergebnis erzielt wurde, mit dem der steuerliche Verlust verrechnet werden kann.

Das verlustträchtige Unternehmen weist sowohl handels- als auch steuerbilanziell den aus dem Rücktrag resultierenden Steuererstattungsanspruch als Forderung gegenüber dem Fiskus aus, sodass mangels Differenz zwischen den beiden Rechenwerken keine latenten Steuern zu bilden sind.[553] Indes gewährleistet die erfolgswirksame Buchung der körperschaftsteuerlichen Forderung innerhalb der Grenzen der Rücktragsfähigkeit einen funktionalen Zusammenhang zwischen ausgewiesener Steuergröße in Form eines Ertrags und Jahresfehlbetrag vor Steuern. Obgleich diesbezüglich eine Erläuterung in der Überleitungsrechnung obsolet ist, kann weiterhin eine Diskrepanz aus einem

---

[550] Vgl. Wehrheim, Michael, Grundzüge der Unternehmensbesteuerung, München 2002, S. 17.

[551] Vgl. Tipke, Klaus/Lang, Joachim, Steuerrecht, 17. Aufl., Köln 2002, S. 491.

[552] Vgl. Kessler, Wolfgang/Schiffers, Joachim/Teufel, Tobias, Rechtsformwahl Rechtsformoptimierung, München 2002, S. 175.

[553] Vgl. Ernsting, Ingo/Schröder, Martin, Die Bilanzierung latenter Steuern nach HGB und IAS vor dem Hintergrund des Kapitalaufnahmeerleichterungsgesetzes (Teil II), in: IStR 1997, S. 212-221, hier: S. 216 und Heurung, Rainer/Kurtz, Michael, Latente Steuern nach dem Temporary Differences-Konzept: Ausgewählte Problembereiche, in: BB 2000, S. 1775-1780, hier: S. 1778.

verbleibenden körperschaft- oder gewerbesteuerlichen Verlustvortrag resultieren.

Während der körperschaftsteuerliche Verlustrücktrag bestimmten zeitlichen und betragsmäßigen Restriktionen unterliegt, ist sowohl der körperschaftsteuerliche Verlustvortrag nach § 8 KStG i.V.m. § 10d EStG als auch der gewerbesteuerliche Verlustvortrag nach § 7 GewStG i.V.m. § 10a GewStG bis zur Höhe von 1.000.000 € unbeschränkt möglich.[554] Ab dem 1.1.2004 sind darüber hinaus gehende Verluste hingegen nach § 10d Abs. 2 Satz 1 EStG bzw. § 10a Satz 2 GewStG lediglich bis zu 60% des Gesamtbetrags der Einkünfte respektive des Gewerbeertrags verrechenbar. Verlustvorträge begründen keine ertragsteuerlichen Erstattungsansprüche, sondern verkörpern vielmehr das Recht, den entstandenen Fehlbetrag zukünftig mit positiven Einkünften zu verrechnen.

Bezug nehmend auf die Vorschriften der §§ 274 und 306 HGB lehnt die herrschende Literaturmeinung – konform zum Timing-Konzept – die Bildung aktivischer latenter Steuern auf Verlustvorträge aufgrund einer fehlenden Ergebnisdifferenz ab.[555] Obwohl aus einem steuerlichen Verlustvortrag weder eine Differenz zwischen handels- und steuerrechtlichem Ergebnis noch eine Abweichung auf bilanzieller Basis resultiert, ist dem Verlustvortrag eine zukünftige Steuerentlastung immanent, die grundsätzlich sowohl nach DRS 10 als auch nach IAS 12 mittels einer aktivischen Steuerlatenz abzubilden ist.[556] Allerdings sind latente Steuern nur zu aktivieren, soweit der zukünftige Steuervorteil nach

---

[554]   Vgl. z.B. Freidank, Carl-Christian, Latente Steuern im handelsrechtlichen Jahresabschluss, in: Handbuch Finanz- und Rechnungswesen, Tanski, Joachim S. (Hrsg.), Landsberg/Lech 2000, S. 1-22, hier: S. 17.

[555]   Vgl. Adler, Hans/Düring, Walther/Schmaltz, Kurt, § 274 HGB, in: Rechnungslegung und Prüfung der Unternehmen, Kommentar zum HGB, AktG, GmbHG, PublG nach den Vorschriften des Bilanzrichtlinien-Gesetzes, Teilband 5, bearbeitet von Forster, Karl-Heinz u.a., 6. Aufl., Stuttgart 1997, Tz. 28; Hoyos, Martin/Fischer, Norbert, § 274 HGB, in: Beck'scher Bilanz-Kommentar, Handels- und Steuerrecht - §§ 238 bis 339 HGB -, Budde, Wolfgang D. u.a. (Hrsg.), 4. Aufl., München 1999, Anm. 66 und IDW, Stellungnahme zur Rechnungslegung: Einzelfragen zur Anwendung von IAS, in: WPg 1999, S. 591-601, hier: S. 600. A.A. Ordelheide, Dieter, Aktivische latente Steuern bei Verlustvorträgen im Einzel- und Konzernabschluss – HGB, SFAS und IAS –, in: Internationale Wirtschaftsprüfung, FS Havermann, Lanfermann, Josef (Hrsg.), Düsseldorf 1995, S. 602-621, hier: S. 611. Zur Ermittlung des Ergebnisses je Aktie nach DVFA/SG sind jedoch aktivische latente Steuern auf Verlustvorträge zu berücksichtigen. Vgl. Gemeinsame Arbeitsgruppe der DVFA und Schmalenbach-Gesellschaft, Fortentwicklung des Ergebnisses nach DVFA/SG, in: DB 1998, S. 2537-2542, hier: S. 2537.

[556]   Vgl. DRS 10.11 und IAS 12.34.

DRS 10 „hinreichend wahrscheinlich"[557] bzw. nach IAS 12 „wahrscheinlich"[558] realisiert werden kann. Beide Rechnungslegungsvorschriften quantifizieren die geforderte Realisierungswahrscheinlichkeit nicht durch Angabe einer bestimmten Prozentzahl,[559] sondern formulieren Objektivierungskriterien: Nach DRS 10 und IAS 12 sind latente Steuern zu aktivieren, soweit sich eine passivische Steuerabgrenzung zeitkongruent auflöst, die zudem sowohl dieselbe Steuerart als auch denselben Steuerschuldner und -gläubiger betrifft.[560] Ein weiteres Indiz für die wahrscheinliche Nutzung der aktivischen Steuerlatenz ist die zukünftige Generierung von steuerpflichtigem Einkommen, wobei es hinsichtlich der zu prognostizierenden Höhe des Einkommens zulässig ist, gestalterische Maßnahmen zur zeitlichen Verlagerung von steuerlichen Gewinnen zu berücksichtigen.[561] Eine derartige Steuerplanungsstrategie besteht beispielsweise im so genannten „Sale-and-lease-back"-Verfahren, das durch die Veräußerung von Wirtschaftsgütern mit anschließendem Leasing das steuerliche Ergebnis erhöht.[562] Obwohl die vorgenannten Kriterien nicht explizit auf eine schädliche zeitliche Befristung bei der steuerlichen Realisierung des Verlustvortrags abzielen, ist im Umkehrschluss eine fehlende steuerrechtliche Beschränkung des Vortrags in zeitlicher Hinsicht kein hinreichender Grund für den Ansatz

---

[557] DRS 10.10.

[558] IAS 12.27 und IAS 12.34.

[559] Dennoch wird in der Literatur für Zwecke des IAS-Abschlusses auf eine Wahrscheinlichkeit von deutlich über 50 % geschlossen. Vgl. z.B. Förschle, Gerhart/Kroner, Matthias, International Accounting Standards: Offene Fragen zur künftigen Steuerabgrenzung, in: DB 1996, S. 1633-1639, hier: S. 1639 und Wagenhofer, Alfred, Rechnungsabgrenzungsposten und Steuerlatenz in der internationalen Rechnungslegung, in: Erfolgsabgrenzungen in Handels- und Steuerbilanz, Bertl, Romuald u.a. (Hrsg.), Wien 2001, S. 25-47, hier: S. 42. Das Wahrscheinlichkeitskriterium des IAS 12 ist gem. DRSC strenger auszulegen als die in DRS 10 geforderte „hinreichende" Wahrscheinlichkeit. Vgl. E-DRS 12, in: http://www. standardsetter.de/drsc/doc/12.html, abgerufen am 20.7.2002, hier: Tz. D2.

[560] Vgl. DRS 10.12 und IAS 12.28.

[561] Vgl. DRS 10.10 und IAS 12.29.

[562] Vgl. von Eitzen, Bernd/Helms, Svenia, Aktive latente Steuern auf steuerliche Verlustvorträge nach US-GAAP – Anwendungsbesonderheiten für deutsche Unternehmen, in: BB 2002, S. 823-828, hier: S. 825. In IAS 12.30 werden weitere Beispiele für Steuergestaltungsmaßnahmen zur Generierung von positiven steuerlichen Gewinnen genannt.

aktivischer latenter Steuern.[563] Vielmehr ist der Aktivierung von potenziellen Steuerminderungen aufgrund einer zukünftigen steuerlichen Nutzung von Verlustvorträgen insbesondere dann restriktiv zu begegnen, wenn in der jüngeren Vergangenheit eine Verlustphase zu verzeichnen ist.[564]

Während die Konkretisierung des Wahrscheinlichkeitsbegriffs im Zusammenhang mit steuerlichen Verlusten nach DRS 10 nicht über die allgemeinen Vorschriften hinsichtlich der Realisierung aktivischer latenter Steuern hinausgeht, treten diesbezüglich neben die allgemeinen Regelungen des IAS 12 besondere Kriterien für den Ansatz latenter Steuern auf Verlustvorträge. Nach IAS 12.36 müssen die Ursachen des Verlustes nicht nur identifizierbar sein, sondern dürfen auch in Zukunft voraussichtlich nicht mehr eintreten. Diese Voraussetzungen erfüllen beispielsweise Verluste, die auf den Markteintritt in einen neuen Geschäftsbereich zurückzuführen sind.[565]

Hinsichtlich der Auswirkungen eines Verlustvortrags auf die in der Überleitungsrechnung zu erläuternden Steuergrößen muss zwischen verschiedenen Szenarien unterschieden werden: Sofern die zukünftige Steuerminderung durch eine aktivische latente Steuer in der Handelsbilanz abgebildet wird, entspricht in der Verlustperiode die erwartete der effektiven Steuergröße. Im Geschäftsjahr der steuerlichen Verlustnutzung ist die aktivische Steuerlatenz erfolgswirksam aufzulösen, sodass auch in dieser Periode keine Diskrepanz zwischen Jahresergebnis vor Steuern und ausgewiesenem Steueraufwand zu verzeichnen ist. Folglich resultiert aus dem Ansatz aktivischer latenter Steuern auf Verlustverträge mit nachgelagerter steuerlicher Realisierung in Form einer Verrechnung der vorgetragenen negativen Einkünfte mit positiven Einkünften in keiner Periode eine Überleitungsposition.[566]

---

[563] Vgl. Wagenhofer, Alfred, Rechnungsabgrenzungsposten und Steuerlatenz in der internationalen Rechnungslegung, in: Erfolgsabgrenzungen in Handels- und Steuerbilanz, Bertl, Romuald u.a. (Hrsg.), Wien 2001, S. 25-47, hier: S. 42. In der Wirtschaftsprüferpraxis werden jedoch – unter dem Hinweis auf das Prinzip der Unternehmensfortführung – regelmäßig aktivische latente Steuern auf Verlustvorträge gebildet. Vgl. Heurung, Rainer/Kurtz, Michael, Latente Steuern nach dem Temporary Differences-Konzept: Ausgewählte Problembereiche, in: BB 2000, S. 1775-1780, hier: S. 1778.

[564] Vgl. DRS 10.13 und IAS 12.31 i.V.m. IAS 12.35.

[565] Vgl. Coenenberg, Adolf G./Hille, Klaus, Latente Steuern nach der neu gefassten Richtlinie IAS 12, in: DB 1997, S. 537-544, hier: S. 542 und Engel-Ciric, Dejan, Einschränkung der Aussagekraft des Jahresabschlusses nach IAS durch bilanzpolitische Spielräume, in: DStR 2002, S. 780-784, hier: S. 781

[566] Vgl. Hannemann, Susanne/Peffermann, Petra, IAS-Konzernsteuerquote: Begrenzte Aussagekraft für die steuerliche Performance eines Konzerns, in: BB 2003, S. 727-733, hier: S. 730.

Wird auf einen Verlustvortrag hingegen keine aktivische latente Steuer gebildet, entsteht durch die steuerrechtliche Ungleichbehandlung von Gewinnen und Verlusten eine Diskrepanz zwischen ausgewiesenem Steueraufwand und handelsrechtlichem Vorsteuerergebnis.[567] Während in der Verlustperiode dem Jahresergebnis ein zu hoher effektiver Steueraufwand gegenübersteht, resultiert in Perioden der steuerlichen Verlustnutzung ein zu geringer effektiver Steueraufwand.[568] Folglich begründet ein Verlustvortrag, der nicht in die latente Steuerabgrenzung einbezogen wird, eine in der Überleitungsrechnung aufzuführende Teilabweichung. Hinsichtlich der Bewertung der negativen Einkünfte ist zu differenzieren, ob ausschließlich gewerbesteuerlich oder zudem körperschaftsteuerlich ein Verlust vorgetragen wird. Auch wenn die körperschaftsteuerliche Rücktragsmöglichkeit nicht in Anspruch genommen wurde, kann der gewerbesteuerliche Verlustvortrag aufgrund von Hinzurechnungen und Kürzungen vom körperschaftsteuerlichen Verlust abweichen.[569] In diesen Fällen sind die entsprechenden Teilsteuersätze für die KSt und die GewSt gesondert auf die entsprechenden Beträge anzuwenden.[570] Im Extremfall kann es beispielsweise durchaus vorkommen, dass einem körperschaftsteuerlichen Verlust ein positiver Gewerbeertrag gegenübersteht, sodass in der Überleitungsrechnung folglich ausschließlich der körperschaftsteuerliche Verlust, bewertet mit einem Mischsteuersatz aus Körperschaftsteuersatz und Solidaritätszuschlag, aufzuführen ist.

Veränderungen der Realisierungswahrscheinlichkeit von Verlustvorträgen haben ebenfalls Auswirkungen auf die Überleitungsrechnung: Die Prüfung der Aktivierungskriterien, die zu jedem Bilanzstichtag zu erfolgen hat,[571] kann einerseits zu dem Ergebnis führen, dass ein vormals nicht aktivierter Verlustvortrag nunmehr zu bilanzieren ist, andererseits, dass ein bereits aktivierter latenter Steueranspruch abgeschrieben werden muss, da die steuerliche Realisierung nunmehr als unwahrscheinlich eingestuft wird. In beiden Fällen ergeben sich Diskrepanzen zwischen Konzernergebnis vor Steuern und ausgewiesenem Steueraufwand, da ein periodenfremder Steuerertrag bzw. -

---

[567] Vgl. Ordelheide, Dieter, Aktivische latente Steuern bei Verlustvorträgen im Einzel- und Konzernabschluss – HGB, SFAS und IAS –, in: Internationale Wirtschaftsprüfung, FS Havermann, Lanfermann, Josef (Hrsg.), Düsseldorf 1995, S. 602-621, hier: S. 603.

[568] Vgl. Herzig, Norbert, Steuerlatenz im Einzel- und Konzernabschluss, in: Erfolgsabgrenzungen in Handels- und Steuerbilanz, Bertl, Romuald u.a. (Hrsg.), Wien 2001, S. 109-125, hier: S. 116.

[569] Vgl. zu dieser Problematik Gliederungspunkt 5.5.

[570] Vgl. von Eitzen, Bernd/Helms, Svenia, Aktive latente Steuern auf steuerliche Verlustvorträge nach US-GAAP – Anwendungsbesonderheiten für deutsche Unternehmen, in: BB 2002, S. 823-828, hier: S. 825.

[571] Vgl. DRS 10.28 und IAS 12.37.

178

aufwand in Höhe der Aktivierung bzw. der Auflösung des latenten Steuer-
postens in die effektive Steuergröße einfließt.[572]

5.7.2 Verlustabzugs- und -verrechnungsbeschränkungen

Nach DRS 10 und IAS 12 sind aktivische latente Steuern auf steuerliche
Verluste zu bilden, soweit ihre zukünftige Realisierung wahrscheinlich ist.[573]
Zur Einschätzung der Realisierungswahrscheinlichkeit ist nicht nur die
zukünftige Generierung von steuerpflichtigen Gewinnen, sondern sind auch die
steuerlichen Verlustabzugs- und -verrechnungsbeschränkungen beachtlich.[574]
Mithin können derartige Restriktionen auch dann einer Aktivierung latenter
Steuern entgegenstehen, wenn die Gesellschaft durchgängig positive steuerliche
Einkommen ausweist.

Soweit steuerrechtliche Abzugs- oder Verrechnungsbeschränkungen eine
zukünftige Steuerminderung verhindern oder sie zumindest unwahrscheinlich
erscheinen lassen, dürfen die entsprechenden Fehlbeträge nicht in die latente
Steuerabgrenzung einbezogen werden, sodass eine Differenz zwischen
erwartetem und effektivem Steueraufwand entsteht. Die Ermittlung der
Überleitungsposition erfolgt durch Bewertung des nicht abgegrenzten Verlustes
mit dem maßgeblichen Ertragsteuersatz, der sich nach Maßgabe des
Anwendungsbereichs der Verlustbeschränkung ergibt.

Aktuell beinhaltet das deutsche Ertragsteuerrecht – neben den bereits
dargestellten Abzugsbeschränkungen des § 10d EStG und § 10a GewStG[575] –
eine Vielzahl von weiteren Restriktionen, die einer uneingeschränkten
Verlustnutzung entgegenstehen: § 8 Abs. 4 KStG setzt für den Verlustabzug i.S.
der §§ 10d EStG und 10a GewStG voraus, dass die Kapitalgesellschaft im
Rahmen einer Unternehmensidentität nicht nur rechtlich, sondern auch
wirtschaftlich mit der Kapitalgesellschaft identisch sein muss, die den Verlust
erlitten hat.[576] Nach § 8 Abs. 4 Satz 2 KStG liegt wirtschaftliche Identität
insbesondere dann nicht vor, wenn mehr als die Hälfte der Anteile an einer

---

[572]   Hinsichtlich Wertberichtigungen latenter Steuern im Zusammenhang mit steuerlichen
Verlusten vgl. Gliederungspunkt 5.8.4.

[573]   Vgl. DRS 10.10, IAS 12.27 und IAS 12.34.

[574]   Vgl. Heurung, Rainer/Kurtz, Michael, Latente Steuern nach dem Temporary
Differences-Konzept: Ausgewählte Problembereiche, in: BB 2000, S. 1775-1780, hier:
S. 1778.

[575]   Vgl. Gliederungspunkt 5.7.1.

[576]   Vgl. Fußbroich, Pinkas, Verlustverrechnung und Verlustverwertung im nationalen
Kapitalgesellschaftskonzern, in: DStR 2002, S. 697-705, hier: S. 698.

Kapitalgesellschaft übertragen werden und die Kapitalgesellschaft ihren Geschäftsbetrieb mit überwiegend neuem Betriebsvermögen aufnimmt oder fortführt.[577] Allerdings ist im Sanierungsfall die Zuführung neuen Betriebsvermögens unschädlich, sofern die Körperschaft den Verlust bringenden Geschäftsbetrieb in einem dem Gesamtbild der wirtschaftlichen Verhältnisse vergleichbaren Umfang in den folgenden fünf Jahren fortführt. Letzteres Kriterium – allerdings nicht auf den Sanierungsfall beschränkt – gilt auf Ebene der übernehmenden Kapitalgesellschaft gem. § 12 Abs. 3 UmwStG ebenfalls im Rahmen von Verschmelzungsvorgängen, Aufspaltungen, Abspaltungen und Teilübertragungen auf andere Körperschaften. Zudem dürfen Verluste, die aus der Veräußerung von Beteiligungen an Kapitalgesellschaft und Teilwertabschreibungen resultieren, gem. § 8b Abs. 3 KStG den steuerlichen Gewinn nicht mindern. Da auch in diesem Fall keine latenten Steuern zu bilden sind, müssen die Verluste in der Tax Reconciliation als Überleitungsposition erfasst werden.[578] Ferner ergibt sich aus § 2 Abs. 1 Satz 1 GewStG, dass Verluste einer ausländischen Betriebsstätte für gewerbesteuerliche Zwecke nicht zum Verlustabzug zugelassen sind. Folglich sind derartig negative Einkünfte zur Ermittlung des Gewerbeertrags hinzuzurechnen, sofern sie den körperschaftsteuerlichen Gewinn gemindert haben.[579]

Sind steuerliche Verluste zum Abzug zugelassen, ist für Zwecke der Bilanzierung aktivischer latenter Steuern zudem zu prüfen, ob die negativen Einkünfte einer Verlustverrechnungsbeschränkung unterliegen. Diesbezüglich ist es nicht unbeachtlich, aus welcher Einkunftsquelle die Verluste stammen: Verrechnungsrestriktionen bestehen beispielsweise bei Verlusten von Betriebsstätten, die in Staaten gelegen sind, mit denen Deutschland kein DBA geschlossen hat. Ist die Betriebsstätte nach § 2a Abs. 1 EStG als passiv tätig zu qualifizieren, können Betriebsstättenverluste ausschließlich mit positiven Einkünften derselben Art aus demselben Staat verrechnet werden.[580] Insofern dürfen latente Steuern nur gebildet werden, soweit zukünftig steuerpflichtige Gewinne in ausländischen Betriebsstätten des jeweiligen Staates entstehen. In

---

[577] Zur Betriebsvermögenzuführung vgl. BFH-Urteil vom 8.8.2001 I R 29/00, in: BStBl. II 2002, S. 392.

[578] Vgl. Gliederungspunkt 5.2.2.

[579] Vgl. Grotherr, Siegfried/Herfort, Claus/Strunk, Günter, Internationales Steuerrecht, Achim 1998, S. 206 und Kußmaul, Heinz, Betriebswirtschaftliche Steuerlehre, 3. Aufl., München 2003, S. 678.

[580] Vgl. Kessler, Wolfgang/Schmitt, Philipp Claudio/Janson, Gunnar, Berücksichtigungsverbot abkommensrechtlich „befreiter" Betriebsstättenverluste?, in: IStR 2002, S. 729-737, hier: S. 730 und Pyszka, Tillmann/Schmedt, Marco, Gestaltungsüberlegungen zum grenzüberschreitenden Ausgleich von Betriebsstättenverlusten bei DBA mit Aktivitätsklausel, in: IStR 2002, S. 342-346, hier: S. 342.

entsprechender Weise regelt § 15 Abs. 4 EStG, dass Verluste aus Termingeschäften sowie stillen Beteiligungen ausschließlich mit Gewinnen derselben Art verrechnet werden dürfen.[581]

5.7.3 Verluste bei ertragsteuerlicher Organschaft

Im Unternehmensverbund begründen nicht abgegrenzte negative Einkünfte einzelner Konzernunternehmen – auch bei einem positiven Konzernergebnis – grundsätzlich eine Abweichung zwischen erwarteter und effektiver Steuergröße.[582] Ursächlich für diese Inkongruenz ist die fehlende Steuerobjekteigenschaft des konzernlichen Ergebnisses, in Folge dessen der ausgewiesene Steueraufwand im Vergleich zum Konzernergebnis zu hoch ist.[583] Gleichwohl wird die wirtschaftliche Einheit von verbundenen Unternehmen im deutschen Steuerrecht durch das Konstrukt der ertragsteuerlichen Organschaft berücksichtigt.[584]

Bei Erfüllung der tatbestandlichen Bedingungen in Form der finanziellen Eingliederung des abhängigen Unternehmens in die Obergesellschaft und des Abschlusses eines Ergebnisabführungsvertrags i.S. des § 291 Abs. 1 AktG[585] ist das Einkommen der Organgesellschaft nach § 14 Abs. 1 Satz 1 KStG zwingend dem Einkommen des Organträgers zuzurechnen.[586] Auf Ebene des Organträgers wird das konsolidierte organschaftliche Einkommen der Ertragsbesteuerung unterworfen. Folglich können positive und negative Einkommen selbstständiger

---

581   Vgl. Förster, Guido, Die Änderungen durch das StVergAbG bei der Einkommensteuer und der Körperschaftsteuer, in: DB 2003, S. 899-905, hier: S. 899 und Tibo, Frank, Die Besteuerung von Termingeschäften im Betriebsvermögen gem. § 15 Abs. 4 EStG, in: DB 2001, S. 2369-2372.

582   Vgl. Heurung, Rainer, Latente Steuerabgrenzung im Konzernabschluss im Vergleich zwischen HGB, IAS und US-GAAP, in: AG 2000, S. 538-553, hier: S. 546-547 und Krawitz, Norbert, Latente Steuern als Problem der Konzernabschlussanalyse, in: Investororientierte Unternehmenspublizität – Neue Entwicklungen von Rechnungslegung, Prüfung und Jahresabschlussanalyse – Lachnit, Laurenz/Freidank, Carl-Christian (Hrsg.), Wiesbaden 2000, S. 701-736, hier: S. 708.

583   Vgl. Dusemond, Michael/Hayn, Benita, Latente Steuern aus Konsolidierungsmaßnahmen, in: BB 1997, S. 983-988, hier: S. 987-988.

584   Vgl. Erle, Bernd, Der Preis der Organschaft, in: Gesellschaftsrecht Rechnungslegung Steuerrecht, FS Müller, Hommelhoff, Peter u.a. (Hrsg.), München 2001, S. 557-574, hier: S. 558 und Wehrheim, Michael/Adrian, Gerrit, Einkommensermittlung nach der Bruttomethode bei Organschaft, in: StuB 2002, S. 688-692, hier: S. 688.

585   Siehe AktG vom 6. September 1969, veröffentlicht in: BGBl. I 1965, S. 1089, in: Wirtschaftsgesetze, Stand 1.3.2003, München 2003.

586   Vgl. Wehrheim, Michael/Adrian, Gerrit, Die ertragsteuerliche Organschaft im Fokus des Gesetzgebers, in: DB 2003, S. 737-740, hier: S. 738.

Steuersubjekte durch Errichtung einer ertragsteuerlichen Organschaft innerhalb des Organkreises ausgeglichen werden. Sofern das organschaftliche Einkommen positiv ist, resultiert aus einem Verlust eines einzelnen Unternehmens durch die innerkonzernliche Verlustverrechnung keine Verwerfung zwischen Konzernergebnis vor Steuern und ausgewiesener Steuerlast. Überwiegen im organschaftlichen Unternehmensverbund dagegen die Verluste, ist bei fehlender latenter Steuerabgrenzung aufgrund der steuerlichen Ungleichbehandlung von Gewinnen und Verlusten eine Überleitungsposition zu ermitteln.

Im Kern fördert die ertragsteuerliche Organschaft die Kongruenz zwischen erwarteter und effektiver Steuergröße, da die steuerliche Realisierung von Verlusten und damit auch die Aktivierung latenter Steuern innerhalb der Einkommenseinheit im Vergleich zur isolierten Betrachtung eines verlustträchtigen Unternehmens tendenziell wahrscheinlicher ist.[587] Dennoch kann die Begründung einer ertragsteuerlichen Organschaft zu Abweichungen im Kontext steuerlicher Verluste führen, die u.U. ohne eine solche unternehmerische Verflechtung nicht entstanden wären.

Nur während der organschaftlichen Zeit entstehende Gewinne und Verluste sind im Unternehmensverbund unbeschränkt verrechenbar.[588] Dagegen dürfen vororganschaftliche Verluste der Organgesellschaft gem. § 15 Nr. 1 KStG und § 10a Satz 3 GewStG das Einkommen des Organkreises nicht mindern.[589] Folglich werden Verlustvorträge des abhängigen Unternehmens bei Begründung

---

[587] Dieser Trend setzt sich auch in anderen Bereichen fort: Beispielsweise ermöglicht die ertragsteuerliche Organschaft, dass Aufwendungen im Zusammenhang mit der Beteiligung an der abhängigen Kapitalgesellschaft – z.B. Finanzierungskosten – aufgrund der organschaftlichen Einkommenszurechnung nicht in den Anwendungsbereich des § 3c EStG bzw. § 8b Abs. 1 KStG fallen. Vgl. Frotscher, Gerrit/Berg, Hans-Georg/Pannen, Michael/Stifter, Jörg, Abzugsverbot für Finanzierungskosten einer Organbeteiligung, in: DB 2002, S. 1522- 1525; Köplin, Manfred/Klein, Ladislava, Abzugsfähigkeit der Finanzierungskosten einer Organbeteiligung, in: FR 2002, S. 921- 925; Lüdicke, Jürgen, Abzug von Aufwendungen für eine Organbeteiligung, in: BB 2002, S. 1521-1523 und Rödder, Thomas/Schumacher, Andreas, Keine Anwendung des § 3c Abs. 1 EStG bei Organschaft, in: DStR 2002, S. 1163-1165. A.A. Thiel, Jochen, Abzugsverbot für Finanzierungskosten einer Organbeteiligung, in: DB 2002, S. 1340-1342.

[588] Vgl. Harle, Georg/Bank, Stefan, Körperschaft- und gewerbesteuerliche Organschaft nach dem Unternehmenssteuerfortentwicklungsgesetz (UntStFG), in: BB 2002, S. 1341-1346, hier: S. 1344 und Krebs, Hans-Joachim, Die ertragsteuerliche Organschaft, in: BB 2001, S. 2029-2036, hier: S. 2031.

[589] Bis zum 31.12.2003 darf ein vororganschaftlicher negativer Gewerbeertrag auf Ebene der Organgesellschaft auch während der organschaftlichen Verbundenheit mit einem positiven Gewerbeertrag verrechnet werden. Vgl. Abschn. 68 Abs. 5 Satz 1 GewStR.

einer ertragsteuerlichen Organschaft „eingefroren" und können erst wieder nach Beendigung der organschaftlichen Unternehmensverbindung steuermindernd genutzt werden. Insofern dürfen bei geplanter Fortsetzung der organschaftlichen Verbindung m.E. grundsätzlich keine aktivischen latenten Steuern auf diese Verluste gebildet werden. Demnach resultiert in der Periode der Errichtung der Organschaft eine Diskrepanz zwischen erwartetem und effektivem Steueraufwand, die in der Tax Reconciliation zu dokumentieren ist.[590] Da das Verrechnungsverbot körperschaft- und gewerbesteuerlich gilt, ist bei der Ermittlung der Teilabweichung auf einen umfassenden Mischsteuersatz abzustellen.

5.8 Latente Steuern

5.8.1 Abweichende Bewertung

Durch ihre kompensatorische Wirkung stärken latente Steuern den funktionalen Zusammenhang zwischen Konzernergebnis vor Steuern und ausgewiesenem Steueraufwand. Wird jedoch die mittels latenter Steuern abzugrenzende Differenz mit einem Steuersatz bewertet, der nicht dem unternehmensindividuellen Ertrag-steuersatz des Unternehmens entspricht, bei dem die zukünftige Steuerbe- oder -entlastung eintritt, entsteht eine in der Überleitungsrechnung zu erläuternde Abweichung zwischen effektiver und erwarteter Steuergröße. Hierbei muss, ausgehend von einem Referenzsteuersatz in Form eines umfassenden Mischsteuersatzes im Rahmen des Homebased-Ansatzes, zwischen einem inländisch und einem international strukturierten Konzern unterschieden werden.

Da auf nationaler Ebene die Bewertung latenter Steuern grundsätzlich mit dem umfassenden Ertragsteuersatz aus KSt, SolZ und GewSt erfolgt,[591] ist im Inland keine Abweichung zum tatsächlichen Steuersatz zu verzeichnen. In einem international strukturierten Konzern sind die Möglichkeiten der Ermittlung des anzu-

---

[590] Eine Überleitungsposition ist für diesen Zeitraum nicht auszuweisen, sofern bereits im Geschäftsjahr der Verlustentstehung keine latente Steuer gebildet wurde. Vgl. ausführlich zu latenten Steuern bei Organschaft Wehrheim, Michael/Adrian, Gerrit, Ebenen und Zeiträume der latenten Steuerabgrenzung in IAS- und HGB-Abschlüssen bei organschaftlich verbundenen Unternehmen, in: WPg 2003, S. 1058-1062.

[591] Vgl. z.B. Baetge, Jörg/Kirsch, Hans-Jürgen/Thiele, Stefan, Bilanzen, 6. Aufl., Düsseldorf 2002, S. 492 und Bömelburg, Peter, Grundsätze ordnungsmäßiger Abschlussprüfung für latente Steuern im Konzernabschluß, Diss. Univ. Nürnberg-Erlangen 1992, München 1993, S. 216.

wendenden Steuersatzes bei der latenten Steuerabgrenzung dagegen vielfältig:[592] Sofern im Konzernabschluss ausschließlich unternehmensindividuelle Steuersätze verwendet werden, resultiert aus der Bewertung latenter Steuern keine Überleitungsposition. Die Alternative zu unternehmensindividuellen Steuersätzen besteht in einem konzerneinheitlichen Steuersatz, der entweder die Form eines konzernlichen Durchschnittssteuersatzes oder des gesetzlichen Steuersatzes der Obergesellschaft aufweisen kann. Aus der Bewertung latenter Steuern mit einem konzerneinheitlichen Steuersatz – unabhängig von der konkreten Ausgestaltung – resultieren in einem internationalen Konzern stets Differenzen zwischen den überzuleitenden Soll- und Ist-Größen der Tax Reconciliation.

Während die gesetzlichen Vorschriften der §§ 274 und 306 HGB keinen konkreten Steuersatz zur Bewertung latenter Steuern bestimmen, sind nach DRS 10 verpflichtend unternehmensindividuelle Steuersätze anzuwenden.[593] Die Vorschriften des IAS 12 stellen zwar grundsätzlich auf unternehmensindividuelle Steuersätze ab;[594] gleichwohl wird im Schrifttum auch der durchschnittliche Konzernsteuersatz als zulässig erachtet.[595] Folglich muss zur Ermittlung der Überleitungsposition dem Grunde nach – sowohl im Rahmen eines IAS- als auch HGB-Abschlusses – zunächst geprüft werden, mit welchem Steuersatz latente Steuern bewertet wurden.

Da es sich bei Differenzen im Rahmen einer abweichenden Bewertung latenter Steuern grundsätzlich um Steuersatzabweichungen handelt, sind bei der Ermittlung der Überleitungsposition die Formeln UP_5 bis UP_8 auf diesen Sachverhalt übertragbar. Allerdings bedarf es einer Modifikation, da die entsprechenden Formeln zwar auf Abweichungen zwischen erwartetem und tatsächlichem Steuersatz abstellen, dabei aber nicht die dritte Bewertungskomponente in Form des zur Bewertung abzugrenzender Differenzen angewandten Steuersatzes berücksichtigen. Im vorliegenden Fall beruht die zu erläuternde Inkongruenz auf einer Steuersatzabweichung zwischen tatsächlichem unternehmensindividuellen Ertragsteuersatz und dem für Zwecke der Bewertung von Steuerlatenzen herangezogenen Steuersatz. Folglich sind auch diese beiden Steuersätze zur Ermittlung der Höhe der Überleitungspositionen vergleichend zu betrachten. In Abhängigkeit der Überleitungsmethode ergeben sich folgende modifizierte Formeln:

---

[592] Vgl. Gliederungspunkt 3.2.3.3.

[593] Vgl. DRS 10.21; so bereits Gliederungspunkt 3.2.3.3.

[594] Vgl. IAS 12.11.

[595] Vgl. z.B. Coenenberg, Adolf G./Hille, Klaus, Latente Steuern nach der neu gefassten Richtlinie IAS 12, in: DB 1997, S. 537-544, hier: S. 543.

	Bottom-up Approach	Top-down Approach
Überleitung nach dem Steueraufwand	$UP_{17} = (s_{lSt} - s_{ui})\,BMG_{lSt}$	$UP_{18} = (s_{ui} - s_{lSt})\,BMG_{lSt}$
Überleitung nach dem Steuersatz	$UP_{19} = \dfrac{(s_{lSt} - s_{ui})\,BMG_{lSt}}{EBT}$ $= \dfrac{UP_{17}}{EBT}$	$UP_{20} = \dfrac{(s_{ui} - s_{lSt})\,BMG_{lSt}}{EBT}$ $= \dfrac{UP_{18}}{EBT}$

Abbildung 14: Ermittlung von Überleitungspositionen bei Bewertungsabweichungen

BMG_{lSt}....Bemessungsgrundlage der latenten Steuer
EBT........Earnings before tax = Konzernergebnis vor Steuern
s_{lSt}..........anzuwendender Steuersatz bei latenten Steuern
s_{ui}............unternehmensindividueller tatsächlicher Ertragsteuersatz
UP_n.........Überleitungsposition Art n

Beispiel:

Während das zu versteuernde Einkommen der Konzernobergesellschaft mit dem handelsrechtlich ausgewiesenen Ergebnis i.H.v. 3.000 € übereinstimmt, weichen diese beiden Größen
bei ihrer Tochtergesellschaft aufgrund der handelsrechtlichen Passivierung einer Drohverlust-
rückstellung i.H.v. 500 € voneinander ab. Das zu versteuernde Einkommen der Tochter
beträgt 500 €. Latente Steuern werden mit einem durchschnittlichen Konzernsteuersatz i.H.v.
35 % bewertet. Der Referenzsteuersatz, der dem gesetzlichen Steuersatz der Obergesellschaft
entspricht, beträgt 40 %. Der gesetzliche Ertragsteuersatz der Tochtergesellschaft beläuft sich
auf 30 %. Die Überleitungsrechnung soll im Rahmen eines Top-down Approach nach dem
Steueraufwand offen gelegt werden.

	Erwarteter Steueraufwand	1.200 €	(3.000 € • 0,4)
+	Abweichende Bewertung latenter Steuern	-25 €	(UP_{18} = (0,3 - 0,35) 500 €)
=	Effektiver Steueraufwand	1.175 €	(Verprobung: 1.200 € + 500 € •0,3 - 500 € • 0,35)

Würden in Abwandlung zu den vorliegenden Ausgangsdaten die unternehmensindividuellen
Steuersätze zur Bewertung latenter Steuern herangezogen, entspräche der erwartete dem
effektiven Steueraufwand, da in diesem Fall ein vollständiger kompensatorischer Effekt
latenter Steuern vorläge [(0,3 - 0,3) 500 = 0].

5.8.2 Steuersatzänderungen

Sowohl im HGB-Abschluss als auch im IAS-Abschluss ist mit Anwendung der Liability-Methode bei der Bewertung latenter Steuern auf zukünftige Steuersätze abzustellen, d.h., die Höhe der latenten Steuer wird von dem steuerlichen Tarif determiniert, der zum Umkehrungszeitpunkt der Differenz gültig ist.[596] Da eine Schätzung des zukünftigen Steuersatzes mit den Vorschriften der betrachteten Rechnungslegungssysteme nicht vereinbar ist, wird regelmäßig der aktuell gültige Ertragsteuersatz zur Bewertung herangezogen.[597] Eine vom aktuellen Steuertarif abweichende Bewertung ist dagegen nur vorzunehmen, sofern am Bilanzstichtag das Inkrafttreten des zukünftigen Steuersatzes – beispielsweise aufgrund einer bereits beschlossenen Gesetzesänderung – mit hinreichender Sicherheit angenommen werden kann.[598]

Konsequenz einer Steuersatzänderung ist nicht nur die Bewertung von neu entstehenden Differenzen mit dem zukünftigen Steuersatz, sondern auch eine notwendige Umbewertung von bereits bilanzierten Steuerlatenzen.[599] Mit der Anpassung der latenten Steuern an den neuen Steuertarif wird dem Umstand Rechnung getragen, dass die zukünftigen Umkehrungseffekte nunmehr eine entsprechend höhere bzw. niedrigere Steuerentlastung oder -belastung reflektieren. Dabei korrespondiert die Erfolgswirkung der Anpassungsmaßnahme mit der jeweiligen Entstehungsursache der latenten Steuern.[600] Mithin sind im Rahmen der Überleitungsrechnung ausschließlich erfolgswirksame Umbewertungen relevant, da sich nur diese auf den ausgewiesenen Steueraufwand auswirken.[601] Den aus einer erfolgswirksamen Anpassung von Steuerlatenzen resultierenden Effekt auf den ausgewiesenen Steueraufwand verdeutlicht die folgende Abbildung:

---

[596] Vgl. Gliederungspunkt 3.2.3.2.

[597] Vgl. z.B. Coenenberg, Adolf G./Hille, Klaus, Latente Steuern, Abt. I/13, in: Handbuch des Jahresabschlusses in Einzeldarstellungen, v. Wysocki, Klaus/Schulze-Osterloh, Joachim (Hrsg.), Köln 1994, hier: Rn. 50.

[598] Vgl. DRS 10.25 und IAS 12.47-48.

[599] Vgl. Beine, Frank, Bedeutung von Steuersatzänderungen für die Bildung latenter Steuern im Einzel- und Konzernabschluß, in: DStR 1995, S. 542-547, hier: S. 544.

[600] Vgl. Ernsting, Ingo, Auswirkungen des Steuersenkungsgesetzes auf die Steuerabgrenzung in Konzernabschlüssen nach US-GAAP und IAS, in: WPg 2001, S. 11-22, hier: S. 14.

[601] Zur Auswirkung erfolgsneutraler Steuersatzänderungen vgl. Beine, Frank, Bedeutung von Steuersatzänderungen für die Bildung latenter Steuern im Einzel- und Konzernabschluß, in: DStR 1995, S. 542-547, hier: S. 545-547.

	Erhöhung des Steuersatzes	Reduktion des Steuersatzes
aktivische latente Steuern	Steuerertrag	Steueraufwand
passivische latente Steuern	Steueraufwand	Steuerertrag

Abbildung 15: Auswirkungen der erfolgswirksamen Umbewertung latenter Steuern aufgrund von Steuersatzänderungen auf den effektiven Steueraufwand

Der Gesamteffekt auf den effektiven Steueraufwand wird vom Überhang der aktivischen oder passivischen latenten Steuern determiniert. Durch die Neubewertung des Bestandes wird die Periode mit periodenfremden Erträgen und Aufwendungen belastet, aus denen eine Diskrepanz zwischen Konzernergebnis vor Steuern und ausgewiesenem Steueraufwand resultiert.[602] Da sich der Steueränderungseffekt kumuliert auswirkt, können erhebliche Effekte auf die Konzernsteuerquote resultieren.[603] Liegt beispielsweise bei einem Überhang an aktivischen latenten Steuern eine Steuersatzreduktion vor, wird im Geschäftsjahr der Umbewertung der latenten Steuern ein – im Verhältnis zum Konzernergebnis vor Steuern – zu hoher Steueraufwand gezeigt.[604] Sofern die umzubewertenden Bestände erfolgswirksamer aktivischer und passivischer latenter Steuern in der Periode des Inkrafttretens der Steuersatzänderung übereinstimmen, wirkt sich die Anpassung an den neuen Steuertarif nicht auf die Konzernsteuerquote aus, da sich in diesem Ausnahmefall die steuererhöhenden und -mindernden Wirkungen aufheben.

Hinsichtlich der Ermittlung der aus der Umbewertung resultierenden Überleitungsposition ist zwischen verschiedenen Szenarien zu unterscheiden. Dabei sind die Zeitpunkte des Erstellens der Überleitungsrechnung sowie der

---

[602] Vgl. Gruber, Thomas/Kühnberger, Manfred, Umstellung der Rechnungslegung von HGB auf US-GAAP: Bilanzrechtliche und bilanzpolitische Aspekte eines Systemwechsels, in: DB 2001, S. 1733-1740, hier: S. 1739 und Lührmann, Volker, Latente Steuern im Konzernabschluss, Diss. Univ. Göttingen 1996, Düsseldorf 1997, S. 142.

[603] Vgl. z.B. Geschäftsbericht 2000 der Münchener Rück Gruppe, S. 122. Im Rahmen der Überleitung der Münchener Rück Gruppe zwischen einem erwarteten Steueraufwand i.H.v. 980 Mio. € und dem ausgewiesenen Steueraufwand von 379 Mio. € ist die Position „Änderung der Steuersätze" mit 423 Mio. € die betragsmäßig größte Überleitungsposition.

[604] Vgl. Hannemann, Susanne/Peffermann, Petra, IAS-Konzernsteuerquote: Begrenzte Aussagekraft für die steuerliche Performance eines Konzerns, in: BB 2003, S. 727-733, hier: S. 732.

bilanziellen Berücksichtigung des neuen Steuersatzes zu beachten. Da der Zeitpunkt der erstmaligen Berücksichtigung des neuen Steuersatzes bereits vor oder spätestens im Geschäftsjahr des Inkrafttretens der Steuersatzänderung sein kann, sind diese beiden Zeiträume beim Erstellen der Überleitungsrechnung voneinander abzugrenzen.

Zunächst sei von einer Erstellung der Überleitungsrechnung in einer Periode vor Inkrafttreten der Steuersatzänderung ausgegangen: Wird der zukünftige Steuersatz bei der Bewertung latenter Steuern noch nicht berücksichtigt, korrespondiert der ausgewiesene Steueraufwand mit dem Konzernergebnis vor Steuern, da die Steuerlatenzen noch mit dem aktuell gültigen Steuersatz bewertet sind. Folglich resultiert in diesem Zeitraum aus der zukünftigen Steuersatzänderung keine Überleitungsposition. Wird der neue Steuersatz dagegen bereits in der betrachteten Periode vor Inkrafttreten der Steuersatzänderung zur Bewertung abzugrenzender Differenzen herangezogen, führt die Umbewertung des Bestandes an latenten Steuern zu einer Abweichung zwischen den in der Überleitungsrechnung zu erläuternden Werten. Allerdings ist der Bestand nur an den zukünftigen Steuersatz anzupassen, soweit der neue Tarif auch der zum Umkehrungszeitpunkt der abgegrenzten Differenzen maßgebliche Steuersatz ist, der eine tatsächliche Steuerminderung oder -erhöhung auslöst. Dies bedeutet, dass die Neubewertung auch dann auf die Konzernsteuerquote durchschlägt, wenn sich die erfolgswirksamen Bestände an aktivischen und passivischen Steuerlatenzen in der betrachteten Periode vor Inkrafttreten der Steuersatzänderung zwar entsprechen, sich aber ein nicht übereinstimmender Teil der abgrenzten Differenzen vor Inkrafttreten der Steuersatzänderung umkehrt. Hinsichtlich der Ermittlung der Überleitungspositionen sind die Formel UP_{17} bis UP_{20} anzuwenden,[605] da es sich bei der Umbewertung von Steuerlatenzen um einen Spezialfall der abweichenden Bewertung von latenten Steuern handelt.[606]

Bei Erstellung der Überleitungsrechnung in der Periode des Inkrafttretens einer Steuersatzänderung ist wiederum der Zeitpunkt der Anwendung des neuen Steuersatzes zu prüfen. Ist die Steuersatzänderung bislang noch nicht in die Bewertung von Steuerlatenzen eingeflossen, muss nunmehr zwingend eine Umbewertung des gesamten Bestandes an latenten Steuern erfolgen. Folglich resultiert in diesem Fall eine Überleitungsposition aufgrund der Belastung mit periodenfremden Erträgen und Aufwendungen, sofern sich diese Beträge nicht aufheben. War dagegen schon in früheren Geschäftsjahren der zukünftige

---

[605] Vgl. Gliederungspunkt 5.8.1.

[606] Alternativ können auch die Formeln UP_9 bis UP_{12} angewandt werden, da durch die Umbewertung latenter Steuern periodenfremde Steueraufwendungen oder -erträge in die effektive Steuerlast einfließen. Vgl. Gliederungspunkt 2.3.

Steuersatz zur Bewertung latenter Steuern maßgeblich, ist der Bestand der latenten Steuerabgrenzung bereits mit dem aktuell gültigen Steuersatz bewertet, sodass in der betrachteten Periode keine Differenz in der Überleitungsrechnung zu dokumentieren ist.

In einer Periode nach Inkrafttreten der Steuersatzänderung hat der neue Steuersatz keine Auswirkungen auf die Überleitungsrechnung, da dieser spätestens mit Inkrafttreten bei der Bewertung von Steuerlatenzen zu berücksichtigen ist. Folglich existieren in diesen Geschäftsjahren keine Diskrepanzen zwischen Konzernergebnis vor Steuern und ausgewiesenem Steueraufwand.

Beispiel:

Aufgrund einer von der steuerrechtlichen Nutzungsdauer eines Wirtschaftsgutes von fünf Jahren abweichenden handelsrechtlichen Nutzungsdauer eines Vermögensgegenstandes von zwei Jahren entsprechen sich die zu vergleichenden handels- und steuerrechtlichen Ergebnisse nicht. Ohne Berücksichtigung dieses Sachverhaltes beträgt sowohl das handels- als auch das steuerbilanzielle Ergebnis 1.000 €. Während die Anschaffungskosten des betrachteten Vermögensgegenstandes bzw. Wirtschaftsgutes eine Höhe von 1.000 € aufweisen, liegt der aktuell gültige gesetzliche Steuersatz zum Zeitpunkt der Entstehung der Differenz bei 40 %. Dieser entspricht dem Referenzsteuersatz für Zwecke der Überleitungsrechnung. Im Geschäftsjahr 03 tritt eine Steuersatzänderung in Kraft. Der neue Steuersatz i.H.v. 30 % ist a) bereits in Periode 02 oder b) erst in Periode 03 bekannt. Der erwartete Steuersatz wird im Geschäftsjahr 03 an den neuen gesetzlichen Steuersatz angepasst.

Ohne Steuersatzänderung gestaltet sich die Bilanzierung latenter Steuern und die Entwicklung von erwartetem sowie effektivem Steueraufwand wie folgt:

Geschäftsjahr	01	02	03	04	05
Handelsrechtliches Ergebnis	500 €	500 €	1.000 €	1.000 €	1.000 €
Steuerrechtliches Ergebnis	800 €	800 €	800 €	800 €	800 €
Aktivische latente Steuern	120 €	240 €	160 €	80 €	0 €
Latenter Steuerertrag	120 €	120 €	0 €	0 €	0 €
Latenter Steueraufwand	0 €	0 €	80 €	80 €	80 €
Erwarteter Steueraufwand	200 €	200 €	400 €	400 €	400 €
Effektiver Steueraufwand	200 €	200 €	400 €	400 €	400 €
Abweichung	0 €	0 €	0 €	0 €	0 €

Ohne Steuersatzänderung entsteht aufgrund des kompensatorischen Effekts latenter Steuern keine Überleitungsposition. Mit Einbezug der Steuersatzänderung gestaltet sich dies anders: Im Folgenden wird zunächst von der Fallkonstellation a) ausgegangen, bei der die Steuersatzänderung bereits in der zweiten Periode öffentlich ist und folglich auch schon in diesem Geschäftsjahr eine Umbewertung des latenten Steuerbestands erfolgt.

Geschäftsjahr	01	02	03	04	05
Handelsrechtliches Ergebnis	500 €	500 €	1.000 €	1.000 €	1.000 €
Steuerrechtliches Ergebnis	800 €	800 €	800 €	800 €	800 €
Aktivische latente Steuern	120 €	180 €	120 €	60 €	0 €
Latenter Steuerertrag	120 €	60 €	0 €	0 €	0 €
Latenter Steueraufwand	0 €	0 €	60 €	60 €	60 €
Erwarteter Steueraufwand	200 €	200 €	300 €	300 €	300 €
Effektiver Steueraufwand	200 €	260 €	300 €	300 €	300 €
Abweichung	0 €	60 €	0 €	0 €	0 €

Im Vergleich zur tabellarischen Übersicht ohne Berücksichtigung der Steuersatzänderungen sind die resultierenden betragsmäßigen Abweichungen durch den neuen Steuersatz zur Verdeutlichung fett markiert. Die erste Veränderung kann im Geschäftsjahr 02 festgestellt werden: Einerseits ist der Bestand an latenten Steuern umzubewerten (300 € • 0,1 = 30 €), andererseits ist die aktuell entstehende Differenz der Periode mit dem neuen Steuersatz zu multiplizieren (300 € • 0,3 = 90 €). Aufgrund der Steuersatzreduktion handelt es sich bei der Umbewertung um einen latenten Steueraufwand, während die neu zu bildende aktivische latente Steuer gegen einen Steuerertrag gebucht wird. In der Summe ergibt sich folglich ein latenter Steuerertrag i.H.v. 60 €. Aufgrund der Belastung der Periode mit einem periodenfremden Steueraufwand (bzw. in der Summe einem zu geringen latenten Steuerertrag) stimmt der erwartete nicht mehr mit dem effektiven Steueraufwand überein. Dabei setzt sich die periodenfremde Belastung aus zwei Komponenten zusammen: einerseits aus der Umbewertung der bereits bestehenden aktivischen latenten Steuer, andererseits aus der im Vergleich zum aktuell gültigen Steuersatz abweichenden Bewertung der entstehenden Differenz. Die im Geschäftsjahr 02 zu erstellende Überleitungsrechnung nach dem Steueraufwand im Rahmen eines Top-down Approach gestaltet sich wie folgt:

	Erwarteter Steueraufwand	200 €	$(500 € • 0,4)$
+	Steuersatzänderung	60 €	$(UP_{18} = (s_{ui} - s_{lSt})\ BMG_{lSt} = (0,4 - 0,3)\ 600 €)$
=	Effektiver Steueraufwand	260 €	(Verprobung: 800 € • 0,4 - 60 €)

Im Geschäftsjahr 03 entspricht der erwartete Steueraufwand (1.000 € • 0,3 = 300 €) – wie auch in den folgenden Perioden – dem ausgewiesenen Steueraufwand (800 € • 0,3 + 60 € =

300 €). Träte die Steuersatzänderung dagegen erst in der vierten Rechnungslegungsperiode in Kraft, hätte dies zwar keinen Einfluss auf die Bilanzierung der latenten Steuern, allerdings würde zusätzlich im Geschäftsjahr 03 das handelsrechtliche Vorsteuerergebnis nicht mit dem ausgewiesenen Steueraufwand korrespondieren. In diesem Fall wäre folglich auch für die dritte Periode eine Überleitungsposition in entsprechender Weise zu ermitteln.

Bei Fallkonstellation b) wird die Steuersatzänderung erst in der Periode ihres Inkrafttretens im Rahmen der Bewertung der latenten Steuerabgrenzung berücksichtigt. Bei folgender tabellarischer Übersicht sind die betragsmäßigen Änderungen im Vergleich zur vorherigen Tabelle fett hervorgehoben.

Geschäftsjahr	01	02	03	04	05
Handelsrechtliches Ergebnis	500 €	500 €	1.000 €	1.000 €	1.000 €
Steuerrechtliches Ergebnis	800 €	800 €	800 €	800 €	800 €
Aktivische latente Steuern	120 €	**240 €**	120 €	60 €	0 €
Latenter Steuerertrag	120 €	**120 €**	0 €	0 €	0 €
Latenter Steueraufwand	0 €	0 €	**120 €**	60 €	60 €
Erwarteter Steueraufwand	200 €	200 €	300 €	300 €	300 €
Effektiver Steueraufwand	200 €	**200 €**	**360 €**	300 €	300 €
Abweichung	0 €	**0 €**	**60 €**	0 €	0 €

Da im Geschäftsjahr 02 noch der aktuell gültige Steuersatz i.H.v. 40 % die Basis zur Bewertung der Steuerlatenzen bildet, entsteht in dieser Periode keine in der Überleitungsrechnung zu erläuternde Abweichung. Dagegen korrespondiert in Periode 03 der ausgewiesene Steueraufwand aufgrund der Umbewertung der aktivischen Steuerlatenz nicht mehr mit dem handelsrechtlichen Ergebnis. Der latente Steueraufwand i.H.v. 120 € setzt sich aus der Umbewertung des Bestands an aktivischen latenten Steuern (600 € • 0,1) und der beginnenden Umkehrung der Differenz (200 € • 0,3) zusammen. Mithin ist im Geschäftsjahr 03 eine Überleitungsrechnung offen zu legen:

	Erwarteter Steueraufwand	300 €	(1.000 € • 0,3)
+	Steuersatzänderung	60 €	(UP$_{18}$ = (s$_{ui}$ - s$_{ISt}$) BMG$_{ISt}$ = (0,4 - 0,3) 600 €)
=	Effektiver Steueraufwand	360 €	(Verprobung: 800 € • 0,3 + 120 €)

In den folgenden Geschäftsjahren ist keine Überleitungsrechnung offen zu legen, da die Auflösung der latenten Steuern mit dem aktuell gültigen Steuersatz i.H.v. 30 % bewertet wird. Folglich entspricht die erwartete der tatsächlichen Steuergröße.

5.8.3 Umqualifizierung von Differenzen

Auswirkungen auf die latente Steuerabgrenzung können sich durch eine Steuergesetzänderung nicht nur in Form einer Anpassung der ertragsteuerlichen Tarife, sondern auch in Gestalt einer modifizierten Bemessungsgrundlage ergeben.[607] Hinsichtlich des Ansatzes latenter Steuern kann insofern eine vormals nicht abgrenzungsfähige Differenz zu einer abgrenzungspflichtigen Abweichung werden et vice versa. Entsprechend der jeweiligen Wirkung der Steuergesetzänderung sind latente Steuerabgrenzungsposten aufzulösen oder neu zu bilden.

Sofern eine abgegrenzte Differenz durch eine Steuergesetzänderung nunmehr als permanent zu qualifizieren ist, muss die in einer Vorperiode gebildete latente Steuer außerplanmäßig aufgelöst werden. Bei erfolgswirksamer Auflösung entsteht ein periodenfremder Aufwand (außerplanmäßige Abschreibung einer aktivischen latenten Steuer) oder periodenfremder Ertrag (Auflösung einer passivischen latenten Steuer), die eine Abweichung zwischen erwarteter und effektiver Steuergröße auslösen und insofern in die Überleitungsrechnung aufzunehmen sind. In entsprechender Weise kann auch bei Mutation von permanenter zu abgrenzungspflichtiger Differenz eine Inkongruenz zwischen erwarteter und effektiver Steuergröße entstehen, wenn zum Zeitpunkt der Entstehung die Abweichung noch als permanent zu qualifizieren war und daher die Nachbilanzierung latenter Steuern einen periodenfremden Aufwand oder Ertrag darstellt. In diesen Fällen sind zur Ermittlung der Überleitungspositionen die Formeln UP_9 bis UP_{12} anzuwenden, die periodenfremde Steuerbeträge erfassen.

Ferner können Sachverhalte, die bislang keine Abweichung begründeten, aufgrund einer Steuergesetzänderung zukünftig eine abgrenzungspflichtige oder auch nicht abgrenzungsfähige Differenz auslösen. Hierbei sind keine Besonderheiten zu beachten, da im ersten Fall durch die Bilanzierung latenter Steuern eine Kongruenz zwischen effektiver und erwarteter Steuergröße hergestellt wird, während aus nicht abgrenzungsfähigen Differenzen eine Überleitungsposition Art 5 bis 8 resultiert.

Ursächlich für eine Umqualifizierung von Abweichungen kann nicht nur eine Steuergesetzänderung sein, sondern auch Anpassungen der jeweiligen Rech-

---

[607] Zu den Einflüssen jüngerer Steuergesetzänderungen auf latente Steuern vgl. z.B. Ernsting, Ingo, Auswirkungen des Steuersenkungsgesetzes auf die Steuerabgrenzung in Konzernabschlüssen nach US-GAAP und IAS, in: WPg 2001, S. 11-22 und Kirsch, Hanno, Änderungen des deutschen Unternehmenssteuerrechts 2003 und deren Auswirkungen auf die steuerliche Berichterstattung im IAS-Jahresabschluss, in: DStR 2003, S. 128-132.

nungslegungsvorschriften für den handelsrechtlichen Abschluss im Allgemeinen oder der Regelungen zu latenten Steuern im Speziellen. Auch in diesen Fällen ist eine Überleitungsposition Art 9 bis 12 zu ermitteln, wenn entweder eine erfolgswirksame außerplanmäßige Abschreibung oder eine erfolgswirksame Nachbilanzierung latenter Steuern erfolgt. Beispielsweise sind aus der erstmaligen Anwendung von DRS 10 resultierende Veränderungen der latenten Steuerabgrenzung für das vorangegangene Geschäftsjahr ergebnisneutral anzupassen,[608] sodass mangels periodenfremder Erträge und Aufwendungen keine Differenz zwischen erwarteter und effektiver Steuergröße entsteht. Dagegen gewährt IAS 8 ein Wahlrecht für Sachverhalte, die bislang abweichend von einer neuen Rechnungslegungsvorschrift behandelt wurden.[609] In Abhängigkeit, ob eine erfolgswirksame oder erfolgsneutrale Anpassung der Steuerlatenzen gewählt wird, sind Auswirkungen auf den effektiven Steueraufwand in der Tax Reconciliation zu dokumentieren.

Ein Spezialfall im Rahmen der Umqualifizierung von Differenzen stellen quasipermanente Abweichungen nach dem Timing-Konzept dar. Auslöser für eine anstehende Umqualifizierung in eine abgrenzungsfähige Differenz mit einhergehendem periodenfremden Steueraufwand ist regelmäßig keine Modifikation der Rechnungslegungsvorschriften, sondern eine bevorstehende unternehmerische Disposition, die zu einer zeitlich bestimmbaren Begrenzung der Verwerfung und damit auch nach dem Timing-Konzept zu einer latenten Steuerabgrenzung führt.[610]

5.8.4   Wertberichtigungen aufgrund steuerlicher Verluste

Zentraler Indikator für eine notwendige Wertberichtigung latenter Steuern sind nicht nur Steuersatzänderungen und Umqualifizierungen von Differenzen, sondern auch steuerliche Verluste.[611] Neben den Auswirkungen auf bestehende

---

[608]   Vgl. DRS 10.46.

[609]   Vgl. IAS 8.49 i.V.m. IAS 8.54; Ernsting, Ingo, Auswirkungen des Steuersenkungsgesetzes auf die Steuerabgrenzung in Konzernabschlüssen nach US-GAAP und IAS, in: WPg 2001, S. 11-22, hier: S. 18 und Fuchs, Markus, Anwendungshinweise zu IAS 12 „Income Taxes", in: DB 2000, S. 1925-1928, hier: S. 1925.

[610]   Vgl. z.B. Coenenberg, Adolf G., Jahresabschluss und Jahresabschlussanalyse, 19. Aufl., Stuttgart 2003, S. 385-386.

[611]   Vgl. Bömelburg, Peter, Grundsätze ordnungsmäßiger Abschlussprüfung für latente Steuern im Konzernabschluß, Diss. Univ. Nürnberg-Erlangen 1992, München 1993, S. 201 und Schildbach, Thomas, Latente Steuern auf permanente Differenzen und andere Kuriositäten – Ein Blick in das gelobte Land jenseits der Maßgeblichkeit, in: WPg 1998, S. 939-947, hier: S. 945.

latente Steuern können steuerliche Verluste zudem die Steuerabgrenzung entstehender Differenzen beeinflussen. Entscheidendes Kriterium ist in diesem Zusammenhang, ob sich die Verluste auf die steuerwirksame Umkehrung der abgegrenzten Abweichungen auswirken.[612] Diesbezüglich ist entsprechend zur Vorgehensweise bei der Bilanzierung latenter Steuern auf steuerliche Verluste zwischen einem Verlustrücktrag und einem -vortrag zu differenzieren.[613]

Die aus einem Verlustrücktrag resultierende Verrechnung des Fehlbetrags mit Gewinnen der Vergangenheit beeinflusst die Höhe des zukünftigen Steueraufwands nicht.[614] Folglich hat diese Form der Verlustverrechnung – unabhängig vom Rechnungslegungssystem – weder auf bestehende Steuerlatenzen noch auf entstehende abgrenzungsfähige Differenzen Auswirkungen.[615] Dementsprechend ist auch keine Überleitungsposition zu ermitteln, da die planmäßige Bildung und Auflösung der Steuerlatenzen gesichert sind.[616]

Sofern der steuerliche Verlust aufgrund fehlender Rücktragsmöglichkeiten hingegen vorgetragen wird, können sich sowohl Auswirkungen auf bestehende Steuerlatenzen als auch entstehende abgrenzungsfähige Differenzen ergeben.[617] Wird der latente Steuerbestand mangels steuerwirksamer Umkehrung wertberichtigt, liegt zwar weder eine Verwerfung zwischen handelsrechtlichem Vorsteuerergebnis und ertragsteuerlicher Bemessungsgrundlage noch eine Steuersatzabweichung vor. Dennoch resultiert aufgrund der Bilanzierung eines periodenfremden Steuerertrags bzw. -aufwands eine Inkongruenz zwischen erwarteter und effektiver Steuergröße.[618] Mithin sollten Umbewertungen der jeweiligen Differenzen im Zeitablauf in einer Nebenrechnung dokumentiert werden, um sie in die Überleitungsrechnung übernehmen zu können.

[612] Vgl. § 274 HGB; DRS 10.8 und IAS 12.24.

[613] Vgl. Gliederungspunkt 5.7.

[614] Vgl. z.B. Lührmann, Volker, Latente Steuern im Konzernabschluss, Diss. Univ. Göttingen 1996, Düsseldorf 1997, S. 153.

[615] Vgl. Baumann, Karl-Hermann, § 274 HGB, in: Handbuch der Rechnungslegung – Kommentar zur Bilanzierung und Prüfung, Bd. I a, Küting, Karlheinz/Weber, Claus-Peter (Hrsg.), 4. Aufl., Stuttgart 1995, Rn. 41 und Langermeier, Claudia, Latente Steuern in Verlustsituationen, in: DStR 1992, S. 764-772, hier: S. 764-766.

[616] Vgl. Freidank, Carl-Christian, Latente Steuern im handelsrechtlichen Jahresabschluss, in: Handbuch Finanz- und Rechnungswesen, Tanski, Joachim S. (Hrsg.), Landsberg/Lech 2000, S. 1-22, hier: S. 18.

[617] Vgl. Kirsch, Hanno, Angabepflichten für Ertragsteuern nach IAS und deren Generierung im Finanz- und Rechnungswesen, in: StuB 2002, S. 1189-1196, hier: S. 1192.

[618] Vgl. Haag, Stefan/von Rotz, Alex, IAS 12 Ertragssteuern, in: ST 1998, S. 795-806, hier: S. 799-800.

Entsprechend ist zu verfahren, wenn aufgrund veränderter Erwartungen eine vormals bereits wertberichtigte oder nicht dotierte Steuerlatenz außerplanmäßig gebildet wird. In den Folgeperioden ist durch eine Nachbilanzierung in voller Höhe der funktionale Zusammenhang zwischen ausgewiesenem Steueraufwand und Konzernergebnis vor Steuern gesichert. Zur Ermittlung der einzelnen Teilabweichungen sind die Formeln UP_9 bis UP_{12} anzuwenden, die auf periodenfremde Steuerbeträge abstellen.

Wird aufgrund von aktuellen und zukünftig zu erwartenden steuerlichen Verlusten ein abgrenzungsfähiger Sachverhalt nicht in die latente Steuerabgrenzung einbezogen, ist ebenfalls eine Abweichung zwischen erwarteter und tatsächlicher Steuergröße zu verzeichnen. Die Differenz geht in diesem Fall auf eine fehlende Übereinstimmung von handelsrechtlichem Vorsteuerergebnis und ertragsteuerlicher Bemessungsgrundlage zurück, sodass in der Tax Reconciliation eine Überleitungsposition Art 1 bis 4 auszuweisen ist.

In Ermangelung objektivierender Anhaltspunkte der §§ 274 und 306 HGB hinsichtlich notwendiger Wertberichtigungen bestehen im Schrifttum unterschiedliche Auffassungen.[619] Beispielsweise wird die Ansicht vertreten, dass im Verlustjahr bereits bestehende aktivische Steuerlatenzen in voller Höhe aufzulösen und während der Verlustphase entstehende Differenzen grundsätzlich nicht abzugrenzen seien, weil eine genaue Prognose der Realisierungswahrscheinlichkeit nicht möglich sei.[620] Dieser Sichtweise folgend ist auch von einer eventuellen Nachaktivierung in zukünftigen Perioden abzusehen.[621] Resultierend aus der entstehenden Inkongruenz der in der Überleitungsrechnung gegenüberzustellenden Größen sind Überleitungspositionen sowohl in der Verlustperiode als auch in den Folgeperioden bis zum Geschäftsjahr, in dem sich die letzte nicht abgegrenzte Differenz umkehrt, offen zu legen.

Da der Gesetzeswortlaut des § 274 Abs. 2 HGB jedoch eindeutig auf eine Umkehrung der Steuerwirkung als tatbestandliche Voraussetzung für die Bilanzierung einer aktivischen latenten Steuer abstellt, ist m.E. auch dieses Kriterium als maßgeblicher Anhaltspunkt für eine eventuelle Umbewertung

---

[619] Zu einem ausführlichen Überblick vgl. Lührmann, Volker, Latente Steuern im Konzernabschluss, Diss. Univ. Göttingen 1996, Düsseldorf 1997, S. 155-168.

[620] Vgl. Langermeier, Claudia, Latente Steuern in Verlustsituationen, in: DStR 1992, S. 764-772, hier: S. 770 und Rabeneck, Jasmin/Reichert, Gudrun, Latente Steuern im Einzelabschluss (Teil II), in: DStR 2002, S. 1409-1416, hier: S. 1410.

[621] Vgl. Langermeier, Claudia, Latente Steuern in Verlustsituationen, in: DStR 1992, S. 764-772, hier: S. 771.

heranzuziehen.[622] Folglich ist zu prüfen, ob zum Zeitpunkt der Umkehrung der abgegrenzten oder potenziell abzugrenzenden Differenz steuerpflichtige Einkünfte in entsprechender Höhe zur Verfügung stehen, gegen die der latente Steueranspruch verrechnet werden kann.[623] Sofern dies zu bejahen ist, sind latente Steuern planmäßig zu bilden und aufzulösen.[624] Mithin sind aktivische latente Steuern bei dieser Konstellation in der Verlustperiode nicht wertzuberichtigen und entstehende Differenzen – auch in einer Verlustperiode – in die latente Steuerabgrenzung einzubeziehen.[625] In Abhängigkeit vom Ergebnis der Werthaltigkeitsprüfung, im Einzelnen bei außerplanmäßigen Abschreibungen, unterlassenen Aktivierungen sowie Wertaufholungen latenter Steuern, resultieren Inkongruenzen zwischen erwarteter und effektiver Steuergröße.[626]

Äquivalent zur Vorgehensweise bei aktivischen Steuerlatenzen ist hinsichtlich der Vorschrift des § 274 Abs. 1 HGB zu eruieren, ob passivisch abgrenzbare und bereits abgegrenzte Differenzen bei ihrer Umkehrung einen steuerer-

---

[622] So auch Baumann, Karl-Hermann, § 274 HGB, in: Handbuch der Rechnungslegung – Kommentar zur Bilanzierung und Prüfung, Bd. I a, Küting, Karlheinz/Weber, Claus-Peter (Hrsg.), 4. Aufl., Stuttgart 1995, Rn. 43; Berger, Axel/Fischer, Norbert, § 274 HGB, in: Beck'scher Bilanz-Kommentar, Handels- und Steuerrecht - §§ 238 bis 339 HGB -, Berger, Axel u.a. (Hrsg.), 5. Aufl., München 2003, Anm. 66; Eberhartinger, Eva, § 274 HGB, in: Bilanzrecht, Baetge, Jörg u.a. (Hrsg.), Bonn/Berlin 2002, Rz. 96-98 und Langer, Klaus/ Blaum, Ulf, Der Ausweis von Ertragsteuern im Konzernabschluß unter besonderer Berücksichtigung von Verlustsituationen, in: DStR 1995, S. 897-903, hier: S. 900.

[623] Eine Prüfung kann beispielsweise anhand von Planrechnungen hinsichtlich zukünftiger steuerpflichtiger Gewinne erfolgen, auf passivischen Steuerlatenzen beruhen, aber auch durch die Ursachen des Verlustes begründet werden.

[624] Vgl. Bömelburg, Peter, Grundsätze ordnungsmäßiger Abschlussprüfung für latente Steuern im Konzernabschluß, Diss. Univ. Nürnberg-Erlangen 1992, München 1993, S. 201 und Schildbach, Thomas, Der Konzernabschluss nach HGB, IAS und US-GAAP, 6. Aufl., München/Wien 2001, S. 378.

[625] Vgl. Baumann, Karl-Hermann, 274 HGB, in: Handbuch der Rechnungslegung – Kommentar zur Bilanzierung und Prüfung, Bd. I a, Küting, Karlheinz/Weber, Claus-Peter (Hrsg.), 4. Aufl., Stuttgart 1995, Rn. 44; Feldhoff, Michael/Langermeier, Claudia, Zur Aktivierbarkeit des Steuereffekts aus Verlustvortrag nach § 10d EStG, in: DStR 1991, S. 195-197, hier: S. 195 und Karrenbrock, Holger, Latente Steuern in Bilanz und Anhang, Diss. Univ. Münster 1990, Düsseldorf 1991, S. 296.

[626] Vgl. Kirsch, Hanno, Angabepflichten für Ertragsteuern nach IAS und deren Generierung im Finanz- und Rechnungswesen, in: StuB 2002, S. 1189-1196, hier: S. 1192.

höhenden Effekt auslösen.[627] Passivische Steuerabgrenzungsposten sind gem. § 274 Abs. 1 Satz 2 HGB aufzulösen, soweit die ihnen innewohnende zukünftige Steuerbelastung voraussichtlich nicht eintritt. Dies ist der Fall, wenn zum Umkehrungszeitpunkt der passivisch abgegrenzten Differenz entweder der steuerliche Verlustvortrag genutzt werden kann oder weiterhin Verluste bestehen.[628] Zudem dürfen in der Verlustperiode entstehende Abweichungen nicht mittels einer passivischen latenten Steuer abgegrenzt werden, sofern der steuererhöhende Effekt aufgrund von zukünftigen steuerlichen Verlusten oder der Nutzung derselben nicht eintreten kann. Auf die Umkehrung passivischer Steuerlatenzen haben die negativen Einkünfte im Verlustjahr dagegen keine Auswirkungen, sodass die latenten Steuern planmäßig aufzulösen sind und daher keinen Niederschlag in der Tax Reconciliation finden.

Im Gegensatz zu den im HGB kodifizierten Vorschriften formulieren DRS 10 und IAS 12 objektivierende Kriterien, die auf eine zukünftige Realisierung latenter Steuern schließen lassen.[629] Da passivische latente Steuern im Rahmen der Einzeldifferenzenbetrachtung bei Erfüllung der allgemeinen tatbestandlichen Voraussetzungen stets zu bilden sind,[630] beschränkt sich die gesonderte Werthaltigkeitsprüfung, die zu jedem Bilanzstichtag durchzuführen ist,[631] auf aktivische latente Steuerposten.[632]

Soweit die zukünftige Realisierung der bestehenden aktivischen Steuerlatenzen als unwahrscheinlich einzustufen ist, beispielsweise aufgrund von antizipierten weiteren Verlustperioden, ist zwingend eine Wertberichtigung in Form einer außerplanmäßigen Abschreibung vorzunehmen.[633] In Verlustperioden ent-

---

[627]   Vgl. z.B. Coenenberg, Adolf G./Hille, Klaus, Latente Steuern, Abt. I/13, in: Handbuch des Jahresabschlusses in Einzeldarstellungen, v. Wysocki, Klaus/Schulze-Osterloh, Joachim (Hrsg.), Köln 1994, hier: Rn. 55.

[628]   Vgl. Hoyos, Martin/Fischer, Norbert, § 274 HGB, in: Beck'scher Bilanz-Kommentar, Handels- und Steuerrecht - §§ 238 bis 339 HGB -, Budde, Wolfgang D. u.a. (Hrsg.), 4. Aufl., München 1999, Anm. 64.

[629]   Vgl. DRS 10.12 und IAS 12 .28-30. Zu den Objektivierungskriterien im Einzelnen vgl. Gliederungspunkt 5.7.1.

[630]   Vgl. DRS 10.6 und IAS 12.15. A.A. wohl Förschle, Gerhart/Kroner, Matthias, International Accounting Standards: Offene Fragen zur künftigen Steuerabgrenzung, in: DB 1996, S. 1633-1639, hier: S. 1639.

[631]   Vgl. DRS 10.28 und IAS 12.37.

[632]   Vgl. DRS 10.28; IAS 12.27 und Schildbach, Thomas, Latente Steuern auf permanente Differenzen und andere Kuriositäten - Ein Blick in das gelobte Land jenseits der Maßgeblichkeit, in: WPg 1998, S. 939-947, hier: S. 944.

[633]   Vgl. DRS 10.28; IAS 12.27 und Wotschofsky, Stefan/Heller, Silke, Latente Steuern im Konzernabschluss, in: IStR 2002, S. 819-824, hier: S. 822.

stehende aktivische latente Steuern sind ebenfalls in die Werthaltigkeitsprüfung einzubeziehen. Durch unterschiedliche Umkehrungszeitpunkte kann die Prüfung durchaus zum Ergebnis haben, dass zwar der Bestand aktivischer latenter Steuern abzuschreiben ist, aber dennoch neu entstehende Differenzen verpflichtend abzugrenzen sind et vice versa. Abhängig vom Prüfungsergebnis sind Überleitungspositionen zu ermitteln.

In der Folgeperiode ist die zukünftige Realisierungswahrscheinlichkeit erneut zu kontrollieren. Soweit die Gründe für die außerplanmäßige Abschreibung oder unterlassene Aktivierung entfallen sind, muss dies zwingend durch eine Wertaufholung in der Bilanz und abhängig von der Erfolgswirkung des zugrunde liegenden Sachverhaltes auch in der GuV abgebildet werden.[634] Obgleich die Zuschreibung einen zukünftigen Einklang zwischen effektiver und erwarteter Steuergröße auslöst, wird der Wertaufholungsperiode ein periodenfremder Ertrag zugewiesen, der zu einer Überleitungsposition in der Tax Reconciliation führt. Sofern sich in der betrachteten Periode die Realisierungswahrscheinlichkeit nicht ändert, aber die nicht abgegrenzte Differenz eine Umkehrung erfährt, ist der damit verbundene steuerliche Effekt ebenfalls in der Überleitungsrechnung zu erläutern.

Bei der Einschätzung der Realisierungswahrscheinlichkeit sind entsprechend zur Bildung aktivischer latenter Steuern auf Verlustvorträge auch Verlustabzugs- und -verrechnungsbeschränkungen zu berücksichtigen.[635] Zudem können sich auch Unternehmenszusammenschlüsse und -erwerbe auf außerplanmäßig abgeschriebene Steuerlatenzen auswirken oder eine Wertberichtigung notwendig machen.[636] Folglich ist im Einzelfall zu prüfen, inwieweit derartige Sachverhalte eine Realisierung latenter Steuern ermöglichen oder aber auch verhindern. Wurden z.B. latente Steuern aufgrund steuerlicher Verluste wertberichtigt, können aber nunmehr – beispielsweise durch den Beteiligungserwerb an einem gewinnträchtigen Unternehmen und Begründung einer ertragsteuerlichen Organschaft – steuerlich genutzt werden, hat eine außerplanmäßige Zuschreibung zu erfolgen, die in der Tax Reconciliation offen zu legen ist.

---

[634] Vgl. DRS 10.28; IAS 12.37; Coenenberg, Adolf G./Hille, Klaus, Latente Steuern nach der neu gefassten Richtlinie IAS 12, in: DB 1997, S. 537-544, hier: S. 542 und Gräbsch, Ivonne, Bilanzierung latenter Steuern im Konzernabschluss nach DRS 10, in: StuB 2002, S. 743-750, hier: S. 748.

[635] Vgl. Gliederungspunkt 5.7.2.

[636] Vgl. Glanz, Stephan, Latente Steuern in der Konzernrechnung, in: ST 1998, S. 783-794, hier: S. 790.

5.9 Periodenfremde tatsächliche Steueraufwendungen und -erträge

Erfolgswirksame latente Steuern, die als periodenfremde Steuereinflüsse zu qualifizieren sind, bedürfen stets einer Erläuterung in der Überleitungsrechnung. Aber auch im Bereich der tatsächlichen Steuerzahlungen können Steueraufwendungen und -erträge vorliegen, die nicht der aktuellen Periode zuzuordnen sind.[637]

Derartige periodenfremde Steuereffekte resultieren typischerweise aus Betriebsprüfungen, können aber durchaus auch im Rahmen einer Veranlagung auftreten.[638] Mithin kann es sich um Steuervorauszahlungen, -nachzahlungen oder -erstattungen handeln, denen im betrachteten Geschäftsjahr kein entsprechendes Periodenergebnis gegenübersteht.[639] Eine Differenz zwischen erwarteter und effektiver Steuergröße resultiert aus periodenfremden Steuerzahlungen allerdings nur, soweit die entsprechenden Steuereffekte der zugrunde liegenden Sachverhalte und Geschäftsvorfälle nicht bereits durch die Bilanzierung latenter Steuern kompensiert werden.[640]

Während periodenfremde Steuervorauszahlungen und -nachzahlungen einen im Vergleich zum handelsrechtlichen Ergebnis zu hohen effektiven Steueraufwand begründen, ist der ausgewiesene Steueraufwand im Falle einer periodenfremden Steuererstattung zu niedrig. Da in diesen Fällen weder eine Abweichung zwischen handelsrechtlichem Vorsteuerergebnis und ertragsteuerlicher Bemessungsgrundlage noch eine Steuersatzabweichung ursächlich ist, sollten derartige periodenfremde Steuererträge und -aufwendungen in einer Nebenrechnung gesondert dokumentiert werden, um sie in einem zweiten Schritt in die Überleitungsrechnung übertragen zu können. Zur Ermittlung der Überleitungspositionen können in Abhängigkeit der Überleitungsmethode die Formeln UP_9 bis UP_{12} herangezogen werden.

---

[637] Vgl. Dahlke, Jürgen/von Eitzen, Bernd, Steuerliche Überleitungsrechnung im Rahmen der Bilanzierung latenter Steuern nach IAS 12, in: DB 2003, S. 2237-2243, hier: S. 2243 und Haag, Stefan/von Rotz, Alex, IAS 12 Ertragssteuern, in: ST 1998, S. 795-806, hier: S. 799-800.

[638] Vgl. Hannemann, Susanne/Peffermann, Petra, IAS-Konzernsteuerquote: Begrenzte Aussagekraft für die steuerliche Performance eines Konzerns, in: BB 2003, S. 727-733, hier: S. 732.

[639] Vgl. Moxter, Adolf, Grundsätze ordnungsmäßiger Rechnungslegung, Düsseldorf 2003, S. 271.

[640] Vgl. Heno, Rudolf, Jahresabschluss nach Handelsrecht, Steuerrecht und internationalen Standards (IAS/IFRS), 3. Aufl., Heidelberg 2003, S. 376 und Kirsch, Hanno, Angabepflichten für Ertragsteuern nach IAS und deren Generierung im Finanz- und Rechnungswesen, in: StuB 2002, S. 1189-1196, hier: S. 1192.

5.10 Konsolidierungsmaßnahmen

5.10.1 Kapitalkonsolidierung

Im Rahmen der Kapitalkonsolidierung werden die Beteiligungsbuchwerte im Einzelabschluss der Muttergesellschaft gegen die einzelnen Vermögensgegenstände und Schulden der Tochtergesellschaften aufgerechnet, um eine Doppelerfassung der in den Konzernabschluss einzubeziehenden Gesellschaften zu vermeiden.[641] Mithin sind bei Anwendung der Purchase-Methode die Vermögensgegenstände und Schulden gem. § 301 HGB bzw. IAS 22.32 mit ihren Zeitwerten in die Konzernbilanz zu übernehmen.[642] Die Differenz zwischen Akquisitionspreis und dem um stille Reserven bereinigten Eigenkapital wird bei einem positiven Unterschiedsbetrag als Goodwill und bei negativer Differenz als Badwill oder Lucky Buy bezeichnet.[643] Da in der Steuerbilanz der konsolidierten Gesellschaft weiterhin die Buchwerte der einzelnen Vermögensgegenstände und Schulden fortzuführen sind, liegt bei Erstkonsolidierung eine erfolgsneutrale Differenz vor.[644]

Obgleich die im Zeitpunkt der Erstkonsolidierung entstehende Abweichung nach den Grundsätzen des Timing-Konzepts mangels Erfolgswirkung nicht in die latente Steuerabgrenzung einzubeziehen ist, wird Bezug nehmend auf einen HGB-Konzernabschluss als Konsequenz aus der Aufdeckung stiller Reserven und Lasten die Bilanzierung latenter Steuern dennoch für zulässig erachtet, um

---

[641] Vgl. Heurung, Rainer, Kapitalkonsolidierungsmethoden für verbundene Unternehmen im Vergleich zwischen IAS und US-GAAP, in: DB 2000, S. 1773-1781, hier: S. 1773 und Küting, Karlheinz/Wirth, Johannes, Die Kapitalkonsolidierung im Spiegel der Bilanzwelten HGB – IAS/IFRS – US-GAAP (Teil I), in: DStR 2003, S. 475-484., hier: S. 475.

[642] Die Pooling of Interests-Methode, die nach US-GAAP bereits nicht mehr anwendbar ist, hat aufgrund ihrer Buchwertverknüpfung weder Auswirkungen auf die latente Steuerabgrenzung noch auf die in der Tax Reconciliation zu erläuternden steuerlichen Größen und wird daher nicht näher betrachtet. Vgl. § 302 HGB und IAS 22.77-79.

[643] Vgl. Küting, Karlheinz/Koch, Christian, Der Goodwill in der deutschen Bilanzierungspraxis, in: StuB 2003, S. 49-54, hier: S. 49.

[644] Vgl. Berger, Axel/Fischer, Norbert, § 306 HGB, in: Beck'scher Bilanz-Kommentar, Handels- und Steuerrecht - §§ 238 bis 339 HGB -, Berger, Axel u.a. (Hrsg.), 5. Aufl., München 2003, Anm. 11 und Heurung, Rainer, Steuerabgrenzung nach dem Temporary Differences-Konzept im befreienden Konzernabschluss, in: BB 2000, S. 1340-1347, hier: S. 1344.

eine zutreffende Darstellung der Vermögenslage zu gewährleisten.[645] Dieser Auffassung folgend, sind nach den Vorschriften des DRS 10 – äquivalent zu den Regelungen des IAS 12[646] – Differenzen aus der Kapitalkonsolidierung verpflichtend abzugrenzen.[647] Die durch die Aufdeckung stiller Reserven und Lasten resultierenden Steuerlatenzen sind erfolgsneutral gegen den Unterschiedsbetrag aus der Erstkonsolidierung zu buchen.[648] Wegen seines Residualcharakters dürfen auf den Good- oder Badwill selbst jedoch keine latenten Steuern gebildet werden.[649]

Aufgrund der erfolgsneutralen Bildung der Steuerlatenzen ergeben sich zum Zeitpunkt der Erstkonsolidierung keine Auswirkungen auf die Konzernsteuerquote und damit auch keine Abweichung zwischen erwarteter und effektiver Steuergröße. Differenzen zwischen dem Konzernergebnis und der Summe der ertragsteuerlichen Bemessungsgrundlagen entstehen erst in den Folgeperioden, wenn die aufgedeckten stillen Reserven und Lasten abgeschrieben oder aufgelöst werden.[650] Diesen Abweichungen steht jedoch ein kompensierender Effekt aus der erfolgswirksamen Auflösung der bei Erstkonsolidierung gebildeten Steuerabgrenzungsposten gegenüber.

Da ein resultierender Goodwill oder negativer Unterschiedsbetrag erfolgswirksam aufgelöst wird,[651] diese Größen aber nicht in die latente Steuer-

---

[645] Vgl. Lührmann, Volker, Latente Steuern im Konzernabschluss, Diss., Univ. Göttingen 1996, Düsseldorf 1997, S. 200 m.w.N. und Schmidbauer, Rainer, Die Bilanzierung latenter Steuern nach HGB unter Berücksichtigung von E-DRS 12 sowie nach IAS auf Basis der Änderung der Steuergesetze, in: DB 2001, S. 1569-1576, hier: S. 1573 m.w.N.

[646] Vgl. IAS 12.19 und Küting, Karlheinz/Wirth, Johannes, Latente Steuern und Kapitalkonsolidierung nach IAS/IFRS, in: BB 2003, S. 623-629, hier: S. 624-626.

[647] Vgl. DRS 10.16; Sauter, Thomas/Heurung, Rainer/Fischer, Wolfgang-Wilhelm, Erfassung von latenten Steuern im Konzernabschluss nach E-DRS 12, in: BB 2001, S. 1783-1788, hier: S. 1785-1786 und Schmidbauer, Rainer, Die Bilanzierung latenter Steuern nach HGB unter Berücksichtigung von E-DRS 12 sowie nach IAS auf Basis der Änderung der Steuergesetze, in: DB 2001, S. 1569-1576, hier: S. 1573.

[648] Vgl. DRS 10.17 und IAS 12.66. Hiervon ausgenommen sind Anteile, die auf Minderheiten entfallen. Vgl. Küting, Karlheinz/Wirth, Johannes, Latente Steuern und Kapitalkonsolidierung nach IAS/IFRS, in: BB 2003, S. 623-629, hier: S. 625.

[649] Vgl. DRS 10.18; IAS 12.15; IAS 12.21; IAS 12.24 und IAS 12.32.

[650] Vgl. Krawitz, Norbert, Latente Steuern als Problem der Konzernabschlussanalyse, in: Investororientierte Unternehmenspublizität – Neue Entwicklungen von Rechnungslegung, Prüfung und Jahresabschlussanalyse – Lachnit, Laurenz/Freidank, Carl-Christian (Hrsg.), Wiesbaden 2000, S. 701-736, hier: S. 706.

[651] Zur Fortschreibung des Goodwill vgl. z.B. Küting, Karlheinz/Wirth, Johannes, Die Kapitalkonsolidierung im Spiegel der Bilanzwelten HGB – IAS/IFRS – US-GAAP (Teil I), in: DStR 2003, S. 475-484, hier: S. 481-483.

abgrenzung einzubeziehen sind, gelingt im Rahmen der Kapitalkonsolidierung keine vollständige Synchronisation zwischen ausgewiesenem Steueraufwand und Konzernergebnis vor Steuern.[652] In Höhe der erfolgswirksamen Auflösung des Unterschiedsbetrags verbleibt eine in der Überleitungsrechnung aufzuführende Abweichung.[653] Ursächlich für diese Inkongruenz zwischen erwarteter und effektiver Steuergröße ist eine Differenz zwischen Konzernergebnis vor Steuern und der Summe der ertragsteuerlichen Bemessungsgrundlagen, sodass die Überleitungsposition mit den Formeln UP_1 bis UP_4 ermittelt werden kann.

5.10.2 Aufwands- und Ertragskonsolidierung

Auch wenn die Aufwands- und Ertragskonsolidierungen i.S. des § 305 HGB sowie i.S. der Vorschriften des IAS 27.17 i.V.m. IAS 27.18 grundsätzlich keinen Einfluss auf die Höhe des Konzernerfolgs haben und daher weder für die latente Steuerabgrenzung noch für Zwecke der Überleitungsrechnung von Relevanz sind, können im Fall von konzerninternen Ergebnisübernahmen zu beachtende Effekte entstehen.[654] Konzerninterne Ergebnisübernahmen sind im Rahmen der Aufwands- und Ertragskonsolidierung zu eliminieren, um eine doppelte Berücksichtigung desselben Gewinns zu vermeiden.[655] Ohne Konsolidierung fände die Gewinnausschüttung einerseits als Jahreserfolg des Tochterunternehmens, andererseits als Beteiligungsertrag des Mutterunternehmens ihren Eingang in den Konzernerfolg.

Da bei konzerninternen Gewinnausschüttungen nicht nur die doppelte Erfassung in der Konzernbilanz, sondern durch die Steuerbefreiung des § 8b Abs. 1 KStG auch der zweifache Zugriff des Fiskus vermieden wird, haben derartige

---

[652] Vgl. Heurung, Rainer/Kurtz, Michael, Latente Steuern nach dem Temporary Differences-Konzept: Ausgewählte Problembereiche, in: BB 2000, S. 1775-1780, hier: S. 1776.

[653] Zur erfolgswirksamen Auflösung des Unterschiedsbetrags vgl. § 306 HGB, DRS 4 und IAS 22. Die unterschiedlichen Ausprägungen der Erwerbsmethode in Form einer vollständigen oder einer anteiligen Auflösung der stillen Reserven und Lasten wirken sich nicht auf die Überleitungsposition aus. Auch bei ersterer Variante beeinflusst der auf Minderheiten entfallende Anteil latenter Steuern nicht die Höhe des Goodwill, da die Steuerabgrenzung erfolgsneutral gegen die Minderheitenanteile am Konzerneigenkapital zu buchen ist.

[654] Vgl. z.B. Baetge, Jörg/Kirsch, Hans-Jürgen/Thiele, Stefan, Konzernbilanzen, 6. Aufl., Düsseldorf 2002, S. 509 und Eberhartinger, Eva, § 306 HGB, in: Bilanzrecht, Baetge, Jörg u.a. (Hrsg.), Bonn/Berlin 2002, Rz. 51-52 und Rz. 515.

[655] Vgl. Dusemond, Michael, Ursachen latenter Steuern im Konzernabschluss nach HGB und IAS, in: Internationale Rechnungslegung, FS Weber, Küting, Karlheinz/Langenbucher, Günther (Hrsg.), Stuttgart 1999, S. 311-342, hier: S. 332.

Ergebnisübernahmen im Ergebnis keine Auswirkungen auf die Konzernsteuer-quote.[656] Dies gilt im Unternehmensverbund ebenfalls für die ertragsteuerlichen Konsequenzen von Gewinnausschüttungen im Übergangszeitraum zum Halb-einkünfteverfahren.[657]

Allerdings entsteht in diesen Fällen bei Betrachtung der einzelnen Gesellschaft durchaus eine Differenz, die es im Rahmen einer mehrstufigen Überleitungs-rechnung auf Ebene des Einzelabschlusses zu erfassen gilt, um auf dieser Stufe eine Verprobungsmöglichkeit zu erhalten. Wenn die in der Tax Reconciliation aufgeführte Teilabweichung mit Blick auf den Unternehmensverbund durch ent-sprechende Maßnahmen – beispielsweise der Übernahme der Steuerlast – wieder entfällt, ist dies in der Konzernüberleitungsrechnung zu dokumentieren. Dies bedeutet, dass die vormals gebildete Überleitungsposition auf Konzern-ebene aufzulösen ist.[658]

5.10.3 Zwischenergebniseliminierung

Aus Sicht des Konzerns sind Erträge und Aufwendungen erst dann realisiert, wenn die zugrunde liegenden Lieferungen und Leistungen an Konzernfremde erfolgen.[659] Um diese Erfolgsabgrenzung zu gewährleisten, ist es die Aufgabe der Zwischenergebniseliminierung, den Konzernerfolg nach Maßgabe des Unternehmensverbunds um noch nicht realisierte Erfolge aus konzerninternen Lieferungen und Leistungen zu korrigieren.[660]

Da weder in den Einzelabschlüssen noch in den Steuerbilanzen der liefernden und der empfangenden Unternehmen unterschieden wird, ob konzerninterne oder -externe Lieferungen und Leistungen vorliegen, wird die Erfolgswirkung verbundinterner Geschäfte im Konzernabschluss aufgrund der Zwischen-ergebniseliminierung zeitverzögert ausgewiesen. Folglich entsteht zwischen Konzernerfolg und der Summe der Einzelerfolge eine verpflichtend abzu-grenzende Differenz.[661] Bei Zugrundelegung des Timing-Konzepts ist allerdings zu beachten, dass auf quasi-permanente Ergebnisdifferenzen, beispielsweise bei

---

[656] Vgl. Gliederungspunkt 5.1.1.

[657] Vgl. Gliederungspunkt 5.6.2.

[658] Vgl. zu dieser Problematik ausführlich Gliederungspunkt 5.1.1.

[659] Vgl. z.B. Ordelheide, Dieter, Konzern und Konzernerfolg, in: WiSt 1986, S. 495-502, hier: S. 497.

[660] Vgl. § 304 HGB und IAS 27.17.

[661] Vgl. Eberhartinger, Eva, § 306 HGB, in: Bilanzrecht, Baetge, Jörg u.a. (Hrsg.), Bonn/Berlin 2002, Rz. 48.

Veräußerungen von nicht abnutzbarem Anlagevermögen innerhalb des Konzerns, keine latenten Steuern gebildet werden dürfen.[662] In diesem Fall ergibt sich eine Überleitungsposition aufgrund einer Abweichung zwischen Konzernergebnis vor Steuern und ertragsteuerlicher Bemessungsgrundlage, die gemäß den Formeln UP_1 bis UP_4 zu ermitteln ist.

Bei der Bewertung abzugrenzender Differenzen aus der Ergebniseliminierung stellen die Vorschriften des DRS 10 auf den Steuersatz des liefernden bzw. leistenden Konzernunternehmens ab.[663] Da folglich der steuerliche Tarif desjenigen Unternehmens maßgeblich ist, bei dem das konzernliche Zwischenergebnis steuerlich entsteht, stimmen erwartete und effektive Steuergröße überein.

Nach IAS 12 ist die Bewertung von latenten Steuern aus Zwischenergebniseliminierungen unter Rückgriff auf den Steuersatz des empfangenden Konzernunternehmens vorzunehmen. Dies führt bei einem abweichenden Steuersatz im Vergleich zum Tarif des liefernden Unternehmens nicht zur Eliminierung der tatsächlichen Steuerlast. Insofern kann aufgrund der Bilanzierung latenter Steuern eine Steuersatzabweichung auftreten, die als Spezialfall der abweichenden Bewertung latenter Steuern über die Ermittlung der Überleitungspositionen Art 17 bis 20 in die Tax Reconciliation aufzunehmen ist.[664]

5.11 Equity-Methode

Unternehmen, die nach der Equity-Methode in die Konzernbilanz integriert werden,[665] sind im Erwerbszeitpunkt mit ihren Anschaffungskosten zu bewerten.[666] Die Vermögensgegenstände und Schulden des Unternehmens sind im Gegensatz zur Kapitalkonsolidierung nicht in die Konzernbilanz zu übernehmen, sondern die anteiligen Aufdeckungen der stillen Reserven und Lasten sowie ein verbleibender Unterschiedsbetrag werden in einer außerbilanziellen Neben-

---

[662] Vgl. Dusemond, Michael/Hayn, Benita, Latente Steuern aus Konsolidierungsmaßnahmen, in: BB 1997, S. 983-988, hier: S. 986.

[663] Vgl. DRS 10.23 und Gräbsch, Ivonne, Bilanzierung latenter Steuern im Konzernabschluss nach DRS 10, in: StuB 2002, S. 743-750, hier: S. 748.

[664] Vgl. allgemein zur abweichenden Bewertung latenter Steuern Gliederungspunkt 5.8.1.

[665] Vgl. zur verpflichtenden Anwendung der Equity-Methode bei assoziierten Unternehmen §§ 311-312 HGB und IAS 28.8; vgl. zum Wahlrecht der Equity-Methode bei Joint Ventures § 310 HGB i.V.m. § 312 HGB und IAS 31.32. Ausführlich zum Anwendungsbereich der Equity-Methode vgl. Heurung, Rainer, Die Bewertung assoziierter Unternehmen im Konzernabschluss im Vergleich zwischen HGB, IAS und US-GAAP (Teil I), in: IStR 2000, S. 628-635, hier: S. 628-630.

[666] Vgl. § 312 Abs. 1 HGB und IAS 28.6.

rechnung dokumentiert. In den Folgeperioden sind erfolgswirksame Korrekturen des Beteiligungswertes, die ebenfalls außerhalb der Bilanz in einer Nebenrechnung ermittelt werden, nach Maßgabe des Anteils des Gesellschafters an der Reinvermögensänderung vorzunehmen.[667]

Obgleich die Equity-Methode nicht in den Anwendungsbereich des § 306 HGB fällt und auch die Erfolgsneutralität zum Erstkonsolidierungszeitpunkt einer Steuerabgrenzung i.s. des Timing-Konzepts entgegensteht, wird in Teilen des Schrifttums die Bildung latenter Steuern auf aufgedeckte stille Reserven und Lasten befürwortet.[668] Bezug nehmend auf die Vorschriften des DRS 10 ist die latente Steuerabgrenzung in diesem Zusammenhang – ebenso wie nach den Regelungen des IAS 12 – grundsätzlich verpflichtend.[669] Von der Bilanzierungspflicht ausgenommen werden im IAS-Abschluss solche Differenzen, bei denen das Mutterunternehmen, der Anteilseigner oder das Partnerunternehmen den Zeitpunkt der Umkehrung selbst steuern kann und sich der temporäre Unterschied voraussichtlich in absehbarer Zeit nicht umkehrt.[670] Analog zur Vollkonsolidierung werden latente Steuern im Rahmen der Equity-Methode zum Erwerbszeitpunkt erfolgsneutral gegen den Unterschiedsbetrag gebucht,[671] sodass sich keine Auswirkungen auf die in der Tax Reconciliation zu erläuternden steuerlichen Größen ergeben. Auf den Unterschiedsbetrag selbst hat eine Bildung latenter Steuern dagegen ausdrücklich zu unterbleiben.[672] Die Fortschreibung des Unterschiedsbetrags löst daher – äquivalent zur Vollkonsolidierung – eine Differenz zwischen erwarteter und effektiver Steuergröße aus.[673]

---

[667]   Vgl. § 312 HGB; IAS 28.3 und IAS 31.2.

[668]   Vgl. Berger, Axel/Fischer, Norbert, § 306 HGB, in: Beck'scher Bilanz-Kommentar, Handels- und Steuerrecht - §§ 238 bis 339 HGB -, Berger, Axel u.a. (Hrsg.), 5. Aufl., München 2003, Anm. 13 und Dusemond, Michael/Hayn, Benita, Latente Steuern aus Konsolidierungsmaßnahmen, in: BB 1997, S. 983-988, hier: S. 986 m.w.N. A.A. z.B. Heurung, Rainer, Die Bewertung assoziierter Unternehmen im Konzernabschluss im Vergleich zwischen HGB, IAS und US-GAAP (Teil II), in: IStR 2000, S. 664-671, hier: S. 668.

[669]   Vgl. DRS 10.16 i.V.m. DRS 8.3; IAS 12.39 und IAS 12.44.

[670]   Vgl. IAS 12.39; IAS 12.44 und Heurung, Rainer/Kurtz, Michael, Latente Steuern nach dem Temporary Differences-Konzept: Ausgewählte Problembereiche, in: BB 2000, S. 1775-1780, hier: S. 1779.

[671]   Vgl. Eberhartinger, Eva, § 306 HGB, in: Bilanzrecht, Baetge, Jörg u.a. (Hrsg.), Bonn/Berlin 2002, Rz. 552.

[672]   Vgl. DRS 10.18; IAS 12.15; IAS 12.21; IAS 12.24 und IAS 12.32.

[673]   Vgl. Gliederungspunkt 5.10.1.

Auswirkungen auf die Tax Reconciliation können sich zudem durch den anteiligen Jahresüberschuss ergeben, der dem Beteiligungsbuchwert erfolgswirksam
zuzurechnen ist. Um eine Doppelerfassung zu vermeiden, führt eine Gewinnausschüttung zu einer erfolgsneutralen Minderung des Equity-Wertes. Da den
Ergebniszuwächsen im Konzernabschluss kein entsprechender Steueraufwand
gegenübersteht und dieser aufgrund der steuerfreien Vereinnahmung von
Dividenden gem. § 8b Abs. 1 KStG auch nicht über latente Steuern zu
kompensieren ist,[674] entsteht eine Differenz zwischen erwartetem und
effektivem Steueraufwand.[675] Ursächlich ist eine Abweichung zwischen
ertragsteuerlicher Bemessungsgrundlage und Konzernergebnis vor Steuern,
sodass zur Ermittlung der resultierenden Überleitungspositionen die Formeln
UP_1 bis UP_4 anzuwenden sind. Da die Gewinnausschüttung keine Auswirkungen
auf das Konzernergebnis hat, aber auf Ebene des Einzelabschlusses in die
Überleitungsrechnung aufzunehmen ist,[676] um die Verprobungsmöglichkeit der
Tax Reconciliation zu sichern, muss auf Konzernebene diese Position eliminiert
werden, um eine Doppelerfassung zu verhindern.

---

[674] Vgl. z.B. Ernsting, Ingo, Auswirkungen des Steuersenkungsgesetzes auf die
Steuerabgrenzung in Konzernabschlüssen nach US-GAAP und IAS, in: WPg 2001, S.
11-22, hier: S. 20 und Schmidbauer, Rainer, Die Bilanzierung latenter Steuern nach
HGB unter Berücksichtigung von E-DRS 12 sowie nach IAS auf Basis der Änderung
der Steuergesetze, in: DB 2001, S. 1569-1576, hier: S. 1576.

[675] Minderungen des Equity-Wertes aufgrund von Verlustzurechnungen führen aufgrund
ihrer steuerlichen Irrelevanz ebenfalls nicht zur Bildung latenter Steuern und sind daher
in Entsprechung zur Vorgehensweise bei Jahresüberschüssen in Form einer
Überleitungsposition zu dokumentieren.

[676] Vgl. Gliederungspunkt 5.1.1.

6. Konzernsteuerpolitik

6.1 Ziele der Konzernsteuerpolitik

Als Ziele einer Konzernsteuerpolitik werden in der Literatur primär die zeitraumbezogene relative Minimierung der tatsächlichen Konzernsteuerzahlungen (Steuerbarwertminimierung) sowie die Maximierung des Kapitalwertes der Konzernerträge nach (tatsächlichen) Steuern benannt.[677] Erst in jüngerer Zeit gerät mit der Konzernsteuerquote eine Größe in den Fokus der Analysten und Anteilseigner, die nicht die tatsächliche Steuerlast des Geschäftsjahres widerspiegelt.[678] Mithin stellt diese Entwicklung unternehmensinterne Entscheidungsträger vor die Aufgabe, gestaltend auf die Konzernsteuerquote einzuwirken.

Mit Blick auf die relative Steuerbelastung des Unternehmensverbunds in Form des effektiven Steuersatzes muss das Ziel der Konzernsteuerpolitik in Abhängigkeit des Konzernergebnisses formuliert werden:[679] Während bei einem positiven Ergebnis eine relative Minimierung der Konzernsteuerquote anzustreben ist, besteht die Intention bei einem Jahresfehlbetrag – ausgehend von einem erwarteten Steuerertrag – in einer relativen Maximierung der Konzernsteuerquote.[680] Bei gegebenem Ergebnis haben jedoch beide Zielrichtungen die relative Minimierung der absoluten Steuerbelastung gemein. Übertragen auf die Überleitungsrechnung bedeutet dies eine Reduzierung des effektiven Steueraufwands

---

[677] Vgl. Jacobs, Otto H., Internationale Unternehmensbesteuerung, 5. Aufl., München 2002, S. 708; Kessler, Wolfgang/Schiffers, Joachim/Teufel, Tobias, Rechtsformwahl Rechtsformoptimierung, München 2002, S. 294; Schreiber, Ulrich, Die Steuerbelastung der Personenunternehmen und der Kapitalgesellschaften, in: WPg 2002, S. 557-571, hier: S. 560; Theisen, Manuel René, Der Konzern, 2. Aufl., Stuttgart 2000, S. 575-578 und Vera, Antonio, Das steuerliche Zielsystem einer international tätigen Großunternehmung, in: StuW 2001, S. 308-315, hier: S. 309.

[678] Vgl. Herzig, Norbert/Dempfle, Urs, Konzernsteuerquote, betriebliche Steuerpolitik und Steuerwettbewerb, in: DB 2002, S. 1-8, hier: S. 1 und Müller, Rolf, Die Konzernsteuerquote – Modephänomen oder ernst zu nehmende neue Kennziffer?, in: DStR 2002, S. 1684-1688, hier: S. 1684. Zur Auflistung weiterer steuerlicher Teilziele vgl. z.B. Vera, Antonio, Das steuerliche Zielsystem einer international tätigen Großunternehmung, in: StuW 2001, S. 308-315, hier: S. 312.

[679] Vgl. Herzig, Norbert, Gestaltung der Konzernsteuerquote – eine neue Herausforderung für die Steuerberatung?, in: WPg Sonderheft 2003, S. 80-92, hier: S. 83.

[680] Vgl. Hannemann, Susanne/Peffermann, Petra, IAS-Konzernsteuerquote: Begrenzte Aussagekraft für die steuerliche Performance eines Konzerns, in: BB 2003, S. 727-733, hier: S. 730.

im Vergleich zum (gegebenen) erwarteten Steueraufwand. Äquivalent zur klassischen Steuerpolitik scheidet eine absolute Minimierung als Zielvorgabe aus, da dies in letzter Konsequenz ein Einstellen der betrieblichen Aktivitäten bedeuten würde.

Abweichend von der klassischen Konzernsteuerpolitik ist die Zielrichtung der relativen Minimierung der Konzernsteuerbelastung nicht ausschließlich an Zahlungsströmen ausgerichtet, da den ausgewiesenen Steueraufwand nicht nur tatsächliche Steuerzahlungen, sondern auch latente Steuern determinieren. Dementsprechend ist bei der Konzernsteueroptimierung auf Basis des effektiven Steuersatzes auch zwischen zahlungswirksamen tatsächlichen und zahlungs-unwirksamen latenten Steuern zu unterscheiden.[681] Diesbezüglich offenbart die Tax Reconciliation nicht nur Gestaltungsmöglichkeiten, sondern es lassen sich auch potenzielle Kollisionen mit der klassischen Steuerpolitik i.S. einer relativen Minimierung der Konzernsteuerzahlungen ableiten. Auf dieser Grundlage kann entschieden werden, inwiefern die relative Minimierung des ausgewiesenen Konzernsteueraufwands als primäres oder zusätzliches Ziel der Steuerpolitik im Unternehmensverbund fungieren sollte. In diesem Zusammenhang ist in einem weiteren Schritt möglicher Koordinationsbedarf zwischen Maßnahmen zur Ziel-erreichung der verschiedenen Steuerpolitiken einerseits sowie zwischen einzelner Konzernabteilungen und -gesellschaften andererseits aufzudecken.

Mit Blick auf die effektive Konzernsteuerbelastung sind im Rahmen der Zieler-reichung nur solche Überleitungspositionen von Relevanz, auf die gestaltend eingewirkt werden kann.[682] Beispielsweise ist eine gesetzliche Steuersatzän-derung, die nicht selten in Abhängigkeit von ihrer Richtung und dem Überhang an aktivischen oder passivischen Steuerlatenzen zu gravierenden Effekten auf den ausgewiesenen Steueraufwand führt,[683] typischerweise nur schwerlich zu beeinflussen.[684] Vor dem Hintergrund einer vergleichenden Betrachtung mit einer pagatorisch orientierten Konzernsteuerpolitik wird nachfolgend innerhalb der beeinflussbaren Faktoren des ausgewiesenen Steueraufwands zwischen Effekten der tatsächlichen und latenten Steuerbelastung differenziert. Zudem ist

---

[681] Alternativ kann auch zwischen einer Cash-Steuerquote und einer latenten Steuerquote unterschieden werden. So Hannemann, Susanne/Peffermann, Petra, IAS-Konzernsteuer-quote: Begrenzte Aussagekraft für die steuerliche Performance eines Konzerns, in: BB 2003, S. 727-733, hier: S. 732.

[682] Vgl. Herzig, Norbert/Dempfle, Urs, Konzernsteuerquote, betriebliche Steuerpolitik und Steuerwettbewerb, in: DB 2002, S. 1-8, hier: S. 5.

[683] Vgl. Fischer, Wolfgang Wilhelm, Bilanzierung latenter Steuern (deferred taxes) nach IAS 12 (rev. 2000), in: BBK 2002, Fach 20, S. 669-686, hier: S. 685.

[684] Zu Gestaltungsmaßnahmen, resultierend aus einer Antizipation der Steuersatzänderung vgl. Gliederungspunkt 6.2.2.

im Rahmen der Konzernsteuerpolitik bzw. der Analyse derselben zwischen einmaligen Effekten – beispielsweise in Form einer steuerfreien Einnahme durch Veräußerung einer Beteiligung – und einer strategischen Steueroptimierung – z.B. durch eine dauerhafte Verlagerung von Einkünften in niedrig besteuernde Staaten – zu unterscheiden.

6.2 Möglichkeiten der Konzernsteueroptimierung

6.2.1 Tatsächliche Steuern

Im Bereich der tatsächlichen Steuern gelingt eine Minderung der ausgewiesenen Steuergröße nur, soweit der Reduzierung der tatsächlichen Steuerlast kein kompensatorischer Effekt latenter Steuern gegenübersteht. Dies bedeutet, dass nicht eine auf Steuerstundungseffekte ausgerichtete Steuerplanung, sondern die definitive Steuerersparnisse gewährende Gestaltung zielführend ist.

Eine Möglichkeit zur Senkung der ausgewiesenen Steuern besteht in der Generierung steuerfreier Erträge.[685] Mithin eröffnen hierbei insbesondere die Steuerbefreiungen des § 8b Abs. 1 und 2 KStG, aber auch die Vorschriften des InvZulG zur Inanspruchnahme steuerlicher Subventionierungen gewisse Gestaltungsspielräume. Im Rahmen der steuerfreien Vereinnahmung von Dividenden gem. § 8b Abs. 1 KStG ist zu beachten, dass die Ausschüttung einer konsolidierungspflichtigen Beteiligung aufgrund der Übernahme der Steuerlast in die Konzern-GuV keinen quotenmindernden Effekt auslöst. Obgleich sich steuerfreie Gewinnausschüttungen auch bei Gesellschaften, die nach der Equity-Methode in den Konzernabschluss einzubeziehen sind, nicht auf die Konzernsteuerquote auswirken, erweist sich die erfolgswirksame Erhöhung einer Equity-Beteiligung durch anteilige Zurechnung des Ergebnisses für die Konzernsteuerquote als vorteilhaft. Als strukturelles Element einer Konzernsteuerpolitik wirken sich Ausschüttungen von Unternehmen quotenmindernd aus, die weder zu konsolidieren noch nach der Equity-Methode in den Konzernabschluss zu integrieren sind.[686] Mit Blick auf die Konzernsteuerquote sollte bei Beteiligungsveräußerungen vermieden werden, in den Anwendungsbereich der Ausnahmeregelungen des § 8b Abs. 2 KStG zu fallen. So ist es beispielsweise

---

[685] Vgl. z.B. Spengel, Christoph/Lammersen, Lothar, Methoden zur Messung und zum Vergleich von internationalen Steuerbelastungen, in: StuW 2001, S. 222-238, hier: S. 224.

[686] Vgl. Hannemann, Susanne/Peffermann, Petra, IAS-Konzernsteuerquote: Begrenzte Aussagekraft für die steuerliche Performance eines Konzerns, in: BB 2003, S. 727-733, hier: S. 731.

ratsam, einbringungsgeborene Anteile nicht innerhalb der 7-Jahres-Frist zu veräußern, um somit die steuerpflichtigen Gewinnrealisierungen zu umgehen.[687] Zur Generierung steuerfreier Einnahmen können ferner staatliche Vergünstigungen in Form so genannter Investitionszulagen genutzt werden.[688] In diesem Zusammenhang sollte bei anstehenden Investitionen die Erfüllung der spezifischen tatbestandlichen Voraussetzungen des InvZulG geprüft werden, um die steuerfreien Zulagen vereinnahmen zu können.

Bei der Konzernsteueroptimierung kommt der Vermeidung steuerlicher Ineffizienzen eine zentrale Bedeutung zu. Dies impliziert zunächst die Umgehung steuerlich nicht abzugsfähiger Ausgaben und Aufwendungen. Beispielsweise können die Abzugsverbote des § 3c EStG und des § 8b Abs. 5 KStG durch Errichtung einer ertragsteuerlichen Organschaft dauerhaft umgangen werden.[689] Zudem hat es sich vor dem Hintergrund des pauschalen Abzugsverbots des § 8b Abs. 5 KStG für international strukturierte Unternehmen bis 2004 regelmäßig angeboten, ausländische Beteiligungen mit Fremdkapital zu finanzieren, um den Kapitalbedarf inländischer Beteiligungen mit Eigenkapital decken zu können.[690] Ferner wirken sich Gewinnschmälerungen durch Beteiligungsveräußerung negativ auf die Konzernsteuerquote aus, da diese Verluste nach § 8b Abs. 3 Satz 3 KStG nicht steuermindernd geltend gemacht werden können.

Die Vermeidung steuerlicher Ineffizienzen umfasst ebenfalls die Nutzung steuerlicher Verluste[691] und ein zielgerichtetes Verhalten während der körperschaftsteuerlichen Übergangszeit zum Halbeinkünfteverfahren. Zur Werterhaltung steuerlicher Verluste sollten Gefahren eines Verlustuntergangs

---

[687] Zu Gestaltungshinweisen vgl. Förster, Guido, Kauf und Verkauf von Unternehmen nach dem UntStFG, in: DB 2002, S. 1394-1401, hier: S. 1400-1401 und Haun, Jürgen/Winkler, Hartmut, Klarstellungen und Unklarheiten bei der Besteuerung von Beteiligungserträgen nach der Neufassung des § 8b KStG, in: GmbHR 2002, S. 192-199, hier: S. 198-199.

[688] Vgl. Vera, Antonio, Das steuerliche Zielsystem einer international tätigen Großunternehmung, in: StuW 2001, S. 308-315, hier: S. 309.

[689] Vgl. Sauter, Thomas/Heurung, Rainer, Errichtung ertragsteuerlicher Organschaften aufgrund der Unternehmenssteuerreform, in: GmbHR 2001, S. 165-171, hier: S.167.

[690] Ausführlich zur steueroptimalen Konzernfinanzierung vgl. Gundel, Günter, Steuergestaltung bei Einschaltung internationaler Finanzierungsgesellschaften in die Finanzierung deutscher internationaler Konzerne, in: Steuerrecht und steuerorientierte Gestaltungen im Konzern, Schaumburg, Harald (Hrsg.), Köln 1998, S. 131-175 und Maiterth, Ralf, Die steueroptimale Finanzierung ausländischer Tochtergesellschaften, in: FB 2002, S. 566-576.

[691] Auch wenn latente Steuern den Effekt ausgleichen, wirkt sich eine notwendige Wertberichtigung aufgrund eines drohenden Verfalls der Verluste negativ auf die Konzernsteuerquote aus. Vgl. Gliederungspunkt 6.2.2.

beachtet werden sowie Verlustabzugs- und -verrechnungsbeschränkungen vermieden werden. Gestaltungsmaßnahmen zur unternehmensübergreifenden Verlustverrechnung bestehen beispielsweise in der Errichtung einer ertragsteuerlichen Organschaft, aber auch in Umwandlungen nach dem UmwStG.[692] Im Rahmen des körperschaftsteuerlichen Übergangszeitraums gilt es insbesondere Nachversteuerungen zu vermeiden sowie Körperschaftsteuerguthaben rechtzeitig zu mobilisieren, um einem späteren Verfall vorzubeugen.[693]

Im Rahmen der gestaltenden Einwirkung auf die Steuerlast müssen die Abwehrmechanismen des Gesetzgebers beachtet werden. Diese bestehen beispielsweise in Form der vGA und der vE. Hierbei ist im Unternehmensverbund zu beachten, dass die Wirkung dieser beiden Maßnahmen auf Ebene der gewährenden und erhaltenden Gesellschaft gegenläufig sind. Folglich sollten die Gewährungen von vGA sowie einer vE an Gesellschafter, die nicht in den Konzernabschluss einzubeziehen sind, vermieden werden, während die Vereinnahmungen einer vGA und einer vE eines außen stehenden Gesellschafters positiv hinsichtlich der effektiven Steuerbelastung des Konzerns zu beurteilen sind.[694] Im Rahmen der Steuerplanung ist bei ausländischen Beteiligungen zudem auf die Gewinnberichtung nach § 1 AStG und die Hinzurechnungsbesteuerung nach § 10 Abs. 2 AStG zu achten, deren tatbestandliche Anwendung dem Fiskus – vor dem Hintergrund einer angestrebten Minimierung der ausgewiesenen Steuerlast – möglichst verwehrt werden sollte.

Mithin sind bei der Steuerplanung auch gewerbesteuerliche Konsequenzen zu berücksichtigen. Originär gewerbesteuerliche Anknüpfungspunkte für Gestaltungsmaßnahmen ergeben sich einerseits durch den Hebesatz, andererseits durch die Modifikationen der körperschaftsteuerlichen Bemessungsgrundlage in Form von Hinzurechnungen und Kürzungen. Zur Minimierung der effektiven Konzernsteuerbelastung gilt es, einen möglichst niedrigen Hebesatz anzustreben, gewerbesteuerliche Hinzurechnungen, die die ausgewiesene Steuerlast erhöhen, zu verhindern und quotenmindernde Kürzungen in Anspruch zu nehmen.

---

[692] Vgl. z.B. Fußbroich, Pinkas, Verlustverrechnung und Verlustverwertung im nationalen Kapitalgesellschaftskonzern, in: DStR 2002, S. 697-705 m.w.N.

[693] Vgl. Jacobs, Otto H., Unternehmensbesteuerung und Rechtsform, 3. Aufl., München 2002, S. 544 und Lornsen-Veit, Birgitt/Möbus, Susanne, Erhebliche Einschränkungen bei der Nutzung des Körperschaftsteuer-Guthabens durch den neuen § 37 Abs. 2a KStG, in: BB 2003, S. 1154-1159, hier: S. 1157-1159.

[694] Vgl. Haarmann, Wilhelm, Aussagekraft und Gestaltbarkeit der Konzernsteuerquote, in: StbJb. 2001/2002, Herzig, Norbert u.a. (Hrsg.), Köln 2002, S. 367-379, hier: S. 372 und Kußmaul, Heinz/Klein, Nicole, Maßgeblichkeitsprinzip bei verdeckter Einlage und verdeckter Gewinnausschüttung?, in: DStR 2001, S. 189-194, hier: S. 191.

212

Um im Rahmen des Homebased-Ansatzes die ausgewiesene Steuerlast unter das Niveau der erwarteten Steuerlast zu drücken, kann das internationale Steuergefälle genutzt werden.[695] Hierbei kommt eine Verlagerung von Erträgen in niedrig besteuernde Jurisdiktionen und die Verschiebung von Aufwendungen sowie die Nutzung von Verlustvorträgen in Hochsteuerländer in Betracht. Bei der Einkünfteverlagerung in Niedrigsteuerländer bieten neben der Auslagerung einzelner Unternehmensbereiche beispielsweise auch konzerninterne Verrechnungspreise einen gewissen Spielraum.[696] Im Zusammenhang mit ausländischen Einkünften sollten zudem Doppelbesteuerungen sowie der Anfall nicht anrechenbarer Quellensteuer umgangen werden.[697]

Im internationalen Kontext besteht eine weitere Gestaltungsstrategie zur Minimierung der Konzernsteuerlast im zielgerichteten Ausnutzen von Qualifikationskonflikten verschiedener Steuersysteme.[698] Mithin können hierbei, z.B. durch hybride Finanzinstrumente,[699] so genannte weiße, d.h. steuerfreie Einkünfte generiert oder ein so genannter double-dip, d.h. eine mehrfache Verrechnung von Betriebsausgaben erreicht werden. Letzterer steuerlicher Effekt ist beispielsweise im Bereich des grenzüberschreitenden Leasing möglich.[700]

---

[695] Vgl. Jacobs, Otto H., Internationale Unternehmensbesteuerung, 5. Aufl., München 2002, S. 711.

[696] Vgl. Baumhoff, Hubertus, Aktuelle Entwicklungen bei den internationalen Verrechnungspreisen, in: IStR 2003, S. 1-6, hier: S. 4-5 und Schreiber, Ulrich, Die Steuerbelastung der Personenunternehmen und der Kapitalgeselschaften, in: WPg 2002, S. 557-571, hier: S. 562 und 568.

[697] Vgl. Kessler, Wolfgang, Holdinggesellschaften und Kooperationen in Europa, in: Steuerrecht und steuerorientierte Gestaltungen im Konzern, Schaumburg, Harald (Hrsg.), Köln 1998, S. 177-226, hier: S. 213 und Krawitz, Norbert/Büttgen-Pöhland, Dagmar/Hick, Christian, Aktivitätsvorbehalte bei Einkünften aus ausländischen Kapitalgesellschaften und Betriebsstätten, in: FR 2003, S. 109-127, hier: S. 109.

[698] Vgl. Schaumburg, Harald, Grundzüge des Konzernsteuerrechts, in: Steuerrecht und steuerorientierte Gestaltungen im Konzern, Schaumburg, Harald (Hrsg.), Köln 1998, S. 1-59, hier: S. 23.

[699] Vgl. zu hybriden Finanzinstrumenten z.B. Herzig, Norbert, Thema I: Hybride Finanzinstrumente im nationalen und internationalen Steuerrecht, in: IStR 2000, S. 482-485.

[700] Vgl. zum Cross-Border-Leasing z.B. Siebert, Guido H., Handelsrechtliche und steuerliche Realisation des Finanzierungsvorteils aus US-Cross-Border-Leasing-Verträgen, in: FB 2003, S. 106-110.

Vor dem Hintergrund einer angestrebten Konzernsteuerminimierung sind in die Steuerplanung allerdings auch Risiken einzubeziehen:[701] Einerseits Risiken der steuerlichen Gestaltungsmaßnahmen hinsichtlich ihrer Anerkennung, andererseits Risiken hinsichtlich einer potenziellen Steuersatz- und Gesetzesänderung. Hierbei sind Tendenzen in den einzelnen nationalen Steuersystemen und den DBA zu beobachten, um die aktuelle Konzernsteuerpolitik auf eine gesicherte Basis zu stellen bzw. noch rechtzeitig mit gestaltenden Gegenmaßnahmen eingreifen zu können.

6.2.2 Latente Steuern

Eine Konzernsteueroptimierung ist nicht nur im Bereich der tatsächlichen Steuern in Form von definitiven Ersparnissen, sondern auch über eine Fokussierung auf latente Steuern möglich, da hierbei sowohl im Rahmen eines HGB- als auch eines IAS-Abschlusses mitunter erhebliche Gestaltungsspielräume bestehen.[702] Während sich die Gestaltungsmöglichkeiten hinsichtlich der Ansatzvorschriften auf das Aktivierungswahlrecht des § 274 Abs. 2 HGB als Bilanzierungshilfe beschränken, das aufgrund seines steuermindernden Effekts genutzt werden sollte, ist die Bewertung von Steuerlatenzen sowie die Beurteilung der Realisierungswahrscheinlichkeit latenter Steuern von einem hohen Grad an Subjektivität geprägt.[703]

Zur Senkung der ausgewiesenen Steuerbelastung trägt im Rahmen der Bewertung latenter Steuern im Konzern beispielsweise die Zugrundelegung eines Steuersatzes bei, der niedriger ist als der unternehmensindividuelle tatsächliche Ertragsteuersatz des Unternehmens, bei dem die zukünftige Steuerbe- oder -entlastung eintritt. Ausschließlich bei den Vorschriften des DRS 10 besteht dieses bilanzpolitische Potenzial aufgrund der zwingenden Anwendung des unternehmensindividuellen Steuersatzes nicht.

---

[701] Vgl. Baumhoff, Hubertus, Aktuelle Entwicklungen bei den internationalen Verrechnungspreisen, in: IStR 2003, S. 1-6, hier: S. 4 und Jacobs, Otto H., Internationale Unternehmensbesteuerung, 5. Aufl., München 2002, S. 709.

[702] Vgl. Kirsch, Hanno, Einfluss unternehmerischer Prognosen und Planungen auf den IAS-Jahresabschluss, in: StuB 2003, S. 241-247, hier: S. 243.

[703] Vgl. Gruber, Thomas/Kühnberger, Manfred, Umstellung der Rechnungslegung von HGB auf US-GAAP: Bilanzrechtliche und bilanzpolitische Aspekte eines Systemwechsels, in: DB 2001, S. 1733-1740, hier: S. 1740 und Schildbach, Thomas, Latente Steuern auf permanente Differenzen und andere Kuriositäten – Ein Blick in das gelobte Land jenseits der Maßgeblichkeit, in: WPg 1998, S. 939-947, hier: S. 945.

Obgleich die Auswirkungen von Steuersatzänderungen und notwendigen Umqualifizierungen von Differenzen auf latente Steuern typischerweise nicht beeinflusst werden können, besteht dennoch ein gewisser Gestaltungsspielraum. Bei Antizipation der Änderung können entsprechende Maßnahmen, etwa in Form von Verlagerungen der Einkünfte in andere Jurisdiktionen oder frühzeitiger respektive aufschiebender Gewinnrealisierung, ergriffen werden. Ferner besteht für Zwecke des IAS-Abschlusses ein Wahlrecht im Rahmen der notwendigen Anpassung von latenten Steuern: Je nach steuerlicher Wirkung der Umbewertung kann gem. IAS 8 zieladäquat zwischen erfolgswirksamer oder -neutraler Behandlung gewählt werden.

Zur Minimierung der latenten Steuerlast besteht zudem im Rahmen der Werthaltigkeitsprüfung von aktivischen Steuerlatenzen, insbesondere im Zusammenhang mit steuerlichen Verlusten, ein erheblicher Ermessensspielraum.[704] Hierbei gilt es, in der Periode der Verlustentstehung aktivische latente Steuern zu bilden und ihre Werthaltigkeit in den Folgeperioden zu sichern[705] bzw. im Umkehrschluss außerplanmäßige Auflösung zu vermeiden, die eine steuererhöhende Wirkung entfalten. Sofern aktivierte latente Steuern auf Verlustvorträge in ihrem Wert aufgrund dauerhafter Verluste zu berichtigen sind, entsteht eine doppelte Belastung des effektiven Steueraufwands: Einerseits dürfen auf die neu entstandenen Verluste keine quotenmindernden aktivischen latenten Steuern gebildet werden, andererseits sind bestehende Steuerlatenzen quotenerhöhend aufzulösen.

6.3 Koordination der Konzernsteuerpolitik

Im Rahmen der relativen Steuerbarwertminimierung konzentriert sich die klassische Steuerpolitik auf Steuerstundungsstrategien und damit – beispielsweise durch eine zielgerichtete Ausübung von steuerlichen Wahlrechten – auf die Beeinflussung des steuerbilanziellen Gewinns.[706] Diese an Zahlungsströmen ausgerichtete Betrachtungsweise ist allerdings nur bedingt mit der Vorgabe einer Konzernsteuerminimierung kompatibel, da bei letzterer der Fokus nicht auf den tatsächlichen Zahlungen, sondern auf dem effektiven Steueraufwand, bestehend aus tatsächlichen und latenten Steuern, liegt.

---

[704] Mitunter wird in diesem Zusammenhang sogar von einem „faktischen Ansatzwahlrecht" gesprochen. Siehe Küting, Karlheinz/Zwirner, Christian, Latente Steuern in der Unternehmenspraxis: Bedeutung für Bilanzpolitik und Unternehmensanalyse, in: WPg 2003, S. 301-316, hier: S. 312 m.w.N.

[705] Vgl. Gliederungspunkt 6.2.1.

[706] Vgl. Herzig, Norbert/Dempfle, Urs, Konzernsteuerquote, betriebliche Steuerpolitik und Steuerwettbewerb, in: DB 2002, S. 1-8, hier: S. 5.

Durch den kompensatorischen Effekt der latenten Steuerabgrenzung schlagen steuermindernde Maßnahmen der klassischen Steuerpolitik, die auf eine zeitliche Verlagerung von Aufwendungen und Erträgen abzielen, nicht auf den im Konzernabschluss ausgewiesenen Steueraufwand durch.[707] Die klassische Steuerpolitik ist zwar nicht zielführend hinsichtlich der relativen Minimierung der effektiven Steuergröße, sie beinhaltet aber auch keine negativen Effekte auf die Steuerquote. Umgekehrt korrespondieren die definitiven Ersparnisse im Bereich der tatsächlichen Steuern mit der Intention einer Steuerbarwertminimierung, während gestalterische Maßnahmen im Kontext latenter Steuern keine Auswirkungen haben. Dementsprechend kann eine angestrebte Minimierung der ausgewiesenen Konzernsteuerlast neben und muss nicht zwingend an Stelle einer relativen Steuerbarwertminimierung treten.[708]

Die ausschließliche Orientierung an der Konzernsteuerquote kann dagegen zu Fehlanreizen führen: Zwar reagiert der Kapitalmarkt auf Bemühungen, die Konzernsteuerquote zu senken, regelmäßig positiv,[709] dennoch gilt es in diesem Zusammenhang zu bedenken, dass jede tatsächliche Steuerzahlung nicht nur den Gewinn schmälert, sondern auch die vorhandene Liquidität beeinträchtigt und diese Mittel folglich für potenziell lukrative Investitionsprojekte nicht mehr zur Verfügung stehen. Dies bedeutet, dass Maßnahmen, die zwar keine Auswirkungen auf die ausgewiesene Konzernsteuerlast haben, wohl aber tatsächliche Steuerzahlungen aufschieben können, i.S. einer Steuerbarwertminimierung durchzuführen sind. Zudem ist zu beachten, dass die Konzernsteuerquote nicht als einzige Kennzahl im Rahmen einer Bilanzanalyse von Relevanz ist, sondern der Blick von aktuellen und potenziellen Investoren auch auf Vorsteuergrößen gerichtet ist.[710] In diesem Zusammenhang kann es folglich auch nicht zweckmäßig sein, ein Investitionsprojekt trotz positiven Kapitalwertes nach Steuern

---

[707]   Beispielsweise sind derartige steuerliche Gestaltungen im Rückstellungs- und Abschreibungsbereich anzutreffen. Vgl. Müller, Rolf, Die Konzernsteuerquote – Modephänomen oder ernst zu nehmende neue Kennziffer?, in: DStR 2002, S. 1684-1688, hier: S. 1687.

[708]   So im Ergebnis auch Herzig, Norbert/Dempfle, Urs, Konzernsteuerquote, betriebliche Steuerpolitik und Steuerwettbewerb, in: DB 2002, S. 1-8, hier: S. 5 und Müller, Rolf, Die Konzernsteuerquote – Modephänomen oder ernst zu nehmende neue Kennziffer?, in: DStR 2002, S. 1684-1688, hier: S. 1687.

[709]   Vgl. Werra, Matthias, Unternehmenssteuerreform: Aspekte des nationalen und internationalen Konzernrechts, in: FR 2000, S. 645-650, hier: S. 645.

[710]   Beispielsweise EBT (Earnings before tax), EBIT (Earnings before interest and tax).

aufgrund seiner quotenerhöhenden Wirkung – beispielsweise durch den Anfall nicht abzugsfähiger Aufwendungen – nicht durchzuführen.[711]

Abstimmungsbedarf besteht zudem durch vielfältige Interdependenzen innerhalb der einzelnen quotenrelevanten Sachverhalte, die bei einer angestrebten Beeinflussung der Konzernsteuerquote zu beachten sind.[712] So kann beispielsweise die Nutzung des internationalen Steuergefälles auch quotenerhöhende Konsequenzen, beispielsweise durch die Versagung eines Betriebsausgabenabzugs oder den Wegfall von Subventionen, haben.

Neben einem Koordinationsbedarf bei der steuerlichen Planung aufgrund unterschiedlicher Ziele der Konzernsteuerpolitik[713] muss das zieladäquate Verhalten der einzelnen Abteilungen im Konzern gewährleistet sein. So ist beispielsweise die Bilanzierung latenter Steuern regelmäßig in der Konzernrechnungslegungsabteilung und nicht in der Steuerabteilung angesiedelt, sodass in diesem Fall ein abstimmender Kommunikationsbedarf besteht.[714] Zudem können auch weitere Konzernabteilungen, wie beispielsweise die Vertriebsabteilung mit der Abgabe von nicht abzugsfähigen Ausgaben für Geschenke oder die für die Unternehmensfinanzierung zuständige Abteilung mit nicht abziehbaren Finanzierungsaufwendungen, einen nicht unwesentlichen Einfluss auf die Konzernsteuerquote entfalten.

[711]   Zum Kapitalwert als Entscheidungskriterium vgl. Schult, Eberhard, Betriebswirtschaftliche Steuerlehre, 4. Aufl., München/Wien 2002, S. 248-250 und Wehrheim, Michael, Investitionscontrolling, 2. Aufl., Frankfurt am Main/München 2000, S. 51-69. Zu Auswirkungen der Steuern auf den kalkulatorischen Zinssatz vgl. Mellwig, Winfried, Investition und Besteuerung, Wiesbaden 1985, S. 26-34.

[712]   Vgl. Jacobs, Otto H., Internationale Unternehmensbesteuerung, 5. Aufl., München 2002, S. 709.

[713]   Beispielsweise können die steuerlichen Wirkung einzelner Maßnahmen – getrennt in Cash-Flow- und Konzernsteuerquoteneffekt – bereits im Planungsstadium gesondert dokumentiert werden. Ähnlich Hannemann, Susanne/Peffermann, Petra, IAS-Konzernsteuerquote: Begrenzte Aussagekraft für die steuerliche Performance eines Konzerns, in: BB 2003, S. 727-733, hier: S. 732.

[714]   Vgl. Müller, Rolf, Die Konzernsteuerquote – Modephänomen oder ernst zu nehmende neue Kennziffer?, in: DStR 2002, S. 1684-1688, hier: S. 1685 und von Eitzen, Bernd/Helms, Svenia, Aktive latente Steuern auf steuerliche Verlustvorträge nach US-GAAP – Anwendungsbesonderheiten für deutsche Unternehmen, in: BB 2002, S. 823-828, hier: S. 828.

7. Thesenförmige Zusammenfassung

➤ Ausgangspunkt der Überleitungsrechnung ist die Tatsache, dass regelmäßig der ausgewiesene Steueraufwand nicht oder nur unzureichend mit dem Konzernergebnis vor Steuern korrespondiert. Vor diesem Hintergrund ist nach DRS 10 und IAS 12 verpflichtend eine Überleitungsrechnung zwischen erwarteter und effektiver Steuergröße zu erstellen, um bestehende Diskrepanzen offen zu legen und anhand einzelner Teilabweichungen zu erläutern.

➤ Die Überleitungsrechnung kann nach alternativen Methoden erfolgen: Es ist entweder zwischen erwartetem und effektivem Steueraufwand oder alternativ zwischen erwartetem und effektivem Steuersatz überzuleiten. Mit der erwarteten Größe im Rahmen eines Top-down Approach und der ausgewiesenen Größe im Rahmen eines Bottom-up Approach existieren alternative Ausgangspunkte der Tax Reconciliation, die die Richtung der Überleitung bestimmen. Ferner determiniert die Überleitungsmethode den Ausweis der einzelnen Überleitungspositionen in der Tax Reconciliation in Form einer absoluten oder prozentualen Angabe. Obgleich weder DRS 10 noch IAS 12 eine bestimmte Darstellungsweise vorschreiben, zeigt die Auswertung der Konzernabschlüsse der DAX-30-Unternehmen, dass in Deutschland primär eine Überleitung nach dem Steueraufwand im Rahmen eines Top-down Approach präferiert wird.

➤ Bei der Ermittlung einzelner Teilabweichungen sind grundsätzlich drei Fallkonstellationen zu unterscheiden, die Differenzen zwischen den in der Überleitungsrechnung zu erläuternden Ausgangsgrößen begründen: Ursächlich für eine Überleitungsposition kann eine Differenz zwischen Konzernergebnis vor Steuern und ertragsteuerlicher Bemessungsgrundlage, eine Steuersatzabweichung sowie ein periodenfremder Steueraufwand und -ertrag sein. Ferner können sich mehrere Differenzen auslösende Abweichungsarten in einem einzigen Geschäftsvorfall bzw. Sachverhalt vereinen. Die Ermittlung der resultierenden Überleitungspositionen kann in Abhängigkeit der Überleitungsmethode formelmäßig dargestellt werden.

➤ Hinsichtlich des Ausweises einzelner Überleitungspositionen geben weder DRS 10 noch IAS 12 einen bestimmten Differenzierungsgrad vor. Dennoch sollte eine Wesentlichkeitsgrenze festgelegt werden, bei deren Erreichen ein gesonderter Ausweis in der Überleitungsrechnung zu erfolgen hat, um somit ein Mindestmaß an Offenlegung bzw. Informationsvermittlung zu gewährleisten. Aufgrund der Verpflichtung, eine Überleitungsrechnung zu erstellen, kommt als Bezugsgröße für eine prozentuale Wesentlichkeitsgrenze ausschließlich die Gesamtabweichung zwischen ausgewiesenem und erwartetem Steueraufwand in Betracht. Als prozentuale Richtgröße kann sich in Übereinstimmung mit internationalen Gepflogenheiten an der Marke von fünf Prozent orientiert werden.

➤ Bei Erstellung der Konzernüberleitungsrechnung ist mit Blick auf die Verprobungsmöglichkeiten ein stufenweises Vorgehen ratsam. Als Ebenen bieten sich hierbei die Einzelabschlüsse, die HB II sowie der Konzernabschluss an. Auf jeder Überleitungsstufe werden Zwischenergebnisse geliefert, die nicht nur für eine Verprobung, sondern auch für interne Kontrollzwecke verwendet werden können. Im Vergleich zur direkten Ermittlung der Konzernüberleitungsrechnung gestaltet sich eine derartige Vorgehensweise allerdings zum einen aufwendiger, zum anderen sind Doppelerfassungen in einzelnen Überleitungsrechnungen zu eliminieren.

➤ Durch ihre vielfältigen Einsatzmöglichkeiten ist die Tax Reconciliation nicht nur ein Informationsinstrument für externe Entscheidungsträger, sondern kann durchaus auch in der internen Unternehmensrechnung zum Einsatz kommen. Im Rahmen der Informationsfunktion der Überleitungsrechnung werden den Abschlussadressaten eine bessere Einschätzung des Nettoergebnisses sowie ein Einblick in die Konzernsteuerpolitik ermöglicht. Diese Informationen können bei Konzernexternen in ihre Investitionsentscheidungen einfließen, während internen Entscheidungsträgern mit der Tax Reconciliation ein konzernsteuerpolitischer Entscheidungsraum hinsichtlich einer gestaltenden Einwirkung auf die ausgewiesene Steuerlast aufgezeigt wird. Zudem sind die Ergebnisse der Überleitungsrechnung bei einer Verhaltenssteuerung nutzbar: Um ein zieladäquates Verhalten der internen Entscheidungsträger zu erreichen, kann die Konzernsteuerquote in eine Anreizstruktur bei der variablen Vergütung eingebaut werden; hierbei gewährleistet die Tax Reconciliation, dass einzelne steuerliche Wirkungen dem entsprechenden Verantwortungsbereich zugeordnet werden können.

➤ Der effektive Steuersatz, der im Unternehmensverbund als Konzernsteuerquote bezeichnet wird, entspricht dem Quotienten aus effektivem Ertragsteueraufwand und Konzernergebnis vor Steuern. Der effektive Steueraufwand setzt sich aus tatsächlichem und latentem Steueraufwand zusammen. Grundlage für die Höhe der tatsächlichen Konzernsteuerlast ist eine individuelle Ertragsbesteuerung der einzelnen Konzerngesellschaften. Während die tatsächlichen Steuerzahlungen von den jeweils zuständigen Steuerhoheiten vorgegeben werden, kommt den latenten Steuern eine Korrekturfunktion nach Maßgabe der handelsrechtlichen Vermögens- und Gewinnermittlung zu. Folglich ist für den funktionalen Zusammenhang zwischen ausgewiesener Steuergröße und Konzernergebnis vor Steuern und damit auch für Zwecke der Überleitungsrechnung die Bilanzierung latenter Steuern von entscheidender Bedeutung.

> In die Überleitungsrechnung sind sämtliche Abweichungen zwischen handelsrechtlichem Ergebnis und ertragsteuerlicher Bemessungsgrundlage aufzunehmen, die vom Konzept der latenten Steuern nicht erfasst werden. Obgleich mit diesem ergebnisvergleichenden Grundsatz eher das GuV-orientierte Timing-Konzept der §§ 274 und 306 HGB und das „Misch"-Konzept des DRS 10 korrespondieren als das bilanzorientierte Temporary-Konzept des IAS 12, ist primär der Umfang der latenten Steuerabgrenzung für die verbleibenden in der Tax Reconciliation zu erläuternden Differenzen entscheidend. Hinsichtlich der zeitlichen Kategorisierung der Abweichungen beschränken sich die Überleitungsrechnungen auf Basis des Temporary- und des „Misch"-Konzepts auf permanente Differenzen, während beim Timing-Konzept zudem auch quasi-permanente Abweichungen eine Inkongruenz zwischen erwarteter und effektiver Steuergröße auslösen. Ferner führt der Einbezug erfolgsneutral entstehender Differenzen, die sich jedoch steuerwirksam umkehren, zu einer Angleichung von Soll- und Ist-Größe der Überleitungsrechnung. Da derartige Differenzen grundsätzlich nur nach dem Temporary-Konzept abzugrenzen sind, ist tendenziell die zu untersuchende Gesamtabweichung in der Tax Reconciliation auf Grundlage des Temporary-Konzepts kleiner als nach Maßgabe des „Misch"-Konzepts, die ihrerseits wiederum in der Grundrichtung geringer ausfällt als die Gesamtabweichung auf Basis des Timing-Konzepts.

> Neben den Konzepten sind die spezifischen Ansatzvorschriften der einzelnen Rechnungslegungssysteme hinsichtlich latenter Steuern für die Tax Reconciliation von Relevanz, da auch sie den Umfang der latenten Steuerabgrenzung determinieren. Im Rahmen eines HGB-Konzernabschlusses, bei dem regelmäßig ein Überhang an aktivischen latenten Steuern im Rahmen der Gesamtdifferenzenbetrachtung entsteht, ist mit Blick auf die Vorschriften der §§ 274 und 306 HGB für das Verhältnis von Konzernergebnis vor Steuern und Steueraufwand maßgeblich, ob das Aktivierungswahlrecht des § 274 Abs. 2 HGB in Anspruch genommen wird. Sofern auf die Aktivierung latenter Steuern verzichtet wird, sind auch zeitlich begrenzte Differenzen i.S. des Timing-Konzepts in die Tax Reconciliation aufzunehmen. Zudem können Überleitungspositionen durch die Anwendung der Gesamtdifferenzenbetrachtung entstehen, da diese Ermittlungsart latenter Steuern keine differenzierten Steuersätze berücksichtigen kann. Obgleich durch die umfassende Bilanzierungspflicht latenter Steuern im Rahmen einer Einzelbetrachtung abgrenzungsfähiger Differenzen gem. DRS 10 und IAS 12 die Kongruenz zwischen erwarteter und effektiver Steuergröße gefördert wird, kann durch explizite Ausnahmen von der Bilanzierungspflicht und die zu beachtende Realisierungswahrscheinlichkeit bei aktivischen latenten Steuern eine Vielzahl von zu erläuternden

Diskrepanzen entstehen. Ferner resultieren bei Abweichungen vom Grundsatz der Erfolgswirkung latenter Steuern nach Maßgabe des zugrunde
liegenden Sachverhaltes Differenzen zwischen erwarteter und effektiver
Steuergröße, wenn entweder ein periodenfremder Steueraufwand die
ausgewiesene Steuergröße belastet oder ein erfolgswirksamer Sachverhalt
erfolgsneutral abgegrenzt wird.

➢ Hinsichtlich der Bewertungsmethoden latenter Steuern korrespondiert die
Tax Reconciliation tendenziell mit der dynamisch geprägten Deferred-
Methode, die auf aktuell gültige Steuersätze im Zeitpunkt der Differenzen-
entstehung abstellt. Gleichwohl entstehen durch Steuersatzänderungen bei
einer zeitraumbezogenen Betrachtung sowohl bei der Deferred-Methode als
auch bei Anwendung von zukünftigen Steuersätzen im Rahmen der Liability-Methode Abweichungen zwischen erwarteter und effektiver Steuergröße. Ursächlich ist in beiden Fällen die Belastung des handelsrechtlichen
Ergebnisses mit periodenfremden Steueraufwendungen. Bezüglich des im
Konzern anzuwendenden Steuersatzes führt jede Steuerlatenz zu einer
Überleitungsposition, der nicht der unternehmensindividuelle Steuertarif,
sondern ein abweichender konzerneinheitlicher Steuersatz zugrunde liegt.

➢ Aus dem Ausweis latenter Steuern lassen sich zahlreiche Daten für die Tax
Reconciliation generieren. Im Rahmen der Ermittlung der erfolgswirksamen Steuerlatenzen ist auf Basis der §§ 274 und 306 HGB auf eine
Differenzenrechnung der Bilanzposten zurückzugreifen, während nach
DRS 10 und IAS 12 der entsprechende Betrag verpflichtend im Anhang
anzugeben ist. Beschränkt auf DRS 10 und IAS 12 liefern Anhangsangaben
sachdienliche Hinweise hinsichtlich der Identifizierung von Überleitungspositionen: Beispielsweise durch die Offenlegung von nicht abgegrenzten
Differenzen, gesondert ausgewiesene Umbewertungen und die Angabe
periodenfremder Steueraufwendungen werden Inkongruenzen zwischen
erwarteter und effektiver Steuergröße offenbart.

➢ Durch die kompensatorische Wirkung auf die tatsächliche Steuerlast passen
latente Steuern den ausgewiesenen Steueraufwand an das Konzernergebnis
vor Steuern an und stärken damit die Aussagekraft der Konzernsteuerquote.
Andererseits erfährt die Interpretationsfähigkeit des effektiven Steuersatzes
zahlreiche Einschränkungen: Da bei der Ermittlung der Konzernsteuerquote ausschließlich Ertragsteuern berücksichtigt werden, informiert die
Kennzahl nicht über die vollständige Konzernsteuerbelastung. Ferner gibt
sie weder Auskunft über das Ertragsteuerniveau eines einzelnen Staates
noch über die Ertragsteuerbelastung der Konzernmutter, da in einem
internationalen Konzern typischerweise Steuern verschiedener Jurisdiktionen anfallen. Aber auch unter Ausblendung dieser Problembereiche
vermögen die einzelnen Konzepte, Ansatz- und Bewertungsvorschriften

latenter Steuern es regelmäßig nicht, Inkongruenzen zwischen erwarteter und effektiver Steuergröße zu verhindern.

➢ Mit dem erwarteten Steuersatz ist die zweite Ausgangsgröße der Tax Reconciliation zu ermitteln, die den Maßstab für einen funktionalen Zusammenhang zwischen ausgewiesenem Steueraufwand und Konzernergebnis vor Steuern darstellt. Mithin sind bei der Bestimmung der Referenzgröße ausschließlich Ertragsteuern einzubeziehen, um einen sachgerechten Vergleich zwischen erwarteter und effektiver Steuergröße zu gewährleisten. Als Anknüpfungspunkte zur Ermittlung des Referenzsteuersatzes kommen der gesetzliche und der effektive Steuersatz im Rahmen eines Homebased-Ansatzes oder alternativ eines Konzern-Ansatzes in Betracht. Der Homebased-Ansatz stellt bei der Ermittlung des erwarteten Steuersatzes ausschließlich auf die steuerlichen Verhältnisse der Obergesellschaft ab. Dagegen wird im Rahmen des Konzern-Ansatzes der gesamte Unternehmensverbund betrachtet.

➢ Während bei Anwendung des gesetzlichen Steuersatzes primär die einzubeziehenden Ertragsteuerarten zu eruieren sind, kommt ein normalisierter effektiver Steuersatz als Referenzgröße nach keinem der alternativen Ansätze in Betracht. Die Funktion als Referenzsteuersatz scheitert zum einen an der verzerrenden Wirkung von Steuersatzänderungen, zum anderen an der Problematik einer sachgerechten Aufspaltung der Gesamtabweichung, die zu entsprechenden Interpretationsschwierigkeiten führt und eine Vergleichbarkeit von Überleitungsrechnungen unmöglich macht. Als Soll-Größe können folglich ausschließlich der gesetzliche Steuersatz der Obergesellschaft oder der durchschnittliche gesetzliche Steuertarif des Konzerns fungieren.

➢ Die Vorschriften des DRS 10 stellen ausschließlich auf den gesetzlichen Steuersatz der Obergesellschaft als maßgebliche Referenzgröße ab. Nach IAS 12 darf alternativ auch ein durchschnittlicher gesetzlicher Steuersatz im Rahmen des Konzern-Ansatzes angewandt werden. Eine Untersuchung der Geschäftsberichte der DAX-30-Unternehmen zeigt eine eindeutige Präferenz für den Homebased-Ansatz, wobei in der Regel ein umfassender Mischsteuersatz, bestehend aus körperschaftsteuerlichem Tarif, SolZ und Gewerbesteuersatz, gewählt wird. Diese Zusammensetzung ist auch vor dem Hintergrund der Funktionen der Tax Reconciliation zu bevorzugen, da nur diese Referenzgröße den gesamten Ertragsteuereffekt einzelner Überleitungspositionen offenbart.

➢ Eine Abweichungsgruppe, die in die Tax Reconciliation aufzunehmen ist, beinhaltet steuerfreie Einnahmen. Derartige Überleitungspositionen sind stets auf Abweichungen zwischen Konzernergebnis vor Steuern und ertragsteuerlicher Bemessungsgrundlage zurückzuführen. Gem. § 8b Abs. 1 KStG sind Ausschüttungen von Kapitalgesellschaften grundsätzlich steuerfrei zu vereinnahmen. Diese erzeugen allerdings nur Inkongruenzen zwischen erwarteter und effektiver Steuergröße, sofern der Steueraufwand der ausschüttenden Gesellschaft nicht das Konzernergebnis mindert. Im Rahmen der steuerfreien Veräußerung von Kapitalgesellschaftsanteilen nach § 8b Abs. 2 KStG sind so genannte veräußerungsgleiche Tatbestände zu beachten, die in entsprechender Weise eine Überleitungsposition bedingen. Liegt hingegen eine der zahlreichen Ausnahmen der steuerlichen Freistellung vor, ist diese Veräußerung nicht in der Tax Reconciliation zu erläutern. Ferner ist unter den restriktiven Bedingungen des InvZulG die Generierung von steuerfreien Einnahmen in Form von Investitionszulagen möglich, die in die Überleitungsrechnung aufzunehmen sind.

➢ Das Pendant zu steuerfreien Einnahmen bilden steuerlich nicht abzugsfähige Ausgaben und Aufwendungen. Die vergleichsweise zu hohe effektive Steuerlast ist auf eine Abweichung zwischen Konzernergebnis vor Steuern und ertragsteuerlicher Bemessungsgrundlage zurückzuführen. Zu beachten sind in diesem Zusammenhang zahlreiche einkommen- und körperschaftsteuerliche Regelungen, aber auch Vorschriften der AO, die den Betriebsausgabenabzug untersagen oder einschränken und daher ursächlich für eine Überleitungsposition sind.

➢ Eine weitere Abweichungsgruppe umfasst steuerrechtliche Gewinnberichtigungen, die ihre Ursache in gesellschaftsrechtlich veranlassten Zuwendungen haben. Diese Gewinnberichtigungen begründen eine Abweichung zwischen handelsrechtlichem Vorsteuerergebnis und ertragsteuerlicher Bemessungsgrundlage. VGA führen in der Konzernüberleitungsrechnung – ebenso wie vE – nur zu einer Überleitungsposition, sofern entweder die gewährende bzw. einlegende oder die empfangende Gesellschaft außerhalb des zu konsolidierenden Konzernverbunds steht. Im Zusammenhang mit Vermögensverlagerungen auf ausländische Tochtergesellschaften ist die Gewinnberichtigung des § 1 AStG zu berücksichtigen, die im Gegensatz zur vE keine korrespondierende Erhöhung der Beteiligung nach sich zieht und daher stets als Überleitungsposition aufzuführen ist.

➢ Die Besteuerung einer fiktiven Dividende durch die so genannte Hinzurechnungsbesteuerung des § 10 Abs. 2 AStG kann in mehreren Fällen eine Überleitungsposition bedingen: Sofern es sich bei der Beteiligung um eine zu konsolidierende Tochtergesellschaft handelt, ist die Inkongruenz zwischen erwarteter und effektiver Steuergröße auf die doppelte Belastung des entsprechenden Teilkonzernergebnisses zurückzuführen. Ist die Gesellschaft hingegen nicht in den Konzernabschluss einzubeziehen, entsteht eine Teilabweichung mangels korrespondierender Ergebnisübernahme. Ausschließlich bei Anwendung der Equity-Methode entsteht durch die Hinzurechnungsbesteuerung keine Überleitungsposition.

> Die zahlreichen gewerbesteuerlichen Modifikationen der körperschaft-steuerlichen Bemessungsgrundlage in Form von Hinzurechnungen nach § 8 GewStG und Kürzungen gem. § 9 GewStG sind in einer Überleitungs-position aufzuführen, sofern sie Abweichungen zwischen Gewerbeertrag und handelsrechtlichem Vorsteuerergebnis erzeugen. Folglich begründen Hinzurechnungen und Kürzungen, denen keine äquivalente handelsrecht-liche Behandlung der zugrunde liegenden Geschäftsvorfälle gegenüber-steht, bewertet mit dem gewerbesteuerlichen Tarif, eine Teilabweichung.

> Durch Steuersatzdifferenzen ausgelöste Inkongruenzen zwischen erwarteter und effektiver Steuergröße sind primär auf ausländische Steuertarife zurückzuführen, die vom (inländischen) Referenzsteuersatz abweichen. Mithin sind bei der Ermittlung der resultierenden Überleitungspositionen die unterschiedlichen Methoden zur Vermeidung einer Doppelbelastung zu berücksichtigen, wenn mehreren Steuerjurisdiktionen ein potenzieller Zugriff auf die ausländischen Einkünfte zusteht. Aber auch im Inland können in Form von Körperschaftsteuerminderungen und -erhöhungen, durch die KapESt sowie aufgrund abweichender gewerbesteuerlicher Hebesätze in der Tax Reconciliation zu erläuternde Steuersatzdifferenzen entstehen.

> Ertragsteuerliche Verlustvorträge sind in der Überleitungsrechnung zu do-kumentieren, soweit sie nicht durch aktivische latente Steuern abgegrenzt werden. Während die herrschende Literaturmeinung, Bezug nehmend auf die §§ 274 und 306 HGB, eine latente Steuerabgrenzung ablehnt, besteht nach DRS 10 und IAS 12 eine grundsätzliche Aktivierungspflicht. Da die Bildung aktivischer latenter Steuern jedoch an die steuerliche Realisierungswahrscheinlichkeit geknüpft wird, sind Verlustabzugs- und -verrechnungsbeschränkungen zu berücksichtigen, die einer zukünftigen Steuerminderung entgegenstehen. Im Unternehmensverbund kann die Werthaltigkeit von steuerlichen Verlustvorträgen beispielsweise mittels der organschaftlichen Einkommenseinheit gestärkt werden, wobei allerdings das Abzugsverbot vororganschaftlicher Verluste der Organgesellschaft als negatives Indiz einer zukünftigen Realisierung zu interpretieren ist.

> Trotz kompensatorischen Effekts kann die Bilanzierung latenter Steuern selbst eine Überleitungsposition bedingen. Zum einen kann die Teilabwei-chung auf einer Differenz zwischen dem zur Bewertung latenter Steuern maßgeblichen Steuersatz und dem unternehmensindividuellen Tarif fußen. Zum anderen ist eine Überleitungsposition zu ermitteln, sofern latente Steuern einen periodenfremden Ertrag oder Aufwand darstellen. Diese resultieren primär aus Steuergesetzänderungen in Form einer Anpassung des Tarifs oder in Gestalt einer modifizierten Bemessungsgrundlage mit einhergehender Umqualifizierung von Differenzen. Ferner sind in diesem Kontext steuerliche Verluste zu beachten, die in vielfältiger Weise

außerplanmäßige Abschreibungen und Wertaufholungen latenter Steuern notwendig machen können. Mithin kommen periodenfremde Steuereinflüsse auch im Bereich der tatsächlichen Steuerzahlungen vor. Diese sind allerdings nur in die Tax Reconciliation aufzunehmen, soweit sie nicht durch latente Steuern abgegrenzt sind.

➤ Konsolidierungsmaßnahmen begründen weitere Überleitungspositionen: Im Rahmen der Kapitalkonsolidierung darf ein entstehender Goodwill nicht in die latente Steuerabgrenzung einbezogen werden. Die erfolgswirksame Fortschreibung führt zu einer Inkongruenz zwischen erwarteter und effektiver Steuergröße. Bei der Zwischenergebniseliminierung treten zu erläuternde Abweichungen auf, wenn Differenzen entweder nicht abgegrenzt werden oder ein abweichender Steuersatz des liefernden bzw. leistenden Konzernunternehmens zur Bewertung latenter Steuern herangezogen wird.

➤ Äquivalent zur Vollkonsolidierung löst auch die erfolgswirksame Abschreibung des Goodwill im Rahmen der Equity-Methode eine Überleitungsposition aus. Ferner ist die anteilige Zurechnung des Jahresergebnisses zum Equity-Wert in der Tax Reconciliation zu dokumentieren.

➤ Die einzelnen Überleitungspositionen offenbaren Möglichkeiten der gestalterischen Einwirkung auf die Konzernsteuerquote. Hierbei gelingt eine relative Minimierung der ausgewiesenen Steuerlast einerseits durch definitive Ersparnisse im Bereich der tatsächlichen Steuern, andererseits durch eine zieladäquate Bilanzierung latenter Steuern. Auch wenn eine derartig ausgerichtete Konzernsteuerpolitik nicht zahlungsorientiert ist, sollte aufgrund der Liquiditätsvorteile zudem eine Steuerbarwertminimierung angestrebt werden. Mithin bedarf es hierzu einer Koordination der verschiedenen Maßnahmen, die oftmals auch ein aufeinander abgestimmtes Verhalten einzelner Konzernabteilungen voraussetzt.

Literaturverzeichnis

1. Allgemeine Quellen

Achatz, Markus/Kofler, Georg, Die Abzinsung von Rechnungsabgrenzungsposten in Handels- und Steuerbilanz, in: Erfolgsabgrenzungen in Handels- und Steuerbilanz, Bertl, Romuald u.a. (Hrsg.), Wien 2001, S. 185-219.

Adler, Hans/Düring, Walther/Schmaltz, Kurt, § 274 HGB, in: Rechnungslegung und Prüfung der Unternehmen, Kommentar zum HGB, AktG, GmbHG, PublG nach den Vorschriften des Bilanzrichtlinien-Gesetzes, Teilband 5, bearbeitet von Forster, Karl-Heinz u.a., 6. Aufl., Stuttgart 1997.

Adler, Hans/Düring, Walther/Schmaltz, Kurt, § 306 HGB, in: Rechnungslegung und Prüfung der Unternehmen, Kommentar zum HGB, AktG, GmbHG, PublG nach den Vorschriften des Bilanzrichtlinien-Gesetzes, Teilband 3, bearbeitet von Forster, Karl-Heinz u.a., 6. Aufl., Stuttgart 1996.

Aicher, Hans-Peter u.a., Rechnungslegung nach US-amerikanischen Grundsätzen, KPMG (Hrsg.), 3. Auflage, Düsseldorf 2003.

App, Jürgen G., Latente Steuern nach IAS, US-GAAP und HGB, in: KoR 2003, S. 209-214.

Arbeitskreis Bilanzrecht der Hochschullehrer Rechtswissenschaft, Zur Fortentwicklung des deutschen Bilanzrechts, in: BB 2002, S. 2372-2381.

Arbeitskreis Externe Unternehmensrechnung der Schmalenbach-Gesellschaft für Betriebswirtschaft e. V., Einfluss ausgewählter steuerrechtlicher Änderungen auf die handelsrechtliche Bilanzierung, in: DB 2000, 681-685.

Arians, Georg, Das Konzept der handelsrechtlichen Steuerabgrenzung im Überblick, in: StuB 2000, S. 290-297.

Arndt, Hans-Wolfgang, Steuerrecht, 2. Aufl., Heidelberg 2001.

Asmussen, Jan P./Westphal, Michael R., Vergleich der Auswirkungen einer vGA im Halbeinkünfteverfahren zum Anrechnungsverfahren, in: StuB 2002, S. 937-945.

Baetge, Jörg/Kirsch, Hans-Jürgen/Thiele, Stefan, Konzernbilanzen, 6. Aufl., Düsseldorf 2002.

Baetge, Jörg/Kirsch, Hans-Jürgen/Thiele, Stefan, Bilanzen, 6. Aufl., Düsseldorf 2002.

Baetge, Jörg/Krumnow, Jürgen/Noelle, Jennifer, Das „Deutsche Rechnungslegungs Standards Committee" (DRSC), in: DB 2001, S. 769-774.

Ballwieser, Wolfgang, Rechnungsabgrenzung, Steuerlatenz und Bilanztheorie, in: Erfolgsabgrenzungen in Handels- und Steuerbilanz, Bertl, Romuald u.a. (Hrsg.), Wien 2001, S. 13-24.

Baumann, Karl-Hermann, § 274 HGB, in: Handbuch der Rechnungslegung – Kommentar zur Bilanzierung und Prüfung, Bd. I a, Küting, Karlheinz/Weber, Claus-Peter (Hrsg.), 4. Aufl., Stuttgart 1995.

Baumhoff, Hubertus, Aktuelle Entwicklungen bei den internationalen Verrechnungspreisen, in: IStR 2003, S. 1-6.

BDI/Ernst & Young (Hrsg.), Die Unternehmenssteuerreform, 2. Aufl., Bonn/ Berlin 2000.

Beine, Frank, Bedeutung von Steuersatzänderungen für die Bildung latenter Steuern im Einzel- und Konzernabschluß, in: DStR 1995, S. 542-547.

Beinert, Stefanie/Mikus, Rudolf, Das Abzugsverbot des § 3c Abs. 1 EStG im Kapitalgesellschaftskonzern, in: DB 2002, S. 1467-1472.

Berger, Axel/Fischer, Norbert, §§ 274, 306 HGB, in: Beck'scher Bilanz-Kommentar, Handels- und Steuerrecht - §§ 238 bis 339 HGB -, Berger, Axel u.a. (Hrsg.), 5. Aufl., München 2003.

Bergmeister, Konrad/Kupsch, Peter, Latente Steuern im Jahresabschluss von Wohnungsunternehmen, Düsseldorf 1991.

Berlage, Hans, Die Bedeutung von Bilanzansatz- und Ergebnisdifferenzen für die Bemessung latenter Steuern, in: BB 1987, 867-868.

Bischof, Stefan, Erfassung der ausschüttungsbedingten Änderung des Körperschaftsteueraufwands nach Handelsrecht und nach International Accounting Standards im Licht der §§ 37 und 38 KStG, in: DB 2002, S. 1565-1569.

Bömelburg, Peter, Prüfung latenter Steuern und Zwischenergebniseliminierung, in: BB 1994, S. 1250-1259.

Bömelburg, Peter, Grundsätze ordnungsmäßiger Abschlussprüfung für latente Steuern im Konzernabschluß, Diss. Univ. Nürnberg-Erlangen 1992, München 1993.

Breithecker, Volker/Klapdor, Ralf/Zisowski, Ute, Unternehmenssteuerreform, Bielefeld 2001.

Breithecker, Volker/Schmiel, Ute, Steuerbilanz und Vermögensaufstellung in der Betriebswirtschaftlichen Steuerlehre, Bielefeld 2003.

Brönner, Herbert, Die Besteuerung der Gesellschaften, 17. Aufl., Stuttgart 1999.

Büchele, Ernst, Die verdeckte Einlage im Brennpunkt von Bilanz- und Gesellschaftsrecht, in: DB 1999, S. 2336-2340.

Buchholz, Rainer, Internationale Rechnungslegung, 3. Aufl., Berlin 2003.

Busse von Colbe, Walther, Die deutsche Rechnungslegung vor einem Paradigmawechsel, in: ZfbF 2002, S. 159-172.

Coenenberg, Adolf G., Jahresabschluss und Jahresabschlussanalyse, 19. Aufl., Stuttgart 2003.

Coenenberg, Adolf G./Hille, Klaus, IAS 12: Bilanzierung von Ertragsteuern, in: Rechnungslegung nach International Accounting Standards, Baetge, Jörg u.a. (Hrsg.), Stuttgart 1997, S. 397-441.

Coenenberg, Adolf G./Hille, Klaus, Latente Steuern nach der neu gefassten Richtlinie IAS 12, in: DB 1997, S. 537-544.

Coenenberg, Adolf G./Hille, Klaus, Latente Steuern, Abt. I/13, in: Handbuch des Jahresabschlusses in Einzeldarstellungen, v. Wysocki, Klaus/Schulze-Osterloh, Joachim (Hrsg.), Köln 1994.

Coenenberg, Adolf G./Hille, Klaus, Latente Steuern in Einzel- und Konzernabschluß, in: DBW 1979, S. 601-621.

Cotting, René, Analyse von latenten Ertragsteuerbeträgen im Konzernabschluss, in: ST 1995, S. 787-796.

Dahlke, Jürgen/von Eitzen, Bernd, Steuerliche Überleitungsrechnung im Rahmen der Bilanzierung latenter Steuern nach IAS 12, in: DB 2003, S. 2237-2243.

Dautzenberg, Norbert, Änderungen im Bereich des internationalen Steuerrechts im Jahr 2002 (Teil B), in: StuB 2002, S. 537-540.

Debus, Christian, Latente Steuern, in: Castan, Edgar u.a. (Hrsg.): Beck'sches Handbuch der Rechnungslegung, Bd. II, München 1997, Abschnitt C 440.

Delaney, Patrick R./Epstein, Barry J./Nach, Ralph/Weiss Budack, Susan, Wiley GAAP 2002: Interpretation an Application of Generally Accepted Accounting Principles, New York 2002.

Desens, Marc, Die systemwidrige Anwendung des Halbabzugsverfahrens beim Wertansatz von Kapitalanteilen (§ 3c Abs. 2 S. 1 Hs. 2 EStG) und des Abzugsverbots in § 8 b Abs. 3 KStG bei Veräußerungen innerhalb der 7-Jahres-Missbrauchsfristen, in: FR 2002, S. 247-260.

Djanani, Christiana/Brähler, Gernot, Internationales Steuerrecht, Wiesbaden 2003.

Dötsch, Ewald/Pung, Alexandra, § 8b Abs. 1 bis 6 KStG: Das Einführungsschreiben des Bundesfinanzministeriums, in: DB 2003, S. 1016-1027.

Dusemond, Michael, Ursachen latenter Steuern im Konzernabschluss nach HGB und IAS, in: Internationale Rechnungslegung, FS Weber, Küting, Karlheinz/Langenbucher, Günther (Hrsg.), Stuttgart 1999, S. 311-342.

Dusemond, Michael/Hayn, Benita, Latente Steuern aus Konsolidierungsmaßnahmen, in: BB 1997, S. 983-988.

Eberhartinger, Eva, §§ 274, 306 HGB, in: Bilanzrecht, Baetge, Jörg u.a. (Hrsg.), Bonn/Berlin 2002.

Eilers, Stephan/Wienands, Hans-Gerd, Steuersenkungsgesetz: Besteuerung der Dividendeneinnahmen von Körperschaften nach der Neufassung von § 8b Abs. 1 KStG, in: GmbHR 2000, S. 957-964.

Engel-Ciric, Dejan, Einschränkung der Aussagekraft des Jahresabschlusses nach IAS durch bilanzpolitische Spielräume, in: DStR 2002, S. 780-784.

Erle, Bernd, Der Preis der Organschaft, in: Gesellschaftsrecht Rechnungslegung Steuerrecht, FS Müller, Hommelhoff, Peter u.a. (Hrsg.), München 2001, S. 557-574.

Ernsting, Ingo, Auswirkungen des Steuersenkungsgesetzes auf die Steuerabgrenzung in Konzernabschlüssen nach US-GAAP und IAS, in: WPg 2001, S. 11-22.

Ernsting, Ingo, Behandlung von Ertragsteuern im Quartalabschluss nach US-GAAP, in: DB 2000, S. 2537-2541.

Ernsting, Ingo/Schröder, Martin, Die Bilanzierung latenter Steuern nach HGB und IAS vor dem Hintergrund des Kapitalaufnahmeerleichterungsgesetzes (Teil I), in: IStR 1997, S. 184-190.

Ernsting, Ingo/Schröder, Martin, Die Bilanzierung latenter Steuern nach HGB und IAS vor dem Hintergrund des Kapitalaufnahmeerleichterungsgesetzes (Teil II), in: IStR 1997, S. 212-221.

Euler, Roland, Latente Steuern, in: Handbuch der Rechnungslegung und Prüfung, Ballwieser, Wolfgang u.a. (Hrsg.), 3. Aufl., Stuttgart 2002, S. 1462-1477.

Ewert, Ralf/Wagenhofer, Alfred, Interne Unternehmensrechnung, 5. Aufl., Berlin u.a. 2002.

Federmann, Rudolf, Bilanzierung nach Handelsrecht und Steuerrecht, 11. Aufl., Berlin 2000.

Feldhoff, Michael/Langermeier, Claudia, Zur Aktivierbarkeit des Steuereffekts aus Verlustvortrag nach § 10d EStG, in: DStR 1991, S. 195-197.

Fischer, Wolfgang Wilhelm, Bilanzierung latenter Steuern (deferred taxes) nach IAS 12 (rev. 2000), in: BBK 2002, Fach 20, S. 669-686.

Förschle, Gerhart/Hoffmann, Karl, Latente Steuern nach IAS 12 unter Berücksichtigung des deutschen Körperschaftsteuersystems, in: DB 1998, S. 2125-2129.

Förschle, Gerhart/Kroner, Matthias, International Accounting Standards: Offene Fragen zur künftigen Steuerabgrenzung, in: DB 1996, S. 1633-1639.

Förschle, Gerhart/Kroner, Matthias/Rolf, Ellen, Internationale Rechnungslegung: US-GAAP, HGB und IAS, PwC (Hrsg.), 3. Aufl., Bonn 1999.

Förster, Guido, Die Änderungen durch das StVergAbG bei der Einkommensteuer und der Körperschaftsteuer, in: DB 2003, S. 899-905.

Förster, Guido, Kauf und Verkauf von Unternehmen nach dem UntStFG, in: DB 2002, S. 1394-1401.

Förster, Guido/van Lishaut, Ingo, Das körperschaftsteuerliche Eigenkapital i.S.d. §§ 27-29 KStG 2001 (Teil 1), in: FR 2002, S. 1205-1217.

Freidank, Carl-Christian, Latente Steuern im handelsrechtlichen Jahresabschluss, in: Handbuch Finanz- und Rechnungswesen, Tanski, Joachim S. (Hrsg.), Landsberg/Lech 2000, S. 1-22.

Frotscher, Gerrit, „Zweistufige Gewinnermittlung" und Korrektur der verdeckten Gewinnausschüttung, in: FR 2003, S. 230-234.

Frotscher, Gerrit, Korrektur der verdeckten Gewinnausschüttung außerhalb der Steuerbilanz, in: FR 2002, S. 859-866.

Frotscher, Gerrit/Berg, Hans-Georg/Pannen, Michael/Stifter, Jörg, Abzugsverbot für Finanzierungskosten einer Organbeteiligung, in: DB 2002, S. 1522- 1525.

Frotscher, Gerrit, Die Ausgabenabzugsbeschränkung nach § 3c EStG und ihre Auswirkung auf Finanzierungsentscheidungen, in: DStR 2001, S. 2045-2054.

Fuchs, Markus, Anwendungshinweise zu IAS 12 „Income Taxes", in: DB 2000, S. 1925-1928.

Füger, Rolf/Rieger, Norbert, Verdeckte Einlage in eine Kapitalgesellschaft zu Buchwerten, in: DStR 2003, S. 628-630.

Funk, Thomas E., Unternehmensakquisitionen und -restrukturierungen nach dem Gesetz zur Fortentwicklung des Unternehmenssteuerrechts, in: BB 2002, S. 1231-1245.

Fußbroich, Pinkas, Verlustverrechnung und Verlustverwertung im nationalen Kapitalgesellschaftskonzern, in: DStR 2002, S. 697-705.

Gemeinsame Arbeitsgruppe der DVFA und Schmalenbach-Gesellschaft, Fortentwicklung des Ergebnisses nach DVFA/SG, in: DB 1998, S. 2537-2542.

Glanz, Stephan, Latente Steuern in der Konzernrechnung, in: ST 1998, S. 783-794.

Gräbsch, Ivonne, Bilanzierung latenter Steuern im Konzernabschluss nach DRS 10, in: StuB 2002, S. 743-750.

Gräfer, Horst, Die praktische Behandlung latenter Steuern: ihre Entstehung, Erfassung und Berechnung, in: BB 1986, S. 2092-2098.

Gräfer, Horst/Scheld, Guido A., Grundzüge der Konzernrechnungslegung, 6. Aufl., Berlin 2000.

Groll, Karl-Heinz, Berücksichtigung der latenten Steuern bei der Ermittlung des Eigenkapitals und des Fremdkapitals für die Bilanzanalyse, in: DB 1994, S. 488-489.

Gröner, Susanne/Marten, Kai-Uwe/Schmid, Sonja, Latente Steuern im internationalen Vergleich – Analyse der Bilanzierungsvorschriften in der BRD, Großbritannien, den USA und nach IAS 12 (revised), in: WPg 1997, S. 479-488.

Grotherr, Siegfried/Herfort, Claus/Strunk, Günter, Internationales Steuerrecht, Achim 1998.

Grotherr, Siegfried, Übertragung von Konzernrechnungslegungsgrundsätzen ins Konzernsteuerrecht?, in: WPg 1995, S. 81-97.

Gruber, Thomas/Kühnberger, Manfred, Umstellung der Rechnungslegung von HGB auf US-GAAP: Bilanzrechtliche und bilanzpolitische Aspekte eines Systemwechsels, in: DB 2001, S. 1733-1740.

Grützner, Dieter, Auswirkungen von verdeckten Gewinnausschüttungen auf die steuerliche Gewinnermittlung der Kapitalgesellschaft, in: StuB 2003, S. 200-207.

Grützner, Dieter, Erneute Änderung des AStG im Zusammenhang mit dem Übergang auf das Halbeinkünfteverfahren, in: NWB 2002, Fach 2, S. 7831-7836.

Gundel, Günter, Steuergestaltung bei Einschaltung internationaler Finanzierungsgesellschaften in die Finanzierung deutscher internationaler Konzerne, in: Steuerrecht und steuerorientierte Gestaltungen im Konzern, Schaumburg, Harald (Hrsg.), Köln 1998, S. 131-175.

Haag, Stefan/von Rotz, Alex, IAS 12 Ertragssteuern, in: ST 1998, S. 795-806.

Haarmann, Wilhelm, Aussagekraft und Gestaltbarkeit der Konzernsteuerquote, in: StbJb. 2001/2002, Herzig, Norbert u.a. (Hrsg.), Köln 2002, S. 367-379.

Haas, Wolfgang, Die Gewerbesteuerpflicht von Dividenden aus Streubesitz nach § 8 Nr. 5 GewStG und ihre Auswirkungen auf 100%-Beteiligungen, in: DB 2002, S. 549-553.

Hannemann, Susanne/Peffermann, Petra, IAS-Konzernsteuerquote: Begrenzte Aussagekraft für die steuerliche Performance eines Konzerns, in: BB 2003, S. 727-733.

Hardecker, Sven, Anteilsveräußerungen von Holding-Gesellschaften – Steuerliche Wahlmöglichkeiten bei Einstufung als Finanzunternehmen, in: DB 2002, S. 2127-2129.

Harle, Georg/Bank, Stefan, Körperschaft- und gewerbesteuerliche Organschaft nach dem Unternehmenssteuerfortentwicklungsgesetz (UntStFG), in: BB 2002, S. 1341-1346.

Harle, Georg/Kulemann Grit, Die steuerfreie Veräußerung von Unternehmen nach § 3 Nr. 40 EStG und § 8b Abs. 2 KStG i.d.F. des UntStFG, in: StuB 2002, S. 58-61.

Harms, Jens E./Küting, Karlheinz, Latente Steuern im Konzernabschluß, in: ZfB 1981, S. 146-164.

Haun, Jürgen/Winkler, Hartmut, Klarstellungen und Unklarheiten bei der Besteuerung von Beteiligungserträgen nach der Neufassung des § 8b KStG, in: GmbHR 2002, S. 192-199.

Havermann, Hans, Ansatzvorschriften für Kapitalgesellschaften, in: BFuP 1986, S. 114-128.

Heidemann, Otto, Vorabausschüttungen in der Übergangsphase zwischen Anrechnungs- und Halbeinkünfteverfahren, in: INF 2001, S. 685-689.

Heno, Rudolf, Jahresabschluss nach Handelsrecht, Steuerrecht und internationalen Standards (IAS/IFRS), 3. Aufl., Heidelberg 2003.

Herzig, Norbert, Gestaltung der Konzernsteuerquote – eine neue Herausforderung für die Steuerberatung?, in: WPg Sonderheft 2003, S. 80-92.

Herzig, Norbert, Bedeutung latenter Steuern für die Konzernsteuerquote, in: Wirtschaftsprüfung und Unternehmensüberwachung, FS Lück, Wollmert, Peter u.a. (Hrsg.), Düsseldorf 2003, S. 430-448.

Herzig, Norbert, Gesellschafter-Fremdfinanzierung – Analyse und Perspektiven, in: WPg Sonderheft 2003, S. 191-204.

Herzig, Norbert, Steuerlatenz im Einzel- und Konzernabschluss, in: Erfolgsabgrenzungen in Handels- und Steuerbilanz, Bertl, Romuald u.a. (Hrsg.), Wien 2001, S. 109-125.

Herzig, Norbert, Thema I: Hybride Finanzinstrumente im nationalen und internationalen Steuerrecht, in: IStR 2000, S. 482-485.

Herzig, Norbert/Bär, Michaela, Die Zukunft der steuerlichen Gewinnermittlung im Licht des europäischen Bilanzrechts, in: DB 2003, S. 1-8.

Herzig, Norbert/Dempfle, Urs, Konzernsteuerquote, betriebliche Steuerpolitik und Steuerwettbewerb, in: DB 2002, 1-8.

Heurung, Rainer, Steuerabgrenzung nach dem Temporary Differences-Konzept im befreienden Konzernabschluss, in: BB 2000, S. 1340-1347.

Heurung, Rainer, Latente Steuerabgrenzung im Konzernabschluss im Vergleich zwischen HGB, IAS und US-GAAP, in: AG 2000, S. 538-553.

Heurung, Rainer, Die Bewertung assoziierter Unternehmen im Konzernabschluss im Vergleich zwischen HGB, IAS und US-GAAP (Teil I), in: IStR 2000, S. 628-635.

Heurung, Rainer, Die Bewertung assoziierter Unternehmen im Konzernabschluss im Vergleich zwischen HGB, IAS und US-GAAP (Teil II), in: IStR 2000, S. 664-671.

Heurung, Rainer, Kapitalkonsolidierungsmethoden für verbundene Unternehmen im Vergleich zwischen IAS und US-GAAP, in: DB 2000, S. 1773-1781.

Heurung, Rainer/Kurtz, Michael, Latente Steuern nach dem Temporary Differences-Konzept: Ausgewählte Problembereiche, in: BB 2000, S. 1775-1780.

Heyd, Reinhard, Zur Harmonisierung von internem und externem Rechnungswesen nach US-GAAP, in: ST 2001, S. 201-214.

HFA des IDW, Rechnungslegungshinweis: Auswirkungen des gespaltenen Körperschaftsteuersatzes auf die Bilanzierung latenter Steuern nach IAS 12 (IDW RH HFA 1.002), in: WPg 2000, S. 937-938.

Hintze, Stefan, Zur Bilanzierung latenter Steuern im Konzernabschluß, in: DB 1990, S. 845-850.

Hoffmann, Karsten, Analyse und Darstellung der Abweichungen zwischen handels- und steuerrechtlichem Jahresabschluss, in: StuB 2000, S. 961-974.

Hofmeister, Ferdinand, § 9 KStG, in: Blümich, EStG, KStG, GewStG, Ebling, Klaus (Hrsg.), München 2001.

Homburg, Stefan, Allgemeine Steuerlehre, 2. Aufl., München 2000.

Höreth, Ulrike/Wolf, Nathalie C./Zipfel, Lars, Steuerliche Maßnahmen zur Finanzierung der Beseitigung der Hochwasser-Schäden, in: DB 2002, S. 2065-2069.

Hoyos, Martin/Fischer, § 274 HGB, in: Beck'scher Bilanz-Kommentar, Handels- und Steuerrecht - §§ 238 bis 339 HGB -, Budde, Wolfgang D. u.a. (Hrsg.), 4. Aufl., München 1999.

IDW, Stellungnahme zur Rechnungslegung: Einzelfragen zur Anwendung von IAS, in: WPg 1999, S. 591-601.

International Accounting Standards 2002 (Deutsche Ausgabe), IASB (Hrsg.), Stuttgart 2002.

Jacobs, Otto H., Internationale Unternehmensbesteuerung, 5. Aufl., München 2002.

Jacobs, Otto H., Unternehmensbesteuerung und Rechtsform, 3. Aufl., München 2002.

Karrenbrock, Holger, Latente Steuern in Bilanz und Anhang, Diss. Univ. Münster 1990, Düsseldorf 1991.

Kessler, Wolfgang, Holdinggesellschaften und Kooperationen in Europa, in: Steuerrecht und steuerorientierte Gestaltungen im Konzern, Schaumburg, Harald (Hrsg.), Köln 1998, S. 177-226.

Kessler, Wolfgang/Kahl, Ilona, Gewerbesteuer auf Nicht-Schachteldividenden – Aussage i.S. des § 3c EStG n.F.?, in: DB 2002, S. 1017-1020.

Kessler, Wolfgang/Schiffers, Joachim/Teufel, Tobias, Rechtsformwahl Rechtsformoptimierung, München 2002.

Kessler, Wolfgang/Schmitt, Philipp Claudio/Janson, Gunnar, Berücksichtigungsverbot abkommensrechtlich „befreiter" Betriebsstättenverluste?, in: IStR 2002, S. 729-737.

Kirsch, Hanno, Änderungen des deutschen Unternehmenssteuerrechts 2003 und deren Auswirkungen auf die steuerliche Berichterstattung im IAS-Jahresabschluss, in: DStR 2003, S. 128-132.

Kirsch, Hanno, Einfluss unternehmerischer Prognosen und Planungen auf den IAS-Jahresabschluss, in: StuB 2003, S. 241-247.

Kirsch, Hanno, Steuerliche Berichterstattung im Jahresabschluss nach IAS/IFRS, in: DStR 2003, S. 703-708.

Kirsch, Hanno, Angabepflichten für Ertragsteuern nach IAS und deren Generierung im Finanz- und Rechnungswesen, in: StuB 2002, S. 1189-1196.

Klein, Oliver, Die Bilanzierung latenter Steuern nach HGB, IAS und US-GAAP im Vergleich, in: DStR 2001, S. 1450-1456.

Köhler, Stefan, Aktuelles Beratungs-Know-how Internationales Steuerrecht, in: DStR 2002, S. 1341-1344.

Köplin, Manfred/Klein, Ladislava, Abzugsfähigkeit der Finanzierungskosten einer Organbeteiligung, in: FR 2002, S. 921-925.

Köster, Beate-Katrin, StSenkG: Befreiung innerkonzernlicher Beteiligungserträge, in: FR 2000, S. 1263-1269.

Krag, Joachim/Mölls, Sascha, Rechnungslegung, München 2001.

Krawitz, Norbert, Latente Steuern als Problem der Konzernabschlussanalyse, in: Investororientierte Unternehmenspublizität – Neue Entwicklungen von Rechnungslegung, Prüfung und Jahresabschlussanalyse – Lachnit, Laurenz/Freidank, Carl-Christian (Hrsg.), Wiesbaden 2000, S. 701-736.

Krawitz, Norbert/Büttgen-Pöhland, Dagmar/Hick, Christian, Aktivitätsvorbehalte bei Einkünften aus ausländischen Kapitalgesellschaften und Betriebsstätten, in: FR 2003, S. 109-127.

Krebs, Hans-Joachim, Die ertragsteuerliche Organschaft, in: BB 2001, S. 2029-2036.

Kröner, Michael/Benzel, Ute, Konzernsteuerquote – Die Ertragsteuerbelastung in der Wahrnehmung durch Kapitalmärkte, in: Konzernsteuerrecht, Kröner, Michael u.a. (Hrsg.), München 2004, S. 701-734.

Kußmaul, Heinz, Betriebswirtschaftliche Steuerlehre, 3. Aufl., München 2003.

Kußmaul, Heinz/Klein, Nicole, Maßgeblichkeitsprinzip bei verdeckter Einlage und verdeckter Gewinnausschüttung?, in: DStR 2001, S. 189-194.

Kußmaul, Heinz/Schäfer, René, Ertragsteuerliche Behandlung der internationalen Unternehmenstätigkeit inländischer Kapitalgesellschaften im Ausland – Neuerungen durch das StSenkG, in: StuB 2002, S. 275-282.

Küting, Karlheinz/Koch, Christian, Der Goodwill in der deutschen Bilanzierungspraxis, in: StuB 2003, S. 49-54.

Küting, Karlheinz/Wirth, Johannes, Die Kapitalkonsolidierung im Spiegel der Bilanzwelten HGB – IAS/IFRS – US-GAAP (Teil I), in: DStR 2003, S. 475-484.

Küting, Karlheinz/Wirth, Johannes, Latente Steuern und Kapitalkonsolidierung nach IAS/IFRS, in: BB 2003, S. 623-629.

Küting, Karlheinz/Zwirner, Christian, Latente Steuern in der Unternehmenspraxis: Bedeutung für Bilanzpolitik und Unternehmensanalyse, in: WPg 2003, S. 301-316.

Lang, Bianca, Das System der Ausschüttungen in der fünfzehnjährigen Übergangszeit, in: DB 2002, S. 1793-1798.

Langer, Klaus/Blaum, Ulf, Der Ausweis von Ertragsteuern im Konzernabschluß unter besonderer Berücksichtigung von Verlustsituationen, in: DStR 1995, S. 897-903.

Langermeier, Claudia, Latente Steuern in Verlustsituationen, in: DStR 1992, S. 764-772.

Laser, Helmut, Latente Steuern, in: Beck'sches Handbuch der Rechnungslegung, Bd. I, Castan, Edgar u.a. (Hrsg.), München 1997, Abschnitt B 235.

Lausterer, Martin, Änderungen bei der Kapitalertragsteuer, in: Steueränderungen zum 1.1.2002 im Unternehmensbereich, Linklaters Oppenhoff & Rädler (Hrsg.), in: DB 2002 Beilage 1, S. 13-16.

Leip, Carsten, Die Veräußerung von Anteilen an Kapitalgesellschaften durch Kapitalgesellschaften, in: BB 2002, S. 1839-1843.

Lieber, Bettina, Neuregelung der Hinzurechnungsbesteuerung durch das Unternehmenssteuerfortentwicklungsgesetz, in: FR 2002, S. 139-151.

Löhr, Dirk, Ansatz von latenten Steuern bei abweichender Bilanzierung und Bewertung in der Handelsbilanz II, in: DB 1995, S. 1921-1925.

Loitz, Rüdiger/Rössel, Carsten, Die Diskontierung von latenten Steuern, in: DB 2002, S. 645-651.

Lornsen-Veit, Birgitt/Möbus, Susanne, Erhebliche Einschränkungen bei der Nutzung des Körperschaftsteuer-Guthabens durch den neuen § 37 Abs. 2a KStG, in: BB 2003, S. 1154-1159.

Lüdenbach, Norbert, International Accounting Standards, Freiburg im Breisgau 2001.

Lüdicke, Jürgen, Abzug von Aufwendungen für eine Organbeteiligung, in: BB 2002, S. 1521-1523.

Lührmann, Volker, Latente Steuern im Konzernabschluss, Diss. Univ. Göttingen 1996, Düsseldorf 1997.

Maiterth, Ralf, Die steueroptimale Finanzierung ausländischer Tochtergesellschaften, in: FB 2002, S. 566-576.

Marx, Franz Jürgen, Steuern in der externen Rechnungslegung, Herne/Berlin 1998.

Mellwig, Winfried, Investition und Besteuerung, Wiesbaden 1985.

Menck, Thomas, § 8b KStG, in: Blümich, EStG, KStG, GewStG, Ebling, Klaus (Hrsg.), München 2002.

Moxter, Adolf, Grundsätze ordnungsmäßiger Rechnungslegung, Düsseldorf 2003.

Müller, Rolf, Die Konzernsteuerquote – Modephänomen oder ernst zu nehmende neue Kennziffer?, in: DStR 2002, S. 1684-1688.

Neumann, Patrick, Die Steuerabgrenzung im handelsrechtlichen Jahresabschluß, Diss. Univ. Mannheim 1991, Frankfurt am Main u.a. 1992.

Niehus, Rudolf J., Die Zukunft der Standards des DRSC, in: DB 2001, S. 53-59.

o.V., UKNews Mai 2001, KPMG (Hrsg.).

Ordelheide, Dieter, Aktivische latente Steuern bei Verlustvorträgen im Einzel- und Konzernabschluss – HGB, SFAS und IAS –, in: Internationale Wirtschaftsprüfung, FS Havermann, Lanfermann, Josef (Hrsg.), Düsseldorf 1995, S. 602-621.

Ordelheide, Dieter, Konzern und Konzernerfolg, in: WiSt 1986, S. 495-502.

Ottersbach, Jörg H., Die Teilsteuerrechnung nach dem StSenkG, in: DB 2001, S. 1157-1161.

Peemöller, Volker H., Controlling: Grundlagen und Einsatzgebiete, 4. Aufl., Herne/Berlin 2002.

Pellens, Bernhard, Internationale Rechnungslegung, 4. Aufl., Stuttgart 2001.

Pellens, Bernhard/Bonse, Andreas/Schremper, Ralf, Auswirkungen gespaltener Körperschaftsteuersätze im Konzernabschluß nach HGB, IAS und US-GAAP, in: WPg 1998, S. 899-907.

Prinz, Ulrich, Neues zur Gesellschafter-Fremdfinanzierung (§ 8a KStG) nach der Unternehmenssteuerreform – Bestandsaufnahme und Gestaltungsmöglichkeiten, in: FR 2000, S. 1061-1069.

Prinz, Ulrich/Simon, Stefan, Kuriositäten und Ungereimtheiten des UntStFG: Ungewollte Abschaffung des gewerbesteuerlichen Schachtelprivilegs für Kapitalgesellschaften, in: DStR 2002, S. 149-152.

Pyszka, Tillmann/Brauer, Michael, Einschränkung der Steuerbefreiung von Dividenden und Veräußerungsgewinnen bei Holdinggesellschaften (§ 8b Abs. 7 KStG), in: BB 2002, S. 1669-1674.

Pyszka, Tillmann/Schmedt, Marco, Gestaltungsüberlegungen zum grenzüberschreitenden Ausgleich von Betriebsstättenverlusten bei DBA mit Aktivitätsklausel, in: IStR 2002, S. 342-346.

Rabeneck, Jasmin/Reichert, Gudrun, Latente Steuern im Einzelabschluss (Teil I), in: DStR 2002, S. 1366-1372.

Rabeneck, Jasmin/Reichert, Gudrun, Latente Steuern im Einzelabschluss (Teil II), in: DStR 2002, S. 1409-1416.

Rättig, Horst/Protzen, Peer Daniel, Die „neue Hinzurechnungsbesteuerung" der §§ 7-14 AStG in der Fassung des UntStFG – Problembereiche und Gestaltungshinweise, in: IStR 2002, S. 123-128.

Rödder, Thomas/Schumacher, Andreas, Das Steuervergünstigungsabbaugesetz, in: DStR 2003, S. 805-819.

Rödder, Thomas/Schumacher, Andreas, Keine Anwendung des § 3c Abs. 1 EStG bei Organschaft, in: DStR 2002, S. 1163-1165.

Rödder, Thomas/Wochinger, Peter, Veräußerungen von Kapitalgesellschaftsanteilen durch Kapitalgesellschaften, in: FR 2001, S. 1253-1270.

Rogall, Matthias, Die Belastung von Dividenden und Veräußerungsgewinnen im Konzern nach den beabsichtigten Neuerungen des § 8b Abs. 3 und 5 KStG, in: DB 2003, S. 2185-2188.

Rose, Gerd, Die Ertragsteuern, 16. Aufl., Wiesbaden 2001.

Rose, Gerd, Unternehmenssteuerrecht, Bielefeld 2001.

Rose, Gerd, Grundzüge des Internationalen Steuerrechts, 5. Aufl., Wiesbaden 2000.

Rosenbach, Georg, Organschaft und Holding – Zweifelsfragen zu §§ 8b KStG und 3c EStG –, in: WPg Sonderheft 2003, S. 3-13.

Sauter, Thomas/Heurung, Rainer, Ausgleichszahlungen i.S.d. § 16 KStG i.V.m. § 304 AktG und vororganschaftliche Gewinnausschüttungen nach dem Systemwechsel, in: GmbHR 2001, S. 754-763.

Sauter, Thomas/Heurung, Rainer, Errichtung ertragsteuerlicher Organschaften aufgrund der Unternehmenssteuerreform, in: GmbHR 2001, S. 165-171.

Sauter, Thomas/Heurung, Rainer/Fischer, Wolfgang-Wilhelm, Erfassung von latenten Steuern im Konzernabschluss nach E-DRS 12, in: BB 2001, S. 1783-1788.

Schäffeler, Ursula, Latente Steuern nach US-GAAP für deutsche Unternehmen, Diss. Univ. München 2000, Frankfurt am Main 2000.

Scharenhoop, Jens, Weitere Neuerungen des InvZulG 1999, in: StuB 2001, S. 379-384.

Schaumburg, Harald, Grundzüge des Konzernsteuerrechts, in: Steuerrecht und steuerorientierte Gestaltungen im Konzern, Schaumburg, Harald (Hrsg.), Köln 1998, S. 1-59.

Scheffler, Wolfram, Besteuerung von Unternehmen I, 5. Aufl., Heidelberg 2002.

Scheffler, Wolfram, Besteuerung der grenzüberschreitenden Unternehmenstätigkeit, 2. Aufl., München 2002.

Schierenbeck, Henner/Lister, Michael, Value Controlling, 2. Aufl., München/ Wien 2002.

Schiffers, Joachim, Konsequenzen verdeckter Gewinnausschüttungen nach dem Systemwechsel bei der Besteuerung von Kapitalgesellschaften, in: GmbHR 2001, S. 885-892.

Schildbach, Thomas, Der Konzernabschluss nach HGB, IAS und US-GAAP, 6. Aufl., München/Wien 2001.

Schildbach, Thomas, Latente Steuern auf permanente Differenzen und andere Kuriositäten – Ein Blick in das gelobte Land jenseits der Maßgeblichkeit, in: WPg 1998, S. 939-947.

Schlagheck, Markus, Nutzungsvorteile im Konzern nach der Unternehmenssteuerreform, in: GmbHR 2002, S. 92-101.

Schmidbauer, Rainer, Die Bilanzierung latenter Steuern nach HGB unter Berücksichtigung von E-DRS 12 sowie nach IAS auf Basis der Änderung der Steuergesetze, in: DB 2001, S. 1569-1576.

Schmidt, Lutz/Hageböke, Jens, Der Verlust von eigenkapitalersetzenden Darlehen und § 8b Abs. 3 KStG, in: DStR 2002, S. 1202-1205.

Schmidt, Matthias, Latente Steuern nach US-GAAP in deutschen Konzernabschlüssen: Wesentliche Konsequenzen einer Steuerabgrenzung gemäß SFAS No. 109 statt nach § 274 und § 306 HGB, in: US-amerikanische Rechnungslegung, Wolfgang Ballwieser (Hrsg.), 4. Aufl., Stuttgart 2000, S. 241-281.

Schmittmann, Peter/Schäffeler, Ursula, Kompensationszahlungen bei der Aktienleihe nach der Steuerreform, in: FB 2002, S. 530-537.

Schneeloch, Dieter, Besteuerung und betriebliche Steuerpolitik, Band 1: Besteuerung, 4. Aufl., München 2003.

Schneider, Josef, Der Spendenabzug nach dem Jahr 2000, in: DStZ 2000, S. 291-299.

Schnorberger, Stephan/Wilmanns, Jobst, Steuern steuern, in: FAZ vom 17.9.2002, S. B9.

Schreiber, Ulrich, Die Steuerbelastung der Personenunternehmen und der Kapitalgesellschaften, in: WPg 2002, S. 557-571.

Schult, Eberhard, Betriebswirtschaftliche Steuerlehre, 4. Aufl., München/Wien 2002.

Sedemund, Jan, Die Anwendung von § 160 AO auf Leistungen an europäische Gesellschaften im Spannungsverhältnis zum Europarecht, in: IStR 2002, S. 279-282.

Seibold, Felix, Die ertragsteuerliche Behandlung sogenannter verdeckter Einlagen, in: DStR 1990, S. 719-724.

Selchert, F.W., Latente Steuern in der Konzernabschlußpolitik, in: DStR 1994, S. 34-40.

Semmler, Ernst, Die Körperschaftsteuerminderung und -erhöhung sowie die Einlagenrückgewähr nach dem StSenkG, in: DStR 2001, S. 1337-1341.

Siebert, Guido H., Handelsrechtliche und steuerliche Realisation des Finanzierungsvorteils aus US-Cross-Border-Leasing-Verträgen, in: FB 2003, S. 106-110.

Spatscheck, Rainer/Alvermann, Jörg, Die Aufforderung zur Gläubiger- oder Empfängerbenennung nach § 160 AO, in: DStR 1999, S. 1427-1430.

Spengel, Christoph, Grenzüberschreitende Geschäftstätigkeit und effektive Steuerbelastung nach der deutschen Steuerreform, in: ZfbF 2002, S. 710-742.

Spengel, Christoph/Lammersen, Lothar, Methoden zur Messung und zum Vergleich von internationalen Steuerbelastungen, in: StuW 2001, S. 222-238.

Staiger, Jürgen/Scholz, Annette, Belastungswirkungen verdeckter Gewinnausschüttungen nach Einführung des Halbeinkünfteverfahrens, in: BB 2002, S. 2633-2649.

Stepholt, Ralf, Editorial, in: KPMG-Mitteilungen Juni 2002, S. 1.

Stuhrmann, Gerd, Eckpunkte des Gesetzes zur Änderung des Investitionszulagengesetzes 1999, in: DStR 2001, S. 109-111.

Stuhrmann, Gerd, Schwerpunkte des BMF-Schreibens vom 28.6.2001 zur Anwendung des Investitionszulagengesetzes 1999, in: DStR 2001, S. 1409-1415.

Theisen, Manuel René, Der Konzern, 2. Aufl., Stuttgart 2000.

Tibo, Frank, Die Besteuerung von Termingeschäften im Betriebsvermögen gem. § 15 Abs. 4 EStG, in: DB 2001, S. 2369-2372.

Thiel, Jochen, Abzugsverbot für Finanzierungskosten einer Organbeteiligung, in: DB 2002, S. 1340-1342.

Tipke, Klaus/Lang, Joachim, Steuerrecht, 17. Aufl., Köln 2002.

Töben, Thomas, Steuersenkungsgesetz: Steuerbefreiung von Anteilsveräußerungsgewinnen nach § 8b Abs. 2 KStG n.F., in: FR 2000, S. 905-917.

Utescher, Tanja/Blaufus, Kay, Unternehmenssteuerreform 2001: Begrenzung des Betriebsausgabenabzugs bei Beteiligungserträgen, in: DStR 2000, S. 1581-1586.

Vera, Antonio, Das steuerliche Zielsystem einer international tätigen Großunternehmung, in: StuW 2001, S. 308-315.

Von Eitzen, Bernd/Helms, Svenia, Aktive latente Steuern auf steuerliche Verlustvorträge nach US-GAAP – Anwendungsbesonderheiten für deutsche Unternehmen, in: BB 2002, S. 823-828.

Von Twickel, Degenhard, § 7 GewStG, in: Blümich, EStG, KStG, GewStG, Ebling, Klaus (Hrsg.), München 2002.

Von Wallis, Hugo/Brandmüller, Gerhard/ Schulze zur Wiesche, Dieter, Besteuerung der Personen- und Kapitalgesellschaften, 5. Aufl., Heidelberg 2002.

Wacker, Roland, § 4 EStG, in: Blümich, EStG, KStG, GewStG, Ebling, Klaus (Hrsg.), München 2000.

Wacker, Wilhelm H./Seibold, Sabine/Oblau, Markus, Steuerrecht für Betriebswirte, Bielefeld 2000.

Wagenhofer, Alfred, International Accounting Standards, 3. Aufl., Wien/Frankfurt 2001.

Wagenhofer, Alfred, Rechnungsabgrenzungsposten und Steuerlatenz in der internationalen Rechnungslegung, in: Erfolgsabgrenzungen in Handels- und Steuerbilanz, Bertl, Romuald u.a. (Hrsg.), Wien 2001, S. 25-47.

Wassermeyer, Franz, Verdeckte Gewinnausschüttung – Bundesfinanzhof versus Finanzverwaltung, in: GmbHR 2002, S. 1-5.

Weber-Grellet, Heinrich, Die verdeckte Einlage, in: DB 1998, S. 1532-1538.

Wehrheim, Michael, Grundzüge der Unternehmensbesteuerung, München 2002.

Wehrheim, Michael, Einkommensteuer und Steuerwirkungslehre, Wiesbaden 2001.

Wehrheim, Michael, Investitionscontrolling, 2. Aufl., Frankfurt am Main/München 2000.

Wehrheim, Michael/Adrian, Gerrit, Die ertragsteuerliche Organschaft im Fokus des Gesetzgebers, in: DB 2003, S. 737-740.

Wehrheim, Michael/Adrian, Gerrit, Ebenen und Zeiträume der latenten Steuerabgrenzung in IAS- und HGB-Abschlüssen bei organschaftlich verbundenen Unternehmen, in: WPg 2003, S. 1058-1062.

Wehrheim, Michael/Adrian, Gerrit, Einkommensermittlung nach der Bruttomethode bei Organschaft, in: StuB 2002, S. 688-692.

Wehrheim, Michael/Renz, Anette, Die Steuerbilanz, München 2003.

Wehrheim, Michael/Schmitz, Thorsten, Jahresabschlußanalyse, Stuttgart 2001.

Weilinger, Arthur, Rechnungsabgrenzungsposten und Steuerlatenz im Bilanzrecht der EU, in: Erfolgsabgrenzungen in Handels- und Steuerbilanz, Bertl, Romuald u.a. (Hrsg.), Wien 2001, S. 49-62.

Wendlandt, Klaus/Vogler, Gerlinde, Latente Steuern nach E-DRS 12 im Vergleich mit IAS, US-GAAP und bisheriger Bilanzierung nach HGB sowie Kritik an E-DRS 12, in: KoR 2001, S. 244-254.

Werra, Matthias, Unternehmenssteuerreform: Aspekte des nationalen und internationalen Konzernrechts, in: FR 2000, S. 645-650.

Wienands, Hans-Gerd, Schädliche Fremdfinanzierung bei Rückgriffsberechtigung des Darlehensgebers, in: PIStB 2001, S. 210-214.

Williams, Jan R., Miller GAAP Guide: Restatement and Analysis of Current FASB Standards, New York 2002.

Winnefeld, Robert, Aktivierung latenter Ertragsteuern, in: Bilanz-Handbuch – Handels- und Steuerbilanz, Rechtsformspezifisches Bilanzrecht, bilanzielle Sonderfragen, Sonderbilanzen, IAS/US-GAAP, 2. Aufl., München 2000.

Wotschofsky, Stefan, Teilsteuerrechnung – Eine Idee mit Erfolg, in: WPg 2001, S. 652-655.

Wotschofsky, Stefan/Heller, Silke, Latente Steuern im Konzernabschluss, in: IStR 2002, S. 819-824.

Wurmsdobler, Norbert, Unternehmenssteuerreform und Steuerplanung, in: DStZ 2001, S. 841-849.

Wüstenhofer, Ulrich, Gewerbesteuer, 4. Aufl., München 1997.

2. Entscheidungen und Erlasse

BFH-Beschluß vom 26.10.1987 GrS 2/86, in: BStBl. II 1988, S. 348-357.

BFH-Urteil vom 7.8.2002 I R 2/02, in: BFH/NV 2003, S. 124-125.

BFH-Urteil vom 30.1.2002 I R 13/01, in: BFH/NV 2002, S. 1172-1174.

BFH-Urteil vom 8.8.2001 I R 29/00, in: BStBl. II 2002, S. 392.

BFH-Urteil vom 29.6.1994 I R 137/93, in: BStBl. II 2002, S. 366-367.

BFH-Urteil vom 4.12.1991 I R 68/89, in: BStBl. II 1992, S. 744-748.

BFH-Urteil vom 22.2.1989 I R 44/85, in: BStBl. II 1989, S. 475-477.

BFH-Urteil vom 22.2.1989 I R 9/85, in: BStBl. II 1989, S. 631-633.

BFH-Urteil vom 14.11.1984 I R 50/80, in: BStBl. II 1985, S. 227-230.

BFH-Urteil vom 12.1.1977 I R 157/74, in: BStBl. II 1977, S. 439-442.

BFH-Urteil vom 7.7.1976 I R 180/74, in: BStBl. II 1976, S. 753-755.

BFH-Urteil vom 19.2.1970 I R 24/67, in: BStBl. II 1970, S. 442-444.

BMF-Schreiben vom 28.4.2003 IV A2 – S 2750a – 7/03, in: BStBl. I 2003, S. 292-299.

BMF-Schreiben vom 10.10.2002 IV A6 – S 2145 – 35/02, in: BStBl. I 2002, S. 1031-1036.

BMF-Schreiben vom 25.7.2002 IV A2 – S 2750a – 6/02, in: BStBl. I 2002, S. 712-713.

BMF-Schreiben vom 28.5.2002 IV A2 – S 2742 – 32/02, in: BStBl. I 2002, S. 603-609.

DRS 10, DRSC (Hrsg.), in: Bundesanzeiger, Jahrgang 54 vom 9.4.2002, S. 1-8.

GewStR 1998, in: BStBl. I 1998, Sondernummer 2, S. 91.

KStR 1995, in: BStBl. I 1996, Sondernummer 1.

3. Rechtsquellen

AktG vom 6. September 1969, veröffentlicht in: BGBl. I 1965, S. 1089, in: Wirtschaftsgesetze, Stand 1.3.2003, München 2003.

AO 1977, in der Fassung der Bekanntmachung vom 1. Oktober 2002, veröffentlicht in: BGBl. I 2002, S. 3866, ber. in: BGBl. I 2003, S. 61, in: Steuergesetze, Stand 1.3.2003, München 2003.

EStG 2002, in der Fassung der Bekanntmachung vom 19. Oktober 2002, veröffentlicht in: BGBl. I 2002, S. 4210, ber. in: BGBl. I 2003, S. 179, in: Steuergesetze, Stand 1.3.2003, München 2003.

Gesetz über die Besteuerung bei Auslandsbeziehungen (AStG) vom 8. September 1972, veröffentlicht in: BGBl. I 1972, S. 1713, in: Steuergesetze, Stand 1.3. 2003, München 2003.

GewStG 2002, in der Fassung der Bekanntmachung vom 15. Oktober 2002, veröffentlicht in: BGBl. I 2002, S. 4167, in: Steuergesetze, Stand 1.3.2003, München 2003.

HGB vom 10. Mai 1897, veröffentlicht in: RGBl. I 1897, S. 219, in: Wirtschaftsgesetze, Stand 1.3.2003, München 2003.

InvZulG 1999, in der Fassung der Bekanntmachung vom 11. Oktober 2002, veröffentlicht in: BGBl. I 2002, S. 4034, in: Steuergesetze, Stand 1.3.2003, München 2003.

KStG 2002, in der Fassung der Bekanntmachung vom 15. Oktober 2002, veröffentlicht in: BGBl. I 2002, S. 4144, in: Steuergesetze, Stand 1.3.2003, München 2003.

PublG vom 15. August 1969, veröffentlicht in: BGBl. I 1969, S. 1189, in: Wirtschaftsgesetze, Stand 1.3.2003, München 2003.

242

SolZG 1995, in der Fassung der Bekanntmachung vom 15. Oktober 2002, veröffentlicht in: BGBl. I 2002, S. 4130, in: Steuergesetze, Stand 1.3.2003, München 2003.

UmwStG 2002, in der Fassung der Bekanntmachung vom 15. Oktober 2002, veröffentlicht in: BGBl. I 2002, S. 4133, in: Steuergesetze, Stand 1.3.2003, München 2003.

Verordnung (EG) Nr. 1606/2002 des Europäischen Parlaments und des Rates vom 19.7.2002 betreffend die Anwendung internationaler Rechnungslegungsstandards, in: Amtsblatt Nr. L 243 vom 11.9.2002, S. 1-4.

WpHG, in der Fassung der Bekanntmachung vom 9. September 1998, veröffentlicht in: BGBl. I 1998, S. 2708, in: Wirtschaftsgesetze, Stand 1.3.2003, München 2003.

4. Internetquellen

Beermann, Thomas, Stellungnahme der RWE AG zu E-DRS 12, in: http://www.drsc.de/ ger/standards/index.html, abgerufen am 20.7.2002.

Boss/Burkhardt, Stellungnahme des Bundesverband deutscher Banken zu E-DRS 12, in: http://www.standardsetter.de/drsc/doc/comments/12_bvb.pdf, abgerufen am 20.7.2002.

E-DRS 12, in: http://www.standardsetter.de/drsc/doc/12.html, abgerufen am 15. 12.2001.

Gross, Gerhard, Stellungnahme des IDW zu E-DRS 12, in: http://www. standardsetter.de/ drsc/doc/comments/12_idw.pdf, abgerufen am 20.7.2002.

Menn, B.-J., Stellungnahme der Bayer AG zu E-DRS 12, in: http://www. standardsetter.de/ drsc/doc/comments/12_bayer.pdf, abgerufen am 20.7.2002.

Müller/Kleber, Stellungnahme der BASF AG zu E-DRS 12, in: http://www.standardsetter.de/ drsc/doc/comments/12_basf.htm, abgerufen am 20.7.2002.

o.V., Aufgaben und Ziele des DRSC/DSR, in: www.drsc.de/ger/gasc/ _tasks.html, abgerufen am 5.4.2002.

o.V., Stellungnahme der K+S AG zu E-DRS 12, in: http://www.drsc. de/ger/standards/ index.html, abgerufen am 20.7.2002.

o.V., Stellungnahme der Thyssen Krupp AG zu E-DRS 12, in: http://www.standardsetter.de/ drsc/doc/comments/12_thyssen_2.pdf, abgerufen am 20.7.2002.

o.V., Stellungnahme der Volkswagen AG zu E-DRS 12, in: http://www.drsc.de/ger/standards/ index.html, abgerufen am 20.7.2002.

Sachs, Harald/Modla, Markus, Stellungnahme der Metro AG zu E-DRS 12, in: http://www.standardsetter.de/drsc/doc/comments/12_metro.pdf, abgerufen am 20.7.2002.

Schäffeler, Ursula, Die Konzernsteuerquote als Benchmark, in: http://www.deloitte.de/Downloads/Presse/Konzernsteuerquote%20als%20Be nchmark.pdf, abgerufen am 25.7.2002.

Wilhelm, Michael/Ernsting, Ingo, Stellungnahme der E.ON AG zu E-DRS 12, in: http://www.drsc.de/ger/standards/index.html, abgerufen am 20.7.2002.

5. Geschäftsberichte

Geschäftsbericht 2002 der Allianz-Group.

Geschäftsbericht 2002 der Bayer AG.

Geschäftsbericht 2002 der Commerzbank AG.

Geschäftsbericht 2002 der Deutschen Telekom AG.

Geschäftsbericht 2002 der RWE AG.

Geschäftsbericht 2001 der Adidas-Salomon AG.

Geschäftsbericht 2001 der Allianz Group.

Geschäftsbericht 2001 der BASF AG.

Geschäftsbericht 2001 der Bayer AG.

Geschäftsbericht 2001 der BMW Group.

Geschäftsbericht 2001 der Deutschen Lufthansa AG.

Geschäftsbericht 2001 der Deutschen Post AG.

Geschäftsbericht 2001 der Deutschen Telekom AG.

Geschäftsbericht 2001 der Henkel KGaA.

Geschäftsbericht 2001 der Münchener Rück Gruppe.

Schriften zum Steuer-, Rechnungs- und Finanzwesen

Herausgegeben von Prof. Dr. Michael Wehrheim
Philipps-Universität Marburg

Der Herausgeber will in dieser Schriftenreihe Forschungsarbeiten aus dem Steuer-, Rechnungs- und Finanzwesen zusammenfassen. Über den Kreis der eigenen Schüler hinaus soll originellen betriebswirtschaftlichen Arbeiten auf diesen Gebieten eine größere Verbreitung ermöglicht werden. Jüngere Wissenschaftler werden gebeten, ihre Arbeiten, insbesondere auch Dissertationen, an den Herausgeber einzusenden.

Band 1   Anja Marquardt: Ertragsbesteuerung von Unternehmen in der Europäischen Union. Erörterung von Grundsatzfragen unter besonderer Berücksichtigung der Mitgliedstaaten Deutschland und Frankreich. 2003.

Band 2   Thorsten Schmitz: Die Gemeindefinanzreform. Interkommunaler Steuerwettbewerb und der betriebliche Standortentscheidungsprozess. 2004.

Band 3   Gerrit Adrian: Tax Reconciliation im HGB- und IAS/IFRS-Konzernabschluss. 2005.

www.peterlang.de